Sai Baba
spricht über die
Welt und Gott

Band 3

durch
Stephan v. Stepski-Doliwa

Govinda Sai Verlag

Die Erdkugel der Fotomontage auf dem Einband stammt von van Ravenswaay/Bildagentur Mauritius

Foto innen von Sai Datta, Puttaparthi

Dies ist der 3. Band aus der Reihe *Sai Baba spricht ...©*

2. Auflage Februar 2001

Müllerange 8, D - 82284 Grafrath bei München
Einbandgestaltung:
Christine Serr, Constanze von Stepski-Doliwa, Peter Ressel
Textlayout: Ulrike Wolter
Satz, Druck- und Bindearbeit: Druckerei Ernst Uhl
Printed in Germany

ISBN 3-930889-05-6

Inhalt

[1] aus Band 1 – „Sai Baba spricht zum Westen“
[2] aus Band 2 – „Sai Baba spricht über Beziehungen“

DANKSAGUNG

Auch zur Fertigstellung dieses dritten Bandes der Reihe „Sai Baba spricht ...“ bedurfte es der Hilfe vieler, die außerdem alle unentgeltlich arbeiteten.

Meiner Frau Constanze danke ich für die liebevolle Unterstützung, ihren großen Einsatz und ihre vielen wichtigen Fragen.

Charlotte Kügler, Kai Kröger und Carola Nowak danke ich für die exzellente Lektoratsarbeit.

Ulrike Wolter danke ich für die hervorragende Formatierung und Gestaltung.

Ich danke Walter Ketterer, der das erste Exemplar in wunderbarer Handarbeit gebunden hat.

Grafrath, 7.9.1997 Dr. Stephan v. Stepski-Doliwa

Vorwort

1995 war ein bedeutendes Jahr für mich. Ich wurde fünfundvierzig, war das neunte Mal bei Baba, und das Buch, um das ich – nach meiner Doktorarbeit – am meisten gerungen habe, das Buch *Sai Baba spricht über Beziehungen* kam heraus. Das war bereits viel, damit aber nicht genug: In diesem Jahr sollte unser lieber Sohn Florentin-Gopala geboren werden.

In einem Interview hatte uns Baba gesagt: „*No children! Take wisdom as your son and peace as your daughter.*" Als Er in einem weiteren Interview erneut auf das Thema Kinder kam, fragte ich Ihn, ob *Er* wolle, daß wir Kinder bekämen. Er schüttelte nur energisch den Kopf, und ich dachte, ich hätte verstanden.

Ende 1994 lief die Auslieferung des Buches *Sai Baba spricht zum Westen* auf Hochtouren. Mehrere hundert Exemplare mußten jeden Tag verpackt, die Rechnungen geschrieben und zur Post gebracht werden. Constanze war die große Stütze des Verlages. Alles lief wunderbar, bis sie sich eines Tages nicht mehr im Verlagszimmer aufhalten konnte: Sie war schwanger und konnte plötzlich den Geruch von Karton nicht mehr ertragen!

Und was bedeutete nun, daß Baba „*No children!*" gesagt hatte? Wir wußten es bis zur Entbindung nicht. Erst Monate nach der Geburt unseres Sohnes erfuhren wir, was mit den zwei Worten *No children* gemeint war: Vom Karma her sollte Constanze im Kindbett sterben. Baba milderte dieses Schicksal ab – entsprechend dramatisch war die Geburt von Gopala!

Gopala sollte im August geboren werden. Aber genau zu der Zeit war die Hebamme, zu der wir großes Vertrauen hatten, im Urlaub. Unser Karma führte uns zu einer Frau, die um ein Haar Constanze und Gopala das Leben gekostet hätte.

Mit Babas Zustimmung hatten wir uns für eine Hausgeburt entschieden. Die Hebamme verkannte aber die Dramatik der Situation völlig.

Gott sei Dank hatten wir unseren lieben Freund und Arzt Dr. Jürgen Ohlendorf im Haus, denn er half, das Schlimmste zu verhindern.

Die Situation wurde so dramatisch, daß Constanze sofort ins Krankenhaus mußte. Ein sehr guter Arzt rettete sowohl Constanze als auch Gopala das Leben.

Noch erschöpft von der Anstrengung stellte er fest: „Sie wissen, daß hier ein Wunder geschehen ist, denn Ihr Sohn hat mit seinem Körper die Plazenta angedrückt, die sich bereits zum Teil gelöst hatte. Nur deshalb ist Ihre Frau nicht verblutet und Ihr Sohn nicht gestorben!" So hatte Constanze Gopala und Gopala Constanze das Leben geschenkt!

Ich blieb noch eine Weile. Als die beiden Lieben dann aber Ruhe brauchten, fuhr ich nach Hause, nachdem ich Jürgen nochmals in Dankbarkeit umarmt hatte.

Es war bereits 6 Uhr 30 des 31. Juli. Ich schlief erschöpft ein und wachte schon eine Stunde später mit Entsetzen auf. „Habe ich meine kleine Familie verloren, oder lebt sie noch?" war meine bange Frage. Mit einem Kloß im Hals versuchte ich mich zu erinnern und stellte erleichtert fest, daß alles, dank Babas Gnade, noch einmal gutgegangen war.

Noch zu erwähnen sind die Teilnehmer des Paarseminars, die gerade an diesen Tagen in unserem Haus waren. Die Anteilnahme, die Liebe und die Für-Sorge, die sie uns entgegenbrachten, werde ich nie vergessen.

Constanze und Gopala haben überlebt. Dieser hatte aber ein tiefgehendes Geburtstrauma davongetragen, weswegen er nachts alle Viertelstunde aufwachte. Wir suchten nach Rat und hörten viele Meinungen. Eine davon legte uns nahe, ihn einfach schreien zu lassen. Constanze war immer dagegen. Als wieder einmal die Reihe an mir war, für Gopala zu sorgen, und ich gleichzeitig wußte, daß

Constanze unbedingt schlafen mußte, um ihn überhaupt stillen zu können, dachte ich bei mir: ‚Jetzt laß ich ihn einfach schreien! Constanze geht vor!‘ Ich ließ ihn kurz schreien und sah ihm dann ins Gesicht. Ich sah derart viel Verzweiflung, Verlassenheit, Hilflosigkeit, daß ich wußte, ich würde meinen geliebten Gopala niemals solch einer Tortur aussetzen können. Entsprechend waren die Nächte sehr, sehr anstrengend für uns.

Es war nun so, daß Constanze und ich bis kurz vor der Geburt das Buch *Sai Baba spricht über Beziehungen* Korrektur gelesen hatten. Constanze mit mehreren dicken Kissen unter ihrem Bauch, damit Gopalas Last sie nicht zu sehr drückte.

Als das Buch fertig war – und ich kann sagen, es war viel Arbeit! – sagte ich: „So bald werde ich mit dem Buch *Sai Baba spricht über die Welt und Gott* nicht anfangen! Ich brauche jetzt erst einmal etwas Pause!“

Doch meistens kommt es anders, als man denkt. In einer der Nächte, in denen ich wegen Gopala kein Auge zutun konnte, sagte mir Baba über die innere Stimme: „Nimm deinen Laptop mit ins Bett zu Gopala. Da bist du immer für ihn da, und außerdem diktiere ich dir eine Geschichte!“ Da ich ohnehin von Gopalas Wachphasen voll in Anspruch genommen war, dachte ich mir, ich könne genausogut auch schreiben.

So schrieb ich eine Geschichte nach der anderen – und dieses Buch entstand, obwohl ich nicht so bald wieder etwas hatte schreiben wollen!

Außerdem verstand ich, daß die verschiedenen Geschichten, die Baba mir diktierte, nicht als Märchen, sondern als erlebte Realität zu verstehen sind, weswegen Baba auch von historischen Persönlichkeiten wie Alexander dem Großen, Freud, Marx und anderen spricht.

Meine Arbeit als Therapeut nahm in der folgenden Zeit so viel Raum ein, daß ich mich außer um Constanze und Gopala um nichts kümmern konnte. So blieb das Buch erst einmal liegen.

Gopalas hyperkinetisches Syndrom machte uns große Sorgen. Nicht allein, daß die Nächte so anstrengend waren, die Tage waren es nicht minder. Deshalb waren wir selig, als Baba uns zu seinem siebzigsten Geburtstag nach Puttaparthi (Sai Babas Geburts- und Hauptaufenthaltsort) einlud. Es war wunderschön, aber auch extrem anstrengend, obwohl wir viel liebevolle Hilfe bekamen. Gopala blieb unruhig, aber in der Nähe Babas entstanden, sowohl dieses Mal als auch im Februar, als wir wieder bei Ihm in Indien waren, weitere Seiten dieses Buches.

Auch bei diesem Buch weckte mich Baba zwischen drei und fünf Uhr früh, so daß ich die Zeit zum Schreiben hatte.

Obwohl wir manche Nacht nur zwei, drei Stunden schliefen, arbeiteten Constanze und ich den ganzen Tag. Und das Buch entstand weiter. Allein, daß all dies möglich war, stellt bereits ein Wunder dar.

Die Nächte mit Gopala waren zwar noch anstrengend, er wird nun aber nach eineinhalb Jahren immer ruhiger. Er ist dank Baba und der Hilfe vieler heute gesund. Er ist der Sonnenschein in unserem Leben, der durch unser Haus geht und sich seit seinem 14. Monat immer wieder vor die Fotos stellt und „Baba, Baba, OM!“ ruft.

Es war viel Arbeit. Baba hat aber Seine liebende Hand über meine Lieben gehalten, und um unsere Seelen zu nähren, diktierte Er immer wieder neue Geschichten, die Constanzes und meine Augen häufig mit Tränen füllten – solchen Tränen, wie wir sie haben, wenn wir angesichts von Gopala hautnah erleben dürfen, wie Göttlich die Schöpfung ist.

Und wie sagt ein anderer lieber Freund von uns in solchen Augenblicken? „JAY, SAI RAM!“

Grafrath, 14.6.1997 Dr. Stephan v. Stepski-Doliwa

Einleitung

Der Herr geht die verschiedensten Wege, um die Menschen zu lehren.

Im Grunde war dieses Buch bereits in den anderen beiden vorher diktierten, *Sai Baba spricht zum Westen* und *Sai Baba spricht über Beziehungen,* enthalten. Denn Beispiele sind die beste Methode, wichtige Lehren und Lehrsätze zu verdeutlichen.

Um die Einheit dieser drei Bücher hervorzuheben, sind in diesem Band Geschichten aus den beiden anderen enthalten.

Dieses Buch besteht fast ausschließlich aus Beispielen – aus Geschichten, wie sie das Leben schreibt.

Das Leben ist der beste Lehrmeister – vorausgesetzt, es ist jemand da, der die Erfahrungen richtig deutet. Werden sie dagegen falsch gedeutet, dann waren sie entweder umsonst, oder sie schaden gar.

Alles im Leben hat seinen Sinn. Alles bekommt immer eine positive Wendung, denn der Herr sagt deutlich, daß niemand verlorengeht. Dafür verbürgt Er sich, und eben dies verdeutlichen die Geschichten in diesem Buch.

Ich bin gekommen, die Menschen zu lehren. Dies ist meine Aufgabe, der ich mit all meiner Liebe so lange nachgehe, bis die Welt gerettet und das neue Zeitalter geschaffen ist. Auch dafür stehen die Geschichten dieses Bandes.

Sie sollen jedem, der sie liest, sagen, daß er nicht allein ist. Daß das, was er erlebt, niemals sinnlos ist. Daß er sich vielmehr immer an den Herrn wenden kann, der gekommen ist, die Welt zu retten.

Diese wunderbare Welt ist nichts anderes als du selbst. Du bist der Augapfel, den zu schützen ich gekommen bin.

Ich liebe meine Aufgabe, weil ich dich liebe. Deshalb bitte ich dich: Liebe du dich ebenfalls, zumindest annähernd so, wie ich dich liebe, und du, nein, die Welt wird gerettet sein.

Sathya Sai Baba

Ostergeschichte

Es war einmal ein Junge, der betete und meditierte täglich eine Zeitlang unter einem Baum. Dieser Baum war eine große Buche, die in einem Park stand. Sie war von weitem schon zu sehen, denn vor ihr lag eine große Wiese. Durch diese Wiese führte ein Weg, den viele Menschen benutzten. Viele, viele gingen diesen Weg. Aber kaum jemand sah den Jungen, der mit geschlossenen Augen und gefalteten Händen dasaß.

Seine Eltern wußten, wo er war und was er tat. Da er aber all seine häuslichen und schulischen Pflichten zu aller Zufriedenheit erfüllte und sie spürten, daß dieses Sitzen unter der Buche sowohl ihm als auch ihnen guttat, unterstützten sie sein Tun von ganzem Herzen.

Eines Tages, der Junge war nun bereits vierzehn, kam ein Mörder auf ihn zu. Es war Herbst. Die Blätter waren gefallen. Es war feucht, und es dämmerte. Der Mörder kam auf den Jungen zu und wollte ihn erstechen. Da öffnete der Junge seine Augen und sah ihn zuerst ganz ruhig und dann voller Liebe an. „Ah, da bist du, Vater!“ sagte er, und Freude und Liebe erfüllten sein Gesicht. „Komm, setz dich neben mich“, fuhr er fort, „ich warte schon seit Jahren auf dich. Wo warst du all die Zeit? Was ist geschehen? Wer hat dich verletzt?“ Diese Worte und das Strahlen dieses Jungen berührten den Mörder ganz tief in seinem Herzen. Er setzte sich zur Rechten des Jungen und begann von sich zu erzählen. Er erzählte und erzählte. Es war schon lange dunkel geworden. Er saß immer noch da, hielt nun die Hand des Jungen und erzählte und weinte und weinte.

Dann schwieg der Mann. Er schwieg lange. So lange, bis er noch einmal die Hand des Jungen mit seinen beiden Händen drückte, sich verneigte und in sein Leben ging. Und das Licht begleitete ihn.

Die Zeit verging, und der Junge saß immer noch unter der Buche und betete und meditierte. Und die vielen, vielen Menschen sahen ihn nicht. Aber seine Energie war da. Und sie gingen durch sie hindurch.

Da kam eine kranke Frau zu ihm. Sie kam eher zufällig zu ihm. Sie war so schwach, daß sie sich setzen mußte. Erst als sie sich gesetzt hatte, bemerkte sie, daß der Junge da saß. Er war nun sechzehn.

Er öffnete seine Augen, nahm ihre beiden Hände und sagte: „Mutter, wie bist du bewegt! So vieles hat dich berührt. So viel hast du gegeben. Wie gesegnet du bist!" Und Tränen der Rührung flossen seine Wangen hinunter. Da weinte auch die Frau. Es waren Tränen vieler, vieler Sorgen, Schmerzen und vielen, vielen Kummers. Auch sie spürte auf einmal ein Licht in sich, das sie noch nie erlebt hatte.

Sie schwieg lange. Dann umarmte sie den Jungen, und auch sie ging gesund nach Hause.

Als der Junge achtzehn und bereits ein junger Mann war, kam ein reicher Familienvater zu seinem Platz unter der Buche. Er hatte soeben seine Frau verloren, die er über alles geliebt hatte. Sie war sein wahrer Reichtum gewesen. Nun war ihm bloß das Geld geblieben.

Der junge Mann sah ihn mit all seiner Liebe an, und plötzlich kam so viel Glück in das Herz des Familienvaters, das Herz, das vor wenigen Augenblicken noch vor Schmerz zu brechen schien.

„Ah, Bruder", sagte unser junger Mann, „wie schön , daß du kommst. Ich warte bereits seit Jahren auf dich. Wieviel Glück bringst du in mein Leben! Ich danke dir so, daß du in mein Leben kommst. Wie sehr beschenkst du mich!" Er stand bei diesen Worten auf und umarmte von ganzem Herzen den Familienvater.

Dann gingen sie einen gemeinsamen Weg.

Mit dem Geld des Familienvaters bauten sie ein Hilfswerk für bedürftige Kinder und Jugendliche auf.

Viele, viele bedürftige junge Menschen fanden Obdach, Schutz und Verständnis, weil dieser reiche Mann sein Leben vollständig änderte und nun sein ganzes Tun an der Seite des jungen Mannes den Hilfsbedürftigen weihte. So war ihm der Tod seiner Frau durch die Liebe des jungen Mannes zur Quelle großer Freude geworden.

Und der Tag, an dem der Familienvater den jungen Mann unter dem Baum traf, war Ostersonntag.

An diesem Tag traf er Christus: Die Liebe seines Herzens – die Quelle allen Glücks. Er war so berührt, daß diese Liebe, dieses Licht nicht mehr aus seinem Herzen wichen.

Heute ist Ostersonntag. An jedem Tag ist Ostersonntag. Finde Christus in deinem Herzen. Laß die Liebe aufblühen. Gehe mit der Osterbotschaft in die Zeit. In *deine* Zeit. Und bedenke, daß Ostern immer am Frühlingsanfang, am Anfang deines Aufwachens, deines Aufblühens steht. Du bist dieser Frühling. Du bist dieses Aufwachen. Denn du bist diese Liebe. Denn du bist der Christus selbst. Du hast dich bereits unzählige Male für dich und die Welt geopfert.

Geh in die Welt und sei ein Segen. Denn du bist das Licht der Welt.

Die Hände
oder Wie man Gott erreicht

Celina war eine gute Frau. Sie war freundlich zu sich und anderen, war fleißig in ihrer Arbeit als Sekretärin und pflegte eine enge Beziehung zu Gott.

Von ihrem Karma her hatte sie Schwierigkeiten mit Männern. Schon in ihren letzten Leben hatte sie komplizierte Beziehungen mit Männern gehabt, und ihr Vater in diesem Leben war nicht nur schwierig, sondern lieblos, und zu alledem lernte sie auch noch Reiner kennen. Reiner war ein reiner Egoist. Sosehr Celina für andere mitdachte, sosehr dachte Reiner an sich. Andere waren für ihn die Statisten seines Lebens. Sein Leben war wichtig. Alles andere war nur Beiwerk. Celina hörte nicht auf die Stimmen, die sie warnten. Sie war in Reiner verliebt und wollte ihn heiraten. Wußte sie, in wen sie verliebt war? Natürlich nicht, sonst hätte sie ihn nicht geheiratet. Jedenfalls auf einer Ebene. Auf einer anderen Ebene aber geschah etwas ganz anderes, wie wir noch sehen werden.

Celina war glücklich, daß Reiner sie heiratete, obwohl dieser reine Egoist sich um nichts kümmerte. Er verdiente gerade mal so viel, daß sie damit so eben auskamen, als Celina ihr erstes Kind gebar. Reiner kümmerte sich nicht um das Kind, auch nicht um Celina. Es war ihm egal, ob sie Kinder bekamen. Er liebte „Spontaneität“, wie er es nannte. Um die Folgen sollte sich gefälligst Celina kümmern. So wurde sie noch dreimal schwanger. Reiner wäre es auch recht gewesen, wenn sie die Kinder nicht ausgetragen hätte. Kind oder kein Kind, das war ihm egal. Celina sprach immer wieder von ihrer Not. Sie war völlig überfordert durch die vier Kinder und das wenige Geld, das sie zur Verfügung hatte. Darüber hinaus litt sie sehr darunter, daß Reiner immer weniger zu Hause war. Sie sprach dies eines Tages ganz freundlich und ruhig an. Da antwortete Reiner: „Was soll ich nach Hause kommen und dein Jammern anhören? Sei doch froh, daß ich dann komme, wenn ich entspannt bin, somit ist wenigstens noch einer gut gelaunt hier! Du hast ja nur Sorgen!“ – „Natürlich mache ich mir Sorgen“, antwortete Celina, „wir haben vier Kinder, wenig Geld, und du bist als Familienvater selten da.“ Celina sagte dies ganz freundlich. Reiner wollte sie aber nicht verstehen, geschweige denn ihre Not nachempfinden. Für ihn gab es nur seine Welt, das heißt seine Interessen, die darin bestanden, sich das Leben leicht zu machen. Daß Celina litt, daß sie seine Unterstützung benötigte, das kümmerte ihn nicht. Davon wollte er nichts wissen.

So war er weiterhin wenig zu Hause, dafür aber um so häufiger in Kneipen und gab hier das Geld aus, das seine Frau und seine Kinder dringend benötigt hätten. Als Celina ihn auf seine Kneipenbesuche ansprach, wurde er sehr wütend. Das ginge sie nichts an. *Er* würde das Geld verdienen, nicht sie. „Ich kümmere mich um die Kinder, den Haushalt, mache die Wäsche, bügle deine Hemden, Hosen und Jacken. Ist das etwa nichts?“ fragte Celina. „Gegen das, was ich leiste, ist es wirklich nicht viel. Das kann doch jede Putzfrau!“ antwortete er verächtlich. Reiner war eben ein reiner Egoist, und als solcher konnte er nur sich und sonst niemanden sehen.

Diese Diskussionen verletzten Celina sehr. Sie zog sich dann traurig und entmutigt zurück und betete. Das half ihr.

Reiner fühlte sich durch diese Auseinandersetzungen „gestört“! Er wollte ein problemloses Leben leben, da störten ihn Celinas Ansprüche und Erwartungen. Er wollte, daß sie ihn in Ruhe ließ, die Kinder so versorgte, daß sie ihm nicht zur Last fielen, daß sie ihm die Wäsche machte, gut kochte und das Haus in Ordnung hielt. Ansonsten sollte sie ihn gefälligst in Ruhe lassen. Daß sie etwas von ihm brauchte, das kam ihm überhaupt nicht in den Sinn. So etwas gab es in seiner Welt nicht.

Eines Abends, als er wieder einmal das gemeinsame Geld und die gemeinsame Zeit, die er mit seiner Familie hätte verleben sollen, in einer Kneipe vergeudete, lernte er Ulrike kennen. Ulrike gab sich ungebunden und war zudem eine Egoistin wie er. Reiner und sie verstanden sich auf Anhieb so, als kennten sie sich seit Ewigkeiten – so war es auch, nur lag dies zwei Leben zurück, weswegen sie nichts mehr davon wußten.

Reiner und Ulrike begannen eine Beziehung. Weder ihn noch sie kümmerte oder berührte es, daß Reiner verheiratet war und eine Frau und vier Kinder hatte.

Er fand das Leben mit Ulrike viel interessanter als das mit Celina, deswegen trennte er sich kurzerhand von Celina und zog zu Ulrike. ‚Ah, endlich wieder leben!' dachte er. Bald merkte er, wieviel es ihn kostete, seine ganze Wäsche in einer Wäscherei waschen zu lassen bzw. essen zu gehen, weil er keine Lust hatte zu kochen. Außerdem war Ulrikes Leben nicht gerade billig. Sie ging abends immer in Lokale. Da er sonst allein bei ihr zu Hause hätte herumsitzen müssen, ging er mit. Da lernte er viele Menschen kennen, weil Ulrike so viele kannte. Sie war immer gut gelaunt. Mit einer Zigarette in der einen Hand und einem Glas Wein in der anderen konnte sie mühelos eine ganze Gesellschaft unterhalten. Dabei vergaß sie Reiner zum Teil völlig. Sie flirtete mit diesem und jenem. Das machte Reiner häufig eifersüchtig. Da sie aber immer mit ihm nach Hause ging und sich, je mehr sie getrunken hatte, desto inniger an ihn anschmiegte, verdrängte er seine Eifersucht.

Celina litt währenddessen Höllenqualen. Sie war nun ganz allein. Außerdem hatte sie noch weniger Geld als früher, weil Reiner gar nicht daran dachte, ihr einen angemessenen bzw. fairen Anteil zu geben. Celina kam in große Not. Manchen Tag aß sie nichts, damit die Kinder genug hatten. Nachts lag sie dann häufig vor Hunger und Sorgen wach im Bett, während Reiner und Ulrike ihre Gläser in einem Lokal schwenkten.

Ihre finanzielle Not wurde so groß, daß sie unbedingt Geld verdienen mußte. ‚Aber wie?' fragte sie sich immer wieder. Als Sekretärin konnte sie nicht arbeiten, denn sie konnte der Kinder wegen nicht so lange außer Haus sein. Ihre liebe Mutter half ihr zwar, wo sie nur konnte, trotzdem hätte die Zeit nicht gereicht.

Sie betete deshalb immer wieder zu Gott, Er möge ihr doch bitte helfen. Celina liebte Gott, und Gott liebte sie. Er hatte in diesem Leben viel mit ihr vor!

So traf sie eines Tages ihre frühere Klassenkameradin Barbara. Mit Barbara hatte sie in der Grundschule in einer Bank gesessen. Sie waren damals gemeinsam durch dick und dünn gegangen. Bis Barbaras Eltern wegzogen. Wie schmerzhaft war das damals für beide gewesen! Wie tränenreich der Abschied! Andererseits entsprach es Gottes Plan und war Sein Geschenk! Wären Celina und Barbara damals zusammengeblieben, hätten sie sich auseinandergelebt, und der Funke hätte nicht mehr bestanden, der deshalb noch vorhanden war, weil sie so schmerzhaft getrennt worden waren.

Celina und Barbara trafen sich zufällig bei gemeinsamen Freunden und lagen sich vor Freude in den Armen. Als Barbara aber Celina genauer ansah, stellte sie fest, wie schlecht es ihr ging. Sie legte ihren Arm um Celinas Schultern und sagte: „Dir geht es nicht gut, nicht wahr?" – und ihr Blick streichelte Celinas eingefallene Wangen. „Nein, mir geht es nicht gut!" antwortete Celina, und Tränen schossen ihr in die Augen. „Komm, setzen wir uns", sagte Barbara, rückte zwei Stühle zusammen und bat Celina, sich auf den einen zu setzen und zu erzählen. Celina erzählte, und Barbara war berührt, wie schmerzhaft ihr Leben mit Reiner verlaufen war. Als sie hörte, daß sie kein Geld hatte, sagte sie: „Du, das trifft sich gut! Kannst du nähen?" – „Ja", antwortete Celina, „ich muß ja alles für mich und die Kinder nähen. Deshalb habe ich diesen Patchwork-Rock an. Ich habe ihn aus lauter Stoffstücken zusammengenäht. Ich habe häufig doch nicht einmal das Geld, mir Stoff zu kaufen, um ein Kleidungsstück zu nähen, das ich dringend brauche. Ich zerschneide dann alte, kaputte Sachen und nähe mir neue daraus." – „Wunderbar", freute sich Barbara, „denn ich habe eine exklusive Boutique aufgemacht und suche eine Näherin, die mit mir zusammenarbeitet."

Als Barbara dies sagte, sah sie Celina mit ihren warmen, guten Augen an. „Wie lieb von dir", antwortete Celina, „ich habe aber keine Zeit. Ich bin doch so angebunden durch die Kinder!" – „Macht nichts! Du kannst zu Hause arbeiten. Wir besprechen, wenn du willst, was für ein Kleid du nähst, und du kannst es in meinem Geschäft verkaufen. Die Preise sind hoch, deshalb kannst du ganz gut dabei verdienen!“

Celina war von Barbaras liebevoller Art sehr berührt. Wie sehr sie ihr entgegenkam! Wie hilfsbereit sie war!

Als die beiden an dem Abend nach Hause gingen, verabredeten sie sich für den nächsten Tag, um alles Weitere zu planen. So geschah es auch, und Celina wurde die Schneiderin einer sehr exklusiven Boutique. Sie verdiente wirklich gut, und Barbara war äußerst fair in der Abrechnung. Trotzdem mußte Celina sehr viel arbeiten. Während Reiner und Ulrike die Nächte in irgendwelchen Kneipen verbrachten, saß Celina an ihrer Nähmaschine und kämpfte mit dem Schlaf. Sie war durch Barbaras Fürsorge sehr berührt, ebenso von Gottes Liebe, die Ihn so schnell auf ihre Bitte hatte antworten lassen. Trotzdem war Celina häufig am Ende ihrer Kräfte. Sie saß dann vor der Nähmaschine, mit den teuren Stoffen in der Hand, und fragte Gott mit einem Kloß im Hals, warum Er es ihr so schwer mache. ‚Warum habe ich es so schwer? Warum werde ich so an meine Grenzen geführt?‘ fragte sie sich immer wieder.

Celina wußte nicht, daß sie im letzten Leben bereits eine hohe Seele gewesen war, die viel Gutes getan und sich dadurch sehr weiterentwickelt hatte und die in diesem Leben ihre letzte Vollendung erlangen sollte. Celina wußte nichts von alledem und so auch nicht davon, daß dies ihr letztes Leben auf Erden sein würde. Statt dessen saß sie da, kämpfte mit dem Schlaf und fragte sich, warum Gott ihr das antue. ‚Wer ist eigentlich Gott?‘ fragte sie sich plötzlich. ‚Wie erkennt man Gott? Er ist immer bei uns, denn Er ist alles. Ja, ja‘, dachte sie so vor sich hin, ‚aber wie und wo sehe ich Ihn?‘ Als sie so grübelte, zog sie ihre Hand unter einer Stoffbahn hervor. Ihre Hand lag nun genau unter der hellen Lampe. Celina sah ihre Hand an und staunte. Sie staunte aus zwei Gründen. Einmal, weil sie sich noch nie bewußt ihre Hand angesehen hatte, und zweitens, weil ihr dies noch nie aufgefallen war. Sie betrachtete ihre schmale Hand und staunte. ‚Welch ein wunderbares Werkzeug so eine Hand ist! Was kann man alles mit einer Hand machen! Alles, alles, alles! Was wäre ich ohne meine Hände!‘ dachte sie und staunte. Da schoß es ihr durch den Kopf: „An deiner Hand, Celina, kannst du immer sehen, daß Gott in deiner Nähe ist. Daß Er immer bei dir ist. Daß alles Gott ist. So wie deine Hand: Unendlich perfekt. Gleichzeitig aber ganz unauffällig. Ganz alltäglich. Ganz ‚normal‘! Das ist Gott!“ Celina staunte. Staunte über das, was sie hörte, und staunte über ihre Hand. Welche Dienste ihre Hände ihr geleistet hatten! Dabei hatten sie nie viel Aufhebens davon gemacht. Sie waren da, ihre Hände. Halfen, wo sie konnten. Dienten ihr tagtäglich unermüdlich – und sie hatte sie nie richtig bemerkt! ‚Erstaunlich!‘ dachte Celina, ‚da habe ich diese wunderbaren Werkzeuge und habe mir dies nie bewußtgemacht! Erstaunlich!‘

Von nun an betrachtete Celina immer wieder ganz aufmerksam ihre Hände und staunte. Besonders, wenn sie nachts nähte und nicht mehr konnte, betrachtete sie ihre Hände. Dann saß sie gedankenversunken da und dachte, wie wunderbar die Schöpfung sei. ‚Aber Moment mal!‘ dachte sie eines Nachts. ‚Ich schau mir immer wieder meine Hände an. Ich staune auch, was sie alles können. Wo ist aber Gott dabei? Ja, lieber, lieber Gott, wo bist du?‘

Nach einigen Nächten fiel ihr auf, daß sie immer dann ihre Hände betrachtete, über deren Fähigkeiten staunte und in Gedanken versank, wenn sie besonders müde war, und daß sie anschließend ganz wach wurde. ‚Die Betrachtung meiner Hände ist ja wie eine Meditation!‘ dachte sie. ‚Ich versinke in Gedanken an die Fähigkeiten meiner Hände und an die Fähigkeiten Gottes, und danach bin ich wieder voller Mut und Kraft! Welch ein Geschenk! Vielleicht ist es das Göttliche an den Händen, das mir bei der Betrachtung und beim Bewußtmachen so viel Kraft gibt?‘ fragte sie sich.

Mit der Zeit veränderte sich Celinas Blickwinkel. Es fielen ihr immer mehr Hände und deren faszinierende Fähigkeiten auf. Wenn sie zum Beispiel in Barbaras Boutique war und Kundinnen bediente, hatte sie häufig die Gelegenheit, deren Hände zu betrachten – besonders, wenn sie etwas am Rock machen mußte und sich bückte, war sie häufig mit ihrem Gesicht auf der Höhe von deren Händen. Sie war dann immer bewegt und nachdenklich. Sie hatte in diesen

Augenblicken ein besonderes Strahlen im Gesicht, das alle berührte. Nicht zuletzt deshalb wurde sie zum Herzen von Barbaras Boutique.

All das bemerkte Celina aber nicht. Vielmehr erstaunte sie, wie sie von Tag zu Tag mehr das Wunderbare, das Göttliche in allen Händen sah. Es gab für sie kaum noch Unterschiede zwischen den einzelnen Händen – und dies, obwohl sie alle so genau betrachtete. Sie fand alle ohne Ausnahme wunderbar, Göttlich, einmalig. Voller Licht.

Dann kam der Tag, an dem sie das Licht nicht nur in den Händen, sondern in allen Gesichtern sah. Und einige Zeit später breitete sich das Licht auf den ganzen Körper aus.

Dann sah Celina deutlich Gott in allen und allem. Sie war nun immer voller Glück.

Sie hatte ihr Ziel erreicht.

Ihr Ziel? Nein, nicht *ihr* Ziel, sondern das, was *Gott* für sie bestimmt hatte: Moksha, die endgültige Befreiung.

Da erkannte sie, daß Reiner, der reine Egoist, nicht ein Feind war, wie sie lange dachte, der alles tat, um sie zu verletzen. Er war nicht ihr Feind, sondern vielmehr der wichtige Anstoß, der sie die entscheidenden Schritte ihrer Vollendung gehen ließ.

‚Auch er hat zwei Hände. Wie wunderbar!‘ dachte sie über Reiner. Und das Licht strahlte in ihrem Herzen.

Und was wurde aus Reiner?

Reiner hatte Gnade, denn Ulrike war keine gute Frau!

Nun stutzt du, weil du meinst, Gnade könne nur darin bestehen, eine gute Frau zu haben. Das stimmt aber nicht. Es hängt nämlich ganz von dir und von deinem Karma ab, ob du durch Zuwendung oder durch Leiden lernen kannst. Für Reiner, den reinen Egoisten, traf letzteres zu. Deswegen war er an Ulrike geraten. Sie hatte ihn nur deshalb ausgesucht, weil ihr Freund Norbert sie verlassen hatte. Deshalb ging sie auch allabendlich in die Lokale. Sie wußte, daß sie hier Norbert treffen würde. Deswegen veranstaltete sie, wann und wo immer sie konnte, eine große Show, damit sie Norbert auffiel. Reiner war dagegen für sie nicht viel mehr als ein Komparse oder gar ein Stück Kulisse, um Norbert eifersüchtig zu machen. Mehr wollte sie nicht von ihm.

Dies merkte eines Tages selbst Reiner, der blinde Egoist. Als sie nach Hause kamen, sagte er zu Ulrike: „Irgendwie habe ich das Gefühl, daß du mich nicht liebst." Da Ulrike alles leugnete, sprachen sie nicht weiter davon, und Reiner, als naiver Egoist, der nur sich sah, bestand nicht weiter auf einer Klärung, sondern schlief seelenruhig ein.

Bereits am nächsten Tag rief ihn Ulrike von der Arbeit aus an und sagte, sie habe so viel zu tun, sie komme erst später.

Sie kam erst spät in der Nacht und meinte, es hätte sich so lange hingezogen, weil sie alle noch „einen trinken" gewesen wären. Die Wahrheit war aber, daß sie sich mit Norbert getroffen und mit ihm den Abend und die halbe Nacht verbracht hatte. Da sie sich seiner aber noch nicht sicher war, hielt sie Reiner vorerst hin. Sie traf Norbert so lange heimlich, bis sie wußte, daß er wieder mit ihr befreundet sein würde. Kaum war dies klar, sagte sie Reiner: „Ich bin wieder mit Norbert zusammen. Bitte ziehe in den nächsten Tagen aus!" Reiner blieb der Mund offen stehen. Offensichtlich konnte er es nicht fassen, daß jemand ebenso brutal war wie er. „Aber, aber ich habe doch meine Ehe für dich geopfert", brachte er nach einer Weile heraus. Da wurde Ulrike in ihrer Brutalität zu seiner Lehrerin: „Du für mich geopfert? Daß ich nicht lache! Was geht mich deine Ehe an? Das ist dein Problem. Wir waren eine Zeit zusammen, als es für beide stimmte. Jetzt stimmt es für beide nicht mehr, da mußt du ausziehen. Das ist doch ganz normal. Da gibt es nichts zu klagen. Vielleicht zu klären – und das tun wir ja gerade. So ist das Leben: Hart, aber ehrlich!"

„Wenn du wieder mit Norbert zusammen bist, dann war ich nichts anderes als eine Überbrückung!" Ulrike fand Reiners Gefühle sehr sentimental. Am liebsten hätte sie ihn gleich vor die Tür gesetzt. Sie beherrschte sich aber und sagte noch ruhig: „Ich finde, daß du froh sein kannst, daß ich dich als Überbrückung ausgewählt habe, denn wir hatten eine tolle Zeit. Das ist das einzig Interessante. Außerdem wolltest du unbedingt von deiner Frau und deinen Kindern weg. Dabei habe ich dir auch geholfen!"

Reiner, der reine Egoist, staunte, denn er mußte erkennen, daß Ulrike mindestens so egoistisch war wie er. Sie war ihm der perfekte Spiegel – obwohl er dies natürlich nicht erkannte, dazu war er noch zu unkritisch mit sich selbst. Ulrike hatte ihm aber einen entscheidenden Schlag versetzt. Er war von ihrem Egoismus und ihrer Kälte so getroffen, daß er monatelang darüber nachdachte und entsprechend litt.

Er war tief verletzt. Dies war der entscheidende Schritt zu seiner Heilung. Zur Heilung seines verschlossenen Herzens. Denn der Schmerz öffnete es.

Es kamen noch viele solche Schläge. Stärkere und schwächere. Über eine lange Zeit verteilt. Dann wurde aus Reiner, dem reinen Egoisten, Reiner, der reine Mensch, der ein offenes Herz für sich und seine Mitmenschen hatte.

Zu der Zeit dachte Reiner schon lange nicht mehr an seine gute Lehrerin Ulrike. Auch sie hatte sich verändert.

Und hieß sie noch Ulrike? Und hieß er noch Reiner?

Zeit und Leben vergehen im Fluge. Das einzige, was bleibt, ist das offene Herz. Dies altert nie, dies stirbt nie. Genauso wie die strahlenden Hände, die Celina sah. Auch sie waren so von Liebe, von Licht erfüllt, daß Celina sie alle als schön und vollkommen sah. Und warum konnte sie das? Weil ihr Herz so offen war, daß es alle Hände in sich aufnahm.

Und birgst du die Hände eines Menschen in Liebe, so birgst du ebenfalls seine Seele in deinem Herzen.

Ein langer Weg. Aber ein ganz einfaches Ziel.

Es wirkt

Iza kam seit Jahren zu mir nach Puttaparthi. Sie kam mich immer dann besuchen, wenn sie das Gefühl hatte, daß ihr Leben entweder einen neuen Impuls bekommen sollte oder sie bei mir „auftanken" wollte.

Iza hatte eine Freundin, Yve. Yve war noch nie zu mir gekommen. Sie glaubte auch nicht so recht daran, daß ich ihr Leben verändern könne. „Sicherheitshalber", wie sie so schön sagte, hatte sie ein Bild von mir aufgestellt und bat mich immer wieder um die Erfüllung dieses oder jenes Wunsches.

Yve hatte einen Bruder, Leander, der von mir gar nichts wissen wollte. Er dachte, ich sei einer dieser vielen angeblichen Gurus, die niemandem helfen können, weil sie als erstes sich selber helfen sollten.

Leander war mit Babette verheiratet, und sie hatten vor kurzem ein Baby, Corinne, bekommen. Corinne war sehr unruhig und schrie viel.

Yve hatte von Iza das Sai-Gayatri gelernt. Das Sai-Gayatri ist ein sehr starkes und wirksames Mantra. Ein Mantra ist ein tiefgehendes Gebet, eine spirituelle Formel, die eine bestimmte, eine besondere Schwingung in der Seele und damit auch im Körper erzeugt, wodurch derjenige, der sie rezitiert, in seiner seelischen Entwicklung weiterkommt.

Das Sai-Gayatri lautet:

Om Sai Ishwaraya Vidmahe
Sathya Devaya Dhimahi
Thanna Sarvah Prachodayath

Das bedeutet auf deutsch:

Wir wissen, daß Sai Gott selbst ist.
Wir meditieren über die Göttliche Wahrheit
mit all unseren geistigen Fähigkeiten.
Wir beten darum, daß wir erfahren mögen,
daß alles nur der Ausdruck des einen Göttlichen ist.

Dieses Mantra drückt nichts anderes als die Wahrheit aus: Ich bin der Avatar, die Gottesinkarnation Sathya Sai Baba. Für manch einen, der dies noch nicht sehen kann bzw. soll, klingt so etwas wie eine Anmaßung. Dabei ist es gar nichts so Besonderes: Jeder Mensch ist Gott. Jeder ist auserwählt. Der einzige Unterschied zwischen mir und jedem Zweifler besteht darin, daß ich weiß, wer ich bin.

Leander und Babette hätten dieses Mantra als eine Ungeheuerlichkeit empfunden. In ihren Augen hatte keiner das Recht, sich als Gott zu bezeichnen. Trotzdem schrie ihr Baby.

Eines Tages, als das Baby wieder einmal schrie, kam Yve vorbei und fragte, ob sie ihre kleine Nichte auf den Arm nehmen dürfe, was ihr gerne erlaubt wurde. Kaum hatte Yve das Baby im Arm, erinnerte sie sich, daß Iza ihr für ihre Kinder das Sai-Gayatri beigebracht hatte. So sang sie es der Kleinen in ihrem Arm vor. Yve sang, und Corinne wurde immer ruhiger. Bis sie einschlief.

Die Eltern staunten.

„Was singst du da?“ fragte Babette.

„Das ist ein sehr wirksames Mantra“, antwortete Yve, „das ich häufig bei meinen Kindern gesungen habe. Es hat fast immer geholfen. Es hat eine Schwingung, die offensichtlich sehr beruhigend wirkt!“

„Offensichtlich!“ meinte Leander lachend, denn die Wirkung war deutlich zu sehen. „Bringst du es uns bei?“ bat Babette.

„Natürlich! Es ist ganz einfach.“ Sogleich fing Yve mit dem Vorsingen an, und Leander und Babette sangen mit ihr. Bald hatten sie sowohl die Melodie als auch den Text gelernt.

Immer, wenn Corinne unruhig war oder aus sonst einem weder mit Essen noch mit Wickeln zu erklärenden Grund weinte, sangen sie das Sai-Gayatri. Und es half. Dabei gingen sie häufig mit Corinne im Arm oder auf der Schulter die *Lemniskate*, die liegende Acht, denn dies beruhigte sie ebenfalls, da das Mantra eine schöne Schwingung in der Seele, die *Lemniskate* dazu eine schöne Schwingung im Körper erzeugte.

Das Gayatri half auch deshalb, weil Corinne die Schwingungen des Mantras sogleich spürte. Für sie war es nicht von Bedeutung, ob ihre Eltern daran glaubten oder nicht. Entscheidend waren die Schwingung, der Gehalt bzw. sein Verwurzeltsein in der Wahrheit. Die Wahrheit beruhigt immer. Deshalb ist die Wahrheit eine so große Macht. Die Babys kommen aus dem Himmel. Aus der unmittelbaren Nähe zu Gott. Sie kommen damit direkt aus der Wahrheit. Deswegen sagt man auch, sie kämen aus dem Licht. Die Wahrheit ist das Licht der Welt. Kommen Babys in Kontakt mit der tiefgehenden Wahrheit, die in der Schwingung eines Mantras ihren Ausdruck findet, so sind sie berührt. Dieses Berührtsein gibt ihnen Frieden.

Nun fragst du dich, ob dieses Mantra bei den Eltern auch helfen kann.

Die Antwort ist: Ja, sofern ihr Denken nicht dazwischenkommt. *Du wirst, was du denkst*. Vergiß dies nie. Glaubst du, daß etwas dir nicht helfen kann, wird es dir nicht helfen. Denkst du, du wirst gesund, wirst du gesund. Dieses Denken muß natürlich aus dem Herzen kommen. Halbherziges Wissen führt zu nichts. Die kleine Corinne hatte diese Probleme nicht: Sie hatte noch mit keinen Zweifeln zu kämpfen, die mit dem Denken häufig verbunden sind. Sie war noch ganz Gefühl. Deshalb war sie durch das Mantra unmittelbar erreichbar.

Anders war es bei Emilie. Bei einem Autounfall wurde Emilies Rückenmark derart verletzt, daß sie querschnittsgelähmt im Rollstuhl sitzen mußte. Sie konnte zwar ihren Oberkörper, ihre Arme und ihren Kopf bewegen. Ihre Beine dagegen waren kraftlos und konnten sie nicht mehr tragen.

Emilie litt sehr unter ihrem Zustand.

Durch einen Freund hörte sie von mir. Sie glaubte aber nicht, daß ich ihr helfen würde. Deswegen wollte sie auch nicht zu mir kommen. Auf das Drängen ihres Freundes kam sie doch. Ich lud sie auch zu einem Interview ein. Ich berührte ihre Knie und befahl auf der Kosmischen Ebene, sie solle wieder gehen. Ich hob sie aus dem Rollstuhl. Da stand sie einige Augenblicke. Dann mußte sie sich wieder setzen: Ihr negatives Denken hatte gesiegt! Sie war im Innersten ihres Herzens davon überzeugt, daß ich ihr nicht helfen könne. Das war ihre Wahrheit, an der sie festhielt, die sie nicht loslassen wollte. So konnte mein Kosmischer Befehl noch nicht zu ihr durchdringen. Ich sage „noch nicht“, weil Emilie trotz ihrer Skepsis, ihres Zweifels und ihrer teilweisen Ablehnung berührt war.

Wer zu viel denkt, hat immer den wahren Kontakt zu seinem Herzen noch nicht gefunden. Jeder Mensch sucht aber eben diesen Kontakt. Denn allein der Kontakt zum Herzen bringt Glück und inneren Frieden.

Diesen Kontakt suchte auch Emilie. Dadurch, daß ich sie aus dem Rollstuhl hob, stellte ich genau diesen Kontakt her. Meine Heilungen der verschiedensten Krankheiten beruhen darauf, daß ich das Herz des Kranken auf der Ebene feinster Kosmischer Energien berühre. Die Liebe fließt dann wieder, und damit kann der Körper heilen.

Emilie war berührt. Obwohl sie auf der Ebene des Verstandes zweifelte, war sie vom Herzen her berührt – und das Herz siegt auf lange Sicht immer.

So dachte Emilie häufig an das Erlebnis, als sie aus ihrem Rollstuhl aufgestanden war. Und jedesmal, wenn sie daran dachte, floß die Liebesenergie in und aus ihrem Herzen. Diese Energie veränderte ihr Denken. Ganz langsam, aber doch.

Sie wagte nun mehr und mehr. Das heißt, sie bekam immer mehr Zutrauen und Vertrauen. So stand sie zunächst immer wieder allein aus ihrem Rollstuhl auf.

Zuerst konnte sie nur stehen und setzte sich bald wieder. Mit der Zeit stand sie immer länger. Bis sie eines Tages wagte, den ersten Schritt zu gehen. Mit der Hand fest am Rollstuhlgriff ging sie den ersten Schritt. Ihr Herz schlug so laut, daß sie dachte, es sei auch von außen hörbar – und natürlich schlug das Herz laut, denn von ihm ging diese grundlegende Veränderung aus. Und Emilie staunte, denn ihre Beine trugen sie tatsächlich. Ja, sie waren noch wacklig, aber sie hielten. Dieser Erfolg gab ihr das Vertrauen, mehr und mehr auf ihre Beine zu vertrauen. Schritt für Schritt. So lange, bis sie wieder gehen konnte. Zunächst benötigte sie zwar den Rollstuhl als Sicherheit in greifbarer Nähe. Aber auch dies veränderte sich mit der Zeit.

Heute läuft Emilie wieder wie jeder andere – nicht ganz, denn sie weiß bei jedem Schritt, welch ein Geschenk das Gehen, welch ein Geschenk die Gesundheit ist, und ist entsprechend dankbar.

Es hat also gewirkt. Bei Corinne wirkten das Gayatri und die *Lemniskate*, weil sie noch im direkten Kontakt zu ihrem Herzen war und so das Richtige sie unmittelbar erreichen konnte.

Bei Emilie mußte zunächst ihre negative Einstellung aufgelöst werden. Dazu benötigte die Herzensenergie ein wenig Zeit. Sie vollbrachte aber dann doch das Wunder, daß Emilie ihre Ängste und ihre negativen Einstellungen im wahrsten Sinne des Wortes Schritt für Schritt aufgeben konnte. Sie kam mehr und mehr in Kontakt mit der Energie ihres Herzens. Sie stand mehr und mehr zu sich, und damit stand sie auf. Und sie hatte nicht allein die Fähigkeit zu gehen, sondern einen ganz neuen Kontakt zu ihrem Herzen, zu ihrem Selbstwertgefühl gefunden. Das war im Grunde das wahre Geschenk.

Die Taufe

Das Heilige Sakrament der Taufe hat eine tiefgehende Bedeutung.

Nicht allein Jesus Christus kam damals auf die Erde, um die Menschheit zu lehren, zu lieben und zu erretten.

Es kam auch die Heilige Seele von Johannes dem Täufer. Eine große Seele, die sich bei wunderbaren Eltern inkarnierte. Johannes' Mutter, Elisabeth, war eine Frau mit einem großen, liebenden Herzen, das sie sich während eines schweren, an Entbehrungen reichen Lebens nicht nur hatte bewahren können, sondern das sogar noch viel gewachsen war. Johannes' Vater, Zacharias, war ein weiser, ein gütiger, ein liebender Mann. Er stand furchtlos den Schergen des Tyrannen Herodes gegenüber, die den kleinen Johannes ebenso wie die vielen anderen Kinder ermorden wollten. Er verriet ihnen nicht, wo sein Sohn war, sondern opferte bereitwillig und mutig sein Leben. Zacharias taufte in gewisser Hinsicht seinen Sohn mit seinem Blut, denn sein Opfer ging als Segen auf Johannes nieder.

Johannes war früh erleuchtet. Er ernährte sich wie ein Yogi allein von Wurzeln, Obst und Nüssen. Das reichte ihm völlig.

Johannes taufte den Heiland im Jordan und hatte damit seine Mission erfüllt. Er verließ seinen Körper, als Salome von ihrem Onkel und ihrem Stiefvater als Lohn für einen Tanz Johannes' Kopf verlangte.

Johannes verlor seinen Körper, erhielt dafür aber das Ewige Licht.

Salome und alle Schuldigen wurden von ihrem negativen Karma ergriffen und lernten durch Leiden, daß keiner Gottes Boten ungestraft etwas zuleide tun darf – obwohl es für Johannes kein Leiden, sondern ein Akt der Befreiung war.

Was bedeutet nun all dies? Es besagt, daß die Taufe, wie viele andere Riten auch, die enge Verbindung von Mensch und Gott symbolisiert. Gott der Herr sendet nicht nur Seinen Sohn, diese Ihm besonders liebe Seele, sondern Er schickt zur gleichen Zeit eine ebenfalls sehr hohe Seele, die Christus taufen, die die enge Verbindung von Gott und Christus dokumentieren soll.

Die Taufe ist ein typisch Christliches Symbol. Das Christentum ist die Lehre des offenen Herzens, der fließenden Liebe. Ich sagte aber mit Bedacht „wie viele andere Riten auch“, weil ich damit ausdrükken möchte, daß jede Religion im Grunde nur eine Aussage hat: Daß der Mensch von Gott auserwählt wurde. Daß Gott alles tut, um jeden Menschen zu retten. Mit aller Liebe, mit aller Entschiedenheit tut Er dies. Und Er hat immer Erfolg dabei.

Auch dafür ist das Wasser der Taufe ein Symbol. Gottes Liebe zum Menschen, zu allen Kreaturen, zu allen Seelen fließt wie das Wasser – unentwegt, unaufhaltsam. Und immer segenbringend.

Die Bedeutung der Taufe ist deshalb: Du bist auserwählt. Denke dich daher als den Gott, der auf Erden sichtbar weilt. Sei dir stets deiner Göttlichkeit bewußt. Wisse durch das Sakrament der Taufe, daß du an den unendlichen Strom der Liebe angeschlossen bist. In deinem Herzen befindet sich der gesamte Kosmos. Eine unendliche Weite – und doch du. Erkenne deshalb in allem Wasser, das du siehst, das Göttliche Naß, mit dem der Heilige Johannes den Christus taufte – womit alle getauft wurden. Denn alle bedurften und bedürfen der Erinnerung, daß sie Gottes Kinder sind. Und sieh dieses Wasser nicht als reine, fließende Materie, sondern als den Strom der Liebe, der alle verbindet, da er in allen ist. Dies symbolisiert die Taufe Christi: Christus schuf durch sein Weilen auf Erden ein neues Bewußtsein. Durch Ihn wissen die Menschen, daß sich selbst die größten Seelen – und gerade sie! – opfern, um den Menschen zu helfen. Aus Liebe.

Alle suchen diese Liebe. Alle möchten in diesem Strom baden.

Die einen suchen ihn an dem falschen Platz, verstricken sich in Fehlern und enden im Unrechttun wie Salome, ihre Mutter und ihr Stiefvater.

Die anderen haben die Quelle dieses Stroms in ihren Herzen gefunden. Sie können deshalb ans Kreuz genagelt oder in ein dunkles Verlies geworfen werden. Sie verlieren dadurch den Strom dieser Liebe, dieses Glücks, nicht, sondern spüren ihn noch mehr, noch intensiver, noch beglückender.

Jesus starb nicht am Kreuz. Johannes verzagte nicht, als er geköpft wurde. Beide waren tief in ihrem wahren Ursprung gegründet, weswegen sie nur einen Wunsch hatten: Zu geben, nur zu geben.

Deswegen haben sie beide die Welt so reichlich beschenkt.

Wie manch ein anderer auch. Manch ein anderer, von dem nie jemand sprach oder spricht. Der oder die vollkommen für die Welt da war. Und wodurch waren diese Seelen so vollkommen für die Welt da? Weil sie ganz für sich da waren.

Dies ist das wahre Geheimnis des Lebens und damit der Taufe: Bist du im Strom, bist du im Kontakt mit dem unendlich Wahren, dann bist du im Kontakt mit dir. Du bist dann jenes allumfassende Selbst, das sich in die Welt verströmt, weil es so viel Liebe hat, daß es unbedingt lieben möchte. Du bist dieses all-liebende Selbst. Du bist so eng mit deiner Quelle verbunden, daß Christus und Johannes keine Trennung zwischen dir und Gott sehen könnten.

Die Taufe soll dir deshalb die eine alles beinhaltende Wahrheit vermitteln, verdeutlichen, bewußtmachen: Du bist der Gott, du bist das Vollkommene, du bist das Wunderbare. Du bist der Erlöste. Du bist der Erlöser.

Du bist das Licht der Welt – das Licht, das sich in unendlich vielen, unendlich schönen Farben im Strom der Welt, im Strom deiner Taufe spiegelt.

DON JUAN
oder WIE MAN ALTE BINDUNGEN LÖST

Juan liebte die Frauen. Er liebte sie über alles. Das Aussehen. Die Figur. Den Körper. Den Duft. Die Bewegungen. Juan fand Frauen hinreißend. Er genoß es, sie zu genießen. Das war wunderbar. Das Problem bestand nur darin, daß es immer Frau-en, viele Frau-en sein mußten. Mit einer allein konnte er sich nie zufriedengeben. Außerdem konnte er mit keiner lang zusammensein. Dauerte eine Beziehung auch nur etwas länger, fühlte er sich bereits eingesperrt, unzufrieden – und schon war er wieder auf der Flucht. Auf der Flucht zur nächsten Frau.

Lange lebte er so. Doch die Zeit verging. Die Zeit mit ihren Gesetzen. Die Zeit mit ihrer Aufgabe, jeden zum Licht zu führen. Die Zeit, die unentwegt dahinfließt und doch keine Seele verliert. Die Zeit führte Juan zu drei entscheidenden Erfahrungen: Er wurde älter und krank, er fand eine Frau, die ihn berührte, und einen Lehrer, der ihn lehrte. Juan war an multipler Sklerose erkrankt. Sein Körper, von dem er so viel hielt und den er zu allem möglichen gebraucht und mißbraucht hatte, war an eine Grenze gekommen. Als die Krankheit ausbrach, war Juan gerade mit Juanita befreundet. Sie war eine gute Seele, die ihm viel gab. Juan wollte aber nicht umdenken. Er wollte sich auch nicht auf Juanita einlassen. Obwohl er mehr und mehr unter seinem Körper litt, wollte er weiterhin in Lokale gehen, sich in Pose setzen und versuchen, die Frauen zu faszinieren. Bis sein Körper immer gebrechlicher wurde. Juanita pflegte ihn aufopfernd. Juan war mehr und mehr von der Krankheit gezeichnet und konnte immer weniger fliehen. Zunächst konnte er das Haus nicht mehr verlassen. Dann konnte er nur noch von Stuhl zu Stuhl gehen. Und schließlich war er mehr und mehr ans Bett gefesselt. Juanita war aber immer für ihn da. Sie pflegte ihn von morgens bis abends. Und von abends bis morgens. Und sie betete für ihn. Sie betete immer wieder, Gott möge Juan das Herz öffnen. Nicht für sie, sondern ganz allgemein, denn sie spürte genau, daß Juan von Frau zu Frau wanderte, weil er von keiner in seinem Herzen berührt werden wollte.

Dann lag Juan im Sterben. Das Letzte, was er sagte, als er sich bei Juanita bedankte und anschließend von ihr verabschiedete, war: „Ich wünschte, wir sehen uns in einem neuen Leben!" – „Ich auch!" antwortete Juanita. Und viele, viele Tränen verschlossen ihr die Kehle.

Juan starb und wurde wiedergeboren. Juanita starb einige Jahre später und wurde ebenfalls wiedergeboren.

Juan freute sich so sehr, wieder einen gesunden Körper zu haben, daß er schon mit sechzehn wieder anfing, sich für Frauen zu interessieren. Da traf er Juanita. Juanita war bereits an einen anderen versprochen. Die Gesetze des Landes waren so beschaffen, daß eine Frau den Mann auch heiraten mußte, dem sie versprochen war. Juan zerbrach es das Herz. Er fühlte sich derart zu Juanita hingezogen, daß er überzeugt war, niemals mehr eine andere Frau lieben zu können. Er meinte, Juanita sei die Frau gewesen, die er immer in den anderen gesucht hätte. Er wußte natürlich nichts von seiner Neigung, von einer Frau zur anderen zu wandern, und daß er dies in seinem früheren Leben bis zum Exzeß betrieben hatte – und daß Juanita ihn damals nicht hatte halten können. Er haderte vielmehr mit dem „brutalen, hartherzigen Schicksal", wie er es nannte, das ihn seine Frau erst dann treffen ließ, als schon „alles zu spät war".

Das Schicksal vollbrachte aber – wie immer – Präzisionsarbeit. Es ging darum, sowohl Juanitas Wunsch nach einer Öffnung von Juans Herz zu erfüllen als auch dem Schicksal ihres Bräutigams wie auch Juanitas eigenem Karma gerecht zu werden. Es war für alle drei Beteiligten wichtig, daß Juanita den für sie vorgesehenen Bräutigam heiratete. Erstens konnten sie damit ihr Karma erfüllen, und zweitens gab es Juan die Möglichkeit, Juanita romantisch zu idealisieren. Da Juanita eine Frau war, die er nicht bekommen konnte, und außerdem eine ganz enge Beziehung aus dem vorherigen Leben bestand, konnte er sie nah an sich, nah an sein Herz heranlassen. Juanita war die Frau seines Lebens. Auf sie wollte er warten. Dies besonders dann, als er nach einigen Affären, die er eingegangen war, um Juanita zu vergessen, merkte, daß ihm dies gar nichts brachte. Trotzdem wollte er nicht für immer auf eine „kleine Beziehung“ hier und da verzichten. Diese kleinen Erlebnisse beflügelten sein Wohlbefinden, gaben sie ihm doch das Gefühl, daß er attraktiv war. Ebensowenig wollte er auf die körperliche Nähe verzichten. Trotzdem war Juan traurig. Juanita hatte geheiratet. Das zerbrach ihm das Herz.

Nun war die Zeit gekommen, daß Juan einen Lehrer fand. Ahmed war ein unscheinbarer Mann. Keiner, der sogleich auffiel. Keiner, der auffallen wollte. Er lebte ein ruhiges Leben als kleiner Geschäftsmann. Er verkaufte in seinem Laden alles, was man in der kleinen Stadt benötigte. Seine Arbeit liebte er über alles, denn es bereitete ihm große Freude, seine Kunden gut zu beraten. Natürlich wollte er das Geld verdienen, das er für sich und seine Familie benötigte. Er wollte aber niemanden übervorteilen. Nein, er wollte nicht übervorteilen, sondern einfach teilen. Dies war das Ziel, das er sich für seine Tätigkeit gesetzt hatte. Und dieses Ziel verwirklichte er immer mehr. Ahmed war ein Meister des „flottierenden Geschäftes“, wie er es nannte. Hatte er bei einer Ware etwas mehr verdient, konnte er jemandem, der in Not war, dadurch helfen, daß er etwas anderes billiger verkaufte. Ganz unauffällig. Eben als ein Geschenk! Ahmed kannte die Gesetze des Lebens und verwirklichte sie in seinem Geschäft. Ganz unauffällig. Ganz ruhig. Er ging mit dem Leben, und das Leben ging mit ihm. So lebte er sein Herz.

Eines Tages blieb er mit seinem Lieferwagen auf dem Weg nach Hause liegen. Es regnete und wurde dunkel. Ahmed blieb ruhig in seinem Wagen sitzen, denn er dachte sich, daß bestimmt Hilfe kommen würde. „Hilf anderen, und laß diesen Zeit, dir zu helfen, und die Hilfe kommt“, war sein Motto. Und die Hilfe kam. Es war Juan. Als er Ahmeds Wagen stehen sah, hielt er sogleich an. Juan und Ahmed kannten sich. Juan hatte immer wieder einmal bei Ahmed eingekauft. Außer wenigen Worten wie „Guten Tag, ich brauche dies oder das“ hatten sie nichts miteinander gesprochen.

Nun, als Ahmed bei Juan im Wagen saß, sprachen sie zum erstenmal über persönlichere Themen. In der Gesellschaft, in der Juan nun lebte, redete man sich mit du an. So sagte Ahmed: „Wie geht es dir eigentlich, Juan? Du hast in letzter Zeit viel gelitten. Wie gut ich das verstehen kann!" Juan fiel gar nicht auf, wie unvermittelt Ahmed ihn ansprach. Es berührte ihn vielmehr so sehr, *wie* er angesprochen wurde, daß er sogleich antwortete: „Ja, ich tue mich schwer. Ich habe meine Liebe verloren!" – „Ich weiß", sagte Ahmed, und in seiner Stimme klang ganz viel Verstehen und So-lassen-Können mit. „Ich weiß nicht, was ich tun soll!" drückte Juan seine Verzweiflung aus. „Entschuldige", antwortete Ahmed darauf, „entschuldige, wenn ich dich nun frage, ob du wirklich eine Antwort suchst oder ob deine Frage nur ein Ausdruck deiner Ratlosigkeit war." Ahmeds Worte berührten Juan. Sie bewegten etwas in seinem Herzen. Da schwang etwas mit, das er gut spüren konnte. Er dachte nach. „Ja, ich suche eine Antwort!" sagte er dann. „Wenn du eine Antwort suchst, mußt du ein Opfer bringen. Weißt du, warum früher den Göttern Tieropfer dargebracht wurden? Aus zwei Gründen: Weil die Menschen es nicht besser wußten und weil es einen tieferen Sinn hatte. Sie wußten es nicht besser, denn der Mensch soll nicht töten, außerdem kannst du dem Allmächtigen, dem alles besitzenden Gott, nicht Sein Eigentum als Geschenk bringen. Dies ist ein Widerspruch in sich. Der zweite Grund hat aber einen tieferen Sinn: Sie haben mit dem Tieropfer Gott sagen wollen, daß sie das Tier in sich für Ihn opfern wollten. Sie wollten die tierischen Tendenzen in sich opfern und damit Gott in sich verwirklichen. Das ist das Geschenk, das Gott liebt. Liebst du dich, weil du Gott in dir liebst, so liebt sich Gott in dir. Das ist die wunderbare Einheit. Das ist das Opfer, das in Wahrheit für alle ein Geschenk ist." Hier machte Ahmed eine Pause.

Nach einer Weile fuhr er dann fort: „Du mußt deshalb ein Opfer bringen. Das verlangt die Liebe. Das verlangst im Grunde du. Das verlangt Gott. Der wahre Gott in dir." Juan war ein nachdenklicher Mensch geworden. Er antwortete deshalb nicht sogleich auf das, was er hörte. Er stellte zunächst auch keine Frage, sondern ließ das Gehörte in sich wirken. Es machte ihm nicht nur Sinn. Es berührte ihn auch. Nach einer Weile, sie waren schon beinahe bei Ahmeds Haus angelangt, fragte er: „Und wie sieht das Opfer aus?" – „Du mußt deine Liebe zunächst reinigen und dann rein halten!" Juan verstand nicht. „Wie meinst du das, reinigen und rein halten?" – „Du darfst nicht weiter von einer Liebschaft zur nächsten wandern. Und du mußt deine alten Affären abschließen. Dein Herz ist ein Schlachtfeld. Verglichen damit sind die Schlachtfelder manch eines Krieges harmlos!" – „Und wie reinige ich mein Herz?" – „Entschuldige", antwortete Ahmed, „entschuldige, wenn ich dir keine Antwort gebe. Oder, genauer gesagt, dir nicht sofort eine Antwort gebe. Überlege dir doch in Ruhe, ob du wirklich ein Opfer für deine Liebe bringen möchtest. Spürst du genau, daß du es wirklich willst, dann komme bei mir vorbei. Ich bin immer für dich da. Komme, und wir reden!" – „Vielen Dank", antwortete Juan und parkte seinen Wagen vor Ahmeds Haus. „Ich danke, daß du mich aufgelesen hast. Mein Wagen wollte wirklich nicht mehr!" sagte Ahmed beim Aussteigen.

Ahmed und Juan verabschiedeten sich, und letzterer fuhr nachdenklich nach Hause. ‚Was meint Ahmed mit Opfer erbringen? Was heißt, die alten Affären abschließen?' dachte er und konnte sich keinen Reim darauf machen.

Zu Hause angelangt, setzte sich Juan hin und dachte nach. Ahmed hatte ihn mit dem wenigen, was er gesagt hatte, sehr berührt. ‚Wie viel muß er wissen, wenn er nur ein paar Sätze sagt, dabei aber so viel ausdrückt!' dachte Juan und ließ sein Leben ein wenig Revue passieren. Da erinnerte er sich an eine Frau, mit der er vor nicht allzu langer Zeit ausgegangen war. Sie war sehr nett und herzlich zu ihm gewesen. Sie hatte auch wirklich versucht, sich in ihn einzufühlen, ihn zu verstehen. Und was hatte er getan? Er hatte sie nur als Ablenkung benutzt. Im Grunde hatte er den ganzen Abend nur an Juanita gedacht. ‚Ich habe sie wirklich mißbraucht', dachte Juan und war sehr betroffen. ‚Ich habe kein Recht, so etwas zu tun. Was war sie nett! Was war sie bemüht! Wie herzlich war sie! Und ich? Ich dachte überhaupt nicht an sie. Wie gemein!' Juan war tief getroffen von dem, was er da erinnerte. Er verschloß sich aber nicht seinen Gedanken, sondern ging weiter in der Selbsterforschung: ‚Ich habe doch keiner Frau je eine Chance gegeben. Kein Wunder, daß ich bei Juanita keine Chance habe! Kein Wunder, daß das Schicksal verfügt hat, daß sie einen anderen heiratet!'

So dachte Juan, der in diesem Leben nicht mehr Juan hieß, noch eine Weile nach. Aber er dachte nicht darüber nach, wieviel wenige Sätze eines Meisters auslösen können. Da macht jemand immer wieder die gleichen Fehler, und nichts erreicht ihn. Dann kommt ein Meister, sagt die wenigen, entscheidenden Sätze, und das Herz beginnt bereits, sich zu öffnen. So ging Juan mit vielen Gedanken und einem schweren Herzen schlafen.

Bereits am nächsten Tag sah er bei Ahmed vorbei. Dieser freute sich sichtlich über den Besuch, hatte aber keine Zeit. So verabredeten sie sich für den Nachmittag, denn an dem Nachmittag war Ahmeds Laden geschlossen.

Sie trafen sich und tranken gemeinsam Tee. Nach einer Weile sagte Ahmed: „Ich sehe Wolken auf deiner Stirn." Juan drehte seine Augen so nach oben, als wolle er sich auf die Stirn schauen. Er lachte über sich selbst und sagte dann: „Du hast recht. Ich habe gestern abend über einiges nachgedacht. Mein Leben verläuft nicht optimal!" Er lachte wieder und fügte hinzu: „Ich will es mal so positiv ausdrücken!"

Ahmed sah ihn ganz ruhig, offen und liebevoll an, dann sagte er: „Du hast recht, dein Leben verläuft nicht fließend. Du bist nicht im Strom der Welt. Du weißt noch nicht, wohin deine Reise geht." Juan verstand ihn nicht. „Wie meinst du das, Ahmed?" fragte er deshalb. „Das Leben ist Fluß. Gehst du nicht mit diesem Fluß, blockiert sich dein Leben. Das Leben kannst du aber nicht behindern. Das Leben ist der große Strom. Du kannst ihn nie aufhalten. Ein Biber kann einen Fluß durch seine Bauten, durch die Bäume be-ein-fluss-en", Ahmed dehnte dieses Wort mit Absicht, „die er wissend ins Wasser fallen läßt. Er kann aber keinen Strom beeinflussen. In der Mitte des Mississippi wird es nie eine Biberburg geben. Sie fände keinen Halt. Das weiß der Biber. Er hält sich an die Grenzen seiner Möglichkeiten. An die Grenzen des Stroms. An die Grenzen des Lebens. Kennst du deine Grenzen? Kannst du dich begrenzen? Der Biber überlebt, weil er genau weiß, wie er mit dem Element Wasser umgehen muß. Er berechnet selbst die Hochwasser in seine Bauten ein. Wo ist deine Grenze?" Juan staunte. Irgend etwas berührte ihn, obwohl er es nicht verstand. Er sah Ahmed so fragend an, daß dieser fortfuhr: „Du bist traurig, weil du die Frau deines Herzens nicht heiraten konntest. Hast du dich aber je auf sie vorbereitet? Hast du in deinem Herzen einen Platz für sie geschaffen? Was bedeutet für dich das Wort Treue? Der Biber ist dem Wasser immer treu. Er ist sein ganzes Leben mit dem Wasser beschäftigt und läßt sich ganz auf den Fluß, in den er seine Burg baut, ein. Deshalb erlebt er keine bösen Überraschungen, obwohl ein Fluß eine gewaltige Kraft hat und eine noch gewaltigere entwickeln kann.

Frauen geben das Leben weiter. Frauen gebären. Frauen stillen das neue Leben. Frauen sind der Strom der Welt. Frauen sind die tief wurzelnde Kraft des Wassers. Das Wasser, das im Leben als Leben fließt. Das ist die große Kraft der Frau. Kennst du diese Kraft? Kaum ein Mann kennt sie! Und weißt du, warum? Weil der Mann sich nur schwer auf eine Frau einlassen kann. Er ist nicht wie der Biber. Er ist eher wie ein Hengst, der immer weiter zur nächsten Weide zieht. Bleibt er stehen, bekommt er dicke Beine. Das ist die Tragik, das ist das Dilemma des Mannes. Er ist ein Hengst, und trotzdem muß er stehenbleiben. Nur wenn er *seine* Frau versteht, sich auf sie einläßt, kommt er an und bekommt keine dicken Fesseln, weil er sich im Strom des Lebens befindet.

Du hast deine Frau verloren?“ fragte Ahmed und sah Juan mit klarem Blick an. „Ich will dir etwas sagen“, fuhr er fort, „keiner verliert *seine* Frau. Der Biber verliert auch nicht seinen Instinkt, seine Zähne, seinen Schwanz und seine Affinität zum Wasser. Das gehört zu ihm, sonst wäre er kein Biber. Keine Frau verläßt *ihren* Mann. Das kann sie nicht. Ebenso wenig, wie ein Fluß bergauf fließt. Eine Frau bleibt immer bei ihrem Mann.

Ich will dir noch etwas sagen, was du mir vielleicht glaubst – im Gegensatz zu vielen, denen ihr Denken und Wünschen einen Streich spielt: Wenn eine Frau einen Mann verläßt, ist *immer* der Mann schuld. Immer. Es ist der Animus, der männliche Seelenteil, der für Trennungen verantwortlich ist. Deshalb sage ich, daß immer der Mann die Verantwortung für eine Trennung trägt. Denn entweder hat er sie nicht zu seiner Frau gemacht, oder er wollte sie nicht zu seiner Frau machen! Letzteres geschieht zum Beispiel, wenn ein Mann um eine Frau wirbt, die nicht zu ihm paßt. Tut er dies, will er sie nicht zu seiner Frau machen, denn sie wird es *nie* werden. Ein Biber tut sich auch nicht mit einer Wasserratte zusammen. Er tut es nicht, weil er seine Grenzen kennt. Der Mann dagegen liebt es, viele Möglichkeiten zu haben. Je mehr Möglichkeiten er hat, desto freier fühlt er sich. Und unter Freiheit versteht er, tun zu können, was er will. Die Freiheit in einer Ehe ist aber, daß du deine Frau verstehst. Dann bist du frei. Unendlich frei. Und warum bist du frei? Weil du nicht mehr von deinem Kopf, von deinen Wünschen, sondern von deinem Herzen her gebunden bist. Die Bindung an das Wahre, an das Richtige, ist Freiheit. Die Freiheit, die dich in den Lebensstrom einbindet: Du fließt mit dem Leben und wandelst dabei mit Gott. Deshalb bist du frei." Ahmed schwieg. Juan sah ihn an. Dann tranken sie schweigend ihren Tee. Juan wußte genau, daß dies nicht der Augenblick war, Fragen zu stellen. Die Achtung vor dem Gesagten, die Achtung Ahmed gegenüber gebot es, nicht zu fragen und damit die Kraft von Ahmeds Worten zu verwässern. Juan spürte genau, daß der Strom des Lebens, den ihm Ahmed nahegebracht hatte, Schweigen gebot. So trank er in Ruhe seinen Tee und ließ seinen Blick über die hügelige Landschaft schweifen.

Ahmed und Juan schwiegen noch eine Weile. Dann zahlten sie, verabschiedeten sich und gingen. Jeder seines Wegs. Aber die Wege waren einander nähergekommen.

Juan ging nach Hause und dachte nach. ‚Ahmed hat viel gesagt!' dachte er. ‚Ich bin also ein Hengst. Ein wilder Hengst. Und sollte doch ein Biber sein! Wie wird man ein Biber? Ja, genau das muß ich Ahmed fragen.' Und so ging Juan am nächsten Tag wieder zu Ahmed, und sie trafen sich auf einen Tee. Ahmed sprach zunächst über scheinbar unbedeutende Dinge. Dann sagte Juan etwas unvermittelt: „Du hältst mich für einen Hengst. Dabei sollte ich ein Biber sein. Das habe ich jedenfalls gestern deinen Worten entnommen. Das hat mich sehr angesprochen, obwohl ich es nicht ganz verstanden habe." – „Das stimmt", antwortete Ahmed, „ich glaube, du bist ein schöner, starker, wilder Hengst. Das fasziniert dich. Ein Hengst ist aber immer in Bewegung. Seine Bewegungen sind wunderschön. Harmonisch, fließend. Elegant. Aber er ist immer in Bewegung. Selbst wenn er schläft, bewegen sich seine Ohren. Du wanderst von Frau zu Frau. Dabei denkst du immer an eine andere. An eine, die du nicht bekommen kannst. Das schafft Unruhe. Dein Bauch, deine Brust, dein Kopf, dein Becken sind voller Unruhe." – „Das stimmt", gab Juan ihm recht, „ich habe viel Unruhe in mir. Ich hatte Zeiten, da mußte ich einfach los. Ich mußte weggehen. Mich mit einer Frau treffen. Mit einer Frau sprechen. Ihr nah sein." – „So kannst du nie einer Frau nah sein! Das geht nicht. Körperliche Nähe ist nur dann wirkliche Nähe, wenn sie aus der seelisch-geistigen Nähe erwächst. Du kannst ein Meisterwerk nur erschaffen, wenn du es bereits *in dir* geformt hast. Das Außen ist immer Ausdruck des Innen. Ohne Herz kann sich kein Arm bewegen. Ein Herz kann aber sehr wohl schlagen, wenn es keine Arme gibt." Juan verstand nicht. „Was meinst du damit, einer Frau nah zu sein?" fragte er dann. „Schau", antwortete Ahmed, „du liebst eine bestimmte Frau, bist aber mit anderen zusammen. Wo soll da Nähe sein? Wo ist da Wahrheit? Aber das sind bereits andere Fragen. Die Hauptfrage kann doch für dich im Moment nur sein: Wie machst du das? Wie kommt es, daß du das kannst?" Juan staunte. Diese Frage hatte er sich noch nie gestellt. Er konnte das eben. Fertig, aus! Ahmed sah sein Staunen. Das fand er gut.

Nach einer Pause fragte Ahmed: „Wo ist dein Herz, wenn du bei einer Frau bist?" Diese Frage traf Juan ins Herz. Von seinem Herzen her wußte er, daß er nie bei einer Frau war. Nie. Sein Herz war immer woanders. In diesem Leben bei Juanita. Im vorherigen Leben immer schon bei der nächsten Frau. Das Muster war in beiden Leben ähnlich, obwohl sich etwas Entscheidendes verändert hatte: In diesem Leben blieb Juan auf *eine* Frau bezogen, das war der Unterschied. Der enorme Unterschied. Diesen Unterschied hatten seine Krankheit und sein Tod im letzten Leben bewirkt.

„Und wie finde ich mein Herz?" fragte Juan. „Du brauchst dein Herz nicht zu finden", antwortete Ahmed und machte eine kleine Pause, während er einen Schluck trank. „Du mußt dein Herz nicht finden", wiederholte er, als er seine Tasse hinstellte, „du mußt es nur öffnen!" Juan sah ihn an und schwieg. ‚Dieser Ahmed weiß viel', dachte er sich, ‚viel mehr, als er so sagt. Er ist offensichtlich ein Meister. Dabei kannte ich ihn bisher nur als ganz bescheidenen Verkäufer! Welch eine Kraft in dieser Bescheidenheit steckt!' Mit diesen Gedanken drückte Juan genau das aus, was Ahmed gesagt hatte: Er mußte sein Herz nicht finden, er mußte es nur öffnen. Und genau dies hatte er getan. Zwar einem Mann gegenüber. Aber immerhin jemandem gegenüber, den er als Meister anerkannte. Das war ein großer Schritt. Juan schwieg und ließ das Gesagte und Gedachte auf sich wirken. Das war bereits der halbe Weg.

Juan fragte Ahmed, ob er noch etwas Tee wolle. Als dieser bejahte, schenkte er ihm und sich ein. Als er die Teekanne abgestellt hatte, fragte er: „Und wie öffnet man sein Herz?" – „Jeder auf seine Weise. Gott hat für jeden *seinen* Weg bestimmt. Wenn ich dich aber richtig verstanden habe", fuhr Ahmed fort, „möchtest du wissen, wie *du dein* Herz öffnen kannst." – „Ja, genau, das interessiert mich!" – „Willst du es wirklich wissen?" – „Ja, wirklich", antwortete Juan mit ernstem Gesicht. „Für dich gibt es nur einen Weg: Abstinenz. Enthaltsamkeit. Keinen anderen!" Juan konnte die Antwort kaum fassen. „Für wie lange?" – „Bis du Juanita erreicht hast!" – „Das kann ja ewig dauern", meinte Juan bange. „Dein Herz ist nicht so verschlossen!" Diese Bemerkung von Ahmed war sehr weise. Sie machte deutlich, daß er in Juans Herz blicken und außerdem in seine Zukunft sehen konnte. Hier wird deutlich, warum Ahmed so ein bescheidenes Wesen hatte, war er doch erleuchtet!

„Und wie sieht diese Abstinenz aus?" mußte Juan nochmals fragen. „Daß du keine Beziehungen mehr mit anderen Frauen eingehst. Weder emotional noch sexuell." – „Das halte ich nicht durch!" meinte Juan etwas trotzig. „So darfst du nie, nie denken. Denke nie, daß du es nicht kannst, sondern daß es dein Weg ist, den Gott dir gab, damit du dein Herz, und damit *dich,* finden kannst." Juan dachte nach. Er fand alles, was Ahmed sagte, sehr berührend. Allein, er zweifelte, ob er das leisten könne. Frauen waren sein Lebensinhalt. Und nun sollte er sie aufgeben? Wie sollte das möglich sein?

Ahmed konnte Juans Gedanken leicht erraten. Jeder hätte dies tun können, standen sie doch gleichsam mit Leuchtschrift auf seiner Stirn geschrieben. Ahmed aber schwieg. Nach einer Weile sagte er dann: „Du denkst falsch und machst dir damit das Leben schwer. Stell dir vor, man würde vor ein kleines Kind all das Essen stellen, das es während seines Lebens verzehren wird. Es würde möglicherweise verzweifeln und gar nichts mehr essen. Oder man würde diesem kleinen Kind sagen, was es alles in diesem Leben vollbringen müsse. Wahrscheinlich wäre es so entmutigt, daß es gar nichts mehr machen würde. Deswegen gibt es den Schleier des Nichtwissens. Er bewahrt dich vor Mutlosigkeit und Verzweiflung, die zur Tatenlosigkeit führen. Mache dir deshalb das Leben nicht schwer. Denke nicht, daß du eine Ewigkeit lang keine Frau haben wirst, sondern denke jeden Tag: *Heute nicht*. Denke nicht an gestern. Denke nicht an morgen. Denke nur das eine: *Heute nicht*. Und wenn du abends allein ins Bett gehst und es damit an diesem Tag geschafft hast, dann freue dich. Freue dich jeden Abend über deine Leistung. Du mußt dich unbedingt freuen. Unbedingt. Dies darfst du ja nicht vergessen!"

Juan fühlte sich von Ahmeds Worten sehr angesprochen. Sie berührten sein Herz. Sie machten ihn glücklich, obwohl sie ihm auch große Angst machten. Trotz der Angst fühlte er sich angesprochen. Er hatte bereits so viel wegen Juanita gelitten. Er hatte mit so viel innerer Unruhe kämpfen müssen, warum sollte er nicht einmal einen neuen Weg ausprobieren?

Juan blieb noch eine Weile mit Ahmed zusammen. Sie tranken ihren Tee und sprachen über Geschäfte und Politik. Ahmed führte ganz elegant das Gespräch auf Dinge, die mit Juan persönlich nichts zu tun hatten. Er wollte nämlich nicht, daß Juan das Gefühl bekam, er könne mit ihm, Ahmed, nur über schwierige Themen sprechen. Außerdem sah er, daß Juans Zeit der Veränderung im Inneren, aber noch nicht im Äußeren gekommen war.

Bald nach diesem Gespräch traf Juan eine Frau. Es war eine sehr attraktive Frau, und so vergaß Juan sogleich das Gespräch mit

Ahmed und ging wenig später eine Beziehung mit ihr ein. Diese Frau war aber mindestens so verletzt wie er – und mindestens so attraktiv und verstrickend wie er. Juan wußte deshalb nie, woran er bei ihr war. Einmal wollte sie ihn sehen. Ein andermal lieber nicht. Das nächste Mal war sie sehr distanziert. Ein weiteres Mal ihm ganz nahe. Diese Wechselbäder machten ihm sehr zu schaffen und nahmen ihn sehr mit. Immer wieder wollte er sich von ihr trennen. Zu seinem großen Erstaunen mußte er aber feststellen, daß er sich nicht von ihr lösen konnte. Über Monate ging es so hin und her. Juan wußte überhaupt nicht, was er tun sollte. Er spürte ganz genau, daß dies auf keinen Fall die Beziehung war, die er suchte. Gleichzeitig erkannte er aber auch, daß er an diese Frau gebunden war und sich, sosehr er auch wollte, nicht von ihr trennen konnte. Er litt und litt. Er litt einige der Schmerzen, die er Frauen in diesem und im vorherigen Leben zugefügt hatte. Dann zog diese Frau fort, lernte einen anderen Mann kennen und ward nicht mehr gesehen. Auch dies verletzte Juan sehr. Er hatte so viel versucht, getan, ausprobiert, um mit dieser Frau zurechtzukommen, und sie war in der Lage, einfach wegzuziehen, mit einem anderen eine Beziehung einzugehen und nichts mehr, auch nicht das Geringste, von sich hören zu lassen! Juan war empört. Und verletzt.

Als er eines Abends auf dem Balkon seines Hauses saß, in die Wolken sah und nachdachte, kam ihm zum erstenmal der Gedanke: ‚So, wie ich mich jetzt fühle, haben sich die Frauen gefühlt, mit denen ich zwar Beziehungen hatte, die mich aber nicht interessierten. Wie unfair ich war!‘ dachte er und staunte, wie schnell die Wolken dahinzogen und sich ständig veränderten. ‚Wie leicht die Wolken sind. Wie ungebunden. Wie glücklich sie aussehen. Ich bin sicher: Wolken sind glücklich!‘ dachte er. Da kamen ihm die Worte von Ahmed in den Sinn. ‚Alleinsein. Alleinsein. Ja, ich werde allein sein! Ich werde mir jeden Tag sagen: Heute nicht!‘ So blieb Juan allein. Und es war nicht einfach. Immer wieder war er versucht, eine kurze, unverbindliche Beziehung einzugehen. ‚Einfach mal ein paar schöne Stunden mit einer Frau zu verbringen!‘ Sein letztes Erlebnis steckte ihm aber noch in den Knochen. Er dachte dann immer an die

Ruhe, die Ahmed ausstrahlte. Eine Ruhe, die ihn berührte. Eine Ruhe, die er bewunderte. Dieser Ruhe wegen wollte er es ausprobieren. Deswegen sagte er sich jeden Tag: „Heute nicht!“ – und blieb dabei.

Diese Haltung tat ihm gut. Juan fühlte sich nicht mehr so eingespannt, so angespannt, so getrieben. Aber er spürte auch sehr viel Einsamkeit. Sein Leben hatte irgendwie seinen Sinn verloren. Juan durchlitt manch eine Höllenqual. Aber er hielt durch. Bereits ein halbes Jahr.

Doch dann konnte er nicht mehr und war kurz davor, in sein altes Leben zurückzufallen. Da wurde er zum Militär eingezogen. Sein Land befand sich im Krieg, und nun mußte auch er an die Front. ‚Na gut‘, dachte er sich, ‚dann gehe ich eben an die Front. Kann auch nicht schlimmer als hier zu Hause sein! Aber bevor ich gehe, besuche ich nochmals Ahmed.‘ Er hatte Ahmed in den vergangenen Wochen und Monaten immer wieder getroffen. Ahmed hatte ihm viel Stütze, Ruhe und Hoffnung gegeben.

Nun traf Juan ihn und verabschiedete sich von Herzen. „Gott segne dich, mein Lieber“, sagte Ahmed. „Du wirst nun ein sehr intensives Leben haben. Es geht um Leben und Tod. Dein Leben und das Leben anderer. In welch eine Dimension du nun kommst! Halte dich an Gott, und Er wird dich führen. Halte dich an Gott, und Er wird dich sicher nach Hause führen. Bete morgens und abends, und wiederhole während des Tages den Namen des Herrn. Und nütze die freie Zeit, um dich zu entschuldigen.“ – „Entschuldigen?“ fragte Juan, da er nicht verstand. „Ja, entschuldigen“, wiederholte Ahmed. „Die Welt ist nämlich auf die Gesetze der Göttlichen Ordnung aufgebaut. Alles hat sein Gesetz, seine Ordnung, nach der es sich richtet. Es gibt die Ordnung, wonach sich die Planeten bewegen. Es gibt die Ordnung, wie die Welt sich dreht. Wie die Jahreszeiten sich abwechseln. Es gibt die Ordnung, wie Handwerker, Krieger, Richter, Herrscher sich verhalten sollen. Das Sanskritwort dafür ist Dharma. Dies kannst du mit Rechtschaffenheit, mit Ordnung oder mit rechtem Tun übersetzen. Dieses rechte Tun hat seine Wurzeln in Gott. Und das heißt: Handelst du in Liebe, in Wahrheit, in Frieden und gewaltlos, so bist du rechtschaffen und Gott gefällig. Und die Gewaltlosigkeit lebst du als Krieger dadurch, daß du niemals aus Eigennutz verletzt, geschweige denn aus Haß tötest.

Das Dharma in der Beziehung von Mann und Frau ist die Treue. Treue ist praktizierte Liebe. Wer nicht treu ist, wer sich trennt, ist nicht in der Liebe. Er ist nicht in der Wahrheit, und er ist nicht gewaltlos, weil er verletzt. Gott liebt, Gott lebt die Einehe." Juan sah Ahmed mit großen Augen an. Es gab da viel, was ihn faszinierte. Einmal die Gedanken selbst. Sie berührten ihn sehr. Dann war da aber auch die Tatsache, daß Ahmed all dies so klar wußte und sagte – und daß er dies erst jetzt tat! Er war nicht etwa am ersten Tag ihrer näheren Bekanntschaft damit rausgeplatzt. Oder ein anderes Mal, als sie sich getroffen hatten. Nein, erst jetzt bei einem so wichtigen Abschied. Juan war sehr berührt. Er spürte, daß Ahmed genau wußte, wann der rechte Augenblick war. ‚War dies nicht auch Dharma?' dachte er und griff damit Ahmeds Gedanken so auf, daß deutlich wurde, daß er sogleich verstanden hatte, was dieser gemeint hatte.

„Sage mir, Ahmed, bei wem soll ich mich entschuldigen?"

„Bei allen, die direkt und indirekt davon betroffen sind, daß du dich nicht an das Dharma der Einehe gehalten hast.

1. bei allen Frauen, mit denen du zusammen warst.

2. bei den Partnern dieser Frauen, die in der einen oder anderen Weise damit zu tun haben, daß diese mit dir zusammen waren.

3. solltest du dich bei Gott dafür entschuldigen, daß du Beziehungen ohne Seinen Segen hattest.

4. solltest du dich ebenfalls bei Gott dafür entschuldigen, daß du Beziehungen hattest, bei denen du überhaupt keinen Segen haben wolltest, da du diesen Begegnungen von vornherein keine große Bedeutung beigemessen hast.

5. solltest du dich bei dir selbst entschuldigen und dir vergeben, daß du dich so gering geachtet hast, dich in solche unklaren und egoistischen Beziehungen zu verwickeln.

6. solltest du dich auch bei Juanita entschuldigen, daß du ihr zwar im Herzen, nicht aber in deinem Denken, deinen Wünschen und mit deinem Körper treu warst.

Dies ist ganz wichtig für dich. Denn jeder, der vorherige Beziehungen hatte, sollte sich bei seinem Partner entschuldigen."

Wie immer, wenn er etwas Wichtiges hörte, schwieg Juan erst einmal. Er dachte über das Gehörte nach und ließ es in sich nachklingen. Er trank ganz bedächtig von seinem Tee. Nach einer Weile sagte er dann: „Ich spüre, daß es wichtig ist, was du sagst, Ahmed. Du weißt viel. Ich habe da aber noch eine Frage: Wie entschuldige ich mich? Muß ich jeden persönlich aufsuchen?"

„Eine wichtige Frage! Dazu gibt es zwei Antworten: Erstens solltest du keinen persönlichen Kontakt aufnehmen, sondern Gott bitten, die Entschuldigung weiterzugeben. Dies ist die perfekte Form der Entschuldigung in diesem Fall, da Gott genau das weitergibt, was richtig und wichtig ist." – „Wie wichtig!" sagte Juan. „Und die zweite Antwort?" Ahmed lachte: „Es ist dir aufgefallen, daß ich nur das eine erwähnte! Du denkst mit! Die zweite Antwort ist, daß Sexualität alles verändert. Für immer. Da gibt es kein Zurück. Es gab Gesellschaftsformen, da dachten die Menschen, die Sexualität sei etwas ganz Banales. Da kam jeder mit jedem zusammen, und am nächsten Tag behandelten sie sich so, als sei nichts gewesen. All diese Gesellschaften sind untergegangen – oder werden untergehen. Sexualität ist eine Göttliche Energie, denn sie schafft neues Leben. Wer sie nicht achtet, achtet Gott nicht! Deshalb solltest du keinen Kontakt mit deinen früheren Partnerinnen pflegen. Was gewesen ist, ist gewesen. Es gibt deshalb kein Zurück mehr. Gehe nicht zurück, sondern mache dich mit Hilfe der Entschuldigungen frei. Und entschuldige dich nicht selber, bitte vielmehr Gott, deine Entschuldigung weiterzugeben. Gehe mit Gott und werde frei!"

„Wie wichtig!" antwortete Juan wieder. Wie auch sonst sprachen sie nun über andere Dinge. Dann verabschiedeten sie sich. Juan war sehr berührt. Ahmed umarmte ihn und wünschte ihm Gottes Segen.

Am nächsten Tag ganz früh fuhr Juan an die Front. Es kam nun eine schwere Zeit für ihn. Er mußte in Schützengräben sitzen, auf Feinde schießen, seinen verwundeten Kameraden beistehen, viel Nässe und Kälte aushalten. Die Zeit verging. Wann immer er aber konnte, sprach er mit Gott und bat Ihn, seine Entschuldigung weiterzugeben, so wie Ahmed es ihn gelehrt hatte. Dann wurde er schwer verwundet. Mehr tot als lebend wurde er ins Lazarett gebracht. Viele, viele Wochen lag er hier, und lange Zeit wußten die Ärzte nicht, ob er überleben würde. Besonders eine Krankenschwester pflegte ihn ganz hingebungsvoll. Sie war in einem zurückliegenden Leben eine Frau gewesen, die ihn besonders verletzt hatte. Sie hatte jetzt die Chance, dies wiedergutzumachen. Als es Juan ganz allmählich besser ging, begann er sich mehr und mehr mit dieser Schwester zu unterhalten. Und wieder kam sein „Jagdinstinkt" hoch. Am liebsten wäre er ganz gesund gewesen und wäre mit dieser hübschen Schwester ausgegangen, um sie näher kennenzulernen. Da wurde ihm aber seine Auf-Gabe bewußt: Er wollte das alte Leben doch nicht weiterleben, sondern wollte endlich für Juanita offen sein. ‚Will ich das überhaupt?' fragte er sich. ‚Was soll ich mit Juanita?' – „Willst du etwas erreichen, mußt du etwas opfern", hatte Ahmed ihm einmal gesagt. ‚Was will ich? Wozu habe ich überlebt?' fragte sich Juan, während er auf dem Feldbett im Lazarett lag und die Verstrebungen an der Decke betrachtete. ‚Was will ich? Was ist richtig für mich? Wo will ich hin? Will ich Juanita oder diese Krankenschwester? ... Ahmed sagte mir, ich solle mir vergeben. Das ist wichtig. *Ich verstehe unter Vergeben auch, daß ich mir Zeit lasse.* Daß ich nichts übereile. Daß ich nachdenke, nachspüre und versuche herauszufinden, was ich, was mein wahrer Kern will.' So horchte Juan in den nächsten Tagen immer wieder in sein Herz hinein. Er merkte dabei, daß er alle Frauen mit Juanita verglich. ‚Wenn ich alle Frauen mit ihr vergleiche, dann ist es sie, sie allein, die ich suche. Ich habe die schwere Verwundung überlebt. Ich habe ein neues Leben bekommen', dachte Juan, ‚und dieses Leben möchte ich für mich nutzen. Ich will mich für mich entscheiden. Und entscheide ich mich für mich, muß ich mich für Juanita entscheiden, denn sie ist in meinem Herzen.'

Der Umgang mit der hübschen und herzlichen Krankenschwester war nicht immer leicht für Juan – besonders als es ihm immer besser ging und seine Lebensgeister und seine Vitalität immer stärker wurden. Er dachte in den Momenten, in denen er der Versuchung immer wieder Auge in Auge gegenüberstand, an Ahmeds Satz: „Sag dir stets: Heute nicht!" Das half ihm. Trotzdem brannte seine Seele immer wieder. Warum sollte er sich für die doch unerreichbare Juanita entscheiden, wo diese liebe Krankenschwester hier war? fragten ihn immer wieder die ungestümen, die körperlichen Anteile in ihm. ‚Warum soll ich eigentlich?' fragte sich Juan. ‚Weil ich lang genug alles mögliche getan habe, nur habe ich mich nie gefragt, was es bedeutet, das zu leben, was meine Seele benötigt. Heute spüre ich genau, daß mir meine Entscheidung guttut. Ich weiß, daß Juanita in meinem Herzen ist. Und ein einziges Mal in meinem Leben möchte ich meinem Herzen treu sein. Ein einziges Mal!'

Das war aber gar nicht so einfach. Immer wieder kamen Juan Zweifel. Immer wieder fühlte er sich versucht, doch seinen alten Weg zu gehen. Besonders, wenn die anderen Genesenden Besuch bekamen, ausgingen und fröhlich wiederkamen, war es für ihn kaum auszuhalten. Es kämpften in ihm zwei so gegensätzliche und so starke Seelen, daß er manchmal von der Angst befallen wurde, er werde auf der Stelle verrückt. Und wie häufig lag er nachts wach und zweifelte an seinem Entschluß – und an seinem Verstand! Er lag dann da und hatte die größte Mühe, sich nicht in den buntesten Bildern auszumalen, wie schön ein Zusammensein mit „seiner" Krankenschwester wäre. In diesen Momenten zwang er sich aber, an Juanita zu denken. Und gelang ihm das nicht, dann dachte er an Gott und wiederholte Seinen Namen. Damit bekam er Ruhe und dankte Ahmed und Gott von Herzen.

Die Situation verschlimmerte sich nochmals erheblich, als sein Entlassungstermin näher rückte. Er wußte, daß er „seine" Krankenschwester aus den Augen verlieren würde, wenn er das Lazarett verließ – und sie ihn. Immer wieder war er von Zweifeln zerfressen. Darüber hinaus mußte er noch miterleben, wie ein anderer Soldat sich um die Schwester bemühte. Was würde werden, wenn er ging? Und wenn er nie mit Juanita zusammensein würde? Er litt so, daß er nur noch den Namen des Herrn wiederholen konnte. Das verschaffte ihm Erleichterung, aber die Schmerzen begannen von neuem, sobald er damit aufhörte. Juan spürte, wie sein Körper von Tag zu

Tag gesünder, seine Seele aber zerrissener wurde. So humpelte er mit dem Namen des Herrn auf seinen Lippen und übte mit Krücken die ersten Schritte. Er litt so stark, daß er versuchte, an nichts anderes zu denken. Aber wie sollte er dies tun, wo „seine“ Schwester ihm immer wieder beim Gehen half? Sie war ihm dann so nah, so spürbar, so greifbar nahe. Er konnte nicht anders, als bei dem Namen Gottes Zuflucht zu suchen. Er wiederholte und wiederholte ihn. Da kam ihm eines Tages das Bild, daß er, wenn er nicht durchhielt, viel, unendlich viel verlieren würde. Dieses Bild gab ihm Hoffnung. Er wußte, daß er bald abreisen würde – und mußte. Er durchlitt die letzten Tage bewußt, verabschiedete sich jedesmal, wenn er „seine“ Krankenschwester sah, mit Tränen im Herzen von ihr – Tränen, die er auf keinen Fall zeigen wollte.

Es kam der Tag der Entlassung. Er ging zu ihr, überreichte ihr ein schönes Geschenk und verabschiedete sich von ganzem Herzen. Dabei bat er Gott, Er möge sie schützen, führen und segnen. Dann ging er, bevor ihm seine gebrochene Stimme alles verderben würde. Denn er wußte, wenn sie ihn zu sehr berühren würde, könnte er nicht mehr widerstehen.

Er fuhr los und winkte noch eine Weile. ‚Oh, ich habe mein Herz in der Hand‘, dachte er beim Abschied, ‚und ich habe nie gewußt, daß es so leiden kann! Gott, welch einen schweren Weg du für mich gewählt hast!‘ Traurig und in sich gekehrt kam er zu Hause an. Er setzte sich auf seinen großen Balkon und sah wieder den Wolken nach. ‚Ja, ja, die Wolken‘, dachte er, ‚wir müssen uns verändern wie die Wolken. Ganz geschmeidig dahinziehen. Immer im Kontakt mit dem Himmel. Immer nahe dem Licht! Ja, ja, der Lebensstrom – von dem Ahmed sprach! Wie mag es ihm nach all der Zeit wohl gehen?‘ Juan wusch sich, zog sich an und ging sogleich zu Ahmed. Kaum war er in den Laden getreten, sah Ahmed ihn und erkannte sofort, wie sehr er sich verändert hatte. „Ah, da bist du!“ rief Ahmed aus. „Wie schön, daß du wieder da bist. Und wie schön deine Seele ist!“ Juan staunte. „Du kommst genau richtig, ich schließe nämlich gerade, und wir können einen Tee zusammen trinken.“ – „Sehr gerne, Ahmed“, antwortete Juan, nachdem er ihn herzlich umarmt hatte.

Sie gingen wieder ihren Tee trinken. Ahmed erkundigte sich nach Juans Erfahrungen, nach seinen Verwundungen – den inneren und den äußeren. Juan erzählte von seiner Zeit im Lazarett und davon, wie sehr ihn der Verlust „seiner“ Krankenschwester schmerze. „Welch eine Leistung du vollbracht hast“, bewunderte ihn Ahmed. „Welch einen großen Krieg du gewonnen hast! Ich gratuliere dir. Wie sehr dich diese drei Jahre verändert haben! Du bist als Krieger gegangen und als ein Held wiedergekommen! *Ein Held bist du deshalb, weil du alte Neigungen besiegt und einen tiefen Kontakt zu Gott aufgebaut hast. Wer das schafft, ist ein wirklicher Held.* Du wirst mit einem Orden belohnt werden – das Karma wird dies mit Sicherheit tun!“ Ahmed prostete Juan mit seiner Teetasse zu, und seine Augen strahlten.

Dann sprachen sie über dies und jenes, darüber, was alles zwischenzeitlich geschehen war. Nach einer Weile, als er sich lang genug auf die Schwingung von Juans Seele eingestellt hatte, sagte Ahmed: „Es gibt noch eine Neuigkeit: Juanitas Mann mußte so wie du und viele andere auch in den Krieg. Er ist bereits ganz zu Anfang gefallen. Fast drei Jahre ist es nun her.“ Juan blieb das Herz stehen. Dasselbe Herz, das beim Abschied von der Krankenschwester so gelitten hatte, daß es fast zerbrochen wäre, blieb nun stehen, und ein heilsamer Hoffnungsstrahl entstand wie blaues Licht.

Als er nach Hause kam, überlegte Juan sogleich, was er tun könne. Er wollte Juanita sofort anrufen. Er zitterte aber am ganzen Körper. Dann betete er zu Gott, Er möge ihn führen und Er möge ihn nur das Beste für alle Beteiligten tun lassen. Nachdem er so gebetet hatte, rief er mit bangem Herzen an. Juanita antwortete. Sie freute sich hörbar, daß er anrief. Das machte ihm Mut und erwärmte sein Herz. Sie verabredeten sich für den nächsten Nachmittag in einem Café. Juan schlief die ganze Nacht nicht. Sein Herz schlug ihm nicht nur bis zum Hals, sondern bis zur Schädeldecke. ‚Gott sei Dank habe ich den Namen des Herrn‘, dachte er, ‚sonst würde ich bestimmt verrückt werden! Ich bin so schrecklich aufgeregt!‘

Dann kam der Nachmittag. Juan war fast fiebrig. Die Stunden waren dahingekrochen. Solch unendlich lange Stunden hatte er noch nie erlebt. Und das gerade heute, wo er so sehr hoffte, sie möchten im Fluge vergehen!

Er kam – natürlich! – zu früh ins Café. So wartete er wieder eine Ewigkeit. Dann kam Juanita. Er stand auf und ging ihr entgegen. Sie war strahlend und herzlich wie immer. Trotzdem brach ihm das Herz. Sie war nicht die Juanita seines Herzens. Das wußte er sofort. Sie war eine liebe, liebe Frau. In seinem Herzen war aber eine andere. Er war erstaunt. Im ersten Augenblick vielleicht auch ein wenig enttäuscht. Dann spürte er eine große Freude in sich. Er fühlte sich ganz weit. Ganz offen. Ganz frei. Das erste Mal in seinem Leben war er frei. Frei von einem krankhaften Druck, der ihn wie eine Marionette bestimmt hatte. Ein zwanghafter Druck, den Juan als Freiheit mißverstanden hatte. Nun war er frei. Nun spürte er Shanti, inneren Frieden, in seinem Herzen. Er hatte die äußere Juanita offensichtlich für immer verloren. In seinem Herzen hatte er aber *seine* Juanita gefunden. Dieses Bild der Frau, das er nie gehabt hatte, lebte nun in ihm und gab ihm inneren Frieden – einen Frieden, der ins Glück hineinragte.

Und durch den Tod ihres Mannes konnte auch Juanita ganz von Juan lassen. Auch sie hatte immer wieder an ihn gedacht. Auch an ihr waren die Erlebnisse des letzten Lebens nicht spurlos vorbeigegangen. Dadurch, daß ihr Mann gefallen war, wurde dieser aber zum Held ihres Lebens. Dadurch baute sie eine Beziehung zu ihm auf, dadurch wurde sie einer Tiefe und Offenheit fähig, durch die sie in ihrem nächsten Leben eine äußerst beglückende Ehe mit ihm führen konnte – ein nächstes Leben, das bald sein würde, da sie wenige Monate nach diesem Treffen starb.

Juan begegnete Juanita bei jenem Treffen sehr herzlich, mit viel Achtung und Dankbarkeit. Er spürte genau, daß sie nicht seine Partnerin war. Er wußte aber auch, daß er ihr seine innere Juanita zu verdanken hatte. Das sagte er ihr, und auch dieser Ausdruck von Dankbarkeit machte ihn frei.

Als er an diesem Abend nach Hause kam, spürte er, daß Juanita seine Lehrmeisterin gewesen war. Er spürte aber auch, daß Juanita nicht mehr der richtige Name für sein inneres Bild war. ‚Wie soll ich sie nur nennen?' fragte er sich. Er dachte an Maria, die Gott-Mutter. Maria ist das Symbol für die Liebe, mit der Gott die Welt umsorgt. Maria ist die gütige Seele, die mit Ihrer Liebe Jesus auf all Seinen Wegen begleitete. Maria ist die Göttliche Mutter, die unendliche Liebe in Ihren Sohn strömen ließ. Maria ist das Bild der idealen Frau, weil Sie die ideale Frau und ideale Mutter ist. Dieses Bild ließ Juan durch seine Seele fließen. Wie eine Ikone, die immer zur Anbetung auffordert, war das Bild in ihm. Jenes Bild, das er so viele Leben lang bei so vielen Frauen gesucht hatte. Diese Fülle hatte er gesucht. Gefunden hatte er dagegen eine riesige Leere, weil er sie im Körperlichen und nicht im Geistig-Spirituellen gesucht hatte.

Drei Tage nach seiner Begegnung mit Juanita traf er sich wieder mit Ahmed. Sie unterhielten sich ein wenig über das Treffen, und Ahmed war von Herzen froh, daß Juan so eine wundervolle Entwicklung gemacht hatte. Wieder unterhielten sie sich über dieses und jenes, als Ahmed seinen Faden plötzlich wieder aufgriff: „Was willst du nun tun?" fragte er Juan unvermittelt. „Ich werde vermehrt meiner Arbeit nachgehen", antwortete Juan. „Das ist gut. Ich sehe aber einen Schatten in deinem Herzen." – „Einen Schatten in meinem Herzen?" fragte Juan zurück. „Ja, einen Schatten!" sagte Ahmed mit Bestimmtheit. „Und was soll das sein?" – „Du gehst von einem Extrem zum anderen", antwortete Ahmed. „Früher hattest du eine äußere Frau nach der anderen, ohne eine innere Frau zu haben. Nun hast du eine wunderbare innere Frau, aber keine äußere. Das ist nicht ausgewogen. Ich sage: Das Leben ist ein Strom. Es ist das Wesen eines jeden Stromes, daß er nach Ausgleich strebt. Wo ist dein Ausgleich?" Juan verstand nicht. Seiner alter Gewohnheit treu, schwieg er und ließ Ahmeds Worte in sich wirken. Nach einer Weile sagte er dann: „Ahmed, was möchtest du mir damit sagen? Ich verstehe dich nicht." – „Die Ikone in deinem Herzen bedarf eines Bildes vor deinen Augen!" – „Und wie sieht das aus?" fragte Juan und wußte überhaupt nicht, was Ahmed meinte. Ahmed tat so, als tränke er nachdenklich seinen Tee, sah Juan an und sagte nach einer Weile: „Du hast deine Frau kennengelernt. Du glaubtest damals aber, deine Frau sei Juanita, und hast sie deshalb aus deinem

Bewußtsein verbannt. In deinem Herzen ist sie aber noch zu sehen. Wo ist die Krankenschwester, die dein Herz so sehr berührte? Du darfst sie nicht verbannen. Sie ist Teil deines Herzens! Heute bist du reif für sie. Heute kann sie deine Frau werden, denn sie kann in deinem Herzen ein Zuhause finden, da du dich heute von einer Frau berühren läßt." – „Wie soll ich sie aber finden? Das Lazarett ist bestimmt bereits aufgelöst, oder zumindest ist sie abgereist", zweifelte Juan. „Wenn du sie nicht suchst, bist du weder wert, daß du sie findest, noch kannst du sie finden. Sie ist eine gute Frau. Deshalb wirst du sie finden, weil sie dir treu ist. Und sie ist dir treu, weil sie ihrem Herzen treu ist. Und sie kann ihr Herz für dich bewahren, weil du sie durch deine Integrität, durch deine innere Suche und deine Treue berührt hast. Sei ihr, sei deinem Herzen, sei der Frau in deinem Herzen treu, und du wirst sie finden. Das ist ein Gesetz: Stellt sich ein Mensch mit seinem ganzen Herzen auf seinen Partner ein, so wird er ihn finden. Nur wenn das Bild in deinem Herzen unklar ist, nur wenn ein Teil ihn doch nicht will, findest du ihn nicht. Sonst kommst du unweigerlich mit ihm zusammen. Du wirst sehen!"

Juan war von diesen Worten sehr bewegt. Ahmed hatte einen Teil in ihm angesprochen, den er weggeschoben und vergessen hatte. Nun bekam er Kontakt damit, und es lebte eine neue Kraft in ihm auf.

So war Juan bald darauf auf der Reise und suchte seine Krankenschwester. Als er zu dem Lazarett kam, war es verlassen, wie er befürchtet hatte. Einem Mann, der dort wachte, hatte sie aber ihre Adresse hinterlassen. So fand er sie einige Kilometer entfernt. „Warum hast du ihm deine Adresse hinterlassen?" fragte Juan sie. „Ich wußte, daß du wiederkommen würdest", antwortete sie und sah ihn mit ruhigem Glanz in den Augen an. „Woher wußtest du das?" – „Weil du Teil meiner Seele bist. Du mußtest meinen Teil in deiner Seele noch finden. Ich war aber schon lange bei dir angekommen. Das einzige, was uns trennte, war die Zeit. Die Zeit, die uns jetzt verbunden hat."

Bald darauf heirateten sie und bekamen zwei Kinder, die sie gemeinsam großzogen. Und sie staunten, wozu die Liebe fähig ist. Die

Liebe, der Gott, den sie sahen, wenn sie ins eigene Herz blickten. Und der Gott, den sie in ihrem Herzen sahen, hatte jeweils das Gesicht ihres Partners. Dieser Gott segnete ihre Ehe mit Achtung und Glück. Und innere Ruhe schmückte ihr Leben.

Ein Tag ohne Liebe ist wie ein Körper ohne Leben.

Die Kraft der Zartheit

Die Kraft der Zartheit ist die Kraft des Wassers. Das Wasser ist das Symbol des Weiblichen. Das Wasser strömt einfach dahin, ganz einfach, ganz weich. Aber es strömt. Unaufhaltsam. Das Wasser ist immer in Bewegung. Und die meisten Bewegungen sind zart, zum Teil nicht zu sehen. Wer kann schon das verdunstende Wasser sehen? Wer sieht die Wassertropfen in den Wolken? Wer sieht die einzelnen Tropfen in einem Bach? Niemand nimmt sie wahr, und trotzdem sind sie da und erhalten das Leben.

Sieh dir einen Bach an. Sieh dir das Leben an seinem Ufer an. Sieh, wie er lustig und leicht dahinplätschert und wie die Sonne darin gefangen ist, weil er sie voller Leben, voller Liebe spiegelt. Du glaubst das nicht? Ich weiß es aber. Ich weiß, daß die Sonne, dieser herrliche Gott, es liebt, sich in einem plätschernden Bach zu spiegeln. Die Sonne liebt das Leben, deshalb dient sie so selbstlos, aufopfernd und unermüdlich. Ein plätschernder Bach ist der Inbegriff von pulsierendem Leben. Von weiblicher Kraft. Das bewegte Licht der Zartheit.

Als Frau mußt du diese Kraft in dir entdecken. Ich sage: *Western life, wasted life*, westliches Leben, verschwendetes Leben. Eben besonders deshalb, weil die westlichen Frauen kaum, wenn überhaupt, noch Zugang zu der Kraft ihrer Zartheit finden.

Viele Probleme entstehen heute, weil Männer keine weiterführenden Ideale haben und deshalb am liebsten nur an Ansehen, Macht, Geld und daran denken, wie sie ihr Glück mit immer wieder neuen Partnerinnen finden können. Viele Frauen begünstigen aber diese Haltung der Männer, weil sie ihnen nicht mit ihrer Zartheit begegnen. Sie glauben vielmehr, sie müßten mit ihren Männern konkurrieren bzw. notfalls gegen sie kämpfen. Welche Beziehung bleibt aber dadurch bestehen, daß Partner immer gegeneinander kämpfen? Welche Partnerschaft verfestigt sich durch ständige Konkurrenz? Eine Frau, die gegen ihren Mann kämpft, hat ihr Ziel aus den Augen verloren. Sie sollte nicht *gegen* ihren Mann, sondern *für* ihre Zartheit kämpfen. Wenn sie schon in Kampfkategorien denkt, dann sollte sie sich vor Augen führen, daß nur die Zartheit sie „siegen" läßt. Weil die Zartheit immer beide, sie und ihren Partner, einbezieht. Denke immer daran, daß es nie, niemals einen Sieg gibt, wenn der eine seinen Machtanspruch gegen einen anderen durchsetzt. Nie, niemals geht das gut. Es gibt nur einen Sieg: Für deine Göttlichen Ideale zu kämpfen und damit zu tun, was Gott will. Dann kannst du siegen, weil du dadurch *in* dir einen Sieg erringst, weil du dich für etwas einsetzt, was dich über dich hinausführt. Jemand anderen aber niederzuringen, damit du deinen Machtanspruch leben kannst, bedeutet *immer* nur, daß du den Zeitpunkt deiner Niederlage nach vorne verschoben hast. Du bist zwar heute nicht bezwungen worden, aber irgendwann in der Zukunft wirst du besiegt werden. Warum? Weil Machtsiege Egosiege sind und ein Ego, das dich heute siegen läßt, dich mit Sicherheit ein andermal verlieren lassen wird, weil das Ego auf Dauer immer ein schlechter Ratgeber ist.

Dies siehst du auch daran, daß das Ego nicht viel von der Zartheit hält. Es meint, die Zartheit sei viel zu schwach, viel zu unbedeutend. Dieser Irrtum läßt das Ego früher oder später immer erst stolpern und dann fallen. Wie viele Frauen – und Männer! – erleben dies heute! Sie meinen, sie müßten in ihrer Beziehung kämpfen, sie müßten, koste es, was es wolle (eine hervorragende Redewendung!), ihre Interessen durchsetzen. Und was geschieht? Die Ehe geht in die Brüche, und sie leiden – denn sie kannten ihre wahren Interessen nicht. Kampf ist nie ein Wert an sich. Viele verwenden ihn aber so. Manche Ehen sind nur deshalb noch nicht zerbrochen, weil beide Partner es lieben zu streiten. Früher oder später kommen sie aber stets an eine Grenze, an der sie entweder umdenken müssen oder ihre Ehe zerstören.

Das wahre Interesse eines jeden Menschen ist, nicht zu kämpfen, sondern zu lieben. Der Kampf ist nichts anderes als der Versuch, eine Situation so zu beeinflussen, daß am Ende die Liebe wieder fließen kann. Der Kampf ist deshalb nie das letzte Ziel, sondern höchstens ein Mittel, um auf dem Weg zu diesem Ziel ein Stück weiterzukommen. Das Ziel ist Zartheit. Dies ist die Kraft, die eine Beziehung schafft und erhält. Die Zartheit ist die Kraft, die alle Schwierigkeiten meistert – häufig auch dadurch, daß sie sie gar nicht, oder zumindest nicht so stark, entstehen läßt.

Viele Männer lieben es, wenn Frauen Parfum verwenden. Parfum inspiriert sie, läßt sie träumen, zieht sie magisch an. Was auf der körperlichen Ebene das Parfum ist, das ist auf der seelischen Ebene die Zartheit.

Dazu eine Geschichte: In einem kleinen Afrikanischen Dorf lebte eine Frau, die sehr gläubig war. Sie sprach jeden Tag mit ihren Göttern, opferte ihnen immer etwas Speise, wenn sie aß, und hielt auch sonst die Riten ihrer Gemeinschaft ein. Sie verehrte ihren Mann und zog ihre Kinder liebevoll auf. Eines Tages verwüstete eine Elefantenherde die Felder, die sie mit den anderen Dorfbewohnern in mühevoller Arbeit monatelang bebaut hatte. Die ganze Ernte war dahin. Um nicht Hunger zu leiden, bauten sie nochmals Getreide an und baten die Götter, sie möchten die Pflanzen gedeihen lassen und sie vor Verwüstungen schützen. Kaum waren die Samen wieder gekeimt, träumte die Frau, die Elefantenherde werde wieder kommen. Es sei nicht die Herde, sondern ein Bulle, der so rücksichtslos sei. Er sei von Menschen verletzt worden und habe deshalb die Achtung vor deren Feldern verloren.

Am nächsten Abend kam die Herde, angeführt von dem mächtigen Bullen. Die Frau wußte, daß sie wieder die Felder zerstören würde. Sie bat die Götter um Hilfe. Sogleich wurde ihr bewußt, daß sie etwas tun müßte, um den Elefantenbullen zu berühren. Sie nahm deshalb eine Schale Hirsebrei, legte ein paar Gemüseblätter als Verzierung darauf und ging mit Gottes Namen auf den Lippen auf die Elefantenherde zu. Eine kleine zarte Frau ging diesen Kolossen entgegen! Sie ging und reichte den Elefanten ständig die Schale mit dem Hirsebrei entgegen. Der Elefantenbulle verstand die Geste nicht, blieb aber doch stehen. Die Elefantenkühe waren dagegen sogleich von der Zartheit dieser Geste berührt. Es wurde ihnen unmittelbar klar, daß sie nie wieder die Felder dieses Dorfes beschädigen durften. Sie hoben ihre Rüssel und trompeteten. Es war eine Geste von Herz zu Herz. Der Elefantenbulle konnte daraufhin nicht anders, als sein Verhalten dem der Kühe anzupassen. Die Kraft der Zartheit hatte auch ihn über die Elefantenkühe berührt.

Dies ist kein Märchen, sondern eines der vielen Beispiele, die deutlich machen, daß die gesamte Natur eins ist. Und dieses Eine ist Gott. Nicht der ferne Gott im noch ferneren Himmel, sondern der nahe und nahbare Gott in deinem Herzen, der als Seele zu dir spricht. Diese Seele, dieser nahbare Gott, ist in allen und allem. Deswegen verstehen dich alle Elefanten genauso wie Hyänen, wie Raben, wie Mäuse oder Schlangen, wenn du ihnen mit der Zartheit deiner Liebe begegnest, weil alles nur dieser Eine Gott ist.

Dieses Beispiel sollte dich natürlich nicht dazu verleiten, nun naiv auf wilde Tiere loszugehen oder nicht auf die Warnungen kluger Mitmenschen zu hören. Es soll dich vielmehr in Kontakt mit deinem Herzen bringen und dich aus der Stärke deines Herzens sicher entscheiden lassen. Dann kannst du dem gefährlichsten Tier ohne Gefahr begegnen.

Entwickle deine Zartheit, denn ohne diese Kraft kann das gefährlichste Tier, von dem die Rede war, in dir bzw. in deinem Partner sein. Es wäre nicht das erste Mal. Kämpfe deshalb nicht in erster Linie nach außen, sondern nach innen, um die Kraft zu finden, die dich deshalb mit allen Wesen in Verbindung bringt, weil sie dich mit dir selbst verbindet.

Wie verstehst du mich?

Martina war eine gute Frau. Sie war aber sehr stark von Rajas, dem Aggressiven und Aktiven im Menschen, bestimmt. Der Mensch durchläuft in seiner Entwicklung drei entscheidende Stadien: Tamas, Rajas, Sathwa. Tamas bedeutet Trägheit. Wer sich also in Tamoguna, in der Tamas-Eigenschaft befindet, der ist träge, „der kommt nicht in die Gänge“. Er ist weit davon entfernt, sich aktiv am Lebensgeschehen zu beteiligen. Wer im Rajoguna ist, der ist wiederum *sehr* aktiv, aggressiv und unruhig. Er meint, sein Leben allein durch Aktivität, durch Kampf gestalten zu können. Er hat, ähnlich wie im Tamoguna, viel Ego. Deshalb tut er nichts allein für andere, sondern immer auch für sich, das heißt für sein Ego. So hilft er anderen, weil er *ein guter Mensch* sein und so auch *gesehen sein will.* Das Ego bestimmt sein Leben, das entsprechend anstrengend ist.

Derjenige dagegen, der in Sathwaguna lebt, hat sein Leben ganz auf Gott ausgerichtet. Er dient anderen, nicht weil er sich, sondern weil er Gott dienen will. Er ist für andere da, weil er für Gott dasein möchte. Er tut deshalb nichts für sich, sondern reicht sein ganzes Tun dem Herrn dar und überläßt Ihm die Früchte seines Handelns. Er ist dadurch frei von Bindungen und wird deshalb Moksha, die letzte Befreiung, erlangen. Darüber hinaus wird der Herr auf allen Gebieten für ihn sorgen: Denn Er hat immer wieder betont, daß Er für den sorgen wird, der sich Ihm ganz hingibt. Der Sathwa ist so von Gott ergriffen, daß er alle seine Bindungen und damit alle seine Eigenschaften eine nach der anderen aufgibt. Dies bedeutet, daß er selbst das Stadium der Sathwaguna transzendiert und somit die letzte Befreiung erlangt und in Gott eingeht.

Deshalb sind alle drei Stadien der Gunas wichtig: Durch das erste lernst du, daß du durch Lethargie weder weiterkommst noch dein

Glück findest. Durch Rajas erkennst du, daß das Gegenteil von etwas Schlechtem ebenfalls schlecht ist: Warst du vorher zu passiv, bist du nun zu aktiv. Beides führt dich weder zur Glückseligkeit noch zu innerer Ausgeglichenheit und Ruhe. Sathwaguna lehrt dich, daß alles, was du suchst, in Gott liegt. In Ihm, in Seinen dir entgegengestreckten Händen, liegt die Fülle, liegt all das, was du suchst. Kommst du in Kontakt mit diesen Händen, bist du zuerst begeistert. Bald spürst du aber schmerzlich die Einschränkung, der du noch unterworfen bist. Du möchtest dich nicht mehr von diesen Händen beschenken lassen, sondern wie diese schenken, das heißt: Du möchtest von Gott nicht mehr getrennt sein. Auch nicht einen einzigen Augenblick. Du möchtest vielmehr unbedingt mit diesen Händen, mit diesem wundervollen Sein verschmelzen. Deshalb gibst du auch den letzten Rest deines Ego auf, um eins mit der Erfüllung all deiner Wünsche zu werden. Du gibst dich ganz hin. Du gibst dich ganz auf. Und eben dadurch findest du dich. Findest du dein wahres Sein. Denn dieser Gott mit den Händen aus Licht, Himmel und Weite, dieser Gott bist du. Dieser Gott ist dein Wesen. Dieser Gott ist stets dein Sein. Weswegen jede Trennung in Wahrheit nur eine Illusion ist.

Martina war aber noch nicht hier angelangt. Sie kämpfte mit sich und mit ihrer Umwelt. Mit anderen Worten: Sie kämpfte sich durchs Leben. So lernte sie auch einen Partner kennen, der ähnlich dachte und fühlte wie sie und entsprechend kämpfte. Hans war der ideale Spiegel für Martina. Er machte viel, kämpfte viel, verletzte andere und war selber schnell verletzt. Martina fand ihn wunderbar. Sie hatten beide das Gefühl, *ihren* Partner gefunden zu haben. So war es nicht verwunderlich, daß sie sich unsterblich ineinander verliebten und bald heirateten. Auch in der Ehe harmonierten sie gut. Sie erlebten ihr körperliches Zusammensein als besonders schön und erfüllend. Sie bauten ein gemeinsames Geschäft auf und konnten mit der Zeit ein ansehnliches Vermögen nicht nur verdienen, sondern auch ansparen. Martina und Hans waren wirklich erfolgreich. Sie waren aber auch erfolgreich im Streiten. Rajas wirkt sich nicht nur als Aktivität, als Aggressivität, sondern auch als Rechthaberei aus. So wollten sie immer beide recht behalten. Keiner gab nach.

Und wie lauten die Sätze von Menschen, die vom Ego bestimmt sind und deshalb immer recht behalten wollen? *Das habe ich doch gesagt! Das habe ich nicht gesagt! Du drehst mir die Worte im Munde herum! Du willst immer recht behalten! Mit dir kann man nicht reden! Du verdrehst alles! Du hast gerade etwas ganz anderes gesagt! Ich habe recht! Mit dir kann man nichts klären!* Dazu kommen noch die Verallgemeinerungen wie: *Du sagst immer ... Du sagst nie ... Alles, was du sagst ...* Und natürlich jede Art von Beschimpfung.

Dadurch, daß Rajoguna so eng mit der Wut verbunden ist, sind zwangsläufig die Neigungen, den anderen zu beschimpfen, sehr groß. Beschimpfungen und all die anderen „Kampfmittel" sind aber nicht günstig für den Erhalt, geschweige denn die Vertiefung einer Beziehung. Beziehungen müssen mit der Zeit wachsen. Beziehungen sind wie Pflanzen: Wachsen sie nicht, sind sie krank und gehen irgendwann ein.

Die Beziehung von Martina und Hans wuchs schon lange nicht mehr. Sie blieben aber der Kinder, des Geschäftes und Gottes wegen zusammen. Beide waren nämlich gläubig. Beide beteten deshalb jeden Tag für ihre Beziehung und das Glück des anderen, für das der Kinder und das der gesamten Welt. Gott hörte ihre Gebete. Die Zeit war aber noch nicht reif, daß Er ihnen helfen konnte. Ihr Ego war noch so groß, daß sie sich nicht helfen lassen wollten. Sie erwarteten nämlich eine Hilfe, die darin bestehen sollte, daß der *andere* umdachte. Sie selber, so dachten sie beide, hatten nichts zu lernen. Wären sie mit einem „besseren" Partner zusammen, könnten sie glücklich sein. Aber leider hatte das Schicksal, diese widrige Kraft, sie zusammengebracht! ‚Welch ein Pech wir damals hatten, als wir uns kennenlernten!' dachten sie. Die Wahrheit war aber, daß sie beide so viel Ego hatten, daß im Moment jede Hilfe an ihnen vorbeigehen würde.

So litten sie, wie viele, viele Menschen leiden, weil sie nicht lernen wollen. Viele Menschen beschweren sich über das Leiden. Sie sagen, das Leiden zermürbe sie. Sie wollen keine Schmerzen haben. Sie sagen aber *nicht*, daß sie lieber leiden, als daß sie sich ändern.

Manch ein Mensch durchleidet lieber Höllenqualen, als daß er sich ein einziges Mal kritisch betrachtete. So erging es über lange Zeit auch Martina und Hans. Dann war die Zeit gekommen, daß Gott ihnen helfen konnte: Sie verloren viel Geld bei einer gewagten Transaktion in ihrem Geschäft, und Hans erkrankte an Krebs. Durch diese doppelte Bedrohung hatten sie so viele Sorgen, daß sie ihre Herzen ein wenig öffnen und mehr und mehr auf das Streiten verzichten konnten. Wäre Hans nicht an Krebs erkrankt, hätten sie sich wegen des großen finanziellen Verlustes mit gegenseitigen Vorwürfen regelrecht zerfleischt. Da aber zusätzlich Hans so existentiell bedroht war, wurden ihre aggressiven Tendenzen abgeschwächt. Hans wurde in eine Klinik eingeliefert und operiert. Es war eine sehr gute Klinik, die eine Krebserkrankung auf vielen verschiedenen Ebenen zu behandeln versuchte. Krebs entsteht immer durch einen Mangel an Liebe – außer bei hohen Yogis oder Heiligen. Ramakrishna Paramahamsa zum Beispiel entwickelte deshalb Krebs, weil er viel negatives Karma seiner Schüler auf sich nahm.

Die meisten Menschen erkranken an Krebs, weil ihre Liebesenergie nicht fließt. Wer viel mit anderen streitet, streitet auch viel mit sich selbst. Das Außen ist immer ein Spiegel für das Innen. Das wußten die Ärzte, die Hans behandelten. Sie hatten deshalb Gruppen eingerichtet, in denen sich die Kranken zusammen mit ihren Angehörigen aussprechen konnten. Sogleich fingen Martina und Hans an, sich zu streiten. Und sofort waren sie bei den oben erwähnten Beschuldigungen angelangt: „Das habe ich nie gesagt!" schrie Martina Hans an. „Ich weiß, du sagst nie etwas. Besonders dann nicht, wenn es deutlich wird, welch ein dummes Zeug du redest. Du hast es aber gesagt. Ich habe es genau gehört!" konterte Hans. „Hör damit auf", drohte Martina, „treib es nicht auf die Spitze. Du regst mich mit deinen Unterstellungen nur auf!"

„Sehr gut", sagte der Arzt, der die Gruppe leitete. Martina und Hans stutzten, denn sie hätten sich nie träumen lassen, daß jemand ihre Art der Kommunikation loben könnte! „Sehr gut", wiederholte der Arzt. „Was machen Sie falsch?" Nun stutzten Hans und Martina noch mehr. Was machten sie falsch, fragten sie sich beide. Sie sollten *beide* etwas falsch machen? Das war ihnen neu, denn bisher war jeder von ihnen überzeugt, daß sich nur der *andere* falsch verhielt. Nun sollten sie es beide sein? Das fanden sie ein starkes Stück! Selten waren sie sich so einig wie jetzt. Beide widersprachen deshalb dem Arzt aufs heftigste. Der Arzt war aber klug. Er kannte Buddhas Spruch, daß Negatives, das du nicht annimmst, an den Absender zurückgeht. Der Arzt ließ Martina und Hans ihn ruhig angreifen. Bald verstrickten sie sich und kämpften wieder gegeneinander. „Sehen Sie, das ist typisch für Aggressionen: Sie suchen sich immer ein Opfer. Sie können Aggressionen mit Wasser vergleichen. Das Wasser bahnt sich immer einen Weg. Was ist nun das Entscheidende?" fragte der Arzt und sah sich in der Runde um. Alle sahen ihn nur ganz erstaunt und erwartungsvoll an. „Das Entscheidende", fuhr er fort, „ist, daß Sie Ihr Augenmerk von sich auf den anderen verlegen. Denken Sie nicht: ‚Das habe ich nicht gesagt', sondern stets: ‚Ah, das hat er/sie verstanden!' Das bedeutet, daß Sie Formulierungen wie *Du verstehst mich falsch, das kann nicht sein, du verstehst immer, was du willst* aus Ihrem Vokabular streichen. So, und nun probieren Sie dies einmal!"

„Du hörst mir nie zu!" fing Hans sogleich an. „Das ist es gerade nicht!" sagte der Arzt lachend. „Wenn Sie einen Versuch starten wollen", fuhr der Arzt fort, „dann fragen Sie Martina: Fühlst du dich von mir verstanden?" – „Das ist wohl etwas viel verlangt", meinte Hans empört. „Erst haut sie mir auf die Ohren, bis die rot sind – symbolisch ausgedrückt –, und dann soll ich ihr noch ins Ohr säuseln: Du, fühlst du dich auch recht verstanden?! Das ist wirklich etwas viel verlangt! Dann lieber krank sein, aber mein Recht bekommen!" – „Sie bekommen Ihr Recht, Hans?" fragte der Arzt. „Nein!" antwortete dieser empört. „Wozu also all das Kämpfen, wenn es doch nichts bringt?" sagte der Arzt. Hier staunte Hans, denn daß das stimmte, das spürte er. „Was soll ich dann tun?" – „Mir mal zuhören!" warf Martina etwas gereizt ein. „Ich soll dir immer zuhören! Und wer hört mir mal zu? Keiner. Keiner. Keiner!" Hans war empört und schrie entsprechend laut seine Empörung heraus. Martina war betroffen und schwieg.

Nach einer Weile fragte sie Hans: „Und jetzt?“ – „Was heißt hier ‚und jetzt‘? Was willst du denn von mir?“ fragte Hans gereizt. „Gar nichts will ich!“ antwortete Martina prompt.

„Moment!“ warf der Arzt ein. „So kommen Sie nicht weiter. Möchten Sie einmal einen anderen Weg gehen?“ Da beide bejahten, fuhr der Arzt fort: „Die entscheidende Veränderung bei Ihnen kann nur eintreten, wenn Sie nicht mehr danach fragen, was Sie brauchen, sondern *was der andere benötigt*. Nun, wenn Sie Ihr Augenmerk von sich weg und zum anderen hinwenden, können Sie einen neuen Weg finden!“ – „Und wie sollen wir dies anfangen?“ fragte Hans. „Indem Sie Martina fragen, was sie von Ihnen braucht.“ Hans sah den Arzt fassungslos an: „Martina fragen, was sie von mir braucht? Das soll helfen? Sie sagt mir doch immer, was sie braucht – ob ich sie frage oder nicht! Jetzt soll ich sie auch noch fragen?“

Martina fand Hans’ Reaktion schon wieder „die Höhe“. Da sollte er endlich *einmal* etwas für sie tun, und was war seine Reaktion? Ablehnung. Martina war so empört und Hans so in Rage, daß sie sich wieder einmal heftig stritten. Nach einer Weile sagte der Arzt: „Schluß! Dieses Verhaltensmuster leben Sie schon seit Jahren. Es hat Ihnen nur Probleme, Krankheit und Schmerzen gebracht. Bitte probieren Sie beide einmal, was ich Ihnen vorgeschlagen habe. Wer mag anfangen?“ Nun wollte Hans unbedingt anfangen. Er sah Martina zunächst so an, als wolle er sie sogleich mit Haut und Haaren verschlingen. Dann sagte er: „Was brauchst du von mir, Martina?“ Martina staunte über diese Frage. Nun war sie gestellt, und sie fühlte sich völlig unvorbereitet! Was brauchte sie von Hans? Sie wußte es nicht.

Der Arzt bemerkte ihr Dilemma und sagte deshalb: „Sprechen Sie aus, wie Sie sich fühlen. Sie müssen keine perfekte Antwort parat haben!“ Martina staunte wieder. Dann sagte sie: „Hans, vielen Dank, daß du mich gefragt hast. Das berührt mich wirklich. Aber ich weiß gar nicht, was ich brauche. Das hätte ich nie gedacht!“ Hans war von Martinas Offenheit sehr berührt. Er hatte Tränen in den Augen, als er sagte: „Das ist für mich ganz neu ... Dich so zu sehen,

Martina. Das hätte ich nicht gedacht!" – „Ich glaube", dachte Martina laut, „ich glaube, ich brauche diese Anteilnahme von dir. Sie berührt mich sehr! Du bist mir so nah!"

Martina und Hans waren sehr froh über diesen neuen Weg. Bald hatten sie ihn aber wieder verloren, da sich erneut eine Forderung und damit ein Machtanspruch einschlich. So forderte Martina, als sie wieder einmal dabei waren, sich zu streiten: „Frag mich doch mal, was ich brauche, anstatt all das zu erzählen!" Hans war daraufhin ärgerlich und fragte extra nicht.

Sie brachten das Problem in der Gruppe ein. Da fragte der Arzt: „Sind Sie eigentlich gläubig?" – „Ja", antworteten beide. „Dann versuchen Sie Gott nicht im fernen Himmel zu sehen, sondern in Ihnen." – „In uns?" fragten sie erstaunt. „Ja, in Ihnen", wiederholte der Arzt. „Versuchen Sie immer das Positive im anderen zu sehen. Unterstellen Sie ihm keine negativen Absichten. Und versuchen Sie immer, immer wieder herauszufinden, was der *andere* braucht. Glauben Sie mir, was Sie brauchen, ist ganz nebensächlich!" – „Nebensächlich?" fragte Hans mit einem Erstaunen nach, das schon in Fassungslosigkeit überging. „Ja, nebensächlich", wiederholte der Arzt. „Denn so, wie Sie sich hier gezeigt haben, wissen Sie gar nicht, was Sie wirklich brauchen. Sie nehmen an, Sie suchen Klärung. Sie suchen sie aber nicht. Sie verhalten sich vielmehr so, daß nicht deutlich werden soll, daß die wenige Nähe, die Sie haben, die ist, die Sie ertragen können. Mehr ist Ihnen sogleich zuviel, wie letztes Mal deutlich wurde. Einer von Ihnen beiden hält immer den nötigen Abstand ein. Sie sind wie Ringer. Auf der einen Ebene sind sie Gegner, weil jeder den anderen besiegen will. Auf der anderen Ebene sind sie engste Partner, denn sie haben miteinander soviel Körperkontakt wie sonst nur Liebespaare. Ihr Kampf ist Ihre Form des Kontaktes. Diese Form war mit ein Grund dafür, daß Hans Lungenkrebs entwickelte. Nun gilt es, eine neue Form der Kommunikation zu finden. Dies ist schwer. Dies macht angst. Sie werden deshalb immer wieder versucht sein, in alte Verhaltensmuster zu rutschen. Machen Sie sich dann liebevoll gegenseitig darauf aufmerksam. Das ist Ihr Weg."

Martina und Hans waren erstaunt. Aber sie verstanden. Die Worte des Arztes berührten sie, weil sie genau wußten, daß es so, wie es im Augenblick war, nicht weiterging. So übten sie eine Weile in der Gruppe das neue Verhalten. Natürlich verstrickten sie sich einige Male. Der Arzt konnte ihnen aber helfen, und sie ließen sich helfen. Damit veränderte sich ihre Kommunikation. Und mit ihrer Kommunikation veränderte sich ihr Leben. Eine Tür war aufgegangen. Martina und Hans spürten, daß ihr alter Weg sie nur in Probleme, Trauer und Krankheit geführt hatte. Ihr neuer Weg war nicht ganz einfach, aber er bereitete ihnen Freude. Und diese Freude machte ihnen unmittelbar klar, daß es der richtige Weg war.

Die Prozesse waren allerdings nicht immer einfach. Martina und Hans hatten aus einer unbewußten Absicht heraus so gelebt. Sie liebten „den süßen Stachel des Zorns", das war nicht einfach aufzugeben. Die Bindungen an die Aggressionen sind stärker, als viele sich vorstellen können. Sich zu ärgern bereitet nämlich eine tiefe Ego-Befriedigung. Ärgerst du dich, hast du zwangsläufig das Gefühl, daß du recht hast – und daß der andere dumm ist. Dies vermittelt dir ein starkes Gefühl der Überlegenheit. Du ärgerst dich zwar, gleichzeitig gibt es aber einen Teil in dir, der sich freut und der Situationen sucht und *schafft*, in denen du dich ärgern und damit überlegen fühlen kannst. Der Ärger bereitet somit auf einer mehr oder minder unbewußten Ebene eine nicht unerhebliche Freude. Diese möchte keiner so ohne weiteres, das heißt ohne Ersatz, aufgeben. Es gibt deshalb nur einen einzigen Ersatz für den Ärger, und das ist die Liebe. Die Liebe verbindet nicht nur, wie der Kampf bzw. die Wut es tun. Die Liebe verbindet nicht nur, sondern sie verschafft viel Freude, sie läßt ein Strömen, eine Schwingung zwischen zwei Menschen entstehen, die unvergleichlich ist. Die Liebe ist das Gefühl, das im Grunde alle Kämpfenden einerseits vermeiden, auf der anderen Seite aber von ganzem Herzen suchen. Da ihr Herz durch das viele Kämpfen in aller Regel verschlossen ist, nehmen sie in den meisten Fällen ihre Sehnsucht nach Nähe und Geborgenheit nicht wahr.

Martina und Hans waren aber an die Schwelle der Veränderung bereits herangekommen. Ihre Verluste und Hans' Krankheit hatten ihre Herzen geöffnet. Ich sage: *Heiße Schmerzen und Leiden willkommen, denn sie lehren dich Demut und Ehrfurcht, sie lassen dich Dinge verstehen und öffnen dein Herz.* Und was sind Demut und Ehrfurcht? Es sind Eigenschaften des Selbst. Wo Demut und Ehrfurcht sind, kann das Ego dein Verhalten nicht mehr bestimmen, denn durch Demut und Ehrfurcht beginnst du zu staunen. Das Staunen ist der Weg des Berührtseins und damit des Umdenkens. Staunst du, kann sich die feine Energie der Liebe eine Bahn schaffen, durch die sie fließen kann. Dieses Fließen der Liebe heilt deine Beziehung.

Für Martina und Hans war es schwer, immer wieder den anderen zu fragen, was er braucht. Häufig verwickelten sie sich und waren drauf und dran, erneut zu streiten. Von Mal zu Mal konnten sie sich leichter an die Frage „*Was brauchst du?*" erinnern – und sie auch aussprechen. Von Mal zu Mal wurden ihre Gespräche inhaltsvoller, herzlicher, stärker aufeinander bezogen.

Dieser Prozeß dauerte gut ein Jahr, wobei sie immer wieder die Hilfe der Gruppe und des Arztes benötigten.

Dann heilte Hans' Krebs aus – denn Krebs entsteht, wie gesagt, aus Mangel an Liebe und wird durch Liebe geheilt. Bis in die tiefsten Wurzeln geht die Heilung, die die Liebe bewirkt.

Und noch etwas Erstaunliches geschah: Ihr Geschäft florierte wieder. Das Verstehen, das Aufeinander-Eingehen, das Bemühen *um* den anderen färbte auch auf den Umgang mit den Geschäftspartnern und den Kunden ab. Martina und Hans waren durch ihre gemeinsame Entwicklung an den *großen Strom* angeschlossen – und der führt immer zum Erfolg.

Ein Erfolg, eine Gemeinsamkeit, ein Fließen, das Martina und Hans sichtlich aufblühen ließ.

ॐ

Begegne deinem Nächsten mit Liebe, und du begegnest mir.

DIXI
oder LIEBE VERÄNDERT ALLES

Dixi war ein Querkopf. Im Grunde hieß Dixi nämlich gar nicht Dixi, sondern Josef. Manche nannten ihn auch Jeff. Die meisten kannten ihn aber als Dixi – und „kannten" hat hier eine doppelte Bedeutung: Einmal nannten sie ihn so, und andererseits erlebten sie immer wieder, welch ein Dickkopf Dixi war. Er hatte nämlich diesen Spitznamen bekommen, weil er immer recht behalten wollte und häufig seinen Gesprächspartner dadurch verärgerte, daß er zu jeder Zeit und Unzeit behauptete: „Das hab ich doch gesagt!!" Dixi ist lateinisch und bedeutet eben dies.

Dixi wußte alles besser. Er meinte, er habe immer recht und er müsse dies auch jedem deutlich machen. Mit anderen Worten: Dixi war auf Versagen programmiert. Will nämlich jemand stets recht haben, ohne sich um die Ansicht bzw. die Argumente der anderen zu kümmern, ist sein Versagen vorprogrammiert.

Das Gesetz lautet nämlich: So, wie du andere achtest, so wirst du geachtet. Wer andere nicht achtet, hat entweder gar keinen Erfolg oder zumindest nicht auf Dauer.

So ging es auch Dixi. Er kam durch die Schule, weil er intelligent genug war, halbwegs passable Noten zu bekommen, obwohl alle seine Lehrer der einhelligen Meinung waren, er sei mühsam, mühsam und nochmals mühsam.

Er schaffte sogar das Abitur und studierte. Aber weder wurde er mit seinem Studium fertig, noch fand er eine Stellung, die ihm gefiel – wobei es nicht allein darum ging, daß die Stellung *ihm*, sondern auch, daß *er* seinen Arbeitgebern nicht gefiel. So wurde ihm immer wieder gekündigt. Weil er aber alles besser wußte und stets recht behalten wollte, lernte er aus all seinen Erfahrungen nichts.

Hinzu kam noch, daß er entweder vergaß, die Miete zu bezahlen, oder tatsächlich das Geld nicht hatte, weswegen er auch mehrmals seine Wohnung verlor.

Dies ging so weit, daß er obdachlos wurde. Er war mittellos, er war obdachlos, und trotzdem war er immer noch Dixi: Er meinte immer noch, recht zu haben.

Die Zeit verging, und das Leben zog mit ihm seine bunten Schleifen. Dixi lebte vom Abfall der Gesellschaft. Er sammelte Flaschen und Dosen, half hier und da ein wenig und verdiente sich damit das Nötigste zum Überleben.

Nachdem er mehrmals einem Bauern beim Aufladen geholfen hatte, fragte dieser ihn nach seiner Bleibe. Als Dixi ihm antwortete, er habe keine, schlug dieser Bauer ihm vor, er könne in einer etwas verfallenen Scheune am Waldrand umsonst wohnen. Er brauche die Scheune nicht und sei froh, wenn jemand dadurch eine Behausung bekäme.

Dixi bedankte sich und zog mit seinen wenigen Sachen, vornehmlich Decken, in die heruntergekommene Scheune ein.

Dixi dachte aber: ‚Welch ein Glück ich habe! Ich bekomme eine Scheune, die ich mir mit etwas Mühe ausbauen kann. Ich werde mir einen Garten anlegen, ausrangierte Fenster und einen Ofen besorgen. Außerdem gibt es im Wald Brennholz zur Genüge.‘

Dixi war mit der Zeit klug geworden und hatte den Wankelmut der Menschen kennengelernt. Deshalb bat er bei einer günstigen Gelegenheit den Bauern um ein Papier, einen Vertrag, worin stand, daß er bis zu seinem Lebensende in der Scheune wohnen könne. Der Bauer stutzte, so wie Besitzende häufig stutzen, wenn sie befürchten, etwas zu verlieren. Dixi hatte aber die passende Antwort für den Augenblick und sagte: „Mach dir keine Sorgen, daß ich dir etwas wegnehme. Vielmehr baue ich dir *deine* Scheune schön aus. Ich kenne es, immer wieder alles zu verlieren.

Ich habe gelernt, daß Verträge aus guten Zeiten große Hilfen in schlechten Zeiten sind. Und klare Verträge verhindern, daß die

Freundschaft leidet!“ Diese Worte überzeugten den Bauern, der Dixi sowieso wohlgesonnen war und außerdem ein gutes Herz hatte. So schrieb er das Gewünschte auf ein sorgfältig ausgesuchtes Papier, fertigte sich eine Kopie an, unterschrieb beides und händigte ein Exemplar Dixi aus.

Dixi war nun sozusagen Hausbesitzer. Er besaß zwar im Moment nur eine ziemlich heruntergekommene Scheune, vor seinem inneren Auge sah er aber ein charmantes Haus mit vielen Blumen und einem gutbestückten Gemüsegarten.

Dixi sägte und hämmerte von morgens bis abends. Er deckte mit Ziegeln von Abbruchhäusern das Dach, paßte Fenster und Türen ein und isolierte die dünnen Wände. Dazu verdoppelte er diese mit Brettern und füllte den Zwischenraum mit Lehm und Stroh. Und er fand auch noch einen alten Herd, auf dem er kochen konnte und der darüber hinaus sein Heim heizte.

Dixi hatte es geschafft: Mit einfachsten Mitteln und fast ohne Geld hatte er sich ein hübsches Haus gebaut! Aber: Er blieb immer noch Dixi – er wußte immer noch alles besser. So verging die Zeit. Im Garten wuchs und blühte es. Die vielen Blumen schmückten das kleine Haus. Doch Dixi war immer noch allein. Keiner wollte auf Dauer mit ihm zusammensein. Keiner, der ihn besuchte, wollte länger bleiben.

Dann brach ein schwerer Krieg aus. Das Land wurde von fremden Truppen besetzt. Es wurde viel zerstört, geplündert und sogar gemordet. Dixi wollte sich für sein Land einsetzen, bekam aber zur Antwort: „Penner haben nichts im Militär zu suchen. Solche wie dich brauchen wir nicht!“ So ging Dixi nach Hause und bedauerte, daß er so ein Niemand war, daß er selbst als „Kanonenfutter“ nicht taugen sollte.

Eines Morgens, als er vor die Haustür trat, saß auf einer Bank, die er auch vom Trödel hatte, ein Junge mit versteinertem, tränenverschmiertem Gesicht.

„Hallo!“ sagte Dixi freundlich. Der Junge schreckte auf und wollte fliehen. „Hab keine Angst, mein Lieber, ich tue dir nichts. Ganz im

Gegenteil!“ Als der Junge dies hörte, hielt er inne und sah sich Dixi genauer an. Da er Dixis gute Augen sah, blieb er und sagte ebenfalls: „Hallo.“

„Warum hast du so viel Angst, mein Lieber?“ fragte Dixi Anteil nehmend und wunderte sich, daß er diesen Jungen bereits zum zweitenmal „mein Lieber“ nannte. „Ich habe Angst ...“, der Junge hielt inne, und wieder war das Starre in seinem Gesicht, und die verschmierten Tränen fielen wieder stärker auf. Plötzlich, als bräche es aus ihm heraus, sagte der Junge: „Sie haben alle, alle umgebracht. Nur ich blieb übrig. Ich allein. Ich spielte gerade im Stall mit einem Kalb unter dem Bauch einer Kuh. Ich durfte stets mit den herumlaufenden Kälbern spielen. Meine Eltern waren so lieb, so lieb, so lieb ... Auch meine Schwester und meine beiden Brüder. Und meine Tanten und mein Onkel. Sie waren alle so lieb ... Aber nur ich spielte im Stall ...“ Dixi war sehr berührt von dem, was der Junge ihm erzählte, er setzte sich deshalb zu ihm auf die Bank und legte ganz vorsichtig seinen schweren Arm um die Schultern des Jungen. Der erschrak im ersten Moment, legte dann aber seinen Kopf auf Dixis Schulter und weinte bitterlich.

Nach einer langen Zeit des Schweigens sagte Dixi aus der Tiefe seines Herzens heraus: „Du kannst bei mir bleiben. Ich werde für dich sorgen, du guter Junge.“ Dies berührte den Jungen sehr, und er freute sich, daß Dixi so liebevoll zu ihm war. „Vielen Dank. Ich heiße Immo. Vielen Dank!“ – „Gut, Immo, ich heiße Dixi. Das beste ist, wir ziehen gleich los und besorgen eine Matratze und ein Gestell für dich, denn im Haus ist bisher nur ein Bett.“ Dixi hätte auch einige Decken ausbreiten und damit Immo ein Lager bereiten können, er hatte aber das Gefühl, daß Beschäftigung das beste für Immo sei, um wenigstens eine Zeitlang seinen Schmerz zu vergessen.

Kaum waren sie aber auf der Suche nach einem Bettgestell und einer Matratze für Immo, da fing Dixi sogleich mit seinem „Hab ich doch gesagt!“ an. Immo war aber viel zu verletzt und eingeschüchtert, um es bewußt zu bemerken, geschweige denn etwas zu sagen.

Sie fanden alles, was sie für Immos Bett benötigten, schleppten es nach Hause und bauten es auf.

Immo war einerseits zufrieden, andererseits vermißte er seine Familie. Aber Dixi war rührend zu ihm. All die Zeit, die er allein gewesen, verachtet und gedemütigt worden war, hatte in ihm den großen Wunsch erzeugt, einmal jemandem etwas zu geben, der es brauchte und auch von ihm annahm.

Mit Immo war es aber nicht ganz einfach für Dixi. Er konnte ganz ausgelassen sein und dann sich plötzlich auf sein Bett werfen und bitterlich weinen. Fragte Dixi ihn dann nach dem Grund, so antwortete Immo nur: „Ach, nichts, ich vermisse nur meine Familie."

Da dies immer wieder geschah und Dixi sehr bewegte, kam ihm eines Tages die Frage, wann dies auftrat, wann Immo plötzlich von Trauer schier überwältigt schien. Dixi beobachtete sich und Immo von Tag zu Tag genauer. Er ließ sogar in den letzten Tagen zweimal die Suppe anbrennen, was ihm bis dahin noch nie passiert war – so beschäftigt war er damit, herauszufinden, was mit seinem lieben Jungen vor sich ging. Da fiel ihm eines Tages auf, daß die Auslöser stets Meinungsverschiedenheiten zwischen ihnen waren.

Eines Morgens saßen Dixi und Immo auf der Bank vor dem Haus – so wie damals, als sie sich zum erstenmal gesehen hatten. Sie saßen da, Schulter an Schulter, als Dixi sagte: „Ich glaube, daß du immer dann so traurig wirst, wenn wir diskutieren ..." – „Woher weißt du das?" fragte Immo erstaunt zurück. „Es hat mich lange beschäftigt, so kam ich vor kurzem zu diesem Schluß. Stimmt's?" – „Ja", antwortete der Junge so kurz, daß es Dixi auffiel. „Was ist da noch?" – „Ach, weißt du", antwortete Immo, und Dankbarkeit war in seinem Gesicht, „du hast so viel für mich getan, ich habe kein Recht, dich zu kritisieren. Du bist für mich ein Vater und eine Mutter, zwei Brüder und eine Schwester, zwei Tanten und ein Onkel. Ja, du bist sogar der ganze Kuhstall für mich! So gut bist du. Was soll ich mich da beschweren?" Dixi war von diesen Worten sehr berührt. Er merkte, daß er sich nicht in diesem Jungen getäuscht hatte. Es war ein wunderbarer, guter Junge, und Dixi freute sich darüber. Aber wie sollte er hinter das Geheimnis des Jungen kommen, fragte er sich.

„Mein Lieber, wir wollen einen Pakt schließen: Ich sage dir, was ich brauche, und du sagst mir, was du brauchst!" – „Das geht nicht", antwortete Immo prompt. „Warum nicht?" fragte Dixi erstaunt. Anstatt zu antworten, schwieg Immo. „Warum schweigst du?" – „Ach, Dixi, es hat keinen Sinn!" wehrte der Junge ab. „Warum hat es keinen Sinn?" Schweigen. Plötzlich brach es aus dem Jungen aus tiefster Seele heraus: „Weil du immer recht hast. Du hast immer, immer, immer recht. Und wo bleibe ich? Wenn du wieder einmal *hab ich doch gesagt* sagst, dann bricht bei mir jedesmal der Schmerz um den Verlust meiner Familie aus. Dann merke ich, was ich verloren habe. Wie einsam, einsam, einsam ich bin!" Da weinte der Junge bitterlich und legte seinen Kopf, wie damals, an Dixis Schulter.

Dixi war zuerst überrascht, dann aber tief berührt. Noch nie hatte jemand ihm gesagt, daß seine Rechthaberei ihn verletze. Alle hatten ihm vermittelt, er sei ein Dummkopf; nicht er, sondern sie wüßten es besser. Keiner hatte ihm dies so wie Immo vermittelt und dabei derart sein Herz berührt. Dixi saß da und war dankbar, daß er diesen Jungen halten und seinen lieben Kopf spüren durfte. Und er versprach sich, daß er sein Verhalten ändern und stets darauf achten wollte, daß Immo nicht mehr seinetwegen traurig sein sollte. ‚Wie liebevoll er gesagt hat, daß ich seine Familie, selbst den Kuhstall ersetze', dachte Dixi, ‚welch ein Geschenk, daß ich diesen Jungen kennen darf!'

Das, was so viele Jahre nicht geglückt war, geschah nun. Die Zeit war reif, und Dixi konnte lernen. Er achtete seit dem Gespräch auf der Bank peinlichst darauf, nicht zu sagen, er habe es ja gesagt, er habe recht. Und so geschahen noch viele Wunder: Das Zusammenleben von Dixi und *seinem* Jungen war von Stund an harmonisch und für beide beglückend.

Aber auch Dixis Kontakte zur Außenwelt veränderten sich grundlegend: Er fand nicht nur eine Arbeit, die ihm viel Freude und Erfolg bescherte, er lernte auch immer mehr Menschen kennen, die ihn achteten, die seine Gegenwart schätzten und sich gern mit ihm unterhielten.

Der Junge hatte ihn in seinem Herzen berührt, und er hatte sich berühren lassen. Damit erhielt er den Schlüssel zum Erfolg, der da heißt: Liebe, Offenheit und die Bereitschaft, anderen zuzuhören und stets zu versuchen, von ihnen zu lernen und ihnen zu helfen. Wer anderen so begegnet, kann tun, was er will, der Erfolg ist sein!

Und Dixi änderte seinen Namen. Er hieß von nun an wieder Josef, der Hilfreiche. Für sich und andere. Josef, so wie er getauft worden war.

Achte und liebe die Tiere

Es lebte im vorigen Jahrhundert ein Mann, der zusammen mit seinem Sohn seine Existenz auf der Pelztierjagd aufgebaut hatte.

Der Mann liebte seinen Sohn sehr. Er schätzte aber auch seine Schwiegertochter und freute sich darauf, daß er bald Großvater werden würde.

Eines Tages waren Vater und Sohn unterwegs, um in einer etwas entfernter gelegenen Stadt ihre Felle zu verkaufen.

Als es dunkelte, machten sie auf einem Felsvorsprung Rast. Plötzlich wurden sie von Räubern überfallen.

Der Mann wußte, daß die Räuber sie ermorden und die Felle an sich reißen würden.

Er stieß deshalb blitzschnell seinen Sohn die Böschung hinunter und rettete ihm dadurch das Leben.

Er selber kam im Kugelhagel der Räuber um.

Was sagt uns diese Geschichte?

Die Räuber bzw. Mörder stellen die Verkörperung der negativen Einstellung dieser beiden Männer dem Leben gegenüber dar.

Wer Tiere für seinen Profit ausbeutet bzw. tötet, erleidet früher oder später das, was er den Tieren antut.

Der Mann konnte durch seine Liebe und Opferbereitschaft das Leben seines Sohnes retten, der weniger negatives Karma auf sich geladen hatte.

Sein eigenes Leben konnte aber nicht gerettet werden.

Durch seine Handlung hat der Mann aber viel gutes Karma erworben, das ihm in seinem nächsten Leben dienen wird.

Gute Taten, *verbunden* mit *Einsicht*, verhindern, daß dich die Konsequenzen deiner negativen Handlungen einholen.

Sei deshalb dankbar für alles, was du lernen kannst. Freue dich über dein Leben. Freue dich über alles, was dir begegnet, und versuche, es zu verstehen.

Denn Wissen, verbunden mit einem offenen Herzen, ist die Grundlage für das, was dein wahrer Kern sucht: Die Befreiung selbst.

Der Junge namens Krishna

In einem sehr kleinen Indischen Dorf lebte ein armer Bauer. Er hatte ein winziges Feld, eine Hütte und einen kleinen Unterstand für seine Kuh.

Um seine Felder zu bebauen, arbeitete er schwer. Und dies von morgens bis abends. Für die ganz schweren Arbeiten lieh er sich einen Ochsen von seinem Schwager, wofür dann seine Frau bei diesem ihrem Bruder im Haushalt half.

Eines Tages bekamen unser bescheidener Bauer und seine zarte Frau einen Sohn. Da er an Krishnas Geburtstag auf die Welt kam, nannten sie ihn Krishna. Und Krishna war ein passender Name für diesen Jungen, denn er hatte viele Inkarnationen im Gebet verbracht. Er war von Gott als Segen und als Wegweiser zu seinen Eltern geschickt worden.

Krishna war lieblich anzusehen und weit in seiner spirituellen Entwicklung.

Immer wieder verblüffte er seine Eltern mit erstaunlichen Aussprüchen. So sagte er einmal, er war damals gerade drei: „Wo ist eigentlich meine Schwester?“ Die Eltern maßen dieser Aussage keine große Bedeutung bei, denn sie hatten Krishna bereits gesagt, er werde bald ein Geschwisterchen bekommen. Überrascht waren sie aber, als er immer wieder von seiner Schwester sprach und bald darauf seine Mutter tatsächlich ein Mädchen gebar.

Ein andermal, er war damals fünf, sagte er zu seinem Vater: „Geliebter Vater, geh heute nicht aufs Feld. Es wird regnen. Der Boden wird lehmig sein, und du wirst ihn nicht bearbeiten können. Bleib zu Hause. Hier hast du so viel zu tun. Gehst du aufs Feld, wirst du weder das eine noch das andere tun können.“

Krishnas Vater aber antwortete: „Ah, Krishna, warum sollte es regnen? Es sind kaum Wolken am Himmel! Und woher weißt du, daß es regnen wird?“ – „Lieber Vater“, antwortete Krishna, „die Wolken sagen doch deutlich, daß es regnen wird!“ – „Die Wolken?“ fragte der Vater. „Die Wolken sollen das sagen?“ – „Ja, Vater, die Wolken. Auch die Wolken reden. Natürlich reden sie. Und wie sollten sie nicht reden? Hast du mich nicht gelehrt, daß alles Gott ist?“

„Du hast recht“, antwortete der Vater, „alles ist Gott. Auch das Feld, das bearbeitet sein will!“

Krishna merkte, daß sein Vater ihn nicht verstand. So wünschte er ihm viel Glück, nahm seine kleine Schwester bei der Hand und ging zur Mutter. Der Vater ging aufs Feld. Bald aber regnete es derartig, daß er klitschnaß nach Hause kam.

Krishna half immer wieder im Kuhstall. Er war acht, als die Kuh ein Bullenkälbchen zur Welt brachte. Krishna freute sich sehr über dieses wunderschöne und so drollige Kälbchen. Und immer, wenn seine Schulaufgaben es ihm erlaubten, genoß er es, im Stroh zu liegen, ihnen Geschichten zu erzählen und dem Kontakt von Mutter und Kind zuzusehen.

Da sagte der Vater eines Tages zu Krishna: „Ich muß das Kalb verkaufen. Wir benötigen dringend das Geld. Ein Händler hat mir ein günstiges Angebot gemacht. Damit können wir einige Schulden abzahlen.“ – „Und was macht der Händler mit dem Kalb?“ fragte Krishna und sah seinen Vater mit seinen tiefen Augen an. „Das weiß ich nicht.“ – „Du weißt das nicht, Vater? Du mußt es aber wissen! Gott hat dir diese Kuh und das Kalb anvertraut, du bist verantwortlich für beide. Du mußt Gott Rechenschaft ablegen. Ich weiß das. So wie ich weiß, wann es regnet“, sagte Krishna ganz ruhig. „Aber was soll ich tun? Wir benötigen doch das Geld! Und der Händler bezahlt mir einen sehr guten Preis!“ – „Vater“, antwortete Krishna und betete dabei zu Gott, Er möge ihn das Richtige sagen lassen, „Vater, du hast mich gelehrt, daß, wer gut zahlt, auch gut verdient. Was hat der Händler mit dem Kalb vor?“ – „Ich weiß es nicht. Ich weiß nur, daß wir unser Geld verdienen müssen und so ein Angebot nicht alle Tage kommt." – „Aber Gottes Angebot steht alle Tage. Gott sagt immer und immer wieder, daß Er für Seine Gläubigen sorgt. Wir sind Hindus. Für uns sind Kühe Heilig, weil sie uns die Milch, dieses kostbare Gut, schenken. Was wären wir ohne unsere Kuh? Wir hätten keine Milch, keine Dickmilch und keinen Joghurt. Und auch kein Kalb. Geld, was ist Geld, Vater? Geld gehört dem Herrn. Er gibt es. Er nimmt es. Wollen wir es doch dem Herrn überlassen!"

Krishna war selber überrascht über das, was er gesagt hatte. Und er war froh, daß Gott ihm sogleich geholfen hatte, als er Seine Hilfe wieder einmal so dringend benötigte. Die Worte, die durch Krishnas Mund kamen, berührten seinen Vater. Er wurde nachdenklich und sagte dann: „Krishna, vielen Dank für deine Worte. Ich werde zu dem Händler gehen und herausfinden, was er mit unserem Kalb vorhat."

Am nächsten Tag ging der Bauer zu dem Händler und sprach mit ihm. Dabei fand er heraus, daß dieser ein Geschäft mit Mastkälbern aufgemacht hatte. Die Kälber wurden in engen Boxen gehalten und nach unendlich qualvollen Wochen geschlachtet.

Der Bauer war bestürzt! Es wurde ihm deutlich, daß er ohne seinen Sohn schuldig geworden wäre. Er hätte das Kalb von der Kuh getrennt, damit es in einer engen Box gemästet und anschließend geschlachtet worden wäre. Der Herr segnete ihn, deshalb spürte er deutlich die Schuld, der er knapp entgangen war. Der Bauer empfand aber überhaupt keine Erleichterung, sondern fragte sich nur, wie er seine Schulden abzahlen konnte.

Er sprach über diese Probleme und die Schwierigkeiten, die er mit dem Händler hatte, beim Essen mit seiner Frau. Krishna saß dabei und hörte genau zu.

Nach einer Weile, als das Gespräch immer wieder hin- und hergegangen und zu keinem Ergebnis gekommen war, bat Krishna den Herrn um Führung und sagte dann: „Geliebter Vater, ich denke, wir müssen nun das tun, was du mich so früh gelehrt hast. Wir müssen beten. Wir müssen Gott bitten, Er möge uns kundtun, was Er will. Sein Wunsch soll unsere Richtlinie sein!"

„Und wenn wir keine Antwort bekommen oder sie nicht erkennen?" fragte der Vater besorgt. „Geliebter Vater, was hast du immer gesagt?" antwortete der Herr durch Krishnas Mund. „Der Mensch benötigt zwei Dinge: Geduld und Vertrauen. Genau diese sind nun gefragt. Wenden wir sie an, so wird uns der Herr mit Sicherheit antworten!"

Krishna bemerkte kaum, wie bewegt seine Eltern waren. Er war viel zu sehr damit beschäftigt, das Licht zu spüren, das er in sich empfand. Der Herr, der sie alle bis hierher geführt und nun gelehrt hatte, segnete sie – und Sein Segen bestand vornehmlich aus Liebe, Geduld und Vertrauen.

Nach diesem Gespräch sagte der Bauer dem Händler, er werde ihm das Kalb nicht verkaufen. Er sei ein Hindu, er dürfe keinem Lebewesen, besonders aber keiner Kuh bzw. keinem Kalb das antun, was es bei dem Händler erleiden würde. Der Händler verstand ihn überhaupt nicht. Er sprach vielmehr von Geld, von Wohlstand und rauchte dabei eine Zigarette nach der anderen, während er hastig Bier trank.

Der Bauer war von dem Gespräch und dem Verhalten des Händlers unangenehm berührt. Er fühlte sich so, als habe er seine Mitte verloren. Nachdenklich, den Blick auf den Boden gesenkt, ging er nach Hause. Er kam aber auf einen anderen Weg, der ihn zu einem kleinen Tempel führte. Er ging hinein, setzte sich nieder und sprach mit Gott.

„Herr", sagte er, „Du hast alles erschaffen. Ich, meine geliebte Frau und meine wunderbaren Kinder sind alles deine Werke, deine Wunder. Du bist der Allmächtige. Du schufst auch meine Kuh und deren Kalb. Wieso, wieso aber schufst du all die Not, in der wir leben müssen? Bitte, bitte, Herr, laß mich mein Karma verstehen. Wieso sind wir so bettelarm? Weshalb arbeite ich von morgens bis abends, nur um Schulden machen zu müssen, nur um überhaupt überleben zu können?"

Der Bauer betete und betete. Da sprach der Herr zu ihm. „In einem früheren Leben hast du wie jener Händler gehandelt. Dir war damals das Geld wichtiger als Dharma, als die Rechtschaffenheit. Du wußtest nicht und du wolltest nicht wissen, daß Dharma viel wichtiger als alles Geld der Welt ist. Dharma ist der wahre Lebensatem. Ohne Dharma erstickst du. Ohne Dharma bist du weniger wert als Staub.

Achte auf die Liebe, die Krishna und deine Kuh und ihr Kälbchen dir vorleben. Lerne von ihnen. Achte Dharma, achte das Leben. Das ist wahrer Reichtum.

Halte deshalb deine Kuh in Ehren. Denke immer, immer, immer, wenn du sie siehst, wenn du sie fütterst, wenn du sie melkst, daß sie Gott ist. Achte sie entsprechend.

Das Bullenkalb behalte. Laß nicht den Tierarzt in eurem Dorf, sondern den im Nachbardorf einen starken Ochsen aus ihm machen. Der Tierarzt im Nachbardorf kann dies, ohne ihm Schmerzen zu bereiten.

Ehre und achte diesen Ochsen, der deinen Pflug und deinen Karren ziehen wird. Schlage ihn nie, niemals ohne triftigen Grund. Du würdest dir sonst schweres negatives Karma aufladen.

Und beachte stets die Regel: Erst mußt du die Tiere füttern, dann darfst du essen.

Und noch etwas: Deine Kuh wird noch mehrmals kalben. Bitte mich um ein gesundes Kalb und darum, daß du seinem Leben einen guten, einen Göttlichen Sinn geben kannst. Dann kommt Segen auf dein Haus.

Gehe nun. Gehe ins Licht. Denn du bist das Licht!“

Der Bauer verneigte sich tief und verließ den Tempel. Er war wie benommen und überaus glücklich.

Er tat wie befohlen, und langsam lösten sich all die Knoten, die bis dahin unlösbar erschienen.

Der Bauer hielt sich an die erhaltene Weisung, er hielt sich an Dharma, und Licht, Liebe und Glück kamen in sein Leben.

Und etwas ganz Merkwürdiges konnte er jeden Tag beobachten: Seine Frau und seine Kinder waren in dasselbe Licht wie seine Kuh und sein Ochse gehüllt.

‚Seltsam‘, dachte der Bauer, ‚dies ist doch das gleiche Licht, das ich im Tempel sah!‘

Und noch etwas erstaunte ihn: Auf einmal verstand er, wieso sein Sohn Krishna mit den Wolken reden konnte.

Krishna, der alles ins Rollen gebracht hatte.

ॐ

Die Natur mit all ihren Lebewesen ist der Mantel Gottes.

Wer ihr nicht mit Achtung begegnet, sie verletzt oder gar zerstört, begeht ein großes Sakrileg.

Zwei Wege, ein Ziel

Ein ziemlich dummer Mann hatte einen Sohn namens Warren – vom Englischen *war* wie Krieg bzw. Krieger. Weil dieser Mann dumm war, behandelte er seinen Sohn schlecht, verlachte ihn, demütigte und schlug ihn.

Für Warren war diese Behandlung durch seinen Vater in vielerlei Hinsicht schlecht: Er entwickelte kein Selbstwertgefühl, fühlte sich schnell in der Defensive und meinte, Kraft und Macht seien das Entscheidende im Leben.

Er war gerade zehn Jahre alt, da ging er an einem Gebäude vorbei, an dem groß „Taekwondo" stand. Warren verstand natürlich nicht, was dies bedeutete. Unter der Schrift waren aber zwei Männer abgebildet, die mit Händen und Füßen miteinander kämpften. Dies zog Warren wie magisch an. Er ging in das Gebäude und folgte der Schrift mit den beiden Kämpfern. Er lief eine Treppe hinauf, und bald stand er vor einer Tür. Warren verspürte ein Herzklopfen, das so stark war, daß er wirklich meinte, das Herz würde ihm jederzeit aus der Brust springen. Trotz oder vielleicht gerade wegen des Herzklopfens öffnete er die weiße Tür, die sich in einer großen, weißen Wand befand. Warren öffnete die Tür Zentimeter um Zentimeter und sah in einen großen Raum. Der Raum hatte weiße Wände und einen rotbraunen Parkettfußboden. Dies nahm er aber nur am Rande wahr. Was Warren sogleich sah und wie gebannt mit seinen Augen verfolgte, waren die Männer, die mit gekonnten Bewegungen oder sogar Sprüngen miteinander kämpften. Warren stand vor Faszination wie angewurzelt da. Daß es so etwas Wunderbares gäbe, hatte er nicht einmal in seinen kühnsten Träumen gedacht – dabei träumte er soviel, und dies mit offenen Augen!

Warren stand mit offenem Mund da, als ein Mann auf ihn zukam und ihn ganz freundlich fragte, was er für ihn tun könne. Dieser

Mann war ganz anders als sein Vater. Er war zugewandt, freundlich, offen, gleichzeitig wirkte er sehr bestimmt. „Ich weiß nicht ...“, stotterte Warren. „Ich weiß es aber!“ sagte der Mann, „dich interessiert Taekwondo.“ „Ja“, antwortete Warren und wußte nicht, wer dieses „Ja“ gesagt hatte, denn sein Herz schlug nun noch stärker. „Komm“, sagte der Mann, „komm herein. Ich bin Jack. Ich bin der Trainer. Du bist genau richtig hier. Wir suchen junge Talente wie dich.“ – „Junge Talente wie mich?“ wunderte sich Warren. Jacks Art hatte ihn aber so berührt, daß er sogleich ein paar Schritte machte und sagte: „Ich bin Warren.“

Jack zeigte ihm eine Umkleidekabine, gab ihm leihweise einen weißen Kampfanzug und begann sogleich, ihm bestimmte Kampftechniken beizubringen. Warren war begeistert und hatte das Gefühl, sein Leben habe nun endlich einen Sinn. Er fand auch alle anderen, die sich in dem Raum befanden, so freundlich, ja herzlich, daß er gerne jede freie Minute hier verbringen wollte.

Die Taekwondo-Schule kostete natürlich Geld. Das war für Warren aber kein Problem, denn Geld bekam er genug. Seine Eltern kümmerten sich nicht um ihn. Sie nahmen ihn weder im wörtlichen noch im übertragenen Sinne an die Hand und führten ihn liebevoll ins Leben, sondern überließen ihn sich selbst und gaben ihm statt Liebe Geld. Dieses Geld verwendete er nun für die Taekwondo-Schule.

Warren hatte jetzt ein Ziel, einen Sinn in seinem Leben gefunden. Er war überglücklich und trainierte jede freie Minute.

Bald fühlte er sich schon als richtiger Kämpfer. Er lernte, immer besser seinen Körper zu beherrschen und ihn als Werkzeug im Kampf einzusetzen. Und er fand, daß Jack ein wunderbarer Lehrer war.

So verging die Zeit. Er war dreizehn und nicht nur ein guter Kämpfer geworden, sondern auch bereits großgewachsen, als sein Vater ihn wieder einmal demütigte. Warren fragte ihn, warum er ihn so schlecht behandle. Sein Vater ärgerte sich über diese Frage derart, daß er ihm sogleich eine Ohrfeige geben wollte – er war eben ein dummer Mann. Durch all das, was er gelernt hatte, konnte

Warren die Hand seines Vaters leicht abwehren. Es war der Augenblick gekommen, wo er sich nicht mehr schlagen ließ. Das war ihm klargeworden. Er wollte nicht mehr alles einstecken, was sein Vater ihm antat. Jetzt nicht mehr!

„Was?“ schrie sein Vater. „Du wehrst dich? Na warte!“ Warrens Vater war so herzlos, daß er mit Fäusten auf seinen eigenen Sohn losging. Warren fühlte sich aber so sicher, daß er ihn ganz leicht abwehren konnte. Dabei spürte er etwas Erstaunliches in seiner Brust: Je mehr sein Vater sich aufregte, desto ruhiger wurde er. Er war zu einem Krieger geworden, der tief in seinem Körper genau wußte, was er konnte. Warrens Vater kämpfte nun mit Händen und sogar Füßen gegen seinen eigenen Sohn. Und seine Frau, die doch schließlich Warrens Mutter war, sah untätig zu. Da nahm Warrens Vater plötzlich einen Schürhaken vom Kamin und ging damit auf seinen eigenen Sohn los. Nun fühlte sich Warren bedroht. Er sprang in die Luft, wie er es gelernt und unzählige Male geübt hatte, und versetzte seinem Vater einen Schlag, daß dieser ohnmächtig zu Boden fiel.

Als Warrens Vater wieder zu sich kam, hatte sich alles geändert. Er erkannte in seinem Sohn einen Gegner, den er nie bezwingen würde, und entschied sich deshalb, ein friedliches Auskommen mit ihm zu finden. Warren hatte von nun an weder Probleme mit seinem Vater noch mit seiner Mutter. Er ging klar seiner Wege, und sie respektierten dies.

Ähnlich ging es Warren mit seinen Freunden und Klassenkameraden. Er strahlte eine solche Sicherheit und Entschiedenheit aus, daß keiner sich mit ihm anlegen wollte. Jeder wußte zudem, wie gut er sich verteidigen, wie unglaublich schnell er sein konnte.

So liebte Warren „sein“ Taekwondo noch mehr und trainierte in jeder freien Minute.

Die Zeit verging. Er war achtzehn, als er einen Job in einem kleinen Geschäft annahm. Dieses Geschäft war Tag und Nacht geöffnet. Und verworren und unsicher wie die Zeiten heute nun mal sind, war es bereits mehrmals überfallen worden. Warren kümmerte dies nicht, hatte er doch sein Taekwondo, mit dem er seinen Vater besiegt und Sicherheit gefunden hatte.

Eines Nachts saß er wieder einmal an der Kasse, als vier Verbrecher hereinkamen. Sie waren mit Pistolen bewaffnet. Warren sah sie ganz ruhig an. Er spürte, wie sein Kriegerherz höher schlug. Endlich hatte er eine Herausforderung, die ihn faszinierte! Vier bewaffnete Männer, das war doch ein Gegner, der „sich lohnte"! Warren überlegte, wie er es am besten anstellen konnte, diese vier möglichst schnell und ohne großes Risiko außer Gefecht zu setzen. Ganz ruhig sagte er deshalb: „Wie ich sehe, wollt ihr Geld!" – „Ja", brummten die vier fast im Chor. „Könnt ihr gerne haben. Ist heute aber nicht so viel." Dabei machte Warren langsam die Kasse auf und zeigte ihnen den Inhalt. Als sie sich niederbeugten, um zu sehen, was in der Kasse war, sah Warren den Augenblick für sein schnelles Eingreifen gekommen. Wie ein Panther sprang er über die Theke, die ihn von den vier Verbrechern trennte, und bevor diese überhaupt realisierten, was geschah, hatte er sie bereits zu Boden gestreckt. Er rief die Polizei, die sogleich kam und die vier festnahm.

Wie das nun heute so häufig in vielen westlichen Ländern ist, kommen Verbrecher beinahe noch schneller aus dem Gefängnis heraus, als sie hineinkommen. Kaum waren sie draußen, drohten sie, Warren bei der nächsten Gelegenheit zu erschießen. Er war klug genug, diese Drohung ernst zu nehmen. Er mußte deshalb die kleine Stadt verlassen, die er liebte, und woanders hinziehen, um sein Leben zu retten – und dies, obwohl er ein hervorragender Taekwondo-Kämpfer war. So gut, daß er im Handumdrehen vier bewaffnete Männer k.o. schlagen konnte.

Was sagt dir diese Geschichte?

Um die Frage zu beantworten, erzähle ich dir noch eine Geschichte.

Edward hatte bereits in seinen früheren Leben viel gebetet. Das Gebet war für ihn keine Bitte, die er an Gott richtete, sondern ein Gespräch, das er mit Gott führte. Edward fühlte sich deshalb nie allein, obwohl er allen Grund dazu gehabt hätte, waren doch auch seine Eltern, wie die von Warren, lieblos. Fühlte sich Edward wieder einmal von seinen Eltern nicht geliebt, nicht verstanden und nicht geachtet, dann setzte er sich nieder und sprach mit Gott. Er fühlte sich dadurch so geborgen, daß ihn all das, was er mit seinen schlechten Eltern erlebte, immer weniger berührte.

Als er sieben war, sprach er mit seinem Patenonkel. Der sagte ihm, er solle stets an Gott denken. „Das tue ich doch!“ sagte Edward mit Entschiedenheit. „Ja“, antwortete sein Onkel, „das glaube und sehe ich. Was ich aber meine, ist, daß du ständig den Namen des Herrn wiederholen solltest. Du mußt immer *OM Jesus Christus* sagen, das wird dir ganz neue Horizonte eröffnen. Mit Namasmarana, mit dem Namen des Herrn auf den Lippen und Seinem Bild in deinem Herzen kann dich auf Dauer nichts mehr berühren. Keiner kann dich verletzen, keiner kann dich übergehen, denn du suchst dein Glück nicht mehr in der Außenwelt, sondern in dir. In deinem Herzen! Da liegt alles verborgen!“

Edward war seinem Patenonkel für diese Mitteilung sehr, sehr dankbar. Er wiederholte von nun an, wo er nur konnte, den Namen des Herrn. Er verspürte dadurch eine Ruhe, ein Licht, eine Liebe in sich, die ihn erleben ließen, wie er Teil des großen Universums wurde: Die Welt war um ihn, war außerhalb von ihm. Und außerdem war sie auch in ihm. Er fühlte sich als diese Welt. Er fühlte sich als all das, was ihm begegnete. Und doch war da auch noch Gott, der ihm diese Welt in, über, unter ihm und um ihn herum mit Licht und Leichtigkeit erfüllte. Edward verspürte eine Leichtigkeit in seinem Herzen, die er nur fließen lassen konnte.

Seine Veränderung blieb den anderen nicht verborgen. Auch seine Eltern, die sich bis dahin wenig um ihn gekümmert hatten, sahen plötzlich ihren Sohn mit anderen Augen – dies aber auch deshalb, weil Edwards Lehrer sie darauf angesprochen hatten.

Je mehr sich Edward veränderte, desto mehr veränderten sich auch seine Eltern. Sie machten seine Entwicklung, wenn auch in viel kleinerem Ausmaß, mit und konnten ihr Herz mehr und mehr öffnen.

Edward übte sich in Namasmarana, wann immer er nur konnte. Dies wurde ein Segen für ihn. Und er wurde ein Segen für die Welt. Ganz ruhig, ganz zart, ganz langsam. Aber unaufhaltsam und damit unendlich stark.

So sah er eines Tages, wie drei Jungen einen Schwächeren schlugen. Edward war empört. Mit dem Namen des Herrn auf den Lippen ging er zu den Jungen. „Tut das nicht!“ sprach es gleichsam durch ihn. „Tut es nicht. Euretwegen, denn es kommt mit Sicherheit auf euch zurück. Ihr schlagt zu dritt einen Schwächeren. Das ist gegen das Gesetz, denn es ist unfair.“ Es sprach so kraftvoll und zugleich so liebevoll durch Edward, daß die drei Jungen berührt zuerst innehielten und dann weggingen.

Kaum waren sie weg, nahm Edward den am Boden sitzenden Jungen in den Arm. „Siehst du“, sprach es erneut durch ihn, „was dir heute geschehen ist, wird eines Tages auf sie zukommen. Das ist das Gesetz. Sei du froh, daß du deinen Teil abgetragen hast. Nichts kommt auf uns zu, was nicht mit uns zu tun hat!“

„Wie gut du redest“, sagte der Junge zu Edward. „Ich? Ja, ja!“ sagte Edward, der soeben aus einer anderen Welt zurückkam.

In der Nacht erschien Edward sein Patenonkel in einem Traum. „Was du gestern den Jungen gesagt hast, war entscheidend. Es gibt tatsächlich ein Kosmisches Gesetz, das besagt, daß alles, was du tust, auf dich zurückkommt. Das Gute wie das Schlechte. Alles. Keiner ist davon ausgenommen. Und der Herr selbst hält sich an dieses Gesetz!“

Edward wachte auf und war sehr überrascht über diesen Traum. ‚Ich muß bald wieder einmal meinen Patenonkel anrufen!‘ dachte er und ging mit dem Namen des Herrn auf den Lippen in die Schule. Er war etwas früh dran, so stand er noch ein wenig im Schulhof. Da kam einer der drei Jungen, die gestern den einen wehrlosen geschlagen hatten. „Hallo!“ sagte er etwas linkisch. „Hallo, wie geht's?“ antwortete Edward freundlich. „Du, ich hab einmal eine Frage.“ „Schieß los!“ antwortete Edward. „Du sagtest gestern“, kam es wie aus der Pistole geschossen aus dem Jungen, „alles komme auf einen zurück. Was heißt das?" Edward wußte nicht, wovon er sprach. So wiederholte er schnell ein paarmal den Namen des Herrn und machte dabei ein so wichtiges Gesicht wie nur irgend möglich. Das fand der Junge schon sehr interessant. Da erinnerte sich Edward an den Traum. „Ja", sagte Edward, „das ist das Kosmische Gesetz, das immer gilt: Was du tust, kommt auf dich zurück. Tust du Gutes, kommt Gutes. Tust du Schlechtes, kommt Schlechtes auf dich. Das ist immer so. Auch bei dir!" – „Werde ich nun auch bald geschlagen?" fragte der Junge bang. „Gut, daß du früh aufgehört hast!" antwortete Edward. „Vielen Dank!" sagte der Junge. Und sie redeten noch über vieles andere. Schließlich stellte der Junge sich vor. Er hieß Mikel. Und sie wurden Freunde.

Was sagen dir diese beiden Geschichten?

Die Geschichte von Warren ist die Geschichte des Felsens. Ein Felsen ist hart, stark und kann mit ungeheurer Wucht niederfallen und viel dabei zertrümmern.

Edwards Geschichte ist die Geschichte des Wassers. Das Wasser fließt und paßt sich jeder Biegung, jeder Unebenheit an. Das Wasser wirkt ganz weich. Das Wasser ist aber gleichzeitig unermeßlich stark. Das Wasser verbindet diese Gegensätze in sich und ist damit der Quell des Lebens. Das Wasser kann jeden Stein schleifen. Und was kann ein Stein gegen das Wasser ausrichten? Nichts. Wirf doch einen Stein, und mag er noch so groß sein, in ein Gewässer oder gar ins Meer. Es mag ein kurzes Aufschäumen, ein paar Wellen geben. Am Ende ist alles wieder, wie es war.

Das ist der Unterschied zwischen Kampf und Kampfsport und Namasmarana. Kämpfst du und siegst, so hast du deine Niederlage nur verschoben. Irgendwann gerätst du immer an jemanden, der entweder mit fairen oder unfairen Mitteln dir überlegen ist. Irgendwann kommst du wie Warren an den Punkt, wo du gesiegt hast, durch die Umstände aber fliehen mußt, das heißt dich so verhältst, als hättest du verloren.

Warren hatte schlechte Eltern, dafür aber in Jack einen guten Trainer für die körperliche Ebene gefunden, durch den er wichtige

Eigenschaften wie innere und äußere Stärke, Selbstwertgefühl und Ruhe fand. Er war aber noch nie jemandem begegnet, der ihn vom Körper zur Seele und damit zu Gott führte. Diese Erfahrung sollte er auf seiner „Flucht" machen. Dazu waren die vier Verbrecher gut gewesen.

Edward dagegen ging durch Namasmarana den Weg des Wassers. Er floß in die Situationen wie Wasser. Mit Gott in seinem Herzen und auf den Lippen fühlte er sich mit allen verbunden und doch für sich.

Das ist der Weg des Lichts, denn durch Namasmarana wählst du Gott als deinen Weggefährten. Er wird dich nie, niemals fallenlassen. Er wird alles so einrichten, daß du nicht wie Warren in eine Sackgasse, sondern ans Ziel kommst.

Aber auch Warrens Weg ist notwendig. Es ist die Wegstrecke, die der Krieger zurücklegt, bis sie ihn zu Edwards Leben und Erleben führt und er als Gläubiger die Nähe zu Gott direkt sucht. Das eine Mal der harte Stein. Das andere Mal das fließende Wasser. Und was ist nun der wahre Unterschied zwischen beiden? Nichts als Entwicklung. Und damit Zeit – die wie Wasser fließende Zeit ...

Der entscheidende Unterschied zwischen beiden Geschichten liegt natürlich in ihrem Ausgang. Warren kämpft *gegen* vier Verbrecher und muß anschließend die Stadt verlassen.

Edward dagegen kämpft *für* einen Jungen und gewinnt dadurch in Mikel einen Freund.

Warren hat in allen geschilderten Fällen für sich gekämpft: Gegen den Vater, bei den Schülern, im Geschäft, denn da wollte er seine Kunstfertigkeit beweisen.

Edward dagegen ging mit Liebe zu vier Jungen und bewahrte einen vor Schlägen. Das ist die Kraft des Wassers. Des Fließens.

Warren fand in seiner neuen Stadt einen guten Trainer, der ihm als erster sagte, daß ein Kampfsport dazu da sei, einen Kampf zu vermeiden. „Wird jemand angegriffen, hilf ihm mit Behutsamkeit, durch die ein wenig, ich betone: *ein wenig* deine Kraft und dein Können durchscheinen. Entscheidend ist aber die *Behutsamkeit*. Greift dich jemand an, warte noch länger. Nimm dich noch mehr zurück. Sei noch behutsamer. Dein Leitspruch als Krieger muß immer sein: Wer nicht körperlich kämpft und sein Ziel dennoch erreicht, hat wirklich gesiegt. Wer sich von Herzen für andere einsetzt, wird beschützt. Wer für sich kämpft und siegt, hat in den meisten Fällen die Niederlage noch vor sich – nämlich dann, wenn es aus Gründen des Ansehens, des Ego, der Rücksichtslosigkeit oder aus Dummheit geschieht!"

Warren hörte diese Sätze und ließ sie in sein Herz fließen.

Er hielt sich daran und genoß das Gefühl, das entsteht, wenn du dich an die Wahrheit halten kannst: Daß Dharma, das Kosmische Gesetz, die Göttliche Rechtschaffenheit den beschützt, der sich nach ihr richtet, der sich an sie hält.

K.-D.
oder WIE KARMA WIRKT

K.-D. hatte noch nicht viel gelernt. K.-D. war einer jener Menschen, die noch nicht begriffen haben, worum es im Leben geht. Von diesen Seelen gibt es zur Zeit viele auf der Welt. K.-D. war aber besonders hartherzig. Ich verstehe deshalb dieses K.-D. als eine Abkürzung des Italienischen *caduto*, gefallen. K.-D. war gefallen. Von seinem Herzen abgefallen. K.-D. verstand das Leben nicht, denn er lebte es nicht.

So paßte es auch, daß er eine Karriere im Parteiapparat der DDR machte. K.-D. war so weit vom Leben entfernt, daß er nicht nur ein Mitläufer dieses Regimes war, sondern ein Verantwortlicher, ein Gestalter dieses „Staates der Zukunft" werden wollte.

Dieser Staat hatte aber keine Zukunft. Kein Staat hat eine Zukunft, der seine Bürger einsperren muß, damit sie ihm nicht davonlaufen.

Dies allein ist bereits eine Ungeheuerlichkeit, denn Menschen hängen an ihrer Heimat und verlassen sie fast immer nur, wenn sie dazu gezwungen werden. Häufig ist es die Not, die die Menschen aus ihrer Heimat vertreibt. Fliehen sie in großen Scharen, dann ist die Not groß.

So verhielt es sich auch in der DDR. Die Menschen litten, deswegen wollten sie gehen. Anstatt aber umzudenken, anstatt sich zu überlegen, was die Menschen brauchen, anstatt zu überlegen, was die Regierung ihnen verweigert, inwiefern sie ihre Bürger mißhandelt, anstatt als Herzensmenschen zu reagieren, regierten die Machthaber der DDR mit noch mehr Gewalt und Brutalität.

So wurde die Mauer gebaut und der Schießbefehl erlassen. Danach wurde auf Menschen, die versuchten, die DDR zu verlassen, geschossen. Viele wurden erschossen!

Man stelle sich vor: Ein Industriekonzern behandelt seine Angestellten so schlecht, daß diese wegwollen. Daraufhin sperrt der Konzern sie einfach ein und schießt auf diejenigen, die fliehen wollen – und all dies nur, weil er sie nicht menschenwürdiger behandeln will!

Genau diese Ungeheuerlichkeit beging das DDR-Regime. Und K.-D. war dabei. Er unterstützte den Schießbefehl. Er nannte die armen, erschossenen Flüchtlinge Vaterlandsverräter und freute sich über jeden vereitelten Fluchtversuch. Er war überzeugt von der Aufgabe, von der „wichtigen Mission" der DDR. Wer dabei umkam, war ihm unwichtig – „das Leben fordert eben seinen Zoll, und manche Unverbesserliche kommen besser um, als daß sie den Staat unterminieren!" meinte er in seinem grenzenlosen Zynismus.

K.-D., der vom Herzen Abgefallene, lebte seine dumpfe Zeit, bis die Wende kam. Der Herr wollte, daß die Demonstranten nicht zusammengeschossen wurden. So kam K.-D.s „große Stunde" nicht. Er mußte vielmehr untätig zusehen, wie „sein" Staat zusammenbrach.

Dann nahm das Schicksal seinen Lauf. Wie es vorhergesehen war, gab es wieder *einen* Deutschen Staat. Darüber hinaus galt das Bundesdeutsche Rechtssystem auch für die sogenannten Neuen Bundesländer. Dies bedeutete für K.-D., daß er festgenommen und angeklagt wurde. Wegen Totschlags.

K.-D. konnte dies nicht fassen. Er war empört. Er empfand sich als Opfer böswilliger, konterrevolutionärer Kräfte. K.-D. wurde verurteilt und mußte seine Strafe absitzen. K.-D., der Gefallene, verstand nichts. Er rebellierte vielmehr gegen den Staat, der ihm dies antat. Er sah überhaupt nicht ein, daß er seinen ihm anvertrauten Bürgern zuerst die Freiheit genommen und sie dann auch noch beschießen und erschießen lassen hatte. Er saß in seiner Zelle, grollte und verstand nicht – verstand nicht, daß es ihm viel besser als unzähligen Häftlingen unter den Bedingungen der DDR ging.

Ich habe *bewußt* die Verben „beschießen“ und „erschießen“ gewählt.

Das Verb „beschießen“ ist wichtig, weil es etwas anderes als der Ausdruck „auf jemanden schießen“ sagt. Beim Beschießen ist das Treffen enthalten. Beim Ausdruck „auf jemanden schießen“ ist das Treffen dagegen hypothetisch. K.-D. nahm das Treffen nicht in Kauf, sondern beabsichtigte es. Deshalb spreche ich auch von „Beschießen“. Vom Dharma, von der Göttlichen Ordnung her gesehen, ist dieses Schießen aus diesem Grund nicht Totschlag, sondern „Erschießen“ und damit Mord. Mord kann niemals mit ein paar Jahren Gefängnis gesühnt werden – ganz besonders dann nicht, wenn weder Einsicht noch Reue noch Mitgefühl, geschweige denn Mitleid entstehen.

Und hier setzt das Karma nochmals ein.

Es ist Karma, daß K.-D. gefangengenommen und verurteilt wurde. Und es ist Karma, daß er durch den Prozeß und die Gefangenschaft die Chance hat umzudenken. Doch K.-D. kann diese Chance nur zu einem minimalen Teil nutzen.

Nun eine andere Geschichte:

Uno war in seinem Wunsch nach Un-gebundensein un-vergleichlich. Ein Un-ikat. Einzigartig. Eben Uno. Unos Wunsch nach Ungebundensein machte ihn einsam. Denn einerseits hatte er sich nicht um Gesetze, Göttliche und weltliche, gekümmert, und andererseits hatte er sich dabei so viel Schuld aufgeladen, daß er einsam sein mußte. Uno war im vorherigen Leben Polizeipräsident in einem autoritären Staat gewesen. Er sorgte für Recht und Ordnung – Recht und Ordnung, wie *er* sie verstand. Uno hielt sich an die Buchstaben des Gesetzes. Das war für ihn Recht. Er übersah, daß Recht ohne Liebe zu Härte, zu Brutalität, zur Unterdrückung der Schwachen und Hilflosen führt. Das verstand Uno aber nicht. Er war von der Ordnung überzeugt und ließ deshalb die, die nicht so wie er die Buchstaben des Gesetzes verstehen wollten, einsperren und verurteilen. Einige wurden auch ohne Urteil eingesperrt. Manch einer wurde auf der Flucht erschossen.

Und wie ging es weiter? Uno starb eines Tages an den Folgen einer Schußverletzung, die ihm ein aufgebrachter Vater zugefügt hatte, dessen Sohn unschuldig erschossen worden war.

Uno wurde in der DDR wiedergeboren.

Schon als Kind wollte er fliehen. Mit sechzehn unternahm er den ersten Fluchtversuch, der aber scheiterte. Er wurde allerdings weder verletzt noch gefaßt.

Mit siebzehn versuchte er zusammen mit einem Freund wieder zu fliehen. Als sie aber die Grenze erreichten, wurden sie von Wachposten entdeckt, die sogleich das Feuer auf sie eröffneten. Unos Freund wurde im Bauch getroffen und verblutete in seinen Armen. Uno selbst trug eine schwere Verletzung an der Schulter davon.

Er wurde gefaßt, und obwohl er so verletzt war, wurde er geschlagen und eingesperrt. Unzählige Verhöre mußte er über sich ergehen lassen. Immer wieder wurde er mißhandelt. Erst mit einundzwanzig wurde er wieder freigelassen.

Er war nach dieser schweren Haft sehr verletzt und dachte immer wieder an Flucht. Da verliebte er sich aber, heiratete – auch um eine Wohnung zu bekommen –, und ein Jahr später bekam er einen Sohn. Dieser Sohn war sein Augapfel. Wegen seines Sohnes konnte und wollte er die DDR nicht mehr verlassen. Er führte ein glückliches Familienleben, bis sein Sohn mit knapp fünfzehn einen Fluchtversuch unternahm und dabei erschossen wurde.

Uno trug seine Liebe, seinen geliebten Sohn zu Grabe. Er ließ alles stehen und liegen, und todesmutig, da sie nichts mehr zu verlieren hatten, flohen Uno und seine Frau aus der DDR auf einem Weg, der im Grunde chancenlos schien. Unos Karma hatte sich aber geändert, denn Uno selber hatte sich geändert. So kamen seine Frau, die im früheren Leben seine rechte Hand gewesen war, und er wohlbehalten in den Westen, wo sie sich eine neue Existenz aufbauten.

Was haben die beiden Geschichten gemeinsam? Die Antwort ist: Alles.

Und was verbindet sie? Die Zeit. Der eine kommt früher an die Grenze. Der andere später.

Der eine ist noch K.-D. – caduto, gefallen über seine Unwissenheit.

Der andere ist Uno – derjenige, der bereits den Schritt zum Mitgefühl getan hat. Jenen ersten Schritt, der deshalb einzigartig ist, weil er durch das Erleben in der Seele fest verankert ist und deshalb nicht mehr rückgängig gemacht, nicht mehr zurückgenommen werden kann.

ॐ

Bedenke stets, daß alles, was dir geschieht, dir zufällt, dir widerfährt, das Beste für dich ist.

Und daß es deine Aufgabe ist, herauszufinden: **Inwiefern.**

Umwege können die kürzesten Wege sein

Es war einmal ein Mann, der angelte gerne in seiner Freizeit – und kümmerte sich auch sonst nicht um die Zusammenhänge im Leben. Deshalb bekümmerte es ihn auch nicht, daß Fische für seine Freizeitbeschäftigung sterben mußten.

Eines Tages nun – nach dem Muster, das aus vielen Märchen bekannt ist – fing er einen großen Fisch. Der sprach zu ihm: „Wenn du mich am Leben läßt, erfülle ich dir deinen sehnlichsten Wunsch!"

„Ich wünsche mir, unermeßlich reich zu sein", antwortete der Mann sogleich. „Gut, er ist erfüllt", erwiderte der Fisch, „bei dir zu Hause steht ein Tisch. Wenn du dessen Schublade dreimal hintereinander öffnest, ist sie nach dem dritten Mal mit Geld gefüllt. Ich verknüpfe aber", fuhr der Fisch fort, „die Erfüllung deines Wunsches mit zwei Bedingungen: Erstens vergiß mich nicht, und zweitens finde heraus, wer ich bin!"

Der Fisch verschwand, und der Fischer ging überglücklich nach Hause. Er fand den Tisch, öffnete die Schublade dreimal und sah sie beim dritten Mal mit Geld überreich gefüllt.

So wurde er zu einem reichen Mann. Er kaufte sich Häuser, Ländereien. Er hatte viele Angestellte. Er heiratete und hatte mehrere Kinder.

Je mehr die Zeit verging und je reicher er wurde, desto mehr vergaß er den Fisch und die Frage, wer er sei.

Manchmal, zu Beginn seines Reichtums, waren ihm die beiden Bedingungen des Fisches noch durch den Kopf gegangen. Später wurde er bei dem Gedanken an den Fisch regelrecht ärgerlich. Er fand ihn anmaßend und selbstgerecht. „Im Grunde unglaublich, was dieser Fisch von mir erwartete", dachte er dann.

Die Zeit verging, und er benötigte immer mehr Geld, um all seine Wünsche bezahlen zu können. Er war eben ein sehr reicher Mann mit entsprechenden Verpflichtungen.

Eines Tages kam ein riesiges Erdbeben und zerstörte all sein Hab und Gut. Auch der Wundertisch verschwand. Es blieb ihm nur das nackte Leben.

Verzweifelt irrte er durch seine verwüsteten Ländereien, bis er erschöpft zu Boden sank und einschlief. Da erschien ihm der Fisch im Traum und sagte: „Du hast mich und meine Bedingungen völlig vergessen. Du lebtest nur *deine* Interessen und hieltest mich für selbstsüchtig, weil ich dir zur Bedingung machte, an mich zu denken. Du Tor. Ich hatte dir diese Bedingungen als weitere Geschenke gegeben. Solange du an mich gedacht hättest, wärest du sicher gewesen. Und hättest du nachgeforscht, hättest du herausgefunden, daß ich nur dein Schöpfer sein kann, der dir alles gab und gibt.

Nun hast du alles verloren. Du bist einen Umweg gegangen. Umwege können aber die kürzesten Wege sein, wenn du durch sie lernst. Und sehe ich dein Leid, sehe ich dein Bemühen, bin ich voller Gnade für dich ..."

Heinrich
oder Die Macht des Schicksals

Heinrich war Arzt – ein Arzt, der es liebte zu forschen. Dies war zunächst weder etwas Außergewöhnliches noch etwas Schlechtes. Das Schlechte war, daß Heinrich böse war und an hilflosen Menschen forschte. Er war Arzt in einem KZ und führte Versuche an Menschen durch.

Er war herzlos und damit auch gottlos.

Das Naziregime ging zu Ende. So auch Heinrichs üble Versuche. Und plötzlich wendete sich das Blatt – etwas, was so typisch für das Leben ist: Aus dem Jäger wurde von einem Tag auf den anderen der Gejagte. Wovor floh Heinrich? Vor der zu erwartenden Strafe. Heinrich floh aber auch vor der Einsicht, daß er Schreckliches getan hatte. Anstelle der Einsicht trat die Verdrängung, so daß Heinrich sich schließlich, zumindest auf einer Ebene seiner Psyche, sogar als guter Heiler fühlte.

Durch Geduld, List und Lüge gelangte er in ein Land, dessen Machthaber ebenfalls immer noch nicht gelernt hatten. Hier fand er Unterschlupf und arbeitete weiter als Arzt. Viele, viele Menschen kamen zu ihm und baten ihn um Hilfe und ließen sich von den Händen behandeln, die nicht lange zuvor über unzählige Menschen Leid und Tod gebracht hatten. Heinrich half in vielen Fällen und wurde als guter Arzt geehrt.

Sein Herz blieb aber verschlossen. Keiner konnte Licht in dieses Dunkel bringen. Auch nicht seine neue Frau, mit der er drei Kinder hatte, die er streng erzog.

Heinrich versuchte zu vergessen. Seine Seele vergaß aber nicht – obwohl sein Verdrängen während seines Tagesbewußtseins recht gut funktionierte. Nachts aber hatte er Alpträume, in denen er sich von verstümmelten, leidenden, schreienden Menschen umgeben, nein, umringt sah. Heinrich sprach mit niemandem darüber, denn er sah in jedem einen möglichen Verräter oder gar Verbrecher – wie er es war. Auch zu seiner Frau und seinen Freunden hatte er kein Vertrauen.

So lebte Heinrich ständig in dem Bewußtsein, daß niemand ihn kannte, daß niemand wußte, niemand wissen durfte, wer er war.

Dieses Wissen zermürbt einen Menschen. Er hat in dieser Situation nur die Wahl zwischen zwei unangenehmen Alternativen: Entweder er verdrängt seine Schuld, wird physisch krank und leidet damit am Körper, oder er wird sich seiner Schuld bewußt und leidet deshalb seelisch. Heinrich entschied sich für die Verdrängung und lebte damit weiterhin eine falsche Identität, indem er sein wahres Wesen hinter der Maske des guten, hilf- und erfolgreichen Arztes verbarg. In Wahrheit war er aber immer noch viel mehr an Wissen als an den Menschen interessiert, und er half seinen Patienten, weil er Geld verdienen und seine wahre Identität verbergen wollte.

So wurde Heinrich krank – das Leben führte ihn über seinen Körper zur Wahrheit. Er bekam eine Krankheit, die niemand zu behandeln wußte. Er hatte Pusteln am ganzen Körper, die immer größer wurden. Bald war er von Furunkeln ganz übersät. Die Wahrheit brach sich ihren Weg.

Heinrich versuchte einiges, um dieser Krankheit Herr zu werden. Er besprach sich mit einigen Kollegen, aber keiner konnte ihm helfen. So entschied er, sein Leben sei nun ebenso wertlos wie das vieler anderer vorher, nahm seine alte Dienstwaffe, die er über all die Jahre aufgehoben hatte, und machte dieser Inkarnation dadurch ein Ende, daß er sich in den Kopf schoß.

Zur selben Zeit lebte ein Paar, Albrune und Reinhard. Albrune bedeutet das Geheimnis, und Albrune war sich selbst ein Geheimnis. Rein-hard war seinem Namen entsprechend „rein“, das heißt richtig hart. Die beiden waren immer noch vom Nationalsozialismus überzeugt. Sie meinten in ihrer mangelnden seelischen Erfahrung, Menschen könne man nur mit Härte, wenn es sein muß, mit brutaler Hand führen. Alles andere seien weichliche Illusionen, die sich nur solche Menschen ausdächten, die nicht reif, die nicht fähig für „den großen Wurf" seien. Ein starker Mensch erkenne, daß die Menschen straff geführt werden müßten.

Albrune und Reinhard achteten aber weder *die* Menschen noch den einzelnen. Sie vertraten vielmehr die Ansicht, der Starke müsse siegen. Und die Diktatoren, die Starken, würden immer siegen, vorausgesetzt, die Schwachen würden sich nicht als eine Allianz der Minderbemittelten zusammentun und damit – gegen das Gesetz der Welt verstoßend! – das Schicksal zu ihren Gunsten wenden.

So dachten sie. Deshalb störte es sie nicht, daß durch die Diktaturen des Zweiten Weltkriegs Millionen Menschen umgekommen waren und Zigmillionen an den Folgen des Krieges Jahrzehnte, wenn nicht ein Leben lang, leiden mußten. „Wenn der Starke seinen Weg geht und damit dem Schwachen aufzeigt, wo es langgeht, dann ist das eben so! Entwicklung ist Leiden. Der Mensch wird durch Erziehung und Leiden stark!" meinten sie unberührt und unverdrossen.

So fanden sie auch nichts an Menschenversuchen auszusetzen, geschweige denn an Tierversuchen – was der Starke befahl, mußte eben getan werden!

Albrune und Reinhard hatten den Krieg überstanden. Sie hatten viele Entbehrungen erlebt, viel Leiden gesehen, und trotzdem wollten sie Kinder!

Dieser letzte Satz kommt dem Leser vielleicht etwas erstaunlich vor: „Warum ‚trotzdem'?" wirst du fragen. Ich sage „trotzdem", weil ich der Meinung bin, daß man, um Kindern ein Zuhause bieten und Geborgenheit geben zu können, eine andere Einstellung haben sollte.

Albrune und Reinhard wollten aber Kinder. Und wollten aus ihnen starke Menschen machen. „Durch Disziplin und den Blick auf das Wesentliche gerichtet", wie sie es nannten.

Albrune und Reinhard waren damit die idealen Eltern für Heinrich, der sich bald nach seinem Tod mehrmals als Tier inkarnieren mußte. Bevor er zu Albrune und Reinhard kam, war er als armer Affe in einem Versuchslabor gewesen, der soeben an einem schmerzhaften Versuch einer neuen Operationsmethode gestorben war.

Albrune und Reinhard wünschten sich unbedingt ein Kind – und sie bekamen Heinrich. Sie, die einen Starken heranziehen wollten, bekamen Heinrich, der wegen seines Karmas verkrüppelt war – er hatte das Leben bereits gelebt, für das sie ihn erziehen wollten, und kam zu ihnen, um die Konsequenzen seines Handelns zu erleben. Heinrichs Körper war sehr verformt. Seine Wirbelsäule war in sich verdreht, und er hatte verkrüppelte Hände und Füße.

Albrune und Reinhard waren entsetzt. Ihr erster Gedanke war der an Euthanasie, an die Tötung „unwerten" Lebens. Die Zeiten hatten sich aber geändert. Das, was früher staatlich angeordnet worden war, stand nun unter Strafe. Sie konnten sich deshalb ihres Kindes nicht einfach entledigen, sondern mußten eine andere Lösung finden. Sie suchten deshalb fieberhaft nach einem Heim für Behinderte. Sie fanden aber keines, das Heinrich aufgenommen hätte: Die Heime hatten entweder keinen Platz, oder sie waren auf eine Behinderung spezialisiert, die der von Heinrich nicht entsprach. Das Problem war nämlich, daß sein Körper offensichtlich verkrüppelt, sein Geist aber alles andere als behindert war.

So verging die Zeit. Albrune und Reinhard suchten einen entsprechenden Platz für Heinrich, der heranwuchs. Damit entstanden Bindungen.

Albrune stillte Heinrich zwar genau nach der Uhr und kümmerte sich auch sonst nicht im geringsten darum, was *seine* Bedürfnisse waren. Disziplin war ihrer Meinung nach von Anfang an angesagt. Daß sie ihr Kind damit auch noch *seelisch* schädigte, kümmerte sie nicht, denn sie war unwissend genug, zu glauben, daß sie immer das Richtige tue und nichts in Frage stellen müsse.

Heinrich verstand sehr bald, was seine Eltern wollten, und richtete sich danach. Das fanden seine Eltern wunderbar.

Die Zeit verging, und Heinrich lernte trotz seiner verkrüppelten Hände zu schreiben und konnte bald sehr schön mit dem geschriebenen Wort umgehen.

Da hörten Albrune und Reinhard von einem Arzt, der angeblich herausgefunden hatte, wie man Behinderte so operierte, daß diese sich mit fortschreitendem Wachstum korrigierten.

Sogleich gingen Albrune, die Unwissende, und Reinhard, der Harte, zu diesem Arzt. Dieser war ein stattlicher Mann, der sie sehr beeindruckte. Sie unterhielten sich lange und gerne mit ihm, denn sie teilten in allem seine Ansichten. Er war ein starker Mensch. Er trat ebenfalls für die Herrschaft der Starken ein. Albrune und Reinhard übersahen bei diesem Gespräch und bei ihrer anschließenden Entscheidung, daß sie nicht in der Position der Starken, sondern der Schwachen waren – besonders Heinrich, um den es ja vornehmlich ging.

Dr. Grausig, so will ich diesen Arzt nennen, fühlte sich aber als Starker und dazu auch noch als starker Vertreter der „Herrenrasse". Er haßte Kranke. Besonders Verkrüppelte. Deshalb führte er diese abenteuerlichen Operationen bzw. Versuche durch und freute sich entsprechend, den mit den Eltern besprochenen Eingriff bei Heinrich vornehmen zu können.

Albrune und Reinhard gegenüber rühmte er sich seiner Erfolge, die er zweifellos hatte. Seine Erfolge waren aber nichts anderes als Abfallprodukte seiner Menschenversuche, die er sehr geschickt tarnte. Dr. Grausig war auch sonst sehr geschickt. Er versicherte zum Beispiel Heinrichs Eltern, die Operation habe zu 95% Erfolg. Er müsse sich aber wegen des Restrisikos eine Erklärung von ihnen unterschreiben lassen, worin sie ihr Einverständnis damit erklärten, daß er volle Freiheit der Mittel habe und daß sie wüßten, daß mit dem Eingriff gravierende Risiken verbunden seien. Albrune und Reinhard stutzten bei diesem Satz. Dr. Grausig wischte aber ihre aufkommenden und berechtigten Zweifel mit der leeren Aussage: „Reine Formsache!" weg. Und die beiden waren viel zu weit von ihren Gefühlen und ihrem Instinkt entfernt, als daß sie alarmiert gewesen wären. Albrune und Reinhard waren noch so unerfahren, was Herzensangelegenheiten betraf, daß sie die dunkle Seele von Dr. Grausig weder sahen noch sie aus seiner Art zu reden bzw. an seinen Vorschlägen erkannten. Sie waren eben noch blind, deshalb vertrauten sie blind.

So wurde Heinrich am Rücken und an den Händen operiert, obwohl er mit seinen Behinderungen gut zu leben gelernt hatte. Er war damals acht, gut in der Schule und auch sonst sehr aufgeweckt.

Nach der Operation war er querschnittsgelähmt und konnte seine Hände gar nicht mehr bewegen. Dafür verlangte Dr. Grausig auch noch ein immenses Honorar. Dr. Grausig hatte Heinrichs Weg eben noch vor sich!

Heinrich dagegen war nun an den Rollstuhl gefesselt. Er konnte kaum noch etwas selber tun, sondern war fast vollständig auf die Hilfe anderer angewiesen – so wie seine Gefangenen in jenem früheren Leben. Sie waren darauf angewiesen gewesen, daß diejenigen, die Macht über sie hatten, diese nicht mißbrauchten. Heinrich hatte sich aber überhaupt nicht um deren Ängste, deren Schmerzen und Leiden gekümmert. Für ihn hatten sie nichts als Bausteine für sein medizinisches Wissen dargestellt. Gefühle „und all der Kram" hatten ihn nicht interessiert.

Nach der Operation war Heinrich, wie gesagt, fast vollständig auf die Hilfe anderer angewiesen. Und diese anderen waren vornehmlich seine Eltern, die ein sehr schlechtes Gewissen hatten und sich viele Vorwürfe machten. „Wie haben wir nur einer so riskanten Operation zustimmen können? Wie haben wir nur an einen so unverantwortlichen Arzt kommen können?" fragten sie sich immer und immer wieder. Daß sie ihn besonders auch deshalb ausgewählt hatten, weil er genauso verächtlich dachte wie sie, sahen sie nicht.

So wollten sie ihn verklagen und sich über den Umweg des Gesetzes Recht verschaffen.

Da sie aber im Grunde nicht an das Recht der Schwachen glaubten, sondern sich immer für das Recht der Starken eingesetzt hatten, bekamen sie auch nicht recht. Dr. Grausig hatte seine Verträge gut ausarbeiten und absichern lassen. Was er als „reine Formsache" bezeichnet hatte, war vielmehr reine Perfektion. So verloren Albrune und Reinhard nicht nur den Prozeß, sondern auch viel Geld, da sie alle Kosten zu tragen hatten.

Sie machten aber die wichtige, nein, die entscheidende Erfahrung, wie bitter es ist, wenn der Starke auf Kosten der Schwachen recht bekommt.

Nun ist es im Leben häufig so, daß dem, der hat, gegeben wird, und dem, der nicht hat, auch noch der letzte Rest genommen wird. Diese bereits in der Bibel beschriebene Weisheit zielt auf das Gesetz des Karma ab: Tust du Gutes, bekommst du Gutes. Tust du Schlechtes, wirst du so lange mit den Konsequenzen deines Handelns konfrontiert, bis du nicht mehr nimmst, sondern gibst.

Schlechtes zu tun ist nämlich eine besonders negative Form des Nehmens. Tust du dagegen Gutes, gibst du und bekommst deshalb auch.

Albrune und Reinhard wurden, als Konsequenz ihres negativen Denkens, nun immer wieder damit konfrontiert, welch einer schrecklichen Operation sie ihren armen Jungen hatten unterziehen lassen, nach der es ihm so viel schlechter ging und er ständig Schmerzen hatte.

Außerdem kamen die Vorwürfe auch noch von allen Seiten. Mal deutlicher, mal vorsichtiger. Aber sie kamen und verfehlten ihre Wirkung nicht. Albrune und Reinhard hatten ein sehr, sehr schlechtes Gewissen, dem sie dadurch zu entkommen versuchten, daß sie sich immer mehr um Heinrich kümmerten.

Dieser litt immer wieder so sehr, daß es seinen Eltern schier das Herz zerriß. Nicht einmal, nicht zweimal, nicht dreimal, sondern zigmal saßen sie an seinem Bett oder an seinem Rollstuhl und weinten, weil sie so wenig tun konnten, um seine Schmerzen zu lindern oder seinen Allgemeinzustand zu verbessern.

Natürlich gaben sie ihm Schmerzmittel. Sie wußten aber, daß dies eine Gratwanderung darstellte. Je mehr Schmerzmittel Heinrich bekam, desto abhängiger wurde er. Je abhängiger er war, desto weniger wirkten sie und um so mehr Tabletten mußten sie ihm geben. Abgesehen davon, daß diese Mittel nicht ohne Nebenwirkungen waren, konnten Albrune und Reinhard sich ausrechnen, wann sie auf immer stärkere Mittel würden umsteigen müssen und wann auch diese Möglichkeiten erschöpft sein würden.

Albrune und Reinhard hatten sich verändert, deswegen werde ich sie nun nicht mehr so nennen, sondern von ihnen nur mehr als Heinrichs Eltern sprechen, denn die waren sie nun wirklich geworden!

Heinrich litt. Er litt einen Teil der Schmerzen, die seine Opfer im KZ gelitten hatten. Und seine Eltern litten mit – und alle drei begegneten sich mehr und mehr von Herz zu Herz.

Ich sage immer wieder: Heiße das Leiden willkommen, denn es lehrt dich Demut und Ehrfurcht. Es lehrt dich, dein Herz zu öffnen und andere *zu sehen.* Das Leiden schenkt dir die Gnade, dein negatives Karma in positives umzuwandeln. Und dies geschieht dadurch, daß du dein Herz öffnest.

Heinrichs Schmerzen wurden mit der Zeit nicht weniger, sondern eher mehr. Entsprechend bekam er immer stärkere Mittel. Mit den Jahren steigerte sich dies derart, daß Heinrichs Eltern schier verzweifelten. Sie mühten sich nun von morgens bis abends und von abends bis morgens um ihren Sohn – und das einzige, was sie erreichten, war eine ständige Verschlechterung.

Doch ihre Liebe wuchs: Sie lernten durch Heinrich, daß die Welt nicht dem Starken, Mächtigen gehört, sondern *allen.* Und daß besonders die Schwachen und Hilflosen das Herz berühren und unsere volle Aufmerksamkeit verdienen.

Heinrichs Schmerzen steigerten sich nun derart, daß seine Eltern nur noch zwischen den Alternativen wählen konnten, daß Heinrich entweder schmerzfrei und sediert, das heißt unansprechbar, oder ansprechbar, aber voller Schmerzen – und damit ebenfalls unansprechbar war.

Heinrichs Eltern hatten sich so geöffnet, daß sie aus Liebe und Mitgefühl darauf verzichteten, mit ihrem Sohn zu kommunizieren. Es war ihnen wichtiger, daß er nicht litt. So dämmerte er über einen langen Zeitraum dahin und starb an einer Überdosis Morphium, die sein Vater ihm gab, weil er nicht mit ansehen konnte, wie sein Sohn immer mehr litt. Er hatte ihm helfen wollen und hatte ihn dabei versehentlich getötet.

Die Eltern beerdigten Heinrich mit all der Liebe, die sich zwischen ihnen entwickelt hatte.

Sie wurden im darauffolgenden Leben mit zwei schönen Seelen gesegnet, die als Kinder zu ihnen kamen und die sie mit viel Liebe, Verständnis, Klugheit und Respekt gegenüber dem Leben im allgemeinen großzogen. Alles Eigenschaften, die sie durch Heinrich in sich hatten entdecken dürfen.

Und was wurde aus Heinrich?

Sein Leiden hatte auch in ihm eine große Wandlung bewirkt. Er hatte das erlebt, was er anderen angetan hatte. Dadurch war er viel weicher geworden.

Eine große Veränderung hatte auch bewirkt, daß er ab dem achten Lebensjahr fast ganz unbeweglich und damit fast vollständig auf die Hilfe anderer angewiesen war. Seine Eltern hatten zwar Dr. Grausig ausgewählt und sich für die wahnsinnige Operation entschieden. Sie hatten aber ihre Schuld angenommen, sich mehrfach unter Tränen bei ihm entschuldigt und aufopfernd für ihn gesorgt. Dies hatte Heinrich tief berührt. Er erlebte damit unmittelbar, was Dienst am Nächsten war. Was es bedeutete, für jemanden wirklich dazusein – ohne auf Sonn- und Feiertage, auf durchwachte Nächte und erschöpfende Tage zu achten. Dies lehrte Heinrich viel von dem, was er im nächsten Leben benötigte.

Die Schmerzmittel, die ihn in einen Dämmerzustand versetzten, hatten aber auch die Wirkung, daß er mit seinem Unbewußten die Situation erfaßte. Er hörte seine Eltern sprechen, sich Sorgen machen. Er spürte, wie sie mit ganzem Herzen für ihn da waren. Und er war berührt von alledem, was seine Eltern seinetwegen durchlitten. Deshalb verstand er es von seinem Herzen her nur zu gut, daß sein Vater ihm aus lauter Fürsorge und Verzweiflung versehentlich eine Überdosis Morphium gab.

Durch all dies kam Heinrich berührt ins Jenseits und berührt und berührbar in sein neues Leben. Es war eben viel geschehen!

In diesem neuen Leben traf er erneut auf seine Frau, mit der er in jenem Leben, das nun weit zurücklag, zusammengewesen war und drei Kinder gehabt hatte. Mit ihr bekam er dieses Mal zwei Kinder. Einen Jungen und ein Mädchen. Als der Junge sechs Jahre alt war, stürzte er von einem Baum. Durch die Unachtsamkeit des Notarztes blieb er ab dem fünften Brustwirbel gelähmt. Heinrich litt unendlich: Sein so sehr geliebter Sohn sollte für immer gelähmt bleiben – er konnte es nicht fassen! Heinrich stellte nach diesem Unfall sein ganzes Leben um, damit er so viel wie möglich für seinen Sohn dasein konnte.

In diesem Leben lernte Heinrich die andere Seite kennen, nämlich die der Angehörigen seiner früheren Opfer. Heinrich lernte durch diesen schweren Schicksalsschlag zu beten. Er fand seinen Glauben und sein Hingezogensein zu Gott.

Sein guter Sohn war sein Lehrmeister, denn durch seinen Unfall und die daraus resultierenden Folgen hatte er seinen Vater dahin geführt, nach etwas Größerem, Sinnvollerem, Übergreifendem zu suchen – und es zu finden.

Heinrich wurde eine immer liebendere Seele. Er erlebte noch eine Inkarnation, in der seine Neigung, sein Potential zum Negativen, umgewandelt wurde. Was vorher entsetzlich negativ und zerstörerisch war, wurde nun, und zwar genauso stark wie sie zuvor negativ war, zu einer Kraft der Liebe, die viele, viele erreichte, nährte, beglückte.

Heinrich wurde zu einem Licht der Welt, und sein lieber Sohn aus dem Leben davor begleitete ihn dabei.

Was sagt dir diese Geschichte? Nichts ist endgültig schlimm, nichts für immer böse. Es ist alles eine Frage der Zeit. Was heute negativ oder böse ist, wird morgen umgewandelt. Jeder lernt. Selbst oder gerade der besonders Böse. Er erlebt in jedem Leben andere Umstände, wodurch er die Erfahrungen macht, die er für seine positive Entwicklung benötigt.

Deshalb ist es so wichtig, daß das Denken, das Gedächtnis, das mit dem Denken verbunden ist, und das gesamte Ego mit dem Tod vergehen und mit einer neuen Inkarnation neu entstehen. Damit kann jede Seele ganz neue, unmittelbare Erfahrungen machen, alte Fehler ausmerzen und Neues, Positives erleben. Und die Entwicklung der einen Seele ist immer auch die Entwicklung der anderen.

Heinrich hatte nach seiner Inkarnation als Arzt im KZ viel, sehr viel zu lernen. Seine Eltern aber auch! Sie waren nicht an den Versuchen beteiligt gewesen. Sie vertraten aber eine ähnliche Geisteshaltung. Sie waren jedoch keine so unbedingten Seelen wie Heinrich. Ihr Potential war weder besonders aufs Negative noch aufs Positive ausgerichtet. Sie lernten deshalb schnell durch Heinrichs Leiden. Sie mußten nicht selber ins KZ. Es blieb ihnen daher viel erspart. Sie verehrten das Starke, den starken Menschen so sehr, weil sie selber nicht so stark waren. Sie bekamen durch Heinrich eine nachhaltige Erfahrung, die sie zu liebevollen, vorsichtigen und rücksichtsvollen Menschen werden ließ.

Ganz langsam, ganz allmählich durch eine Situation, durch ein Kind, das sie so nicht wollten, und durch einen Arzt, von dem sie meinten, ihn bewußt gewählt zu haben.

Es war aber ihr Schicksal am Werk, das sie liebevoll leitete. So liebevoll, wie sie sich anschließend um Heinrich kümmerten. Heinrich, der in seinem vorherigen Leben ein starker Arzt gewesen war – und nichts gelernt hatte. Heinrich, der bei ihnen ganz schwach wurde und dadurch ihr Herz wie kein anderer berührte.

So stark berührte, daß sie ihm in einem späteren Leben noch einmal kurz helfen konnten – als Dank für all das, was er ihnen gegeben, was er sie gelehrt hatte.

Heinrich hatte das Potential, sowohl im Negativen als auch im Positiven sehr starke Erfahrungen zu machen. So fiel er zuerst sehr tief, kam dann aber in einen unmittelbaren Kontakt mit der Kraft der Liebe, wodurch er besonders hilfreich für die Welt wurde.

Löwenherz
oder *Per aspera ad astra*
(Durch Schwierigkeiten zu den Sternen)

Winfried war ein eleganter Mann. Mit seinem dichten, lockigen Haar, den strahlenden Augen und dem frechen Lächeln auf den Lippen fiel er auf. Außerdem war er hochgewachsen und athletisch. Kein Wunder, daß die Frauen Winfried umschwärmten. So kam er leicht und gewandt durchs Leben. Schwierigkeiten ging er entweder aus dem Weg, wartete, bis sie vorüber waren, oder bat andere, ihm „die Kohlen aus dem Feuer zu holen". Winfried machte es sich leicht und fand immer jemanden, der ihm dabei half. Darüber hinaus bekam er jede Menge Bestätigung. Männer wie Frauen suchten seine Gesellschaft, denn Winfried war so locker, so lässig. Die meisten sahen nicht hinter seine Fassade bzw. wollten sie nicht durchschauen, denn Winfried versprach ein einfaches Leben. *„Take it easy!"* war sein Lieblingsspruch. Und entstand in irgendeiner Weise eine kompliziertere Situation, so war sein erster Satz: „Komm, *take it easy*! Nur keine Aufregung, das wird schon!" Hatte jemand etwas mit ihm zu klären, dann war Winfried gar nicht mehr so locker. Das fand er überhaupt nicht mehr *„easy"*! Denn Klärung bedeutet, daß man einen Standpunkt hat. Daß man weiß, was man will und was man anderen schuldet. Winfried hatte aber keinen Standpunkt. Denn Winfried hatte genau den richtigen Namen für seine Lebenseinstellung: Win-fried hatte den Frieden des Windes in sich. Und welchen Frieden hat der Wind? Gar keinen! Den Wind treibt es immer irgendwohin. Immer ist er in Bewegung. Immer muß er weiter. Immer treibt ihn etwas. Und warum ist der Wind so umtriebig? Weil er so leicht ist. Das war Winfrieds Problem: Er war zu leicht. Er machte es sich zu leicht und – es wurde ihm zu leicht gemacht! *Wer es zu leicht hat, hat keine Gnade.* Das solltest du dir immer vor Augen führen.

Wenn du es schwer hast, denke an Bernhard. Bernhard hatte früh seine Eltern verloren. War zu Pflegeeltern gekommen, die ihn schlecht behandelten und ihn nur deshalb aufzogen, weil sie seine Waisenrente für sich verwenden wollten. Bernhard war nicht schön und nicht besonders großgewachsen. Er hatte keine funkelnden Augen und keine tolle Mähne auf dem Kopf. Aber Bernhard war durch alle Schwierigkeiten mit einem *Bear-n-heart*, mit einem Bären-, mit einem Löwenherzen gegangen. Bernhard hatte nicht nur ein starkes, sondern auch ein weiches, ein liebevolles Herz. Dieses Herz war die Frucht all dessen, was er erlitten, was er durchlitten hatte. Bernhard war kein eleganter Mann wie Winfried, dafür war er aber ein Mann mit Charakter, mit Herz, mit Gemüt, mit Durchhaltevermögen. Ging Winfried allen Problemen aus dem Weg und wurde dadurch immer schwächer, so hatte Bernhard die Erfahrung gemacht, daß Probleme dazu da sind, daß man sie meistert.

Verblüffend war nun, daß Bernhard den gleichen Spruch wie Winfried hatte. Kam ein Problem auf ihn zu, so sagte er sich: *„Take it easy!“* Dies bedeutete nun nicht, daß er dem Problem aus dem Weg gehen, sondern daß er ihm unbedingt die Stirn zeigen wollte. „Man darf aber nicht verbissen an die Dinge herangehen. Das macht auf die Dauer nur starr, plump und unflexibel. Ich laß mich durch nichts niederkriegen. Deswegen sage ich: *Take it easy!* Denn nichts ist so schwer, daß man es nicht meistern könnte.“ Obwohl Bernhard denselben Spruch wie Winfried als Leitfaden für sein Leben hatte, war er ein ganz anderer Mann. Er stand mit beiden Beinen fest auf dem Boden, kämpfte für seine Ideale, setzte sich für seine Freunde ein und ging, wenn es sein mußte, keinem Streit aus dem Weg – auch wenn er keinen suchte. Er las gute, spirituelle Bücher und erlebte die Zeit, die er mit ihnen verbrachte, als *Sathsang*, als Gemeinschaft mit guten Menschen. Und fand dadurch inneren Frieden.

Bernhard hatte eben ein Löwenherz. Er war durch seinen Einsatz und seinen Charakter zu einem Löwen geworden. Ich sage stets: Werde wie die Löwen. Die Könige der Tiere. Gehe gelassen durch dein Leben. Geschmeidig und doch kraftvoll. Komme derart in Kontakt mit deiner inneren Kraft, daß keiner ohne weiteres einen Kampf mit dir beginnt. Strahle eine Selbstsicherheit und innere Ruhe aus, durch die jeder, der dir begegnet, sogleich erkennt, daß du ein Löwenherz bist.

Denke an das Ergebnis: Bernhard wurde nicht so umschwärmt wie Winfried. Aber erstens interessierte dies Bernhard nicht, und zweitens war er nicht von oberflächlichen, nicht besonders interessanten und interessierten Menschen umgeben, sondern hatte sehr, sehr gute Freunde, mit denen er eine Gemeinschaft guter Menschen bildete. Er war fest in sich gegründet und fühlte sich von seinen Freunden anerkannt, weil er sich selbst und seine Freunde anerkannte und wertschätzte. Bernhard hatte sein Löwenherz gefunden, das ihn durch ein starkes Leben führte. Bernhard suchte, wie gesagt, keinen Streit, ging ihm aber auch nicht angstvoll aus dem Weg, denn er hatte verstanden, daß man nicht in der Wahrheit sein kann, wenn man stets nachgibt. So ging Bernhard seinen Weg, geführt von seinem Herzen. Es war ein Löwenweg, der ihm viel Glück bescherte, denn wer in der Wahrheit lebt und ein starkes Leben führt, dem ist das Glück sicher.

Der arme Winfried dagegen versuchte alles zu vermeiden, zu glätten, zu beschönigen, sich gutzureden. Er verlor damit immer mehr die Wahrheit, seinen inneren Frieden und sich selbst. Er ging den Weg des Dauerwindes und wurde „windig". So wurden seine Bekannten auch immer windiger, immer unklarer, immer unehrlicher. Am Schluß lebte er nur noch für die fadenscheinigsten Vergnügungen.

Dann erbarmte sich der Herr: Winfried kam in so große Schwierigkeiten, daß er ihnen nicht mehr ausweichen konnte. Er dachte, er würde an ihnen zerbrechen! Die Situation war aber so beschaffen, daß er ihr diesmal nicht entkommen konnte. Er mußte sie durchstehen, ob er wollte oder nicht. Stück für Stück kam er weiter. Er verlor aber alle seine Freunde und Freundinnen. Hilflos und mittellos stand er am Beginn seines neuen Lebens und wußte nicht, wohin. Er fiel tiefer und tiefer. Er durchmaß die ganze Spanne seiner Oberflächlichkeit. Er staunte, wie groß diese war. Er war so hilflos, daß er spürte, daß die Oberflächlichkeit ihm überhaupt nicht weiterhelfen konnte. Daß die Oberflächlichkeit, die er so sehr mit seiner gepflegten und „gepuderten“ Lässigkeit kultiviert hatte, in Wahrheit nichts wert war. Und da kam das entscheidende Wort: Wahrheit. Es kam Wahrheit in Winfrieds Leben. Er schwankte nicht mehr wie ein Fähnchen im Wind, sondern stand da. Zwar ganz allein. Schwankend. Auch hilflos. Aber Wahrheit hatte Platz in seinem Leben gefunden.

Winfried begann damit, den Weg des Löwen zu gehen: Stark und klar, geschmeidig und selbstsicher auf sein Ziel zuzugehen.

Und was ist das Ziel des Löwen? Du weißt es nicht? Dann gehe hin und frag ihn. Frag den Löwen, dieses wundervolle Lebewesen, wohin er geht, wohin er will! Frag ihn. Fahr ins ferne Afrika und frag ihn. Pack sogleich die Koffer. Nimm alles mit, was du brauchst. Und wenn du reisefertig bist, alles zum Abreisen bereit ist, setze dich noch einmal ganz ruhig hin. Gehe in dich. Und was spürst du dann? Das ferne Afrika, mit den hinreißenden Menschen und Tieren, mit den wunder-baren Formen und Farben ist nicht Tausende von Kilometern entfernt, sondern in dir. Du bist dieses Afrika. Du bist der Löwe, den du suchst. Du bist *Bear-n-heart* oder besser: Löwenherz, du bist jenes Tier mit dem furchterregenden Gebiß und der samtweichen Schnauze. Du hast die unendlich starken Tatzen und das ebenso weiche Herz.

Du bist der König der Tiere. Du bist der Herr deines Reiches. Du hast den starken Blick. Den mächtigen und doch geschmeidigen Gang. Und ganz leicht spielt der Wind in deiner Mähne. Der Wind, der unterstreicht, wieviel Frieden in dir ist.

Ein Fall von Gnade

Elisabeth war eine begnadete Ärztin. Elisabeth war bereits eine sehr gute Schülerin gewesen. So gut, daß sie zwei Klassen übersprang und mit knapp siebzehn Abitur machte. Danach studierte sie Medizin und spezialisierte sich auf Kinderheilkunde. Da sie außerdem früh heiratete und zwei Kinder bekam, konnte sie ihren Beruf nur nebenbei ausüben.

Als ihre Kinder aus dem Haus waren, wollte sie wieder mehr als Kinderärztin tätig sein. Ihr Mann begrüßte Elisabeths Entscheidung sehr, denn er hatte es stets bedauert, daß eine so begabte Ärztin, wie seine Frau es war, durch die Umstände nicht ihren Fähigkeiten entsprechend arbeiten konnte.

Elisabeths Motto war aber immer gewesen: Erst meine Familie, dann die Karriere. So behandelte sie nur ihre eigenen Kinder, wenn sie krank waren. Als sie dann in die Schule gingen, arbeitete sie halbtags. So blieb sie in ihrem Beruf auf dem laufenden.

Elisabeth hatte über mehrere Leben viel Gutes getan. Dieses Gute bestimmte einerseits ihren heutigen Lebensstandard. Andererseits bedingte es ihren Wunsch, als Kinderärztin in einem Krankenhaus zu arbeiten, denn hier meinte sie, besonders viel für die Kinder und deren Eltern tun zu können. Es ergab sich aber das Problem, daß sie für eine Anstellung im Krankenhaus zu alt war. Ein Chefarzt stellt kaum einen Assistenzarzt ein, der bereits Ende vierzig ist und der außerdem wenig praktische Erfahrungen hat. Am liebsten sind einem Chefarzt in der westlichen Welt junge Menschen, die er lehren und entweder in die Welt schicken oder als seine langjährigen Mitarbeiter heranziehen kann. Da heute das Alter in den westlichen Ländern nicht viel gilt, beginnt ein Mensch mit Ende vierzig bereits an Wert zu verlieren.

Da sind seine Lebenserfahrung, seine gemachte Entwicklung, seine erlangte Ausgewogenheit völlig gleichgültig. Wichtig ist nur, daß er jung ist. Dann ist er rentabel. Dann „rechnet“ er sich. Innere Qualitäten dagegen sind vollkommen sekundär, denn primär zählt das Salär, das Gehalt. Wie wenig gehaltvoll derjenige ist, der ein Spitzengehalt bekommt, ist uninteressant. Hauptsache, er „rechnet“ sich.

Elisabeth hatte aber Ideale. Sie wollte in der Klinik arbeiten, weil sie wußte, wieviel Leiden dort herrscht. In der kleinen Stadt, in der sie lebte, praktizierten bereits zwei Kinderärzte, die sie sehr schätzte. Warum sollte sie denen Konkurrenz machen und ihre Praxis ganztags geöffnet haben? Ihr war es viel lieber, daß die beiden anderen Ärzte voll ausgelastet waren, sie sich aber in der Klinik den Kindern widmen konnte. Das war ihr sehnlichster Wunsch.

So schrieb sie eine Bewerbung an das Krankenhaus der nahe liegenden Kreisstadt und betete zu Gott: „Geliebter Herr, bitte hilf mir, daß ich in dem Krankenhaus als Kinderärztin eine Stelle bekomme ... Nein“, verbesserte sie sich, „dein Wille geschehe. Ich weiß, daß du mich das ganze Leben geführt, beschützt und beschenkt hast. Du hast mein Leben gesegnet. Ich danke dir von Herzen dafür. Du bist mein Morgen-, Mittag-, Abend- und Nachtstern. Du bist das Licht meines Lebens. Ich würde gerne als Kinderärztin in der Klinik arbeiten. Aber dein Wille geht vor meinem Wunsch, denn dein Wille ist Gnade!“

Mit diesem Gebet im Herzen schickte Elisabeth ihre Bewerbung los – und übte sich in Geduld, als sie lange nichts hörte.

Dann, eines Tages, erhielt sie ein Schreiben, in dem sie zu einem Gespräch mit dem Chefarzt der Kinderabteilung jener Klinik eingeladen wurde. Das Schreiben klang allerdings weder besonders einladend, noch machte es große Hoffnungen.

Elisabeth war aber zuversichtlich. ‚Was auch geschieht, ich weiß, daß es gut für mich ist‘, dachte sie und bereitete sich innerlich auf das Gespräch vor, das in genau einer Woche stattfinden sollte.

Fünf Tage, nachdem sie besagtes Schreiben erhalten hatte, ging sie in dem Kaufhaus jener Kreisstadt, in der sich die Klinik befand, einkaufen. Vor den Kassen warteten die Menschen. Elisabeth stellte sich an und kam langsam der Kasse näher. Als nur noch eine Frau vor ihr war und Elisabeth bereits ihre Lebensmittel auf das Band an der Kasse gelegt hatte, hörte sie hinter sich eine laute Stimme. Sie drehte sich um und sah, wie ein Mann – sie nahm an, es sei ein Bauarbeiter, da er von oben bis unten wie mit Zement verdreckt war – mit einem in der Reihe stritt. „Ich habe es wirklich eilig und habe nur diese zwei Dinge. Wieso macht es Ihnen denn etwas aus, mich vorzulassen?" fragte der Mann. „Weil da jeder kommen könnte!" antwortete der andere in einem sehr unfreundlichen, preußisch-kommandierenden Ton. „Ich habe es aber eilig!" – „Na und? Jeder hat es eilig!" erwiderte der herzlose Zeitgenosse.

Das war Elisabeth zuviel. Mit freundlicher, aber entschiedener Stimme sagte sie: „Wenn Sie es eilig haben, können Sie gerne vor mir durch die Kasse. Kommen Sie!" Der verschmutzte Mann staunte zuerst, dann lächelte er und nahm dankbar das Angebot an. „Wie kommen Sie dazu, uns alle zu übergehen?" fauchte der Gehässige hinter ihr. „Ganz einfach", antwortete Elisabeth mit einem entwaffnenden Lächeln, „ganz einfach, weil sowohl Hilfsbereitschaft als auch Geduld und Freundlichkeit Tugenden sind, die ich gerne täglich übe. Dieser Herr gab uns allen die Chance, sie zu üben. Wir sollten ihm dankbar sein!" Dem Streithahn blieb bei diesen Worten der Mund offen stehen. Er brummelte noch etwas von „Unverschämtheit". Elisabeths Worte hatten ihn aber berührt, und sein „Unverschämtheit" war gar kein Vorwurf, sondern seine Form, sein Einverständnis zu bekunden, dabei aber nicht sein Gesicht zu verlieren.

Der verschmutzte Mann war von Elisabeth ebenfalls beeindruckt. ‚Welch eine Frau! Welch ein Mensch!' dachte er, zahlte, bedankte sich nochmals, lächelte sie bewundernd an und ging.

Zwei Tage später kam Elisabeth in die Klinik zu dem Vorstellungsgespräch. Sie wurde in das Zimmer des Chefs geführt, als gerade das Telefon klingelte und der Chefarzt intensiv telefonierte. Elisabeth konnte ihn deshalb in Ruhe betrachten. Er war ihr sympathisch. ‚Wie angenehm für eine mögliche Zusammenarbeit. Sehr angenehm, besonders weil er mir irgendwie vertraut vorkommt‘, dachte sie. Da beendete der Chefarzt das Telefonat und wandte sich ihr zu. Bevor er sich für sein Gespräch entschuldigen konnte, entfuhr es ihm: „Sie! Das ist aber eine Überraschung!“ Elisabeth verstand nicht, weswegen sie ihn mit fragendem Gesicht ansah. „Ja, ja“, sagte der Chefarzt und lachte. „Wir kennen uns. Vorgestern machte ich einen Dauerlauf, als ich ausrutschte und direkt in eine Pfütze fiel. Ich wußte gar nicht, wie ich aussah, als ich in dem Supermarkt einkaufen ging. Ich hatte es wirklich eilig, weil ich unbedingt in die Klinik mußte. Vielen Dank, daß Sie mich vorließen. Das waren kostbare Minuten!“

Elisabeth staunte, denn nun erkannte sie den „Arbeiter“ aus dem Supermarkt und lachte. „Sie waren großartig“, fuhr der Chefarzt fort. „Wie herzlich, klar, souverän und nicht verletzend Sie die Situation meisterten! Meine Anerkennung!“ – „Vielen Dank“, sagte Elisabeth und freute sich, wie liebevoll Gott mit ihr umging. ‚Ob ich diese Stelle bekomme oder nicht‘, dachte sie, ‚mein Kommen hatte allein schon den Sinn, daß ich unmittelbar erleben durfte, wie liebevoll Gott mich führt. Wie schön, daß ich weiß, daß es keine Zufälle gibt. Vielen, vielen Dank!‘

Bei diesen Gedanken hatte Elisabeth eine Ausstrahlung, die dem Chefarzt nicht entging. Er sprach deshalb viel über Kinder, Kinderkrankheiten und deren Behandlung und konnte dadurch schnell feststellen, wie versiert, wie kompetent Elisabeth war.

Er sagte deshalb: „Ihr Alter ist das Problem. Das wissen Sie. Wir stellen fast ausschließlich junge Ärzte oder sonst gleich Oberärzte ein. Die können natürlich Ihr Alter haben.“ – „Ich weiß“, antwortete Elisabeth. „Deswegen ist Ihr Alter kein Problem!“ Diesmal staunte Elisabeth, denn das verstand sie nun wieder nicht. Der Chefarzt sah ihr Staunen und sagte mit einem Lächeln in den Augen: „Ihr Alter ist kein Problem, weil ich Sie bitten möchte, als Oberärztin bei uns zu arbeiten. Ich weiß, daß Sie genau die Richtige dafür sind!“ – „Und wie wird das für die anderen sein?“ fragte Elisabeth, da sie niemanden übergehen wollte, denn sie wußte genau, daß ein Vorteil, der auf Kosten anderer erworben wird, keinen Segen bringt. „Stimmig, wie für mich!“ antwortete der Chefarzt. „So einfach ist das! Sie müssen nämlich wissen, daß vor kurzem einer unserer Oberärzte weggegangen ist. Sie sind genau die richtige Besetzung für seinen Platz.“

Der Chefarzt und Elisabeth unterhielten sich noch lange, denn er wollte sie einerseits noch besser kennenlernen, und andererseits wollte er sie auf die Aufgabe vorbereiten, die auf sie zukam.

Als Elisabeth nach Hause fuhr, war sie überglücklich über das Geschenk, das sie soeben durch Gottes Gnade und die Persönlichkeit und den Mut ihres neuen Chefs bekommen hatte.

Bald darauf fing sie ihre Tätigkeit als Oberärztin an. Und ihre Arbeit hatte Segen.

Was sagt dir diese Geschichte?

Zunächst einmal, daß es keine Zufälle gibt. Alles hat mit dir und deinem Schicksal, deinem Karma zu tun.

Hast du viel Gutes getan wie Elisabeth, dann bekommst du dazu auch noch die Gnade, daß du direkt erlebst, wie sehr Gutes tun, Beten und das Sich-Fügen in die Ereignisse verbunden sind.

Entscheidend war bei alledem Elisabeths Motivation: Sie wollte im Krankenhaus arbeiten, nicht weil sie Karriere machen oder viel verdienen, sondern weil sie helfen wollte. Ist dein Herz offen für andere und kommt aus diesem offenen Herzen der Wunsch, anderen zu helfen, dann bahnt sich dieser Wunsch von allein einen Weg, für andere dasein zu können. Dies ist ein Kosmisches Gesetz. Ebenso wie das, daß Helfen immer zum Helfer zurückkommt.

Nur Unwissende helfen nicht. Besonders Dumme sagen: „Was soll ich anderen helfen. Mir hilft doch auch keiner!“ Das Leben ist wie eine alte Wasserpumpe. Erst wenn du Wasser in die Pumpe einfüllst, kann sie Wasser herausgeben. Das heißt: Wenn du gibst, bekommst du.

Elisabeths Leben war auf Geben aufgebaut. Deshalb fügte sich ihr Schicksal immer zu ihren Gunsten, weil ihr Vorteil auch stets den Vorteil anderer einbezog.

So war es auch bei ihrer Tätigkeit als Oberärztin. Natürlich hatte sie mit Egoismen anderer Ärzte, mit Machenschaften und sogar Intrigen zu tun. Ihr Augenmerk war aber stets auf die Sache, nicht auf ihre persönlichen Interessen gerichtet. Dies ist nun nicht so zu verstehen, daß Elisabeth alles mit sich machen ließ, nach dem Grundsatz: „Hauptsache, den anderen geht es gut." Natürlich nicht, denn sie wußte zu genau, daß ihre und die Interessen der anderen durch ihre Aufgabe aufs engste miteinander verbunden waren. So konnte sie ganz klar Grenzen setzen bzw. Fehlverhalten ansprechen und korrigieren. Das Entscheidende war aber, daß es von Herzen kam. Daß sie nicht verletzen, sondern klarstellen wollte.

Außerdem war Elisabeth auch insofern klug, als sie jeden Morgen den Herrn um Führung und darum bat, Er möge ihren Tag gestalten. Er möge durch sie hindurch handeln. Er möge sie davor bewahren, anderen Unrecht zu tun bzw. sie zu verletzen. Und Er möge die Früchte ihres Handelns auf sich nehmen.

Mit anderen Worten: Elisabeth war genau die richtige Besetzung für die Stelle einer Oberärztin. Ihr Chef hatte bei ihrer Einstellung einiges riskiert, dabei aber genau ins Schwarze getroffen – und dies merkten alle anderen auf der Station auch und waren froh, mit einer auf so vielen verschiedenen Ebenen derart kompetenten Persönlichkeit arbeiten zu können,

Denn: *Hat jemand Gottes Segen, bekommen alle etwas davon ab, die mit ihm zu tun haben.* Und der Segen wird dadurch nicht weniger, sondern mehr. Das ist das Wesen des Segens. Eines Segens, den Elisabeth genoß, den jeder genießt, der sich so liebevoll für andere einsetzt.

ZWEI FRAUEN
oder KINDER BRAUCHEN LIEBE

Es waren einmal zwei Frauen, die beide ein Kind hatten. Die eine hieß Nora. Die andere Beatrice.

Nora pflegte ihr Kind nach einem genauen Zeitplan. „Alles hat seine Ordnung!" war ihr Lieblingsspruch. Und nach ihrer Ordnung mußte sich der Säugling richten.

Außerdem kleidete Nora ihr Kind ausschließlich in Baumwolle. Die Strampelanzüge und Hemdchen waren schnell in der Waschmaschine, schnell wieder draußen, schnell trocken und schnell gebügelt.

Obwohl Nora davon überzeugt war, ihrem Kind alles zu geben, was es brauchte, war es ständig krank. Gereizt. Ängstlich. Nervös.

Beatrice dagegen trug ihr Kind, wann immer sie konnte, an ihrem Körper, entweder im Tragetuch an ihrer Brust oder auf der Hüfte bzw. auf dem Rücken. Ihr Kind hatte also viel Körper- und Augenkontakt. Dies ist sehr wichtig, denn für Kinder ist der Augen- und der Körperkontakt fast so wichtig wie die Muttermilch, weil beides Balsam für die kindliche Seele ist.

Babys bzw. Kleinkinder benötigen viel Liebe, damit der Geist seinen Weg in den kleinen Körper finden kann, denn ihre Aufgabe ist, daß Körper und Seele zusammenwachsen. Um diese schwere Aufgabe leisten zu können, benötigen sie die Unterstützung der Mutter und des Vaters!

Babys sind noch nicht fest verankert in ihrem Körper. Wenn sie zum Beispiel schlafen, kehrt die Seele zu Gott zurück. Dies geschieht auch bei Erwachsenen. Die Trennung vom Körper ist aber nicht so dramatisch. Wegen dieser Trennung wachen Babys und Kleinkinder häufig auf und schreien. In ihrem Schlaf waren sie wieder bei

Gott und kommen durch das Aufwachen plötzlich zurück. Sie sind deshalb desorientiert und drücken die Spannung damit aus, daß sie schreien. Denn die Spannung, die sie aushalten müssen, ist gewaltig: Waren sie gerade noch in der ewigen und unendlichen Glückseligkeit Gottes, wachen sie nun auf und finden sich in einem kleinen hilflosen Körper wieder. Der Schreck ist natürlich immer wieder groß – besonders, wenn sie allein gelassen werden! Bis zum fünften, manchmal sogar bis zum siebten Lebensjahr können Kinder auf diese Weise reagieren.

Beatrices Kind schlief neben ihr. Wachte es erschreckt auf und weinte, sagte Beatrice: „Ah, mein geliebtes Kind, wie schön, daß du wach bist. Wie schön, daß du zu uns gekommen bist. Wir lieben dich von ganzem Herzen, du gute, du liebe Seele!" Kaum vernahm ihr Kind diese Worte, hörte es zu weinen auf, fühlte sich geborgen und strahlte seine Mutter aus seinen Kinderaugen mit jenem Lächeln an, das tief aus einem lieben Herzen kommt.

Nora dagegen mußte zu ihrem Kind in ein anderes Zimmer laufen, wenn es weinte. Manchmal hörte sie es längere Zeit nicht. Wenn sie dann endlich zu dem armen Kind kam, war es in Tränen aufgelöst. Zynische und zutiefst verantwortungslose Ärzte meinen dagegen, wenn ein Kind schreie, schade ihm dies nicht, man solle es ruhig sich selbst trösten lassen. Sie ziehen damit unzählige seelisch verkrüppelte Menschen heran.

Nora kam also zu ihrem Kind, machte Licht, nahm das Kind aus dem Bettchen und unternahm auch sonst noch einiges, wodurch das Kind das Gefühl bekam, erst allein gelassen und dann gestört zu werden – und dies, obwohl es den Kontakt zur Mutter dringend benötigte.

Beatrice verhielt sich, wie gesagt, ganz anders. Darüber hinaus zog sie ihrem Kind immer Hemdchen aus Wolle oder einem Gemisch von Wolle und Seide an.

Wolle und Seide sind die idealen Stoffe, um die Temperatur gleichmäßig zu halten. Wird es warm, halten Wolle und Seide kühl. Wird es kühl, halten sie warm. Kleine Kinder haben große Schwierigkeiten mit dem Temperaturausgleich. Der kleine Körper kann Schwankungen mangels Masse nur schwer, wenn überhaupt ausgleichen. Seine Oberfläche ist im Verhältnis zu seinem Inneren zu groß. Deshalb kühlen Babys so schnell aus.

Und genau dies verhindern Wolle, Seide oder das besonders gute Wolle-Seide-Gemisch.

Sollte es sehr heiß sein, können Kleinkinder auch ein Baumwolle-Seide-Gemisch tragen. Je älter das Kind ist, desto eher kommt Baumwolle in Frage. Baumwolle ist sehr praktisch. Man kann gute Qualität sogar kochen, und es verändert sich überhaupt nichts. Wolle aber verfilzt, und Seide wird brüchig.

Dafür kühlt Baumwolle aber den Körper aus. Kein Wunder, daß heutzutage, wo „Cooles in“ ist, Baumwolle so viel getragen wird.

Das Problem besteht aber darin, daß ein Körper, der immer wieder auskühlt, sich auf Dauer verspannt. Bei Babys – aber auch bei Erwachsenen – kannst du das gut beobachten. Wird ihnen kalt, werden sie unbeweglicher, und Blockaden entstehen.

Ähnlich wie mit der äußeren Kälte verhält es sich mit der inneren. Bekommen Kinder zu wenig Körperkontakt, werden sie *innerlich* starr. Fühlt sich ein Kind einsam, weint es. Bekommt es trotzdem keinen Kontakt, weil die Mutter starr ist und es nicht an sich drückt, dann erstarrt das Kind. Der Weg zu seelischer und damit körperlicher Krankheit ist damit bereitet.

Gibt die Mutter dagegen dem Kind Körperkontakt und spricht liebevoll mit ihm, dann atmet das Kind auf. Dieses Aufatmen geht durch den ganzen Körper und löst alle Anspannung, und das Kind macht dadurch seelisch, geistig und körperlich eine große Entwicklung.

Das tat Beatrice mit ihrem Kind: Sie trug es nicht nur neun Monate *vor* der Geburt unter ihrem Herzen, sondern auch noch viele Monate danach *an* ihrem Herzen. Außerdem gab sie ihrem Kind auch sonst viel Körperkontakt. Drückt eine Mutter ihr Kind an ihre Brust, so hört dieses ihren Herzschlag. Dieses rhythmische Schlagen erinnert es nicht nur an die Zeit im Mutterleib, wo es besonders geborgen war, sondern vermittelt ihm gerade durch diesen ruhigen Rhythmus Sicherheit. Kluge Mütter klopfen deshalb mit der flachen Hand ihrem Kind, wenn sie es zum Beispiel tragen, leicht auf den Rücken oder den Po. Dieses Klopfen darf natürlich nicht zu stark sein. Richtig, das heißt *liebevoll* dosiert, bewirkt es beim Kind eine sehr tiefgehende Entspannung, die nicht selten dazu führt, daß das Kind einschläft.

Auf all dies achtete Beatrice, und die Folge war, daß ihr Kind wuchs und gedieh. Daß es sehr selten krank, daß es ausgeglichen und fröhlich war. Außerdem hat es durch diese liebevolle Behandlung und den vielen Körperkontakt ein Urvertrauen entwickelt, das es ein Leben lang als großer Schatz begleitete.

Das Urvertrauen ist deshalb von so großer Bedeutung, weil es dem Kind bzw. dem Menschen unbewußt vermittelt: *Du wirst geliebt, deine Bedürfnisse sind für deine Eltern wichtig. Du bist ihnen wichtig. Deine Äußerungen werden nicht nur gehört, sondern es wird deinen Bedürfnissen entsprechend darauf reagiert.*

Wer dieses unbewußte Wissen in sich hat, ist viel glücklicher, viel gelassener, viel zuversichtlicher und damit viel erfolgreicher als jemand, der all dies nicht bekam.

Hat jemand dieses Urvertrauen dagegen in seiner Kindheit nicht entwickeln können, ist es später sehr, sehr schwer, wenn überhaupt aufzubauen.

Ihr Eltern: Gebt euren Kindern so viel Liebe, so viel Zuwendung wie irgend möglich! *Liebe zu eurem Kind ist Liebe zu Gott. Das heißt, alles, was ihr eurem Kind von Herzen gebt, gebt ihr Gott.*

Ihr verpaßt keinen Darshan (das Erscheinen eines Heiligen), wenn ihr zum Beispiel am Krankenbett eures Kindes wacht. Gott sieht dies und beschenkt euch mit Seinem Segen, wie Er alle beschenkt, die selbstlosen Dienst am Nächsten tun.

Heute verwechseln aber viele Liebe mit Laisser-faire, mit Zügel- und Grenzenlosigkeit. Dies ist so, als verwechsele man zügiges

Autofahren mit Raserei. Zügiges Fahren ist wichtig, weil du sonst den Verkehr blockierst, wodurch du andere zuerst behinderst und sodann möglicherweise zu unüberlegten Überholmanövern verleiten kannst, die zu Schlimmerem führen können.

Raserei dagegen ist nicht nur töricht, sondern darüber hinaus sehr gefährlich. Du gefährdest damit nicht nur dein Leben, sondern auch noch das anderer. Dies ist gegen das Dharma, gegen die Göttliche Ordnung, weswegen du es unbedingt unterlassen solltest.

Viele Eltern schwanken zwischen Extremen hin und her.

Einmal geben sie ihren Kindern zu wenig Liebe, zu wenig Kontakt, zu wenig herzliche Ansprache und vermitteln ihnen zu wenig bleibende Werte – sie geben ihnen mit anderen Worten all das nicht, was *einen guten Charakter formt*. Und nicht genug damit, sie lassen die Kinder auch noch tun und lassen, was diese wollen. Dies ist im höchsten Maße verantwortungslos.

Im nächsten Augenblick wird ihnen alles zuviel. Sie setzen dann ihre Kinder ihrer Wut aus, die plötzlich aus ihnen herausbricht, um anschließend von Schuldgefühlen zerfressen zu werden und deshalb nun ihre Kinder mit Zuwendung zu überschütten, ihnen erneut jeden Wunsch zu erfüllen, ihnen zum Beispiel viel zuviel Geld zu geben. Obwohl diese Eltern ihren Kindern so viele angebliche Freiheiten lassen, kümmern sie sich um jeden Schritt und Tritt ihrer Kinder, nehmen ihnen alles ab – erziehen sie mit anderen Worten zur völligen Abhängigkeit.

Kinder benötigen Liebe. Liebe ist Geben. Deshalb weiß die Liebe, wann das Geben aus einem Ja und wann aus einem Nein besteht.

Immer ja zu sagen, ist kein Geben, sondern zumindest Dummheit, wenn nicht sogar Desinteresse bzw. Bequemlichkeit.

Dies ist das Erschreckende in vielen westlichen Familien: Die Kinder sind so verwahrlost, weil die Eltern ihnen im Grunde ihres Herzens mit Desinteresse begegnen.

Nun werde ich einen Satz aussprechen, den du nicht glauben wirst, der dich vielleicht erschreckt: *Wer Gott nicht lieben kann, kann seine Kinder nicht lieben!* Dieser Satz ist wahr. Denn allein die Liebe zu Gott löscht alles Negative in dir. Gib Gott deine Negativität. Besprich mit Ihm wie mit einem guten Freund, worüber du wütend bist. Er kann selbst mit deiner Wut, die du auf Ihn hast, gut umgehen. Und du wirst sehen: Er erfüllt dich mit mehr und mehr selbstloser Liebe. Oder, genauer gesagt: mit ego-loser Liebe. Und diese Liebe ist deshalb ego-los, weil sie vom Göttlichen Selbst bestimmt ist.

Allein diese Liebe zu Gott und die Seine zu dir läßt dich das richtige Maß zwischen Gewähren und Verwehren bestimmen. Allein dein Ausgerichtetsein auf Gott läßt deine Kinder die Liebe spüren, die sie brauchen, ohne daß damit Abhängigkeit bzw. einengende Bindungen Hand in Hand gehen.

Allein die Ausrichtung auf Gott und die Liebe zu Ihm geben dir sowohl die Kraft als auch die Freiheit, deine Kinder von ganzem Herzen zu lieben und deshalb nicht versucht zu sein, sie an dich zu binden oder gar zu ketten. Und zwar deshalb, weil du durch deine Beziehung zu Gott weißt, daß du geliebt wirst, daß du nicht allein bist.

Allein die Liebe zu Gott gibt dir die Kraft, dem Leben mit seinen Wechselfällen zu trauen – das heißt, die Wechselfälle anzunehmen, *weil* du aus einem liebenden Herzen heraus handelst. Denn die Liebe zu Gott gibt dir die Stärke, zu allem, was dir geschieht, ja zu sagen. Nach einem Sinn zu suchen, ihn zu finden, daran zu wachsen und auf diese Weise deine Beziehung zu Gott zu vertiefen und somit deinen Kindern mit klar strukturierender, gleichzeitig aber auch freilassender Liebe zu begegnen.

Manchmal ist die Liebe Gottes jedoch nicht leicht zu erkennen. Verzage aber nicht. Habe vielmehr Geduld. Gib Gott deinen Kummer. Finde heraus, warum deine Situation so ist, und suche dann *bewußt* immer mehr die Zeichen Seiner Liebe dir gegenüber.

Kinder sind Seelen, die zu dir kommen, weil sie dich eines Tages nach ihrem Weg fragen werden, nachdem sie deinen Weg kennengelernt haben.

Wie willst du diese Frage beantworten können, ohne sie in die Irre zu führen oder über zweifelhafte Versprechungen an dich zu binden, wenn du sie nicht auf Gott verweisen kannst?

Das Kind fragt dich: „Wo komme ich her? Was tue ich hier? Wo gehe ich hin?“

Was willst du darauf antworten, wenn du den Gott in deinem Herzen nicht gefunden hast?

Als Beatrices Kind, Christopher, vierzehn war, stellte es diese Fragen. Beatrice war nicht nur liebevoll, sondern, was häufig damit verbunden ist, sie war auch klug. Sie antwortete deshalb: „Die Fragen, die du stellst, sind die entscheidenden. Wie gut, daß du sie stellst! Wir wollen deshalb ein Spiel machen: Ich gebe dir eine scheinbar überhaupt nicht dazu passende Antwort, und du überlegst dir zum Beispiel bis morgen, was sie in bezug auf deine Frage bedeutet. Einverstanden?“ Christopher witterte ein neues Spiel und willigte deshalb sogleich ein. „Gut“, fuhr Beatrice fort, „meine Antwort für heute ist: Gott ist das Wasser, und du bist der Fisch!“

Am nächsten Tag saß die gesamte Familie zusammen, und die beiden Eltern hörten aufmerksam ihren Kindern zu, denn beide hatten sich Gedanken über den obigen Satz gemacht.

So sagte Christopher: „Wenn Gott das Wasser ist und ich der Fisch bin, dann ist er mein Element!“ – „Sehr richtig!“ antworteten Beatrice und ihr Mann gleichzeitig und mußten lachen, daß sie so synchron reagiert hatten.

„Außerdem kann ich ohne Wasser nicht leben – auch wenn ich kein Fisch bin!“ sagte der zwei Jahre jüngere Jonathan. „Ganz genau“, antwortete Beatrices Mann, während sie zustimmend nickte. „Und Gott als Wasser ist viel mehr als Erde, denn es gibt viel mehr Wasser!“ – „Auch das ist richtig!“ ermunterte ihn sein Vater.

Und so sprachen sie lange und immer wieder darüber, bis Christopher und Jonathan verstanden hatten, daß Gott wie das Wasser für den Fisch über, unter, vor, hinter und in ihm war. Daß der Fisch gleichsam aus dem Wasser stammt – denn die wäßrigen Eier schwimmen im Wasser, bis die kleinen Fische schlüpfen. Und diese wachsen und gedeihen, indem sie Nahrung aus dem Wasser aufnehmen. Und werden sie von einem größeren Fisch gefressen, der ebenfalls aus dem Wasser stammt und im Wasser ist, werden sie als Energie in diesen übergehen. Und als seine Ausscheidung werden sie erneut ins Wasser gelangen.

„Wir kommen von Gott. Und wir gehen zu Gott. Wie der Fisch vom Wasser lebt, lebt der Mensch von Gott. Was ist der Unterschied zwischen Fisch und Mensch?" fragte Jonathan.

„Daß der Mensch denken kann!" antwortete Christopher.

„Und daß er fühlt!" ergänzte Jonathan.

„Fühlen tun auch die Fische", korrigierte Beatrice.

„Spürt der Fisch auch Gott?" fragte Jonathan.

Da schwiegen die Eltern, denn sie wußten keine Antwort.

„Die Antwort müssen wir auf morgen vertagen", schlug Beatrices Mann vor.

„Heute müßt ihr aber noch den Unterschied zwischen Fisch und Mensch erklären!" bat Jonathan, der offensichtlich mit der Vorstellung, Menschen und Fische unterschieden sich allein durch das Denken, nicht zufrieden war.

„Gut", sagte Beatrice, „der Hauptunterschied ist das Bewußtsein. Allein der Mensch *weiß bewußt*."

„Allein der Mensch kann Sachverhalte durchdenken. Allein der Mensch kann zwischen gut und böse unterscheiden", ergänzte ihr Mann.

„Und allein der Mensch kann Gott verwirklichen!" fügte Beatrice hinzu.

„Das heißt, ein Fisch kann Gott spüren, ist sich dessen aber nicht in dem Maße bewußt wie der Mensch?" fragte Christopher.

Dies war eine wunderbare Frage und Antwort zugleich, die deutlich machte, wie kreativ Kinder werden, die mit der auf Gott ausgerichteten Liebe aufwachsen dürfen.

Es ist die Liebe, die durch Göttliche Werte zu einer glückhaften Erziehung führt. Sie segnet die Eltern. Sie segnet die Kinder, die damit in der Liebe Gottes sind. Denn Eltern wie Kinder sind Seelen, die auf dem gleichen Weg sind. Dem Weg der Liebe, die alle verbindet. Die alle begleitet.

Mit dieser Liebe fühlt sich ein Kind wie ein Fisch ... wie ein Fisch im Wasser!

Eine Frau, die wirklich für ihr Kind da ist, baut sich mehr positives Karma auf als manch ein Mann in einem langen, arbeitsreichen Leben.

Du bist deines Glückes Schmied

Es war einmal ein Mann, der hatte eine Frau, die ihn sehr liebte, die immer für ihn da war, die ihm den Haushalt machte und liebevoll die Kinder aufzog.

Der Mann liebte und ehrte seine Frau. Er arbeitete fleißig, um seine Familie zu versorgen.

Die Jahre zogen ins Land.

Plötzlich veränderte sich der Mann. Auf einmal verlangte es ihn nach einem anderen Leben.

Seine Frau verstand ihn nicht. Sie versuchte, ihm alles zu geben, was sie nur konnte. ‚Warum ist er nur unzufrieden?' fragte sie sich.

Da merkte die Frau, daß er sie nicht mehr liebte. Daß er von ihr wegwollte. Das schmerzte sie so sehr, daß sie bald darauf an gebrochenem Herzen starb.

Nun war der Mann endlich frei.

Er lebte all das aus, was er zu Lebzeiten seiner Frau nicht hatte tun können. Er traf sich mit Freunden, trank viel und lernte andere Frauen kennen.

Dies ging eine Weile so. Dann merkte er, daß die alte Unzufriedenheit sich wieder einstellte. Die Freunde paßten ihm nicht mehr. Die Freundinnen ebensowenig. Die Arbeit gefiel ihm nicht und vieles andere auch nicht.

Nun erst merkte er, wie sehr er seiner Frau Unrecht getan hatte. Wie wenig sie für seine Unzufriedenheit verantwortlich gewesen war. Er bereute seine Handlungsweise ihr gegenüber sehr, ging an ihr Grab und weinte bitterlich.

Was sagt uns diese Geschichte? Mache nicht andere für dein Wohlergehen oder deine Unzufriedenheit verantwortlich.

Glaube mir, der ich viele Milliarden Schicksale kenne: *Es liegt immer an demjenigen, der unzufrieden ist.*

Sei aber versichert: Unzufriedenheit ist eine jener Krankheiten, die zu heilen ich gekommen bin.

EVELINE
oder *CARPE DIEM*, PFLÜCKE DEN TAG

Eveline war eine elegante junge Frau, die darüber hinaus genau wußte, wie sie mit ihren weiblichen Reizen umzugehen hatte, um auf Männer zu wirken.

Eveline wußte all dies genau, aber sie wußte nicht, was sie, nachdem sie ihre Wirkung erprobt hatte, tun sollte. Sie konnte also leicht einen Mann auf sich aufmerksam machen, sie konnte ihn kennenlernen und auch, wie man dies heute nennt, „eine Freundschaft" mit ihm beginnen. Aber dann wußte sie nicht weiter. Sie wußte nicht, wie sie sich auf einen Mann einstellen konnte, sie wußte nicht, was sie mit ihm reden sollte, sie wußte nicht, wie sie sich in irgendeiner Weise bemerkbar machen konnte! Da war sie so attraktiv, so geschliffen in ihrem Umgang mit anderen, und doch war sie im Grunde so unbeholfen. So wanderte Eveline von einer Bekanntschaft zur nächsten, von einer Freundschaft zur nächsten. In Wahrheit ging sie nur von einer Einsamkeit zur nächsten. Dabei steigerte sich das Trostlose der Einsamkeit in ihr, denn zur bereits vorhandenen Einsamkeit kamen noch die vielen Enttäuschungen hinzu.

Eveline war aber noch jung. Sie konnte immer noch beeindrucken. Sie konnte immer wieder spüren und erleben, wie sie auf Männer wirkte. Aber die Zeit verging. Und Eveline pflückte den Tag, die vielen, vielen Tage nicht. Die Zeit verstrich – ungenutzt an Eveline vorbei.

Wer die Zeit, seine Zeit nicht nutzt, verliert unweigerlich den Kontakt zu seinem Inneren. Des Menschen Aufgabe ist es, seine Zeit auf Erden zu nutzen, um sich zu finden, um Gott näherzukommen. Wer seine Zeit nicht dafür nutzt, vergeudet eine ganze Inkarnation. Dagegen rebelliert alles im Menschen. Vergeudet der

Mensch seine Zeit, beginnen in seinem Inneren viele Mechanismen zu arbeiten und zu wirken. Einer der bekanntesten davon ist, daß er krank wird. Es gibt zwei Gründe, aus denen ein Mensch krank wird: Entweder er vergeudet gerade seine Zeit, oder er holt vergeudete Zeit nach. Einen anderen Grund gibt es nicht.

Eveline vergeudete ihre Zeit, deshalb wurde sie immer wieder körperlich krank. Da sie aus den verschiedenen Krankheiten nichts lernen konnte, wurde sie psychisch krank. Mit einer schweren Depression kam sie in eine psychosomatische Klinik. Diese Klinik wurde von Ärzten und Therapeuten geleitet, die im Grunde zuallererst selber in gute therapeutische Behandlung gehört hätten, die aber auf keinen Fall seelisch leidende Menschen hätten behandeln sollen. So dokterten (welch ein Verb!) sie konzeptlos an Eveline herum, ohne ihr helfen zu können. Eveline bekam viele Medikamente, die nicht wirklich halfen, sondern lediglich die Symptome unterdrückten und den Körper schwächten. Nach einigen Wochen wurde Eveline entlassen – und eine große Chance war vertan.

Was sie in dieser Situation gebraucht hätte, wären Verständnis und kompetentes Wissen gewesen. Sie bekam aber beides nicht, sondern die Ärzte und Therapeuten bekamen ihr Geld bzw. das der Krankenkasse. Wie empörend! Dabei hätte Eveline auf die Folgen ihrer Kindheit aufmerksam gemacht werden müssen. Da lag nämlich ihr Problem. Setzt man sich aber mit jedem einzelnen Patienten sorgfältig auseinander, kann man in der Zeit nicht auch für andere dasein. Das kostet Geld. Die „Lösung" für dieses Dilemma ist ganz einfach: Man behandelt niemanden und kassiert gleichzeitig für alle! Das ist gelungene Rationalisierung.

Shirdi Baba, der Avatar, der ich vor dieser Inkarnation war, setzte sich gezielt für das Entstehen der Psychoanalyse und Psychologie ein. Ein Werk, das ich von Anfang an fortführte. Das Viktorianische Zeitalter mit all seinen negativen Folgen mußte beendet, die Preußische Erziehung mit ihren zum Teil grausamen Auswüchsen mußte durch einen liebevolleren Umgang mit Kindern ersetzt werden. Dies ist geschehen. Leider bewirkt der heutige Zeitgeist, daß vieles, viel zu vieles für egoistische Zwecke mißbraucht wird. Und warum dies? Weil die Menschen Gott nicht mehr in den Mittelpunkt stellen. Und ist Gott nicht mehr der Mittelpunkt für die Menschen, so ist es der Mensch auch nicht. Wie sich das Denken verändert hat, sieht man deutlich in Stein und Beton gegossen: An den Städten! Früher stand die Kirche in der Mitte des Dorfes oder der Stadt und überragte bei weitem und weithin sichtbar die Häuser. Die Kirchen mit den hohen Türmen sollten die Menschen auf den überragenden Gott in ihrer Mitte hinweisen. Dies ist heute nicht mehr so. An manchen Orten hat sich das Verhältnis derart verkehrt, daß es bereits groteske Formen annimmt. Da steht eine Kirche zwischen Wolkenkratzern und sieht wie ein verlorenes Schäfchen zwischen Wölfen aus. Die Kirche ist das Symbol des Glaubens. Die Hochhäuser sind das Symbol des Geldes. Es ist klar, wer heute gewonnen hat. Wir sind am Ende des Kali-Juga, des zerstörerischen Zeitalters, das mit Krishnas Tod begann – vor 5000 Jahren. 5000 Jahre, so weit reicht eure Geschichtsschreibung zurück. Weißt du, was das bedeutet? Daß in eurem Bewußtsein nur noch Taten und Zeugnisse aus dem Kali-Juga, aus dem schlechtesten aller vier Zeitalter (Satya, Treta, Dvapara, Kali) gespeichert sind.

Ihr kennt nur die Aufeinanderfolge und die Aufzählung von Krieg, Mord und Haß. Das ist die Wurzel der Tragik dieser Zeit. Dies ist die Wurzel dafür, daß ihr euch so stark an das Materielle, sprich: ans Geld klammert. Geld hat aber überhaupt keinen Wert. Warum nicht? *Weil man mit Geld kein Glück kaufen kann!* Das ist das Grundmißverständnis dieser Zeit! Die Menschen glauben, sie könnten mit Geld Glück kaufen. Das ist die Tragik. Geh deshalb in Krankenhäuser. Wie viele Menschen liegen dort und sind todunglücklich. Auch wenn sie noch so viel Geld besitzen, nützt ihnen dies überhaupt nichts, wenn sie den Weg zu ihrem Inneren nicht gefunden haben.

Genauso verhielt es sich mit Eveline. Denn Eveline hatte fast so viel Geld, wie sie Bekanntschaften hatte. Eveline bedeutet „Kraft“. Und so dachte sie, sie habe nicht nur Kraft, sondern sei auch „ever green“, immer jung. Viele wollen sich heute durch Cremes, durch Kuren oder durch Operationen „verjüngen“. Dies führt in den meisten Fällen zur Erstarrung, aber nicht zu Jugend. Jung bleibst du nur, wenn du dich findest, wenn du einen spirituellen Weg gehst. Dies verleiht dir eine Jugend, eine Frische, eine Blüte, die dir keine Creme je geben wird.

Jeder sucht diese Jugend. Früher wurden die Menschen darauf hingewiesen, wie sie sie finden konnten. Heute werden sie nach ihrem Geld eingestuft.

Eveline hatte Geld. Und sie bekam Anerkennung und Bestätigung, wo immer sie erschien. Eveline war aber traurig. Und sie lebte in einem schrecklichen Dilemma, das die Ärzte hätten erkennen und auflösen müssen: Sie war lieblos erzogen worden. Eine der negativen Errungenschaften der Viktorianischen und Preußischen Erziehung ist der Kinderwagen. Natürlich hat er seine Vorteile, weil das Kind sicher, geschützt und ruhig überallhin mitgenommen werden kann. Der Kinderwagen verhindert aber vollständig den Körperkontakt. Wo tragen Naturvölker ihre Kinder? Am Körper! Der weibliche Körper wurde von Gott so geformt, daß er ein Kind stundenlang tragen kann, ohne daß das Kind aufwacht. Warum? Weil er schwingt. Geht eine Frau, so bewegt sich ihr Körper harmonisch – zumindest der Körper einer Frau, die viel Kontakt bekommen hat. Ein Kind im Kinderwagen bekommt all dies nicht. Und schreit es, weil es diesen Kontakt vermißt, so wird der Kinderwagen (!!!) ein paarmal hin und her bewegt. Damit soll sich das Kind beruhigen.

Die übermäßige Betonung des Körpers, die so typisch für das Ende des Kali-Juga ist, ist zu 90% die Folge eines Mangels an wahrem Kontakt in der Kindheit. Diesen Kontakt benötigt das Kind wie die Luft zum Atmen, die Milch zum Wachsen. Und eben diesen Kontakt bekommt es nicht. So sucht es ihn ein Leben lang. Und was geschieht, wenn es ihn bekommt? Hier beginnt die Tragik. Hier ist der Schlüssel für Evelines Geschichte. Eveline hatte in ihrer Kindheit viel zuwenig Körperkontakt bekommen. Sie wurde wenig, wenn überhaupt, in den Arm genommen, wenig gestreichelt, wenig angelächelt, wenig mit Aufmerksamkeit bedacht, kurz: Unendlich wenig geliebt! Diese Liebe suchte Eveline nun die ganze Zeit. Und bekam sie endlich diese so ersehnte Liebe, diese so sehr vermißte Berührung, dann konnte sie sie nicht ertragen! Und warum nicht? Weil dann in ihr der Schmerz all der erlebten und ertragenen Entbehrungen aufstieg. Es ist wie bei einer Henne, die Entenküken ausbrütet. Kaum sind diese geschlüpft, wollen sie ins Wasser. Ihr Instinkt als Glucke gebietet der Henne, den Küken zu folgen, ihre Fähigkeiten als Henne machen es ihr aber unmöglich. So läuft sie ununterbrochen am Ufer hin und her vor Angst, die Entenküken zu verlieren. Und kann ihnen doch nicht folgen. Und warum nicht? Weil Menschen eine unnatürliche Situation geschaffen haben! Enteneier werden von Enten gelegt und von diesen ausgebrütet. Dies ist das Gesetz der Natur. In der Natur gibt es deshalb dieses Problem nicht. Und keine Henne kommt in die für sie so beängstigende Situation, daß ihre Brut in ein Element geht, in dem sie sie nicht mehr führen kann. Nur der Mensch bedingt dies. So auch in der Erziehung. Von der Natur, von Gott ist es so bestimmt, daß der Mensch mit viel Zuwendung, mit viel Körperkontakt aufwächst. Dafür ist die Einehe die entscheidende Voraussetzung. Deshalb ist die liebevolle Berührung der Kinder durch die Eltern so wichtig und die Ehe heilig. Sie ist der gesunde Endpunkt einer entscheidenden Entwicklung, während der der Mensch lernt, mit Berührung umzugehen. Wer von seinen Eltern diese Liebe bekam, wird sie in und mit *einem* Partner wiederfinden. All die anderen Formen von Beziehungen, die heute wie wild wuchernde Gewächse in der Gesellschaft hervorschießen, drücken nur aus, wie einsam die Menschen sind.

Deshalb hätte Eveline in der Klinik viel Hilfe benötigt, um in Kontakt (!) mit ihrem Kontaktproblem zu kommen. Denn damit war sie nicht in Kontakt, obwohl sie so viele Kontakte hatte! Ich wiederhole das Wort Kontakt hier so häufig, um etwas scheinbar Paradoxes deutlich zu machen: *Viele verschiedene Kontakte bedeuten wenig Kontakt!* Und dies in doppelter Hinsicht: Einmal bekamen diese Menschen in ihrer Kindheit wenig Kontakt, und andererseits bekommen sie auch jetzt nicht das, was sie wirklich suchen. Menschen suchen nicht wechselnde Beziehungen. Keiner tut dies. Was Menschen suchen, ist Liebe. Um aber Liebe und Glück aushalten zu können, muß man stark sein. Glück und Liebe sind sehr, sehr starke Gefühle, die schwache Menschen schnell überfordern können. Durch lieb-lose Erziehung werden die Menschen aber schwach. Deshalb können sie die Liebe nicht aushalten. So suchen sie Kontakte anstatt Beziehung, weil sie weder Beziehung noch Kontakt bekamen, als sie Liebe brauchten. Was ich mit obigem Satz ausdrücken möchte, ist das Paradoxe, das Absurde, das durch manch eine Eltern-Kind-Beziehung entsteht. Anstatt Kindern die Zuwendung zu geben, die sie dringend brauchen, werden die Armen zu Ordnung, Disziplin, Gehorsam und Verstehen erzogen, worin diese sich mehr oder minder unwillig fügen in der ewig unerfüllten Hoffnung, durch Gehorsam eine bessere Beziehung zu ihren Eltern zu bekommen.

Ich sage dies, obwohl ich *den größten Wert* auf Ordnung und Disziplin, Gehorsam und Verstehen lege. Diese sind sehr wichtig. Sie dürfen aber niemals an die Stelle der Liebe treten. Tun sie dies, wird die Eltern-Kind-Beziehung viel mehr zur Er-ziehung als zur Be-ziehung, denn Beziehung, im Gegensatz zu Bindung, sollte sich durch Liebe und Freilassen auszeichnen. Liebe ist in dieser Ordnungs-Erziehung nicht vorhanden, genausowenig wie Freilassen. Denn ein unterdrücktes Kind kann seine Freiheit weder sehen noch ergreifen. Und warum nicht? Weil es damals als Kind in seinen Versuchen zutiefst verletzt wurde und so mit seinem ganzen Fühlen gescheitert ist. Dies erzeugt in dem Kind ein maßloses Gefühl des Versagens, der Angst, des Unwertseins. Und diese Gefühle entsprechen der Situation genau. Denn das Kind wurde in seinen Bedürfnissen nicht gehört, seine Wünsche wurden nicht berücksichtigt, sein Leiden nicht gesehen, geschweige denn gemildert. Dies ist die Geburt des mangelnden, des zerstörten Selbstwertgefühls. Und was ist das mangelnde Selbstwertgefühl? Der Beziehungsfeind Nummer eins. Kann jemand nicht an sich glauben, glaubt er anderen noch weniger. Vertraut er sich nicht, vertraut er anderen auch nicht. Hält er sich für wertlos, kann er den Wert der anderen nicht sehen, denn er könnte ihn nicht ertragen. Somit bedingt lieblose Erziehung lieblose Partnerschaft, die ihrerseits lieblose, gefühllose Menschen heranzieht.

Nur aus diesen frühkindlichen Schädigungen ist es zu erklären, daß heute so viele Menschen wegen kurzsichtiger und kurzfristiger Interessen ihre Partner und vor allem ihre Kinder verlassen. Sie setzen ihren Partner und ihre Kinder genau der Lieblosigkeit, der Einsamkeit aus, die sie selber ertragen mußten. Sie suchen in der Leidenschaft das Mittel gegen die Gefühllosigkeit, gegen das „Totsein“. Sie finden aber nicht mehr Leben, nicht mehr Geborgenheit, sondern noch mehr Ent-täuschung, noch mehr Verletzungen, noch mehr Leiden.

So wanderte Eveline von Beziehung zu Beziehung. Von Hoffnung zu Hoffnung. Von Leiden zu Leiden. Und all dies, weil keiner ihr half, ihre Kindheitswunde zu heilen. Weil keiner ihr sagte, daß sie stets den Kontakt floh, den sie suchte. Daß ihr Ziel die Liebe war, vor der sie gleichzeitig so viel Angst hatte.

Dann endlich, als es ihr sehr, sehr schlecht ging, fand sie Therapeuten, die ihr halfen. Sie kam diesmal in eine Klinik, die von Menschen und nicht von Robotern geleitet wurde, die allein aufs Geldzählen programmiert waren. Diese Ärzte und Therapeuten kümmerten sich um ihre Seele, um ihren Körper, um ihre Kindheit und ihren Schmerz. Langsam konnte Eveline heilen. Langsam konnte sie den erlebten Schmerz der Kindheit zulassen, um das verlorene Paradies, das sie mit ihren Eltern hätte erleben können, trauern und somit einen entscheidenden Abschnitt ihres Lebens dadurch abschließen, daß sie ihn in ihre Gegenwart *bewußt* einbezog.

Ich sage immer wieder: Lebe in der Gegenwart. Die Vergangenheit ist nicht mehr. Und die Zukunft ist noch nicht. Warum sollte sich dann ein Mensch mit seiner Vergangenheit auseinandersetzen? Ist das nicht ein Widerspruch?

Hast du Schwierigkeiten mit deinem Partner? Hast du Schwierigkeiten mit deinen Kindern? Hast du Schwierigkeiten mit dir? Ist dem so, dann ist deine Vergangenheit nicht vergangen, sondern lebt in deiner Gegenwart, lebt *in dir* weiter.

Eveline wurde durch die Ärzte und Therapeuten behutsam und liebevoll – was im Grunde das gleiche sein sollte! – in Kontakt mit den Entbehrungen in ihrer Kindheit gebracht. Sie wurde sich dadurch bewußt, wieviel sie vermißt, wieviel sie gesucht und gelitten hatte. Sie verstand, daß all ihre Beziehungs-Versuche zum Scheitern verurteilt waren, weil sie dort die Konstellation ihrer Kindheit suchte: Einen Kontakt, der sie verletzte, eine Nähe, die keine war, ein Glück, das nicht von Bestand war, weil sie nie gelernt hatte, was Glück ist – und wie man es aushält.

Eveline holte durch die fachmännische Hilfe, die sie bekam, viel nach.

Die Zeit war aber vergangen. Sie war nicht mehr „ever green", sondern Eveline, die Starke. Und diese Stärke half ihr nun sehr, denn vieles war heute nicht mehr möglich, was mit Anfang zwanzig eine Selbstverständlichkeit gewesen war. Sie war nun Mitte fünfzig, und vieles hatte sie nicht leben können, was andere, die eine glücklichere Kindheit hatten, erleben. Sie hatte die Jahre, sie hatte all die Zeit nicht pflücken können. Es war ihr eine langjährige, glückliche Beziehung versagt. Ebenso Kinder. Nun war sie Mitte fünfzig und allein. Aber „allein" sagt alles. Eveline war all-ein. Sie hatte in der Klinik durch ihre Erlebnisse und durch die liebevolle Hilfe der Therapeuten zu ihrem Inneren, zu ihrem Glauben an sich gefunden. Da wurde ihr deutlich, daß sie nie mehr einsam, nie mehr verlassen, sondern immer all-ein, zusammen mit dem Einzigen, dem Allumfassenden war. Eveline fand ein neues Leben. Und plötzlich bekam vieles für sie eine Bedeutung, das bis dahin von ihr unbemerkt geblieben, ihr unwichtig gewesen war.

Aber eines blieb trotzdem bestehen – ihre Ambivalenz zu sich und ihrem Alter: Sie merkte, daß sie nicht mehr zwanzig war. Sie merkte, daß sie älter geworden war. Plötzlich fand sie sich häßlich. Unattraktiv. Ja, schon abstoßend. Die Falten, die sich in ihrem Gesicht abzeichneten, deutete sie als Vorboten eines nahenden Verfalls. Sie dachte, sie sei alt und damit nichts mehr wert.

Eveline war immer noch im Denken und Fühlen ihrer Eltern gefangen: Sie hatten ihre Tochter so schlecht behandelt, weil sie es selber nicht besser, sondern sogar noch schlechter erlebt hatten. Sie hatten sich selbst auch nicht besonders gemocht. So wie Eveline, die deshalb immer etwas suchte, was sie nicht fand. Und jetzt, wo sie begann, es zu finden, empfand sie sich als alt. Sie hatte den Eindruck, alle Hilfe käme zu spät. Ihr Leben sei gelebt – verlebt. Eine Chance, die sie nicht hatte nutzen können.

Ein Arzt, bei dem sie in Behandlung war, spürte ihre Niedergeschlagenheit und fragte sie nach dem Grund.

„Ich bin niedergeschlagen, weil ich so viel Zeit verloren habe!" – „Es gibt keine verlorene Zeit!" sagte der Arzt. Eveline staunte. „Nur die Zeit, die nicht genutzt wird, ist verloren!" Eveline staunte noch mehr, denn dies schien ja ein glatter Widerspruch zu sein. Der Arzt war sich dessen bewußt, was er sagte, deshalb fuhr er fort: „Ja, dies ist ein glatter Widerspruch, und doch ist es wahr! Und warum ist es wahr? Weil die gesamte Welt einen Widerspruch darstellt: Einmal ist sie Vielfalt, und dann ist sie Einheit. Vielfalt ist sie in Form der unzähligen Dinge. Einheit ist sie durch den Einen Gott, aus dem alles wurde.

So ist auch unser Weg zu diesem Gott: Solange wir auf dem Weg sind, können wir uns verirren, können wir Zeit verlieren. Gelangen wir aber bei Gott an, dann hat plötzlich alles einen Sinn, hat alles eine Bedeutung, ist nichts umsonst gewesen. Dies drückt auch das Bibelwort *Die Letzten werden die Ersten sein* aus. Dies ist nicht zeitlich oder gemäß einer Reihenfolge zu verstehen, vielmehr sind in Gott die ersten die letzten und die letzten die ersten, weil Gott alle Gegensätze aufhebt. Denn vor Gott gibt es keine Zeit. Gott ist *die* Einheit. Die Zeit dagegen ist *die* Trennung. Bist du bei Gott angelangt, bist du der erste, weil jeder vor und für Gott der erste ist. Deshalb kannst du keine Zeit verlieren. Bist du angelangt, bist du der erste – eben weil du angelangt bist. Alle Mühen haben dann einen Sinn, alle Entwicklung hat ein Ziel: Das Angekommensein. Das Dasein in Gott!"

Eveline war berührt. Sie wußte nicht warum, aber es entstand eine schöne Ruhe in ihrem Herzen. Dann kam ihr plötzlich ein Gedanke, ein Gedanke, der mit einer Befürchtung verbunden war. „Was du ausführst, gilt aber für jemanden, der Gott erreicht hat. Da bin ich leider nicht ..." Eveline sagte dies wie in Gedanken, und Bedauern klang mit.

„Indem du dein Leben bewußt Gott in die Hand legst, bist du angekommen. Dies ist die tiefere Bedeutung des Satzes: *Der Weg ist das Ziel.* Dies besagt: Legst du dein Schicksal *bewußt* in Gottes Hände, bist du am Ziel angelangt, denn Er sorgt dann für dich. Er fügt deinen Weg. Du mußt dann ausschließlich dein Augenmerk auf Ihn richten, und Er führt dich an dein Ziel.

Es gibt dann keine verlorene Zeit mehr, denn alles fügt sich in idealer Weise, und deine Entwicklung wird sich immer mehr beschleunigen."

Der Arzt hatte recht. Er war ein kluger Mann, der weit gekommen war und deshalb vielen Menschen wirklich helfen konnte. Durch die Erforschung seiner selbst hatte er schon einen tiefen Blick hinter den Schleier von Maya (den Schein, der die Welt schafft) geworfen.

Maya zu durchschauen ist in diesem Zeitalter sehr schwer, denn ihr lebt, wie ich oben bereits sagte, in einem Jahrhundert, das auf einer langen Tradition der Dunkelheit fußt.

Diese Dunkelheit begann mit Krishnas Tod. Der Avatar, die Gottesinkarnation Krishna, war gekommen, um den Frieden und die Liebe zu bewahren. ‚Wozu war Krishna gekommen, wenn sich alles so verschlechterte?' fragst du dich zu Recht. Die Antwort ist: Krishna schuf mit dem Kali-Juga einen Rahmen, in dem unzählige Seelen durch viele Schwierigkeiten die tieferen Stufen ihrer Entwicklung durchschreiten konnten, ohne Gefahr zu laufen, abzustürzen. Darüber hinaus konnten sie in einer sehr kurzen Zeit ihre Entwicklung durchlaufen und haben außerdem jetzt die Gelegenheit, so einfach wie noch nie die endgültige Befreiung zu erlangen.

Und Gott half in dieser dunklen Zeit, die schließlich zu so viel Licht führen wird, indem er Gott-Menschen wie Buddha, Jesus, Mohammed, Maria, Zarathustra und viele, viele Erleuchtete sandte.

Im Westen könnt ihr zum Beispiel die Leistungen von Sokrates, Platon und Aristoteles nie überschätzen. Diese drei waren Seelen, die die Wahrheit kannten und gekommen waren, um die Menschheit zu führen und den Weg für Jesus Christus zu ebnen. Ohne sie hätten die Menschen in vielen Jahrhunderten überhaupt keine Maßstäbe gehabt, nach denen sie sich hätten richten können. Je mehr aber mit der Zeit deren Einfluß nachließ, desto schlechter ging es der Welt.

Heute ist von ihrem Wissen – wie von der Liebe Christi – kaum noch etwas bekannt. Es wird zwar über sie soviel geredet und publiziert wie in der gesamten Zeit davor nicht. Gelebt und umgesetzt werden ihre Lehren aber so wenig wie nie zuvor.

Deshalb müssen drei Avatare nacheinander kommen, um die Welt vor dem Untergang zu retten. Es gibt nicht eine Welt und einen Gott. Gott und die Welt sind eins. Deshalb sorgt Gott für die Welt wie für Seinen Augapfel! So gibt es keine wirkliche Gefahr für die Welt. Vielmehr müssen alle Prozesse so weit gehen, so auf die Spitze getrieben werden, bis alle, die sehen können, verstehen, daß der bisherige Weg nur in die Katastrophe führt. Natürlich könnte der Avatar mit einer Handbewegung alles von einer Sekunde zur nächsten verändern. Damit setzte Er sich aber sinnloserweise über die Gesetze von Karma hinweg. Diese Gesetze wurden nicht geschaffen, damit irgend jemand sinnlos leidet. Glaube mir, glaube fest daran: Keiner leidet jemals sinnlos. Keiner. Alles hat eine bis in die größte Tiefe gehende Bedeutung.

Karma hat die ausschließliche Funktion, daß Seelen lernen. Das ist der ganze Sinn und Zweck.

Deshalb kann sich Gott nicht über Karma hinwegsetzen, weil Er es nicht will. Natürlich kann sich ein Chefarzt über die Hygienevorschriften hinwegsetzen, die er erlassen hat. Wozu hat er sie aber erlassen, wenn sie so wenig Bedeutung haben, daß ihre Einhaltung nicht so relevant ist, daß auch er sich daran halten muß?

Seelen müssen lernen. Der Herr kommt deswegen nicht auf die Erde, um mit einer Handbewegung alle Probleme wegzuwischen. Täte Er dies, beraubte Er die Menschen einer einzigartigen Gelegenheit, aus den Konsequenzen ihrer Taten zu lernen. Viele Jahrhunderte der Entwicklung wären mit einemmal umsonst.

Der Herr kommt deswegen nicht, um *willkürlich* ins Karma einzugreifen. Er greift aber insofern ins Karma ein, als Er die Menschen lehrt, Er ihnen sinnlose Wege aufzeigt, Er sie beschützt und sie zu den Erfahrungen führt, durch die sie besonders schnell die Konsequenzen ihres Handelns kennenlernen.

So erging es auch Eveline. Der Herr hatte sie zu den Konsequenzen ihres Handelns, nämlich zur Krankheit geführt. Krankheiten sind immer Weggabelungen. Entweder jemand lernt daraus und kommt weiter, oder er bewältigt diesen Schritt noch nicht und gelangt so lange immer wieder an denselben Punkt, bis er weiß, welchen Weg er gehen muß.

Eveline war an dem Punkt angelangt, wo sie einen neuen Weg gehen wollte. Sie hatte durch die Krankheit verstanden, daß ihr bisheriger Weg sie nirgendwo hinführte. Außerdem hatte sie einen Arzt, wie ich ihn schätze: Einen Menschen, der Wege aufzeigt, die vom Materiellen ins Spirituelle führen. Das ganze Problem heute besteht in der maßlosen Überbetonung des Materiellen. Der Mensch ist damit dort, wo jene Menschen waren, als Moses mit den Gesetzestafeln zu ihnen kam, die er aus Gottes Hand erhalten hatte. Und was taten sie? Sie tanzten um das Goldene Kalb, das heißt, sie verherrlichten den Reichtum, denn Vieh war damals eine der Hauptsäulen des Reichtums. Moses zerbrach die Göttlichen Gesetzestafeln. Das hatte eine tiefgehende Bedeutung: Verherrlichen die Menschen das Geld, verlieren sie Dharma, die Rechtschaffenheit, und damit Gott. Wichtig ist hier das Verb *verherrlichen*! Darin steckt das Wort *Herr*. Das heißt: Glaubst du, den Herrn, glaubst du, Gott in der Materie finden zu können, verlierst du dich und Ihn. Moses zerschlug die Gesetzestafeln, weil er wußte, daß Menschen, die das Geld ver-herr-lichen, zuerst Gott und dann sich selbst verlieren. Er zerschlug die Tafeln mit den zehn Geboten als Ausdruck dafür, daß Menschen, die den Mammon ver-herr-lichen, sich nicht an die Göttlichen Gesetze halten können und wollen.

Deshalb war seine Handlung kein Ausdruck des Zorns, sondern es war eine massive Form des Wachrüttelns, der Zurechtweisung.

Genau dies bewirkt bei vielen Menschen eine Krankheit. Durch die krankheitsbedingte Schwächung des Körpers stellen sie – am eigenen Leibe! – fest, welch unsicheres Fundament die Materie in

Wirklichkeit ist. Dieses Erlebnis bedingt eine Erschütterung, die wie das Zerbrechen der Gesetzestafeln ein Umdenken möglich macht.

An diesem Punkt war Eveline. Die Frage, die sie nun aber besonders beschäftigte, war: Wie konnte sie ihr Leben verändern? Wie konnte sie einen Neuanfang schaffen, der ihr tatsächlich das brachte, was sie sich ein Leben lang gewünscht, überall gesucht, aber nirgendwo gefunden hatte?

Ihr Arzt war ein kluger Mann. Er bot ihr deshalb keine wohlfeilen Antworten auf Fragen an, die sie sich selber beantworten mußte. Denn keiner versteht etwas, was er nicht zu einem großen Teil bereits verstanden hat!

Das ist der Grund für das Lernen durch Erfahrungen. Worte können nur kleine Verständnislücken überbrücken. Weiß jemand vieles nicht, helfen Worte nichts. Nur die Erfahrung, nur das Erleben schafft die Ebene, auf der jemand aufbauen kann. Erfahrung ist wie eine Planierraupe. Mit ihren großen Schaufeln schiebt sie im Nu die Erde dahin, so daß auf ihr aufgebaut werden kann. Dies ist die Erfahrung. Worte sind dagegen wie kleine Schaufeln, mit denen du das gleiche tun willst. Es gelingt dir auch, es dauert aber sehr, sehr lange – vorausgesetzt, du gibst nicht vorher auf!

Eveline wollte wissen, wie sie zum Glück finden könne. Da fiel ihr eines Tages auf, daß ihr Arzt Ideale hatte. Das verwunderte sie, denn sie stellte fest, daß sie bisher ohne jegliches Ideal gelebt hatte. Sie hatte gelebt, aber den Tag nicht gepflückt. Menschen, die um das Goldene Kalb tanzen, verhindern, daß die Weisen ihnen sagen, was sie zum Glück führt. Moses zerbrach die Gesetzestafeln, ohne deren Inhalt vorher verkündet zu haben. Die Menschen erfuhren also gar nicht, was sie verpaßten. Das Geld ist kein Ideal, sondern nur ein ideales Zahlungsmittel. Ideale dagegen weisen nicht auf die Materie, sondern führen ins Immaterielle, Spirituelle, zu Gott.

Genau diese Wegweiser fehlten Eveline. Sie war so sehr mit ihrem Selbstwert, so mit ihrer Wirkung auf andere beschäftigt, daß sie ganz vergaß, sich zu fragen, wozu es überhaupt gut war, wenn sie auf andere wirkte. Hatte es ihr denn bisher Glück gebracht?

Durch die Sackgasse, in die sie geraten war, lernte sie, daß sie umdenken, umkehren mußte, da sie sonst immer wieder gegen eine Mauer stoßen, das heißt krank werden würde. Da fiel ihr auf, daß sie überhaupt nicht wußte, weswegen sie lebte. Sie lebte und wußte nicht, warum! Dies war erstaunlich. Eveline staunte. Und aus diesem Staunen erwuchs die entscheidende Frage: *Wozu lebe ich?*

Wie gesagt, ihr Arzt war klug. Er gab auf diese Frage nicht die Antwort: Um Gott zu verwirklichen. Natürlich wußte er, daß dies das Ziel des Lebens ist. Was hätte Eveline aber damit angefangen? Was hilft es einem Kleinkind, das auf einer Balustrade herumturnt und jederzeit in die Tiefe stürzen kann, wenn ein Erwachsener ihm ausführlich erzählt, wie gefährlich in dieser Situation das Gesetz der Schwerkraft ist? Natürlich gar nichts. Vielmehr wäre ein solcher Erwachsener, trotz seiner Bildung, nicht viel weiter als das Kind ohne Bildung. Das Kind wäre noch nicht ge-bildet, er aber verbildet. Außerdem wäre er verantwortungslos. Ein kluger Erwachsener dagegen würde das Kind schnell ergreifen und aus der Gefahr retten. Anschließend könnte er sich überlegen, ob das Kind verstehen kann, welcher Gefahr es sich aussetzte, oder ob er nicht mehr aufpassen müßte.

Der Arzt verwendete deshalb nicht große und für Eveline noch leere Begriffe, sondern fragte sie: „Unter den Beziehungen, die du hattest, gab es da eine, für die du wirklich etwas geopfert hast?" Eveline war von dieser Frage völlig überrascht. Sie dachte nach und meinte, sie habe unglaublich viel geopfert. „Ja, ich weiß!" antwortete der Arzt. „Aber du hast nicht *bewußt*, du hast nicht mittels einer Entscheidung geopfert. Sondern es gestaltete sich so, daß du am Schluß viele Opfer zu *tragen* hattest." – „Das stimmt!" meinte Eveline. „Wodurch entstehen glückliche Beziehungen?" fragte der Arzt. „Dadurch, daß zwei Menschen zusammenkommen, die sich gut verstehen." – „Nein", erwiderte der Arzt, „dadurch, daß zwei Menschen zusammenkommen, die *kompromißbereit* sind! Das ist das wahre Geheimnis des Glücks in Beziehungen. Ich kenne Menschen, die haben sich die Kompromißbereitschaft als Lebensziel gesetzt. Dies bedeutet nicht, daß sie willenlose Jasager sind. Wer zu allem ja sagt, muß nicht kompromißbereit sein, denn zum Kompromiß sind zumindest zwei unterschiedliche Meinungen notwendig. Sagt jemand zu allem ja, gibt es keine zwei, sondern nur eine Meinung, nämlich die, zu der er ja sagt. Aber das meine ich nicht. Ich meine vielmehr, daß Menschen in der Lage sind, ihre *und* die Meinung der anderen so gelten zu lassen, daß sie *mit* dem anderen zu einem gemeinsamen Nenner finden. ‚Und wenn der andere nicht will?' fragst du. Es ist ganz selten, daß jemand sich weigert, eine gemeinsame Lösung zu finden, wenn er in seinem Herzen spürt, daß sein Gegenüber ihn wirklich akzeptiert. Das ist nämlich die Wurzel der Kompromißbereitschaft: Das Akzeptieren des anderen, das von Herzen kommt." Eveline ging ein Licht auf. Sie stellte fest, daß sie sich recht wenig um die Ansichten, um die Bedürfnisse der anderen gekümmert hatte. Vielmehr wollte sie gesehen, wollte sie *ihre* Bedürfnisse geachtet und am liebsten erfüllt sehen. Wo der andere war ... Wer war dieser andere? Hatte sie sich dies überhaupt gefragt? Eveline schwieg, und eine Tür in ihrem Herzen ging auf. Sie spürte, wie unerreichbar sie gewesen war. Für sich und andere. Und wie wird man erreichbar? Indem man seine eigenen Wünsche kennenlernt? Genau hier war Eveline stehengeblieben. Ihre Wünsche hatte sie so häufig vor Augen – und blieb schließlich bei diesen Wünschen stehen. Wo waren aber die anderen? Wo war ihr Gegenüber? Eveline stellte mit Erstaunen fest, daß sie dies gar nicht kannte. Keiner hatte ihr je vermittelt, daß der andere wichtig war. Alle, mit denen sie seit ihrer Kindheit zu tun hatte, vermittelten ihr, daß ihre jeweiligen Bedürfnisse das Entscheidende waren. Das hatte sie so gelernt und gelebt. Eveline war so durch ihr Leben gegangen und war bis zu dem Tag natürlich nicht auf die Idee gekommen, daß ihr Verhalten typisch für das heutige Zeitalter, das Kali-Juga, war: Jeder dachte an sich – und alle waren unglücklich!

Und was konnte sie tun? Darauf gab ihr der Arzt keine Antwort, obwohl er ihr eine hätte geben können. So mußte Eveline suchen. „Was ist der Weg?" fragte sie sich immer wieder. Da der Arzt nicht antwortete, fing sie an zu beten und bat Gott, Er möge ihr doch bitte zeigen, was der Weg sei.

Da lernte Eveline einen Mann kennen, der etwas älter als sie, das heißt Ende fünfzig war. Eveline fand ihn sehr interessant. Sie spürte aber, daß er eine große Wunde in sich hatte. Bald fand sie heraus, worin die Wunde bestand: Seine Frau war vor kurzem an Krebs gestorben und hatte ihn allein mit vier Kindern im Alter von achtzehn, sechzehn, vierzehn und elf Jahren zurückgelassen. Eveline fühlte sich zu diesem Mann hingezogen, aber das war ihr zu schwierig! Ein Mann, der so an seiner verstorbenen Frau hing! Außerdem auch noch vier heranwachsende Kinder, das war ihr zuviel! Eveline wollte sich bereits zurückziehen, als ihr bewußt wurde, daß sie ihren alten Weg einschlagen wollte: Gab es Schwierigkeiten, nichts wie weg! ‚Aha!' dachte sie. ‚Das hat mich also hierhergebracht! So kam ich in die Sackgasse! Und wie komme ich heraus? Dadurch, daß ich mich solchen Problemen stelle?'

Eveline sprach über ihre Befürchtungen mit ihrem Arzt. Wieder einmal antwortete er nicht mit einem einfachem Ja oder Nein, sondern brachte das Ganze in einen größeren Zusammenhang: „Jeder muß seinen Weg finden und gehen. Es hat wenig Sinn, wenn jemand den Weg eines anderen geht. Wo kommt er dann hin? Stell dir vor, du möchtest ins Theater, folgst aber dem Weg eines Schwimmers. Glaubst du, du kommst ins Theater? Die Wahrscheinlichkeit ist sehr gering. Viel eher wird dich sein Weg in ein Schwimmbad führen. Aber dahin wolltest du nicht.

Deshalb ist es so wichtig, daß jeder seinen eigenen Weg geht. Was du ansprichst und was du zu Recht befürchtest, nicht bewältigen zu können, ist der Weg, den dir dieser Mann mit seinen Kindern vorgibt. Es ist der Weg des Dienens. Dies ist der Göttliche Weg. Denn das Göttliche an Gott ist, daß Er dient, ohne dienen zu müssen. Er tut es von morgens bis abends und von abends bis morgens, weil Er es zu tun wünscht. Da ist kein Zwang. Da ist keine äußere Notwendigkeit. Da ist kein Karma, das erfüllt werden muß. Da ist alleinige Liebe, die zu dienen wünscht. Das ist alles.

Sieh zum Beispiel Mutter Teresa von Kalkutta. Ich halte diese große Seele für einen Bodhisattwa, für eine Seele, die die endgültige Befreiung erlangt hat, aber auf die Erde zurückkommt, um den Menschen zu helfen. Und genau dies tat Mutter Teresa. Sie kümmerte sich nicht darum, was andere dachten, was andere als Glück ansahen. Sie half den Bedürftigen und war dadurch glücklich. Immer. Nichts konnte sie aus diesem Glücksgefühl herausreißen. Helfen war zu ihrem Wesen geworden. Deshalb dachte sie an nichts anderes, deshalb tat sie nichts anderes. Und war sie einmal krank, dann hoffte sie, bald wieder gesund zu werden – um wieder helfen zu können!

Ist das aber dein Weg? Kannst du so viel opfern, daß du mit diesem Mann und den vier Kindern glücklich werden kannst?

Ist das dein Weg? Das ist die Frage, die du aus der Tiefe deines Herzens beantworten mußt. Eine andere gibt es nicht!"

Eveline hörte gut zu. Aber eines war ihr klar: Sie war keine Mutter Teresa, sie war kein Bodhisattwa, wie ihr Arzt das nannte. Ihr Blick hatte sich jedoch verändert. Eveline war nicht mehr „ever green". Sie wollte ihr Leben leben, ihr Leben pflücken. Aber wie?

„Ich war so häufig tollkühn, ohne jemals wirklich mutig zu sein. Ich glaube, wer glücklich werden will, muß mutig sein. Ich will einmal mutig sein! Ich will wissen, was ich tue, und mich nicht einfach von den Ereignissen treiben lassen!" So entschied sich Eveline für den Weg ihres Herzens und heiratete den Mann mit den vier Kindern. Und sie mußte umdenken. Sie mußte viel lernen. Sie mußte viele Kompromisse schließen. Sie fand ihren Mut. Und was erkannte sie? Daß jener Mann, der von den äußeren Bedingungen ihr so viel abverlangte, ihre Zwillingsseele, der Mann war, den sie immer gesucht hatte und der ihr das Leben bot, das sie zu ihrem Glück führte. Und das spürte dieser Mann auch, denn er merkte, daß seine Liebe zu und seine Trauer um seine erste Frau *sein* Weg zu Eveline war. Eveline, die nun fröhlich in den Spiegel sehen konnte, denn sie sah jetzt nicht mehr die Falten, sondern das Strahlen, das ihr Mann so liebte.

Sie hatte gefunden, was sie immer gesucht hatte – und pflückte den Tag.

Jules und Jim
oder Deine Familie ist ein sehr kostbares Gut

Jules und Jim lernten sich bereits in der Schule bei einem Wettschießen kennen. Es ging dabei darum, wer mit einer Steinschleuder die meisten Tontöpfe traf. Jules und Jim waren die besten Schützen. Das Schießen, der Wettkampf, der Kampfgeist und die Fairneß, mit der sie beide kämpften, gefielen ihnen so gut, daß sie Freunde wurden. Und von da an auch blieben. Damals waren sie vierzehn. Sie unternahmen viel zusammen. Sie halfen sich bei den Schulaufgaben, machten Sport zusammen und besprachen ihre Gedanken, ihre Schwierigkeiten oder Sorgen. Jules' Eltern mochten Jim sehr gern, ebenso ging es Jims Eltern mit Jules. Deshalb verreisten die Freunde häufig mit der Familie des anderen. Damit erlebten Jules und Jim sehr viel gemeinsam und wuchsen wie Brüder auf.

Jules und Jim waren sich außerdem eine gute Ergänzung. Jules war der etwas ruhigere, bedachtere, der wunderbar erzählen konnte. Jim war dafür spontaner, immer zu einem Scherz oder Witz aufgelegt, wendig in Körper und Geist.

Jules und Jim machten zur gleichen Zeit Abitur. Es stellte sich für sie nicht die Frage, was sie anschließend studieren würden, denn es gab für sie nur das eine: Medizin. Sie wollten unbedingt zusammen studieren und anschließend etwas Gemeinsames aufbauen. Am liebsten eine Klinik. Aber das war noch ein Traum, von dem sie gespannt waren, inwieweit er sich realisieren lassen würde. Nun wollten sie zunächst studieren. Da sie beide gut in der Schule waren, ein gutes Abitur gemacht und außerdem gelernt hatten zu lernen, war das Studium für sie kein großes Problem. So hatten sie viel Zeit für Hobbys, für interessante Praktika und Fortbildungen und für Feste, Treffen und Gespräche.

Jules und Jim waren zwei gutaussehende, interessierte und damit interessante junge Männer, die ihre Wirkung auf das andere Geschlecht nicht verfehlten. Besonders Jim war der Liebling aller Frauen. Mit seiner geschmeidigen, flexiblen, fröhlichen Art eroberte er im Nu die Herzen der jungen Mädchen und Frauen. Und Jim genoß die vielen Bekanntschaften, die er machte, sehr. Er war immer geschmeidig, immer fröhlich, immer „auf dem Sprung". Auch diese Art von Jim, immer auf dem Sprung zu sein, fanden die Frauen, die er kennenlernte, faszinierend. Jede dachte, er werde den entscheidenden Sprung zu ihr machen – und bei ihr bleiben. Jede fühlte sich von Jim so angesprochen, daß sie in den Wettstreit mit allen anderen ging, damit sie es erreichte, daß Jim bei ihr blieb. Jim blieb aber nicht. Sondern wanderte und wanderte. Jim suchte etwas. Er wußte nur nicht, was.

Jules wirkte auch auf Frauen. Aber ganz anders. Er war ruhiger, nachdenklicher, im Grunde auch schüchterner und damit zurückhaltender. Dies wirkte auch auf die Frauen, die er kennenlernte, aber eben ganz anders. Hinzu kam, daß Jules sich sehr mit spirituellen Fragen beschäftigte. Er baute sich mit einigen Brettern und Tüchern einen Altar, auf dem er Bilder von Maria, von Jesus, Buddha und Krishna aufstellte. Vor diesen Altar setzte er sich jeden Morgen und jeden Abend, zündete ein Räucherstäbchen an und betete, meditierte und fand dadurch innere Ruhe.

Jim war fasziniert von Jules' Idee mit dem Altar. Er baute sich auch einen. Und setzte sich auch ein-, zweimal davor. Dann war er aber mit seinen vielen studentischen und besonders privaten Terminen so beschäftigt, daß er sich kaum noch – wenn überhaupt – davorsetzte.

So veränderte sich etwas Grundsätzliches. Jim war ganz mit seinem Studium der Medizin und der Frauen beschäftigt. Jules dagegen kümmerte sich mehr und mehr um spirituelle Fragen. Das heißt nicht, daß diese nicht auch Jim interessiert hätten. Er unterhielt sich liebend gerne mit Jules über Spiritualität. Er war aber immer auf dem Sprung.

Dann lernte Jules Yvonne kennen. Yvonne war fröhlich, intelligent, sehr herzlich und sehr hübsch. Yvonne hatte viel Sinn für Jules spirituelle Fragen, sein Meditieren und Beten. Sowohl Yvonne als Jules hatten das Gefühl, ihren Partner gefunden zu haben. Deshalb verlobten sie sich bald und heirateten. Jim war natürlich Jules' Trauzeuge. Jim fand Yvonne die ideale Frau für Jules. Und er fand, daß Jules genau den richtigen Schritt gemacht hatte. Er, Jim, wollte sich noch nicht binden, für Jules war es aber genau das richtige.

Das fanden Jules und Yvonne auch, denn sie waren sehr glücklich miteinander. Nach zweieinhalb Jahren bekamen sie eine Tochter, worüber sie sich nochmals sehr freuten.

Zu dieser Zeit war Jim in arge Bedrängnis geraten. Seine damalige Freundin war schwanger. Und er wußte nicht, was er tun sollte. Für eine feste Beziehung fehlte Jim die Motivation. Was sollten sie tun?

Jim besprach sich viel mit Jules. Der vertrat schon lange die Ansicht, daß Jim eine feste Beziehung guttun würde und sein ständiges „Wandern“ ihn nur viel Kraft kostete. „Sag mal“, fragte Jules eines Abends, „warum heiratest du nicht? Was fehlt dir in dieser Beziehung? Und – in welcher Beziehung hat dir nicht etwas gefehlt? Doch in jeder, denn alle sind in die Brüche gegangen!“ – „Das stimmt“, antwortete Jim. „Im Grunde bin ich ganz glücklich in meiner Beziehung mit Chantal. Es fällt mir nur so schwer, mich auf eine Frau festzulegen!“ – „Ich weiß, Jim“, erwiderte Jules, „aber jetzt bist du doch festgelegt. Sobald Chantal euer gemeinsames Kind geboren hat, bist du ein Leben lang an sie gebunden. Du wirst immer dieses Kind mit ihr zusammen haben. Immer, wenn du dein Kind sehen möchtest, mußt du Kontakt zu ihr aufnehmen. Bei jeder größeren Entscheidung mußt du mit ihr sprechen, bei der Einsegnung, beim Abitur, bei der Hochzeit wirst du ihr begegnen. Ein Kind ist eine sehr, sehr tiefgehende Bindung. Ich kann das gut bei uns beobachten!“ Jim war aber noch nicht reif für eine klare Beziehung und eine entsprechende Verpflichtung einer Frau gegenüber. Er hatte beinahe schon panische Ängste zu heiraten. Er dachte, dann sei das Leben zu Ende, dann habe er nichts mehr zu erwarten.

Jim hatte aber noch ein Problem: Chantal war eine reizende Frau, die ihn nicht nur liebte, sondern auch sehr liebevoll mit ihm umging.

Außerdem liebte er sie. Er wollte zwar nicht heiraten, er wollte sie aber auch nicht verlassen. Was sollte er nur tun? Chantal verstand ihn sehr gut in seinen Ängsten. Das half ihm. Er spürte deshalb, daß er sowohl Chantal nicht verlassen als auch das Kind bekommen wollte. Dennoch blieb das Problem, daß er nicht heiraten wollte. Chantal und er entschieden deshalb, unverheiratet zusammenzuwohnen.

Jim tat sich aber sehr schwer mit der Treue. Immer wieder reizten ihn andere Frauen. Immer wieder ging er hier und da eine mehr oder minder kurze Beziehung ein. Chantal litt sehr darunter. Da sie aber meinte, keine andere Wahl zu haben, schwieg sie.

Jules und Jim trafen sich oft. Jules sagte immer wieder zu Jim, er habe das Gefühl, er verzettle sich: Hier eine Beziehung, da eine Bekanntschaft, dort ein Rendezvous. „Mensch, Jim, was soll das? Chantal ist doch eine wundervolle Frau! Was willst du nur? Was suchst du nur? Und was tust du ihr an!" – „Jules, ich weiß es nicht!" antwortete Jim, und Jules spürte, daß es von Herzen kam.

Jules dachte und spürte eine Weile nach. Dann sagte er: „Du wirst mich auslachen, aber ich glaube zu wissen, was du suchst." – „Woran denkst du, Jules?" – „Ich glaube", antwortete Jules, „daß deine ganze Suche eine Suche nach Sinn ist. Du suchst und findest Sinnlichkeit. Was du aber wirklich suchst, ist Sinnlichkeit ohne „lichkeit" wie Vergänglichkeit. Du suchst Sinn und nicht Sinnlosigkeit. Weißt du, Jim, es scheint mir so, als stürztest du dich in die Welt, weil du deren Vergänglichkeit erkannt hast. Aber viel Welt ist genauso vergänglich wie wenig Welt – vielleicht sogar noch vergänglicher! Warum beschäftigst du dich nicht mehr mit Spiritualität? Unser Beruf ist so anstrengend. Wir haben so viel Verantwortung – da gibt es nur die Alternative: Entweder Gott oder die Welt. Wie willst du aber der Welt mittels der Welt helfen? Kannst du einem Ertrinkenden dadurch helfen, daß du ihm einen Kübel Wasser zusätzlich über den Kopf schüttest? Der Welt bzw. *deinen* Problemen mit ihr kannst du nur beikommen, wenn du dich auf eine andere, übergeordnete Instanz beziehst. Die beste Instanz dazu ist Gott."

„Du hast vollkommen recht“, erwiderte Jim, „das ist mir immer wieder durch den Kopf gegangen. Geht es dir auch so, daß du dir in unserem Beruf wie an der Front vorkommst? Wie häufig hängen von meiner Entscheidung Leben oder Tod ab. Für einen Menschen viel zuviel!“ – „Genau!“ sagte Jules. „Genau das ist es! Wir haben ständig mit dem Tod zu tun. Das geht an die Substanz. Deswegen stürzen sich so viele ins Leben. Wie viele Ärzte träumen von Luxus, körperlichen Vergnügungen und Freizeit. Geballtes Leben als Gegengewicht gegen den geballten Tod!

Mir ist aber eins klargeworden: Für mich gibt es nur eine Sicherheit, und diese ist Gott. Jim, ohne meine Meditation, mein Beten und meine tägliche Bitte, Er möge durch mich handeln und die Konsequenzen meines Handelns auf Sich nehmen, könnte ich in der Klinik nicht existieren. Diese geballte Energie aus Tod, Todesangst, Erotik und Sexualität würde mich zuerst um meine Ruhe und dann um meinen Verstand bringen. Denk nur an unseren Oberarzt, der es geschafft hat, mit drei Krankenschwestern gleichzeitig ein Verhältnis zu haben. Und wodurch kam es heraus? Weil zwei von ihnen schwanger wurden!“

„Du hast völlig recht!“ antwortete Jim. „Aber ich kann nicht! Ich kann deinen Weg nicht gehen. Du bist anders. Wie früh hast du deine Yvonne kennengelernt und bist seitdem glücklich mit ihr! Und du hast heiraten können! Ich kann all das nicht! Wenn ich an Heirat, an ein Leben mit einer Frau denke, dann ... brenn’ ich mit der nächsten durch!“

Jules konnte Jim gut nachempfinden. Er kannte dieses Problem in seinen vielen verschiedenen Gesichtern: Einmal ist es Alkohol, einmal Tabak, ein andermal Essen und dann Sexualität. Er wußte, wie sehr die Menschen von ihren Wünschen getrieben werden. Erlebte er doch täglich in der Klinik, wie die Menschen sich dadurch zugrunde richteten. Er hatte deshalb überhaupt keine Veranlassung, Jim in irgendeiner Weise zu beurteilen oder gar zu verurteilen. Jules liebte Jim wie einen sehr lieben Bruder und betete jeden Tag, Gott möge ihm die Gnade schenken, daß er mit sich, seiner Arbeit, mit seiner Frau Chantal und mit Ihm, mit Gott ins reine komme.

Jim wurde aber weiter von seiner tiefen Unruhe umhergetrieben. Dies und das interessierte ihn, diese und jene Frau reizte ihn.

Dann wurde seine Tochter geboren. Wie Jules bekam auch er eine Tochter. Er war überglücklich. Er, der immer das Weibliche, das Frauliche, die Mutter, die Anima suchte, er hatte eine Tochter bekommen. Er war so froh. Er fand sie schön und duftend wie eine Rose. Deswegen wählten Chantal und er den Namen Rosalie für sie.

Rosalie war Jims Freude. Er kam früher nach Hause, verbrachte viel mehr Zeit zu Hause, kümmerte sich um viel mehr häusliche Dinge – nur weil Rosalie da war und darüber hinaus sein Herz berührt hatte. Jim ertappte sich dabei, daß er den ganzen Tag an Rosalie dachte. Was sie jetzt wohl machte, ob es ihr gutginge, ob sie noch wach wäre, wenn er nach Hause käme, und vieles, vieles mehr.

Chantal und Jim wollten gerne noch ein Kind bekommen, und so bekam Rosalie ein Brüderchen, als sie zwei war. Sie nannten ihn Niclas.

Jim war nun noch begeisterter von seiner Familie. Er fand alles so wunderbar. Aber heiraten wollte er immer noch nicht. Ganz im Gegenteil: Er spürte vielmehr, wie es ihm immer wieder zu eng, viel zu eng wurde.

Rosalie war bereits drei Jahre alt, als in Jules' und Jims Krankenhaus eine neue Krankenschwester kam. Christine war sehr intelligent, sehr fröhlich, humorvoll und sehr hübsch und sehr verletzt von ihren früheren Beziehungen. Jim sah sie und war sogleich in sie verliebt. Genauso ging es Christine. Keiner von beiden kümmerte sich darum, daß Jim eine Frau und zwei Kinder hatte. Sie sahen nur sich und genossen es, sich gefunden zu haben.

Jim war nun immer weniger zu Hause. Zuerst log er Chantal und die Kinder an, er habe soviel zu tun. Dann war sich Chantal so sicher, daß er sie anlog, daß sie ihn direkt fragte und nach einer Weile die Wahrheit herausfand. Für Chantal war es die Enttäuschung, die Verletzung, der Verlust ihres Lebens. Was hatte sie nicht für Jim getan, geopfert, erduldet, erlitten! Und nun sollte es zu dem kommen, was sie immer zu verhindern versucht hatte! Chantal fühlte sich wie vernichtet.

Christine, die Frau mit dem Christlichen Namen, berührte dies wenig. Sie liebte Jim von ganzem Herzen oder besser: von ganzem Kopf und Körper, da war nicht allzuviel Raum für die Belange, die Rechte, die Enttäuschung, das Leiden anderer.

Jim litt natürlich unter dem Verlust der Familie und auch darunter, daß Chantal litt. Seine Bindung an Christine war aber stärker.

Alle Beteiligten waren aber mit Gnade gesegnet, denn in Rosalie hatte Jim eine wunderbare Seele als Tochter bekommen. Sie verstand sogleich, was geschehen war. Sie verstand, wie ihre so sehr geliebte Mutter litt. Und sie litt unsagbar unter dem Verlust ihres Vaters. So wurde sie nach einem Jahr krank. Sterbenskrank. Sie hatte Leukämie. Alle waren erschüttert. Besonders Jim, denn er liebte seine Tochter über alles.

Wann immer Jim konnte, war er an Rosalies Bett. Er erzählte ihr Geschichten, machte ihr Mut, tröstete sie. Rosalie lebte sichtlich auf, wenn ihr Vater da war. Besonders freute sie sich, wenn beide Eltern bei ihr waren. Sie blühte dann so sehr auf, daß es allen auffiel.

Jim hing aber an Christine. Sie war die Frau, die ihn faszinierte. Für sie hätte er zum Teil sogar seine Kinder geopfert. Die kranke Rosalie aber allein im Krankenhaus lassen – das konnte er nicht.

Entsprechend gering wurde die Zeit, die er mit Christine zusammensein konnte. War es früher so, daß er fast seine gesamte Freizeit mit ihr verbracht hatte, verbrachte er nun fast seine ganze freie Zeit, die sowieso nicht allzu üppig bemessen war, an Rosalies Krankenbett. Er war glücklich, wenn er ihre kleine Hand hielt und sie ihn mit ihren großen Augen anstrahlte. Allein schon, wie sie ihn begrüßte, berührte ihn zutiefst. Und nicht selten mußte er sich die Tränen wegwischen, die aus seinen Augen flossen. So liebevoll, so berührend war Rosalie, wie sie dalag in ihrem kleinen Kinderkrankenbett.

Wenn er sich aber vor Augen führte, wie groß die Wahrscheinlichkeit war, daß sie bald sterben würde, wenn er sich ausmalte, wie er hinter einem kleinen Kindersarg hergehen würde, dann brach es ihm das Herz. Seine geliebte Rosalie, er würde sie immer vermissen.

Eines Tages mußte er zu einem Kongreß fahren. Jim hatte alles getan, was in seiner Macht stand, um diese Reise abzusagen, es war ihm aber nicht möglich, zu Hause zu bleiben. Jim war als einer der Hauptredner zu diesem Kongreß eingeladen worden, und es wäre für die Veranstalter sehr schwer gewesen, seinen Platz durch jemand anderen zu ersetzen. So mußte Jim abreisen und Rosalie eine Woche allein lassen.

In dieser Zeit kam Jules sie häufig besuchen. Jules war Rosalies Patenonkel, und er kümmerte sich besonders in dieser Zeit sehr liebevoll um sie. Aber jeden Tag, an dem Jim nicht kam, ging es Rosalie schlechter. Die Ärzte waren sehr besorgt, und Jules war ebenfalls von Rosalies Zustand sehr betroffen. Es stach ihm ins Herz, wie dieses kleine Mädchen litt und wie sie langsam von der Krankheit regelrecht aufgezehrt wurde.

Jules betete jeden Morgen und jeden Abend während der Zeit seiner Meditation für Rosalie. Er sprach sein Mantra und meditierte dann. Eines Morgens sah er während der Meditation plötzlich ein Licht vor seinem inneren Auge und hörte eine Stimme, die sagte: „Du bittest jeden Tag um Rosalies Genesung. Weißt du, daß du damit um die endgültige Trennung von Jim und Chantal bittest?“ Jules war bereits durch das Licht und das Hören der Stimme sehr berührt gewesen. Nach diesem Satz war er aber vollends betroffen. Er staunte, und sein Herz schlug laut. „Rosalie hat diese Krankheit auf sich genommen“, fuhr die Stimme fort, „weil die Krankheit allein ihren Vater mehr zu ihrer Mutter führen kann. Nur deshalb ist sie krank. Kämen Jim und Chantal wieder zusammen, wäre Rosalie bald wieder gesund! Ich segne dich in deinem Tun.“ Jules war tief berührt und bewegt: Welch ein Zusammenhang ihm hier offenbart wurde und auf welche Weise! Jules war bewegt, dankbar und bereit, sich ganz für die Ehe der Eltern seiner kranken Patentochter einzusetzen.

Als Jules Rosalie an diesem Tag besuchte, ging es ihr sehr schlecht. Jules brachte ihr heute einen großen Blumenstrauß mit den Worten mit: „Ich grüße dich, meine Süße! Weißt du, warum ich dir diese Blumen mitbringe? Es sind Blumen, so bunt wie dein liebes Herz!“

Das freute Rosalie. Und obwohl sie sehr, sehr blaß war, kam ein Strahlen in ihr Gesicht. Die Mischung aus ihrer Blässe, aus diesem Strahlen und dem Wissen, das Jules während der Meditation bekommen hatte, berührte ihn so, daß Tränen seine Augen füllten. ‚Welch eine liebe Seele dieses Kind ist!' dachte er. ‚Was sie für sich, ihre Mutter, ihren Bruder und ihren Vater opfert! Welch eine Liebe!' Jules setzte sich an ihr Bett. Kaum saß er, fragte ihn Rosalie: „Wann kommt der Pappi zurück?" – „In zwei Tagen, Rosalie", antwortete Jules. „Oh, ist das lange! Oh, ist das lange!" stöhnte Rosalie. Zwei Tage, das war für sie eine Ewigkeit.

Jules hatte sich vorgenommen, heute mit Rosalie zu sprechen. Er wollte unbedingt erfahren, was dieses kleine Mädchen empfand. So fragte er ganz direkt die naheliegendste Frage, die ihr aber noch niemand gestellt hatte: „Sag einmal, du Liebe, warum bist du eigentlich krank?" – „Weil Pappi und Mammi getrennt sind! Deshalb bin ich krank. Wären sie zusammen, wären wir alle gesund!" Jules staunte. Er hatte angenommen, lange fragen und forschen zu müssen. Daß die Antwort so schnell und so direkt kam, hätte er sich nie träumen lassen. Da kam ihm die entscheidende Frage: „Und was muß geschehen, damit du wieder gesund wirst?" – „Ah, mein liebster Onkel Jules", antwortete Rosalie und sah ihn mit ihren großen, liebevollen Augen an, „ich werde nicht mehr gesund werden!" – „Warum nicht?" fragte Jules bewegt. „Weil mein Pappi nicht mehr zurückkommt. Er will weg von meiner Mammi. Mein Pappi hat eine neue Mammi im Krankenhaus, und ich bin im Krankenhaus. Aber ich werde nicht mehr gesund. Ich werde sterben. Besser ich als meine Mammi!" – „Und wenn dein Pappi zurückkommt? Wirst du dann gesund?" – „Mit Sicherheit, lieber Onkel Jules!" antwortete Rosalie. „Versprichst du mir das?" – „Ich verspreche dir das, natürlich!" – „Du mußt aber warten, bis dein Pappi zurückkommt! Du darfst auf keinen Fall vorher deinen Körper verlassen und wieder zu den Engeln gehen! Ich verspreche dir, daß ich alles tun werde, daß dein Pappi zurückkommt. Du mußt mir aber versprechen, daß du noch durchhältst!" – „Mein lieber Onkel Jules, ich liebe dich so! Ich vertraue dir so. Ich werde warten!" Jules war von Rosalies Sätzen derart berührt, daß er sich zu ihr niederbeugte und sie auf Stirn und Wangen küßte. Rosalie strahlte. Das Gespräch mit Jules hatte ihr endlich wieder Hoffnung gemacht. Keiner hatte bisher dieses entscheidende Thema angesprochen. Alle hatten entweder nicht daran gedacht oder es „taktvoll“ vermieden. Von Jules fand sich Rosalie ernstgenommen. Sie fühlte sich endlich in ihrem großen Schmerz verstanden. Darüber hinaus spürte sie, daß Jules sich für sie und die Familie einsetzen würde.

Als Chantal kam, um die nächsten Stunden bei ihrer Tochter zu verbringen, war Jules bereits im Gehen. Chantal und Jules schätzten sich sehr. Jules sah in ihr die ideale Frau für seinen Freund. Entsprechend hatte er Jims Trennung von ihr bedauert. Jules verabschiedete sich von Mutter und Tochter, dann rief er seine Frau an und erzählte ihr, was er mit Rosalie gesprochen und was er vorhabe. Yvonne fand es richtig und unterstützte ihn. Anschließend ging er zu seinem Chef und bat um zwei Tage Urlaub. Dann besorgte er sich einen Flug zu der Stadt, in der Jim sich im Moment aufhielt, und fuhr nach Hause, um seine Sachen zu packen. Er tat alles in eine kleine Tasche, verabschiedete sich von Yvonne und fuhr zum Flughafen.

In der Stadt angekommen, fuhr er sofort zu dem Kongreß, wo er auch bald Jim traf, der nicht wenig staunte, ihn zu sehen. Aber nicht nur Staunen war in seinem Gesicht, sondern auch Angst. Jim fürchtete, Jules sei gekommen, ihm zu sagen, daß es um Rosalie besonders schlecht stehe oder daß sie sogar gestorben sei. So begrüßte Jim Jules sehr herzlich, fragte ihn aber sogleich mit banger Stimme: „Wie geht es Rosalie?“ – „Es geht ihr nicht gut, sie hat mir aber versprochen, nicht zu sterben, bevor du wiederkommst!“ Jim war erschüttert. Um ungestört reden zu können, verließen sie das Gebäude und gingen in den Park, der das Kongreßhaus umgab. Hier setzten sie sich auf eine Parkbank. „Jules, was heißt das: Sie hat dir versprochen, daß sie nicht stirbt, bevor ich wiederkomme?“ – „Jim“, antwortete Jules, „ich muß dir die ganze Geschichte erzählen.“ Nun erzählte Jules von seinem Bitten für Rosalies Gesundheit, von der Antwort, die er in der Meditation bekommen hatte, und von seinem anschließenden Gespräch mit Rosalie. Jim war so berührt, daß er nur weinen, nicht aber antworten konnte. Nach einer Weile fragte er dann: „Jules, was soll ich nur tun? Ich kann doch nicht meine Tochter für meine Beziehung zu Christine opfern. Aber ich liebe Christine. Ich kann nicht zu Chantal zurück. Das wäre mein Tod!" Jules wußte nicht, was er darauf antworten sollte. Er betete deshalb zu Gott, Er möge ihm helfen. „Was ist denn so schrecklich an Chantal, Jim?" fragte Jules, um Zeit zu gewinnen. „Ich weiß es nicht. Ich fühle mich so eingeengt, so eingekerkert." – „Aber, Jim, ich möchte dir nicht zu nahe treten, das fühlst du dich doch immer. Jim, seitdem du Beziehungen hast, kenne ich dich nur auf der Flucht. Immer ist es dir zu eng, immer mußt du weg, und ganz häufig wegen einer anderen." Jules sagte dies ohne jeglichen Vorwurf, sondern sehr herzlich, verständnisvoll und einfühlsam, so konnte Jim es gut annehmen und nachspüren. „Was meinst du damit, Jules?" fragte Jim nach einer Weile. „Ich meine, daß Christine sicherlich eine interessante, von mir aus auch eine sehr erotische Frau ist, daß sie dich aber auch deshalb so reizt, weil Chantal und die Kinder zwischen euch stehen. Sie wird dir nie zu nahe kommen können. Du wirst nie ganz allein mit ihr sein können. Immer, immer, immer sind da irgendwo, aber doch vorhanden, Chantal und die Kinder. Jim, ich bitte dich, sieh doch der Realität ins Auge: Du fliehst die Nähe, du fliehst Beziehungen, du fliehst Verpflichtungen. Jim, du hast es doch auch nicht geschafft, Chantal zu heiraten. Du glaubst, daß du das frei entschieden hast, aber das ist nicht wahr. Du warst vielmehr auf der Flucht! Du wurdest bestimmt – von deinen Ängsten. Und jetzt wird wieder für dich entschieden. Rosalie ist sterbenskrank, und sie hat sich vorgenommen, zu sterben, wenn ihre Eltern nicht wieder zusammenkommen. Ich verstehe nur zu gut, welch ein Druck dies für dich ist. Auf der anderen Seite, Jim, kannst du doch nicht immer auf der Flucht sein! Du meinst, du bist frei, aber im Grunde, Jim, im Grunde deines Herzens weißt du, daß du gehetzt bist, daß du gehetzt wirst!" Jules schwieg nun und betete zu Gott, Er möge ihm, Er möge Jim und damit Rosalie, Chantal und Niclas helfen.

„Gut, Jules", sagte Jim nach einer Pause, „ich mag Angst haben, mich fest zu binden. Habe ich nicht ein Recht darauf? Darf ich nicht meine Ängste haben? Ich habe Chantal nie etwas vorgemacht. Sie wußte, welche Ängste ich hatte. Ich habe ihr nie etwas vorgemacht!" – „Das stimmt, Jim. Ich weiß, daß du immer offen und ehrlich mit deinen Ängsten umgegangen bist und umgehst. Du mußt aber bitte dreierlei bedenken: Erstens kann es ein Trick sein, daß du *ganz offen und ganz ehrlich* deine Ängste ansprichst, dabei aber nicht im geringsten daran denkst, sie zu verändern. Das ist aber unser aller Aufgabe. Ängste, ebenso wie Wut, Haß, Neid und all diese Gefühle sind dazu da, daß wir sie überwinden und nicht, daß wir uns mit ihnen gemütlich einrichten. Zweitens ist Liebe immer ein Versprechen von Glück. Chantal liebt dich, deswegen denkt und hofft sie, daß sie mit dir glücklich wird. Sie wird nie angenommen haben – und vielleicht immer noch nicht annehmen –, daß sie durch dich Verlassensein, Einsamkeit, Schmerz und Verzweiflung anstatt Liebe, Sicherheit, Geborgenheit, Stütze und Zweisamkeit erleben würde. Und drittens", Jules berührte dabei Jims Arm, „ – ich weiß, Jim, daß ich dir viel zumute –, drittens hast du eine Verantwortung Chantal und den Kindern gegenüber. Sie brauchen dich. Unbedingt. Wie unbedingt, das macht Rosalie durch ihre Krankheit deutlich!" Jules hatte Angst, zuviel gesagt zu haben. Etwas bang wartete er auf Jims Reaktion. In diesem Moment konnte aber Gott auf Jules' Gebete reagieren. Plötzlich erinnerte Jim eine Begebenheit und weinte aus Betroffenheit und dem Gefühl von Schuld. Jules schwieg, denn er war froh, daß Jim, bei all dem, was er sich anhören mußte, nicht ärgerlich geworden war.

„Oh, wie habe ich das nur vergessen können!" sagte Jim unter Tränen. „Ich erinnere es jetzt ganz genau. Rosalie war damals wenige Wochen alt, da hielt ich sie im Arm. Sie öffnete die Augen und sah mich ganz lange und ganz ruhig an. Du weißt, Jules, mit diesem Blick, den fast nur Kinder haben: Ganz ruhig und beständig. Kinder stellen damit einen Augenkontakt her, der ewig zu dauern scheint. Ich habe häufig das Gefühl, dieser Blick verbindet mich *direkt* mit der Ewigkeit. Rosalie sah mich lange an, dann lächelte sie. Dieses Lächeln kam mit Sicherheit aus dem Himmel. Ich war in dem Moment sicher, daß dies das Lächeln von Engeln ist. Ich war von diesem Lächeln überwältigt. Ich hatte Tränen in den Augen, als ich Rosalie von Herzen versprach, daß ich immer für sie dasein würde. Ich dachte, ich hätte mich dadurch an dieses Versprechen gehalten, daß ich sie, wann immer ich frei hatte, besuchen kam. Es war mir nicht klar, daß dieses Versprechen auch bedeutete, daß ich *in* der Familie blieb. Das war mir bis jetzt nicht klar. Das war mir nicht klar. Das war mir nicht klar ..." Jim wiederholte diesen Satz noch einige Male, während er bewegt über das Ganze nachdachte.

„Aber was soll ich tun? Ich kann doch nicht ein Scheinfamilienleben führen! Wie soll das denn gehen?" – „Jim", antwortete Jules, „darum geht es doch nicht. Es geht meiner Ansicht nach überhaupt nicht darum, daß du ein Scheinfamilienleben führst, sondern daß dir bewußt wird, daß du immer auf der Flucht bist. Jim, bedenke doch eins: So begeistert, wie du heute von Christine bist, warst du schon von einigen Frauen. Ich habe auch noch deutlich deine Worte in den Ohren, als du dich von Pascal wegen Chantal getrennt hast. Die Namen waren so ähnlich, und der Wechsel war so ‚nahtlos!', daß du anfangs Chantal immer wieder Pascal genannt hast." Jim erinnerte sich und nickte. „Und noch etwas, Jim", fuhr Jules fort, „bedenke, daß Chantal im Moment, neben allem anderen, auch ihr negatives Karma Pascal gegenüber abträgt. Es ist nicht richtig, einer Frau den Mann wegzunehmen. Das hat sie getan, und heute tut es Christine. Und wann kommt die Frau, die Christine den Mann wegnimmt, den Mann, den sie, ohne lange zu überlegen oder gar nachzuempfinden, einer Frau mit zwei Kindern wegnahm? Jim, deine Beziehung mit Christine ist doch auf Sand gebaut. Und könntest du bei ihr bleiben, wenn deswegen Rosalie stirbt? Besonders, wo du weißt, daß sie überleben würde, wenn du zur Familie zurückkehrst? Jim, sieh es einmal so: Du hast Gnade, denn du hast gar keine andere Wahl, als zu deiner Familie zurückzukehren!" – „Das ist doch das Furchtbare! Wie soll ich nur zu Chantal zurückgehen?" – „Was heißt das?" – „Bei all dem, was ich ihr angetan habe, ist doch etwas zerbrochen!" – „Ja, es ist etwas zerbrochen", bestätigte Jules, „aber es entsteht etwas Starkes, Neues. Und, Jim, noch etwas: Du hast auch insofern Gnade, als du jetzt an dir arbeiten mußt. Du mußt endlich mit deinem Beziehungswust aufhören. Durch Rosalie und Chantal beginnt für dich eine neue Zeit." – „Aber, Jules, wie soll ich das anfangen?" Jules sah Jim lange in die Augen und dachte nach.

„Jim", sagte dann Jules und lachte, „du bist eine Flasche!" – „Vielen Dank", sagte Jim und lachte auch, „und warum bin ich eine Flasche?" – „Schau dich an!" Jim sah Jules erwartungsvoll an. „Jim, du hast so viele Eigenschaften, du hast so viele Möglichkeiten, und was machst du? Du vergeudest sie dadurch, daß du von Frau zu Frau wanderst! Welch eine Verschwendung! Ja, weißt du, was du machen sollst? Du solltest endlich einmal deine Probleme in Angriff nehmen. Fliehe nicht ständig vor den Frauen und dir selbst, sondern begib dich in Therapie und beginne zu meditieren. Ohne Klarheit in dir und ohne Ausrichtung auf Gott, was nichts anderes bedeutet als noch mehr Klarheit in dir, kannst du es auf Dauer in keiner Beziehung aushalten!" Jim sah Jules nachdenklich an. Er spürte, was für einen guten Freund er hatte. Einen Freund, der mit ihm nicht nur durch dick und dünn ging, sondern der ihm auch ganz genau sagte, wo er mit ihm nicht einer Meinung war. Jim spürte die Last der Situation. Er empfand eine Verantwortung Rosalie, Chantal, Niclas und auch Christine gegenüber. Wie sollte er all diese unterschiedlichen Interessen in Einklang bringen?

Jim sah lange zwei Meisen zu, die munter in den Zweigen einer großen Blutbuche herumturnten. ‚Wie leicht die durchs Leben gehen! Wie flink und geschmeidig! Und ich? – Aber nein!' dachte er dann weiter. ‚Ich habe doch gerade vorgestern diese hervorragende Analytikerin auf dem Kongreß kennengelernt. Sie wirkt überhaupt nicht verknöchert oder verstaubt. Außerdem arbeitet sie mit verschiedenen Methoden, das gefällt mir ...' Jim dachte nach und sah den Meisen zu. Jules saß ruhig da und wiederholte den Namen des Herrn. „Was meinst du, Jules, glaubst du, ich habe Zeit bis morgen?" – „Ich denke, ja", antwortete dieser, „abgesehen davon nützt es nichts, wenn du etwas übereilst und es dann wieder verwirfst." – „Das stimmt", meinte Jim, „außerdem habe ich das Gefühl, daß ich morgen klarer sehe!"

Es war nun bereits Abend geworden, so gingen sie noch etwas spazieren und kehrten anschließend in einen Gasthof ein, um etwas zu essen. Und der Herr wollte es, daß sie in eben diesem Gasthof die erwähnte Analytikerin trafen. Jim fragte sie auch sogleich, ob sie mit ihm arbeiten wolle. Sie wollte es gerne, wußte aber nicht, wann sie einen freien Therapieplatz haben würde. Für Jim war diese Zusage aber bereits eine große Stütze. Er fühlte sich nicht mehr so allein gelassen und vielen verschiedenen Kräften ausgeliefert, denen er sich nicht gewachsen fühlte. So ging er bald schlafen. Er konnte aber zunächst kein Auge zumachen. ‚Was soll ich nur tun?' fragte er sich. ‚Bleibe ich bei Christine, und Rosalie stirbt, werde ich meines Lebens nicht mehr froh. Gehe ich zurück zu Chantal, und Rosalie stirbt trotzdem, wovor Gott uns bewahren möge, und verstehe mich nicht mit Chantal, dann habe ich möglicherweise Christine verloren, Chantal und Niclas sinnlos Hoffnungen gemacht, um anschließend voller Schuldgefühle allein dazustehen.

Aber habe ich überhaupt diese Alternative? Kann ich hoffen, daß Rosalie gesund wird? Das, was Jules während der Meditation hörte und was Rosalie ihm sagte, läßt doch keinen Zweifel offen. Christine für Rosalie opfern, kann ich das? Werde ich dann ein griesgrämiger, freudloser Familienvater, der sich und anderen das Leben vermiest? Oh Gott, was soll ich bloß tun?' Jim wurde deutlich, daß er sich seit längerer Zeit wenig um Gott kümmerte. „Gott, ja, ja, den gibt es. Aber ich bin allein!" – das war Jims Motto. Aber Gott liebte Jim. Jim war ein guter Mensch. Wo immer er konnte, half er. Wie vielen Patienten hatte er nicht nur die Hand gedrückt, sondern lange gehalten, weil er gemerkt hatte, daß sie es brauchten. Mit wie vielen hatte er seine wenige Freizeit geteilt, weil sie in Not waren. Jim liebte die Menschen. Er liebte *die* Frauen ein wenig zuviel und ein wenig zuwenig *seine* Frau. Die Zeit war aber gekommen, da Gott ihm direkt helfen wollte. Deshalb empfand Jim ein tiefes Bedürfnis, Gott um Hilfe zu bitten. „Lieber Gott", sprach er zu Ihm, „ich weiß, daß ich mich wenig um dich gekümmert habe. Du warst für mich immer im fernen Himmel, obwohl ich immer wieder beobachtete, wie sehr du Jules und seiner Familie geholfen hast. Ich denke, du magst vielleicht andere Menschen, ich aber habe nie eine Chance bei dir. Ich weiß, daß die Kirchen mein Leben nicht gutheißen. Ich habe zwei Kinder mit einer Frau, die ich nie geheiratet habe, und lebe mit einer anderen Frau zusammen. Außerdem reizen mich immer wieder andere Frauen. Ja, lieber Gott, ich bin immer auf der Jagd. Und ich gestehe, ich liebe die Jagd – die Jagd nach Frauen, meine ich – aber du weißt schon, was ich meine! Und nun, Herr, sitze ich in der Patsche! Ich liebe Christine und will Chantal verlassen, aber Rosalie, meine über alles geliebte Tochter, will lieber sterben, als daß ich die Familie verlasse. Soll ich zurückgehen? Ich wette, du willst das auch! Aber dann? Was geschieht dann? Kann ich mit einer Frau leben, die ich im Grunde verlassen wollte? Lieber Gott, alle, die meinen, mehr zu wissen, sagen, du hättest alles erschaffen, warum hast du mich so geschaffen? Warum konnte ich nicht ein braver Familienvater werden wie Jules? Warum muß ich immer jagen?"

Ohne daß Jim es bemerkte, war bereits etwas Neues entstanden! Hatte er noch zu Beginn seines Gespräches Gott gegenüber seinen „Jagdtrieb" verteidigt, fragte er Ihn nun, warum gerade er so beschaffen sei. Jim verteidigte ihn damit nicht mehr „auf Deibel komm raus" (wie gut dieser Spruch hierherpaßt!), sondern bat Gott bereits, wenn auch indirekt, um Hilfe. Gottes Antwort bestand darin, daß Jim auf neue Gedanken kam und somit zu neuen Schlußfolgerungen gelangte. So meinte er plötzlich: ‚Was soll ich herumrechten, die Tatsachen sind doch erst einmal klar: Entscheide ich mich nicht für die Familie und gegen Christine, stirbt Rosalie. Das ist die erste Tatsache, der ich ins Auge sehen muß. Die zweite ist, daß ich einen Weg *zu* und *mit* Chantal finden muß. Eine andere Alternative habe ich nicht. Lieber Gott, der du so vielen hilfst, würdest du mir die Gnade erweisen, mir zu helfen? Aber ich sage dir, das ist gar nicht so einfach! Ich habe nämlich viele Wünsche! Sehr viele! ... Also, ich sage sie einmal alle: Erstens bitte ich dich, Rosalies Leben zu retten. Sie ist so süß, daß ich mich frage, wie ich so wenig an dich denken konnte, wenn ich sie sah. Nur du kannst ein so schönes Wesen geschaffen haben.

Mein zweiter Wunsch ist, daß du mir hilfst, mich von Christine zu trennen. Bitte hilf auch ihr nach der Trennung. Drittens, und das ist die größte Bitte, hilf mir, einen Weg zu Chantal zurückzufinden. Ja, lieber Gott, wieso habe ich die Liebe zu ihr verloren? Viertens bitte ich dich von Herzen, daß meine Therapie bald beginnt und mir wirklich weiterhilft. Und fünftens bitte ich dich, daß ich in Zukunft einen besseren Draht zu dir bekomme.

Und sechstens bin ich erstaunt, wie offen ich mit dir reden kann und daß ich annehme, daß du all dies anhörst, also prompt für mich da bist, wo ich so wenig für dich da war. Wie gütig von dir. Ja, ja, gütig, das ist das richtige Wort. Gütig!' Jim saß da und dachte über das Wort „gütig" nach. ‚Ja, ich glaube, ich könnte von Gott viel lernen. Bin ich denn je gütig? Am besten, ich frage Chantal!' dachte er und lachte.

Irgendwie war etwas geschehen. Ein Knoten war geplatzt. Für Jim war klar, daß er das Versprechen, das er einst Rosalie gegeben hatte, als sie wenige Wochen alt war, halten mußte, und daß er alles tun mußte, um ihr Leben zu retten und ihr Schmerzen zu ersparen. Er wollte deshalb am nächsten Tag zu Rosalie fahren. Dann schlief er ein, nachdem er – sicherheitshalber! – Gott noch einmal all seine Wünsche erzählt und Gott nochmals um deren Erfüllung gebeten hatte. Es war bereits drei Uhr früh.

Jim wachte wie immer um halb sechs Uhr auf, ging joggen, wusch sich, zog sich an und packte. Anschließend ging er zum Frühstück, wo er sich mit Jules verabredet hatte.

Jules saß bereits an einem Tisch. Als er Jim sah, wußte er, daß er etwas Entscheidendes beschlossen hatte. Jim grüßte Jules sehr herzlich, holte sich etwas zu essen und begann sogleich: „Ich habe mich entschieden. Ich fahre heute zu Rosalie und sage ihr, daß ich in die Familie zurückgehen werde. Ich weiß jetzt, daß ich dies allen Beteiligten schuldig bin!" Jules sah ihn mit strahlenden Augen an, dann sagte er: „Jim, welch eine Entscheidung! Welch ein Schritt! Ich bewundere dich, daß du dazu fähig bist!" Dann machte er eine Pause und fragte anschließend: „Und wann fliegst du?" – „Ich muß noch mit einigen sprechen, die den Kongreß organisiert haben. Danach nehme ich die nächste Maschine. Wann fliegst denn du?" – „Ich habe einen Flug um vierzehn Uhr fünfundzwanzig gebucht. Paßt das auch für dich, Jim?" – „Wunderbar, das ist genau die Zeit, die ich brauche!"

Jim führte die Gespräche, die er führen mußte, um seine Lage zu erklären. Und er stieß bei allen Organisatoren, denen er seine Situation erklären mußte, nur auf Verständnis und Anteilnahme.

So flogen Jules und Jim zusammen nach Hause.

Nachdem sie gelandet und durch die Sicherheitskontrollen gegangen waren, nahmen sie ein Taxi. Sie hatten weiterhin einen gemeinsamen Weg, denn Jules' Wohnung lag auf dem Weg zum Krankenhaus.

Jules stieg aus, und Jim war alsbald im Krankenhaus.

Bang stieg er die Treppen zum zweiten Stock hinauf, wo Rosalie lag. Kam er noch rechtzeitig? Lebte sie überhaupt noch? Oder war sie vielleicht während seines Fluges gar vor wenigen Minuten gestorben? Mit bangem Herzen öffnete Jim die Tür zu Rosalies Zimmer. Sie saß da und aß etwas. Als sie ihren Vater sah, strahlte sie und rief: „Pappi, Pappi! Da bist du!" Jim kam an ihr Bett und begrüßte sie. Als erfahrener Arzt sah er sogleich das Wächserne ihres Gesichtsausdrucks. Es ging ihr nicht gut. Aber sie lebte noch! Sie lebte noch! Welch ein Geschenk, daß er nicht zu spät kam! Jim war Gott sehr dankbar!

Jim wußte, daß keine Zeit zu verlieren war. Die Psyche kann den Körper verändern, erretten und heilen. Hat die Seele aber den Körper bereits verlassen, gibt es in den seltensten Fällen ein Zurück. Deswegen sagte er: „Rosalie, ich bewundere dich, und ich bin dir von Herzen dankbar für das, was du für die Familie getan hast! Was hast du auf dich genommen, um uns wieder zusammenzubringen. Rosalie, ich werde in die Familie zurückkommen – sofern die Mammi es erlaubt." – „Sie wird, sie wird!" rief Rosalie aus und streckte sich, um ihrem Vater um den Hals zu fallen. Sie drückte ihr zartes Gesicht an das seine und weinte, weinte, weinte. Wieviel Anspannung, wieviel Schmerzen, wieviel Leiden bahnten sich in dem Moment ihren Weg! Rosalie wiederholte immer wieder „Pappi, Pappi!" und weinte. Jim hielt sie ganz fest, seine Rosalie, diese wunderbare Seele mit dem kleinen, kranken Körper. Und Rosalie fühlte sich innerlich und äußerlich gehalten. Sie erhielt dadurch die Liebe, die sie so vermißt hatte, sie bekam den Halt, den sie unbedingt benötigte. Sie fühlte sich angefüllt von der Versicherung, daß ihr Vater zur Familie zurückkehren werde. Nun war die Welt wieder in Ordnung, nun konnte sie wieder auf-leben.

Für Jim begannen nun die besonders schweren Gänge: Er mußte bewußt die Konsequenzen erleiden, die er durch sein Handeln bedingt hatte.

Er ging zunächst zu Chantal.

Chantal war durch all das, was sie in den letzten Monaten erleben mußte, sehr verletzt. Aber sie war auch offen. Sie empfing Jim zwar reserviert, aber freundlich. Und natürlich war sie sehr skeptisch. Sie hatte kennengelernt, wie schnell er sich von einem Tag auf den anderen vom Freund zum Feind entwickeln konnte. Sie wußte, daß sie wegen der gemeinsamen Kinder mit ihm auskommen mußte, sie wollte sich aber von Jim nicht wieder in irgendwelche Abenteuer bzw. in irgendwelche Abgründe ziehen oder besser: stürzen lassen.

So saß sie ihm gegenüber auf dem Sofa, war froh, daß ein schwerer Glastisch zwischen ihnen war, trank bedächtig ihren Kaffee und wartete ab.

„Chantal, ich weiß, daß ich dich sehr verletzt habe!" sagte Jim. „Ich weiß auch, daß es beinahe sinnlos ist, jetzt anzukommen und mit dir zu reden." – „Jim, es ist nie sinnlos zu reden, wenn das Gesprochene von Herzen kommt!" warf Chantal ein. „Du hast recht, Chantal. Ich hoffe, daß das, was ich sage, von Herzen kommt. Du weißt, mit meinem Herzen habe ich meine Probleme!" – „Nicht nur du, Jim!" – „Ich weiß. Ich bin aber an einem Punkt angelangt, wo ich nicht mehr weiterkomme. Ich muß mich mir stellen. Ich muß etwas tun. Jules hat mich beim Kongreß besucht. Er hat mir gesagt, nur wenn ich zur Familie zurückkomme, könne Rosalie überleben." – „Wie kommt er darauf?" fragte Chantal überrascht. „In der Meditation hat er diese klare Aussage erhalten. Ich habe mich mit dieser Aussage auch sehr schwer getan. Mir wurde aber bewußt, daß ich ein Versprechen vergessen hatte, das ich Rosalie, als sie noch klein war, gegeben hatte. Ich habe ihr versprochen, ich würde sie nie verlassen. Mir war weder klar, daß sie oder sonst eine Instanz dieses Versprechen vernommen hatte, noch daß es so weitreichende Folgen haben würde. Ich ging deshalb in die Klinik und sagte Rosalie, daß ich zur Familie zurückkehren werde. Sie sprang mir sogleich an den Hals und weinte und weinte. Ich spürte, wie ein riesiger Kloß sich löste. Jules hat mit Sicherheit das Richtige gehört."

Chantal hatte ihm aufmerksam zugehört. Sie sah Jim mit ihren schönen und ruhigen Augen freundlich, aber auch skeptisch an. Sie war betroffen von Jims Bericht, gleichzeitig spürte sie eine Angst in sich hochkriechen. „Was verstehst du unter *zur Familie zurückkehren*?" fragte sie deshalb. Jim spürte ihre Angst und die seinige, er sagte deshalb: „Das ist der große Schritt: Ich wollte dich fragen, ob wir noch einmal eine Familie aufbauen können?" – „Noch einmal? Jim, wir haben noch nie eine Familie aufgebaut! Es ist bei uns alles *irgendwie* passiert. Alles, einschließlich der Schwangerschaften. Da möchte ich nie wieder hin!" Jim war betroffen. „Und was dann?" brachte er schließlich etwas hilflos hervor. „Wie stellst du dir das denn vor, Jim?" Chantal war etwas gereizt, als sie das fragte. Es war ihr bewußt, daß dies eine rein rhetorische Frage war, denn im Grunde wollte sie auf etwas ganz anderes hinaus. „Wie stellst du dir dieses Familienleben denn vor? Wo bleibt Christine?" – „Das ist die entscheidende Frage!" antwortete Jim. „Deswegen bin ich hier. Ich habe die Situation mit ihr noch nicht geklärt. Es wäre – besonders für dich – klarer gewesen, wenn ich mich zuerst von Christine getrennt und dann mit dir gesprochen hätte. Ich konnte aber nicht! Das Gefühl, das Rosalie in mir geweckt hatte, gehörte in die Familie. Gehörte dir, Niclas und mir. Ich wollte es nicht im Schmerz der Trennung verlieren. Und ich wollte niemandem umsonst Schmerzen bereiten. Wenn du dir überhaupt keinen Weg für uns vorstellen kannst, dann könnte ich Rosalies Krankheit sicherlich nicht zusammen mit einer Trennung von Christine ertragen. Dies sind die Gründe, warum ich zuerst zu dir gekommen bin."

Chantal weinte. Auch bei ihr löste sich ein Knoten. Ein Knoten voller Schmerz. Sie stand auf, um sich ein Taschentuch zu holen. Dann setzte sie sich wieder. „Ich habe keine andere Wahl, Jim. Ich habe doch keine andere Wahl!" sagte sie unter Tränen. „Warum nicht?" – „Weil ich nicht für meine Verletztheit Rosalies Leben opfern kann. Ich würde alles für sie tun – nur nicht mehr mit dir zusammenziehen!" Jim staunte betroffen, denn er verstand den Satz nicht: Einerseits blieb ihr keine Wahl, andererseits wollte sie nicht wieder mit ihm zusammenziehen. Was wollte sie? Er dachte nach, fragte aber nicht. Da kam die Antwort: „Wenn wir ein Familienleben aufbauen wollen, dann ein klares! Kein *Es geschieht eben, dann ist es eben passiert.* Nie wieder!“ Chantal machte eine Pause und sah Jim ganz klar an. „Was ich meine, Jim, ist: Ich will keine Beziehung mal eben so. Ich möchte, daß wir all die Etappen leben, die wir nie gelebt haben: Kennenlernen, miteinander reden, Dinge gemeinsam erleben. Aber keine Sexualität vor der Ehe. Wenn wir eine Familie aufbauen wollen, dann so, wie sie Bestand hat! Weil wir nur so die Chance haben, die Ruinen unserer gescheiterten, unklaren Beziehung wegzuräumen und etwas Neues aufzubauen – sofern dies überhaupt möglich ist.

Natürlich mußt du aber als erstes deine Beziehung mit Christine endgültig beenden. Ohne diese Voraussetzung läßt sich überhaupt nichts aufbauen. Und da weiß ich nicht, ob du das kannst.“

Es entstand eine Pause, nachdem Chantal all dies gesagt hatte. Jim ließ das Gehörte auf sich wirken und schwieg. Chantal spielte mit ihren schmalen, zarten Händen. Nach ein paar Augenblicken stellte sie noch eine Frage: „Wer hilft dir eigentlich bei *deinem* Prozeß?“ – „Wie meinst du das?“ fragte Jim zurück. „Ich meine, daß du es allein kaum schaffen kannst, Jim. Du warst nie allein. Immer warst du von Frauen umgeben. Häufig von mehreren – wie zum Beispiel jetzt. Wie möchtest du es schaffen, mit mir allein zu leben? Oder möchtest du ...?“ – „Ich kann dich beruhigen“, warf Jim ein, da er wußte, wie Chantal den Satz beenden wollte: „Ich kann dich beruhigen, denn ich habe das nicht mehr vor. Ich möchte mit einer einzigen Frau leben. Ich möchte diese meine Familie wieder aufbauen – sofern es irgend möglich ist. Und ich habe Hilfe: Jules und eine Psychoanalytikerin.“ – „Aha!“ atmete Chantal sichtlich auf. „Ist sie gut?“ fragte sie dann aber noch etwas besorgt. „Ich habe gehört, sie sei hervorragend. Auch auf mich hat sie einen sehr guten Eindruck gemacht. Die einzige Frage ist, wann ich bei ihr anfangen kann, da sie sehr ausgebucht ist!“ – „Ich denke, das beste ist, du betest. Damit legst du Gott deine Entwicklung zu Füßen!“ Chantal sagte diesen Satz nicht so sehr als Rat als vielmehr als Test. Sie wollte wissen, ob Jim immer noch so wenig mit Gott im Sinn hatte wie bisher. Er antwortete aber: „Das habe ich bereits getan! Mir ist bewußt, daß ich nur mit der Hilfe Gottes bis hierher gekommen bin. Ich bin sicher, daß ich ohne Seine Gnade keine Chance gehabt hätte. Und die gute Rosalie auch nicht. Ich weiß, daß ich alles Ihm verdanke. Alles. Alles! Und ich weiß auch, daß wir Zeit brauchen. Viel Zeit!" Es entstand wieder eine Zeit des Schweigens, da beide berührt waren.

Sie redeten noch über einiges. Dann fuhr Jim in seine Wohnung.

Kaum war er hier angelangt, rief er Jules an. Er berichtete ihm von Rosalies und Chantals Reaktionen, was Jules sehr bewegte. Anschließend stellte Jim aber die bange Frage: „Jules, was mache ich nur mit Christine?" – „Ich habe eine andere Frage", erwiderte Jules, „wie findest du Chantal?" – „Ich fand sie sehr herzlich und überraschend offen und freundlich! Bewundernswert! Sie hat mich wirklich beeindruckt. Ich befürchte aber, daß ich sie nicht lieben kann. Gott sei Dank besteht sie auf einer langsamen Annäherung! Etwas anderes könnte ich auch nicht! Aber warum fragst du mich nach Chantal, wo ich dich danach frage, was ich mit Christine tun soll?" – „Deshalb, weil ich mich frage, ob du den Unterschied zwischen beiden festgestellt hast." – „Den Unterschied zwischen den beiden kenne ich schon lange!" antwortete Jim etwas kurz angebunden. „Das meine ich nicht", erwiderte Jules ruhig. „Was ich meine, ist der Bewußtseinsunterschied!" Jim war gespannt, was er nun hören würde. „Ich meine damit", fuhr Jules ruhig fort, „daß Chantal, so wie ich sie kenne, sich viele Gedanken darüber macht, was ihr Anteil, was dein Anteil und was Gottes Anteil an eurer Geschichte ist. Nur so kann ich mir erklären, daß sie so offen, so herzlich und so klar dir gegenüber war, obwohl sie so viel mit dir erlebt hat – und befürchtet, noch zu erleben. Trotzdem ist sie bereit, mit dir eure Familie wieder aufzubauen. Welch eine Leistung! Siehst du das überhaupt?" Da Jim bejahte, führte Jules seine Gedanken weiter fort: „Und Christine? Wo sieht sie ihren Teil? Sie kann ihren Teil überhaupt nicht sehen, sonst wäre sie nicht dort, wo sie ist!" – „Wie meinst du das, Jules?“ – „Ich meine das so, daß ein bewußterer Mensch, ein Mensch, der sich Gedanken über Karma, das heißt Gedanken über sein Handeln und die Konsequenzen daraus macht, niemals so handeln würde wie sie. Jim, frag dich doch, ob Chantal sich so in eine Familie hineindrängen würde.“ – „Na ja“, dachte Jim laut, „in eine Familie nicht, aber in eine bestehende Beziehung schon. Du weißt ja, daß ich damals nicht allein war, daß ich mit Pascal zusammen war, als ich Chantal kennenlernte.“ – „Ich weiß. Ich weiß aber auch, daß Chantal das als einen großen Fehler ansieht und daß sie dir auch deshalb mit offenem Herzen begegnet, weil sie deine Beziehung zu Christine auch als ihr Karma, als ihren Ausgleich ansieht. Sie ist sogar dankbar, daß sie es sogleich und außerdem *bewußt* erleben darf. Sie sagte mir mehrmals, wie schmerzhaft sie die Situation mit dir und Christine empfände, wie dankbar sie aber trotzdem dafür sei, daß sie mit ihrem Leiden einen Ausgleich für das schaffen dürfe, was sie Pascal angetan habe.

Du überlegst dir nun, wie du dich von Christine trennen kannst. Überlege dir in diesem Zusammenhang, ob sie dich ein einziges Mal gefragt hat, ob es nicht besser sei, wenn ihr euch trennt und du zu deiner Familie zurückkehrst!“ Jim schwieg und dachte nach. „Es stimmt, Jules, sie hat mich nie gefragt. Sie hat vielmehr gesagt, dies würde ihr nie passieren. Sie würde auf mich besser aufpassen als Chantal.“ – „Keiner kann sich gegen das Karma stellen. Du kannst dein Karma nicht durch Kampf abwenden – außer durch Kampf *gegen* das Böse und *für* das Gute. Tust du Gutes, tut das Karma dir Gutes. Das ist das unveränderbare Gesetz. Das ist die Weltordnung. Christine lebt in der Beziehung mit dir nicht im Einklang mit der Weltordnung. Das ist der entscheidende Punkt. Das ist die Antwort auf deine Frage, was du mit Christine tun sollst. Oder anders ausgedrückt: Du hast doch gar keine andere Wahl, Jim! In Chantal hast du eine wunderbare Frau, deren weibliche und spirituelle Kraft du im Augenblick noch nicht aushalten kannst. Außerdem hast du eine wunderbare Seele in Rosalie. Dem gegenüber steht deine Beziehung zu Christine, bei der du dir täglich negatives Karma auflädst. Bleibst du bei ihr, wirst du scheitern. Denke an Jean, der seine Familie verließ, um mit seiner Geliebten zusammenzuleben.

Was ist aus ihm geworden? Eine verkrachte Existenz: Halbiertes Einkommen, halbierte Freizeit, halbierte Karriere, halbierter Mensch! Er hatte nicht die Gnade, eine Rosalie zu haben. Wie beschenkt du bist, Jim!" – „Das stimmt!" antwortete Jim, und Dankbarkeit schwang in seiner Stimme mit. Jim sah wieder einmal, welch wunderbaren Freund er in Jules hatte. Jules sagte ihm die Dinge, wie sie waren. Jules sagte schlicht die Wahrheit. Und er sagte sie mit Liebe, Verständnis, und er sagte sie so, daß er die Freiheit des anderen nicht verletzte. Jim spürte Jules' Engagement und Liebe, das bewegte ihn sehr. Darüber hinaus hatte er Rosalies Bild vor Augen. Es war ihm deshalb deutlich, daß es um die Entscheidung: Liebe oder Leidenschaft ging. Chantal, Rosalie und Niclas verkörperten die Liebe; Christine dagegen die Leidenschaft. So bedankte Jim sich bei Jules für all das, was er ihm gegeben hatte, und traf sich noch am selben Abend mit Christine.

Diese fiel aus allen Wolken, als Jim ihr erklärte, warum er sich von ihr trennen wollte. Sie meinte, sie verstünde ihn, sie verstünde seine Not, auf der anderen Seite bedauerte sie, daß er sich all dies nicht früher überlegt hatte. Jetzt habe sie so viel in die Beziehung investiert, habe sich so sehr auf ihn ausgerichtet, so viel mit ihm geteilt. Jetzt tue ihr seine Entscheidung sehr weh. Jim gab ihr in diesem Punkt recht, meinte aber auch, es sei aus seiner heutigen Sicht falsch gewesen, daß er überhaupt seine Familie verlassen habe und alle derart habe leiden lassen. Christine war im Augenblick aber so mit ihrem Leiden beschäftigt, daß sie nicht in der Lage und auch nicht gewillt war, sich mit dem Leiden anderer auseinanderzusetzen. Statt dessen weinte sie viel und hoffte, daß Jim sie in den Arm nehmen und trösten würde. Sie hoffte, bewußt/unbewußt, daß sie durch die Nähe wieder engeren Kontakt zu ihm bekommen würde. Jim dachte aber immer intensiver an Rosalie. Er wollte sie heute abend noch besuchen. Er sagte deshalb noch einige liebe und tröstende Worte, die aber Christine nicht erreichten, weil sie etwas anderes wollte. So trennten sie sich – und es blieb bei beiden ein bitterer Nachgeschmack zurück.

Christine litt sehr unter der Trennung von Jim. So sehr, daß sie nach drei Wochen, als ihr klar war, daß Jim nicht zu ihr zurückkommen würde, kündigte und in ein anderes Krankenhaus ging. Dort blieb sie zunächst allein. Dann lernte sie einen netten Mann kennen, den sie heiratete – obwohl sie immer noch an Jim hing.

Jim fuhr nach dem Gespräch mit Christine sogleich in die Klinik, um Rosalie zu sehen. Er traf dort auch Chantal, die bereits seit mehreren Stunden am Bett ihrer Tochter saß. Rosalie ging es ganz gut. Sie strahlte, als sie ihren Vater sah. Und noch mehr strahlte sie, als sie merkte, daß ihre Eltern sehr freundlich miteinander umgingen. Der Tag hatte eine große Wende in ihrem Leben, im Leben vieler gebracht.

Gott hatte es verfügt, und so geschah es auch!

Chantal und Jim trafen sich selten, sprachen aber viel. Die Beziehung zwischen den beiden war freundlich, offen, aber distanziert.

Dann erhielt Jim einen Anruf. Er befürchtete, es sei wieder einmal Christine, die noch etwas mit ihm klären, die ihn hören, die Kontakt zu ihm haben wollte. Es war aber nicht Christine, sondern die Analytikerin, die Jim auf dem Kongreß kennengelernt hatte. Es war ein Therapieplatz frei geworden, und den wollte sie ihm anbieten. Jim empfand dies als einen Wink des Himmels, denn er spürte, wie sein Latein im Kontakt mit Chantal zu Ende ging. Er fand die Gespräche mit ihr immer sehr wichtig, offen und auch herzlich. Er konnte sich aber überhaupt nicht vorstellen, wie er mit ihr wieder zusammenleben sollte. So war er froh, daß er eine kompetente Hilfe bekam. Zwei Wochen, und dann würde er seine erste Stunde bei der Analytikerin haben.

Jim fieberte regelrecht dem Tag seiner ersten Therapiesitzung entgegen.

Dann war dieser Tag da, und er ging zu seiner Analytikerin. Er genoß diese erste Stunde sehr, denn er war zu einer sehr weisen Frau gekommen. Einer Frau, die nicht nur die Welt, sondern auch sich selber kennengelernt hatte.

Jim fühlte sich verstanden, geborgen – und hatte allen Grund dazu.

Und je mehr er sich von seiner Analytikerin verstanden und nachempfunden fühlte, desto mehr konnte er sich auch Chantal öffnen. Zwar sehr langsam, aber dennoch!

Eines Tages sagte ihm die Analytikerin, es sei die Zeit gekommen, wo er in und mit seinen Beziehungen aufräumen müsse. Er solle sich zunächst bei allen Beteiligten seiner Beziehungen entschuldigen: Seinen früheren Partnerinnen; den heutigen Partnern der damaligen Partnerinnen; bei Gott, weil er Seine Ordnung weder beachten noch kennenlernen wollte; bei sich selber sollte er sich entschuldigen, weil er nicht nur die anderen, sondern auch sich übergangen habe. Und er solle sich bei Chantal, seiner Partnerin entschuldigen, die mit all seinen Enttäuschungen, Verletzungen und Desillusionierungen leben müsse. (Siehe Seite 49)

Jim staunte nicht wenig, als er diese Aufgabe erhielt. Je länger er sie aber erfüllte, desto befreiter, desto leichter fühlte er sich.

Als er diese Aufgabe abgeschlossen hatte, gab ihm die Analytikerin auf, sich von allen früheren Partnerinnen zu trennen. (Siehe Band 2 dieser Reihe: „Sai Baba spricht über Beziehungen“, Kapitel X)

Dies bewirkte nochmals eine große Veränderung in Jim.

Aber auch dies genügte der klugen Analytikerin nicht, deshalb sagte sie: „Sie müssen Ihre innere und äußere Kreativität ausbilden, das heißt *leben*. Ich sage *innere* und *äußere* Kreativität, obwohl dies wie ein Widerspruch klingt, denn Kreativität kommt immer von innen. Ich meine aber mit innerer Kreativität in diesem Zusammenhang die Meditation. Sie benötigen für Ihre Ausgeglichenheit, daß Sie sich kreativ betätigen. Da ist die Meditation einerseits sehr wichtig. Andererseits sollten Sie etwas Künstlerisches tun. Zum Beispiel Modellieren, Töpfern, Bildhauern, Malen. Sie benötigen dies als notwendigen Ausgleich. Ihre vielen Beziehungen und Ihre ständige Beschäftigung damit deute ich als Ihren Versuch, Ihre Kreativität zu leben. Sie müssen deshalb einen neuen Weg finden. Einen Weg, der Sie nicht so verstrickt.“ Jim staunte und schwieg. Er spürte aber unmittelbar, daß seine Analytikerin recht hatte. Was sollte er aber tun? Bildhauern? Töpfern? Modellieren? Es war alles nicht seins.

Was sollte er tun? Er wußte es nicht. Er fragte Chantal, er fragte Jules. Eine Antwort bekam er von Yvonne. Sie machte gerade einen Kurs in Porzellanmalerei. Das interessierte ihn. Er war Arzt. Er brauchte etwas Feinsinniges, aber zugleich auch Praktisches, irgendwie Verwendbares. Eine Statue irgendwo hinzustellen, reizte ihn nicht. Aber Kaffeetassen, Teller, Schälchen oder auch Fliesen bemalen, das reizte ihn. Das machte ihm Sinn, denn da war das Produkt nachher praktisch verwendbar.

Jim besuchte den Kurs zusammen mit Yvonne und hatte einen Riesenspaß dabei. Er begann, alles mögliche und unmögliche zu bemalen – und er bemalte auch viele Gegenstände, die anschließend herumstanden: Einfach aus Freude!

Dann zogen Jules und Yvonne aus ihrer Wohnung in ein Haus. Kaum hörte Jim das und erfuhr außerdem, daß Jules ein Bad renovieren wollte, bot er ihm an, die Fliesen dafür zu bemalen. Jules war begeistert von Jims Idee, und dieser arbeitete jede freie Minute, bis er alle Fliesen für seinen Freund bemalt hatte. Alle, die sie sahen, waren begeistert.

Interessant war auch, daß, obwohl Jim durch die Klinik, das Meditieren und das Malen sehr beschäftigt war, trotzdem sein Kontakt zu Chantal immer intensiver und besser wurde. Er konnte sich immer mehr öffnen. Und er konnte langsam, sehr langsam sehen, welch wunderbare Frau sie war.

Und je mehr er sich öffnete, je mehr er seine Kreativität lebte, je mehr er sich von seiner Analytikerin verstanden und bei ihr geborgen fühlte, desto mehr vergaß er Christine und öffnete sich für Chantal.

Es war ihm deshalb möglich, mit seiner Familie mehr und mehr Zeit zu verbringen.

Nach einem Jahr setzten sie einen Hochzeitstermin fest. Der Gedanke an eine Heirat löste bei Jim nochmals viele Gefühle aus, und er mußte manch eine Therapiestunde an seinen Ängsten arbeiten. Er hielt aber durch. Er heiratete Chantal. Und es wurde eine glückliche Ehe.

Rosalie und Niclas wurden zwei offene, gesunde Kinder, die früh lernten, zu meditieren und die Welt zu lieben und zu achten.

Gott hatte es so gewollt. Und so wurde es auch.

Was sagt dir diese Geschichte?

Fliehe nicht vor deiner Aufgabe! Es nützt dir nichts, denn du mußt sie irgendwann erfüllen. Deine Aufgabe wurde dir gegeben, weil du durch sie etwas Entscheidendes lernen kannst. Deine Aufgabe ist Gottes Geschenk an dich, das dich in die richtige Richtung wachsen läßt. Verlasse nie aus Egoismus deinen Partner und deine Kinder. Ein solcher Schritt kommt stets als ein Problem, als eine Prüfung auf dich zurück. Tue vielmehr Gutes, dann erntest du Gutes.

Jim hatte Gnade. Und er hatte Gnade, weil er im vorherigen Leben viel Gutes getan hatte. Durch einen Unfall hatte er seine Männlichkeit verloren. Er empfand sich danach als minderwertig, als Mann dritter Klasse. Er weihte deshalb sein Leben dem Dienst am Nächsten und wurde Pfleger in einem Altenheim. Er nahm jede Mühe auf sich. Er half und tröstete, wo immer er konnte. Eine alte Frau in diesem Altenheim war Rosalie. Als sie in das Heim kam, hatte ihr Leben für sie keinen Sinn mehr. Jim widmete sich ihr aber mit sehr viel Liebe, bezog sie in viele Tätigkeiten ein, half ihr, Kontakte zu schaffen und Freundschaften zu entwickeln. Die alte Dame war ihm von Herzen dankbar, und als sie eines Tages starb, hatte sie ein Lächeln auf den Lippen und den Wunsch an Gott, Jim einmal einen kleinen Teil von alledem wiedergeben zu können, was er ihr gegeben hatte. So wurde sie seine Tochter und seine Lehrerin und konnte ihm vieles, vieles zurückgeben, was sie von ihm bekommen hatte.

Chantal kannte Jim auch von damals. Sie war dic Tochter eines Herrn aus dem Heim. Jim verehrte sie. Und sie verehrte ihn. Sie wußte um seine Verletzung und hätte ihn trotzdem geheiratet. Jim hatte aber zu große Minderwertigkeitsgefühle, als daß er sich ihr hätte nähern können. So blieb er immer freundlich, immer herzlich, aber immer distanziert. Jim litt sehr. Manch eine Nacht verbrachte er damit, daß er stundenlang ins Kissen weinte. „Oh Gott, oh Gott, warum hast du mir das angetan? Warum hast du mir das angetan?

Jeder kann heiraten und mit einer Frau zusammensein – nur ich nicht! Warum, warum, warum?“ Und er weinte und weinte.

Jim wußte nicht, daß seine seelische Entwicklung es bedingt hätte, daß er, hätte er den Unfall nicht gehabt, Chantal sofort verlassen hätte. Sie hätten sich dann für lange, lange Zeit verloren. Sie mußten dieses Opfer auf sich nehmen, um sich nicht wieder so zu verletzen, wie es sieben Leben zuvor geschehen war und sie sich anschließend für lange, lange getrennt hatten. Damals hatte Jim Chantal händeringend geliebt; sie hatte ihn aber verlassen, weil sie ihn zu schwach fand. Das hatte Jim tief verletzt. Deshalb war er stets auf der Flucht – und gleichzeitig auf der Jagd.

Chantal ihrerseits sehnte sich nach Jim. Sie hatte später erkannt, daß ihre Trennung von Jim ein Fehler gewesen war. Aber da war es zu spät.

Im letzten Leben sehnte sie sich auch nach Jim. Sie wagte es aber nicht, sich ihm zu nähern. Sie liebte ihn so, daß sie jede Form der Beziehung eingegangen wäre. Jim verzehrte sich in seinem Gefühl des Nichtgenügens. Mit zweiundsechzig starb er und kam mit zwei ganz starken Wünschen ins Jenseits: Seine Männlichkeit ganz ausleben zu können und einmal nicht Pfleger, sondern Arzt zu sein. Er wurde wiedergeboren und lebte beide Wünsche aus. Ebenso wie Rosalie, die Leukämie bekam, um Jim zu helfen und die Ehe ihrer Eltern zu retten. Und Chantal ging in diesem Leben jede Form der Beziehung mit Jim ein. Sie hatte aber im letzten Leben so viel Liebe, so viel Stärke aufgebaut, daß sie für Jim immer emotional dasein konnte. Sie liebte ihn mit der Wärme ihres Herzens und mit der Klarheit ihres Verstandes und ihres Unterscheidungsvermögens, die sie in den früheren Leben entwickelt hatte. Dies war entscheidend für Jim, denn er bekam endlich die Stütze und die emotionale Führung, die er immer gesucht, nie aber gefunden hatte.

Damit kommen wir zu einer weiteren Aussage dieser Geschichte: Für Beziehungen ist Unklarheit der Tod. Verständnis, Vergeben und klare Vorstellungen bzw. Prinzipien sind dagegen der Atem einer Beziehung. Hat eine Beziehung diese nicht, atmet sie nicht und ist entweder alsbald tot, oder sie war noch nie am Leben.

Weiterhin sind für jede gute Beziehung gleichgeschlechtliche Freunde *entscheidend.* Ohne sie kann eine Beziehung, wenn überhaupt, nur sehr schlecht *be*stehen und die Prüfungen des Lebens *über*stehen. Jede Beziehung oder, besser gesagt, jede Ehe braucht gute Freunde, die sie begleiten. Ohne diese ist sie wie ein Boot ohne Ruder, wie ein Flugzeug ohne Flügel, wie ein Auto ohne Motor.

Das Allerentscheidendste ist aber die spirituelle Ausrichtung, die Anbindung an Gott. Der Indische Gott Ganesha, der Gott mit einem Elefantenkopf, wird häufig mit einem Beil in der einen und einem Seil in der anderen Hand dargestellt. Dies bedeutet, daß deine Ausrichtung auf Gott bedingt, daß deine Bindungen an die Welt zertrennt und du statt dessen an Gott gebunden wirst.

Jim konnte seine Beziehung zu Chantal erst aufbauen, als er einen Kontakt zu seinem Höchsten Selbst, zu Gott, aufgebaut hatte und bereit war, sich anzusehen, was ihn an einer erfüllenden Beziehung hinderte. Dafür war seine Analytikerin entscheidend. Denn sie deutete nicht allein sein Verhalten, wodurch ihm viel bewußt wurde, sie wies ihm auch neue Wege. Wege, die bis in frühere Leben reichten. Dies gelang ihr durch einfache Visualisierungs-Techniken. Jim erkannte dadurch, wovor er floh, und konnte allmählich sein Verhalten ändern.

Entscheidend war aber, daß er seine Kreativität künstlerisch und nicht in kunstvoll „verschachtelten" Beziehungen lebte. Kunst ist ein wunderbarer Weg zum Selbst. Denn *Art comes from heart.* Kunst kommt vom Herzen, und das Herz führt direkt zum Selbst, zu Gott.

So heirateten Chantal und Jim in der Kirche, und die Anwesenden waren beeindruckt, wie herzlich, wie liebevoll sie miteinander umgingen und wie wichtig für *beide* dieses Erlebnis war.

Rosalie und Niclas streuten die Blumen, und die vier wurden eine Familie, weil sie alle vier einen guten Kontakt zu ihrem Höchsten Selbst aufgebaut hatten und diesen Kontakt pflegten.

Gott hatte es so gewollt. Und so geschah es auch.

ॐ

Ich sage: Ich bin Gott. Du bist Gott. Der Unterschied besteht darin, daß ich **weiß**, ***daß ich Gott bin.***

Ich sage auch: Kinder sollen ihre Eltern als Gott verehren.

Damit dies aber möglich ist, müssen die Eltern wissen, daß sowohl sie als auch ihre Kinder Gott sind.

Dann entstehen automatisch die Achtung und die Liebe, die für eine Familie so wichtig wie die Luft zum Atmen sind.

Isaak
oder Der richtige Zeitpunkt

Es war einmal ein guter Junge namens Isaak. Er ehrte seine Eltern, war gut in der Schule, befolgte die Religiösen Lehren und ging regelmäßig in die Synagoge. Hier war er sehr auf einen Rabbi ausgerichtet. Wann immer Isaak Religiöse oder sonstige Fragen über das Leben hatte, die seine Eltern nicht beantworten konnten, fragte er *seinen* Rabbi, und der wußte immer Rat.

Isaak war aber kein Streber, kein Angeber, kein Pfennigfuchser und auch keiner, der die Schrift buchstabengetreu auslegte, vielmehr versuchte er deren Inhalt so zu verstehen, wie er gemeint war. So half er, wo immer er konnte – auch am Sabbat –, und war nicht damit einverstanden, daß manch ein gläubiger Jude der Ansicht war, man dürfe am Sabbat nichts tun, auch nichts, was anderen helfen würde. Isaak erlebte es als eine Farce, daß einige dieser Gläubigen sich am Sabbat, um ja nichts zu tun, stundenlang vor den Fernseher setzten und sich zum Teil die schrecklichsten Filme ansahen.

‚Tun die nichts, wenn sie sich derartige Filme ansehen?‘ fragte sich Isaak. ‚Natürlich tun sie etwas!‘ beantwortete er sich selber seine Frage. ‚Man ist immer tätig. Das Denken ist doch ein Tun, deshalb ist meine Devise: *Ist dein Denken heilig, ist es dein Handeln auch!*‘ So wiederholte Isaak häufig Mantren, betete und war immer bereit, dies oder jenes für andere zu tun.

So wuchs Isaak heran. Er ging durch die Wechselstürme der Pubertät, suchte intensiv nach einer Identität, auf die er sich verlassen konnte, und litt, wie viele Jugendliche in diesem Alter darunter, daß er diese nicht, noch nicht, gefunden hatte und von inneren Spannungen geplagt wurde.

Als er sich wieder einmal von inneren Spannungen hin- und hergerissen fühlte, ging Isaak zu *seinem* Rabbi. Dieser empfing ihn liebevoll. Sie unterhielten sich über dieses und jenes, und langsam arbeitete der Rabbi ein wichtiges Gesprächsthema heraus. Es war nämlich so, daß Isaak eine gemischte Schule besuchte, der Rabbi aber gar nichts von der sogenannten Koedukation hielt. Er vertrat die Ansicht, daß Jungen und Mädchen ganz unterschiedliche Entwicklungen durchliefen und daß es überhaupt kein Zeichen von Gleichberechtigung, sondern vielmehr Ausdruck davon war, daß diese unterschiedliche Entwicklung von Jungen und Mädchen nicht respektiert wurde, wenn beide Geschlechter unter den gleichen Bedingungen aufwuchsen. Er war deshalb der Meinung, daß eine Wertschätzung des anderen gerade da beginnt, wo seine Andersartigkeit *gesehen und gewürdigt* wird. Siehst und akzeptierst du den anderen nicht in seiner Verschiedenheit, so muß dieser doch stets befürchten, daß er abgelehnt wird, wenn sein wahres Wesen gesehen wird. Sage ich zum Beispiel: ‚Die Schwarzen sind wie die Weißen, und ich finde sie wunderbar', so bezieht sich dieses Lob auf die Gleichstellung der Schwarzen mit den Weißen, womit im Grunde die Weißen gelobt werden! Sage ich aber: ‚Die Schwarzen sind in vielem anders als die Weißen, und sie sind wunderbar', so beziehe ich das Lob direkt auf die Schwarzen und ihre Andersartigkeit.

So sollte es auch mit Männern und Frauen sein. Der Rabbi war berufen, darüber zu sprechen, denn er vertrat die Meinung, daß es natürliche Unterschiede zwischen Männern und Frauen gibt, es aber trotzdem keinen *Wertunterschied* geben darf. Das gleiche sagte er bezüglich der Juden. Er war davon überzeugt, daß alle Menschen von Gott auserwählt sind. Es dürfe niemals Wertunterschiede geben, denn diese seien die Geburtsstätte aller Zwistigkeiten. Zieht ein Vater eines seiner Kinder vor, so ist der Streit vorprogrammiert. Eltern müssen die Kinder in ihrem Anderssein sehen und anerkennen, sie müssen sie aber alle gleich lieben. Tun sie dies nicht, werden die Kinder Schwierigkeiten haben, ein gutes geschwisterliches Einvernehmen aufzubauen.

Genauso verhält es sich mit den verschiedenen Rassen, Völkern, Stämmen und Religionen. Der Herr schuf sie, damit Seelen die idealen Chancen erhalten, um die ihrer Entwicklung entsprechenden Erfahrungen zu machen. Der Herr macht aber keinen Unterschied zwischen seinen vielen Kindern. Er liebt sie alle gleich – allein schon deshalb, weil sie alle Teile von Ihm sind. Und welcher normale Mensch wollte einen Teil von sich nicht lieben? Wollte einer zum Beispiel sagen, er hätte lieber vier Hände als zwei Hände und zwei Füße? Und der von vielen so geschmähte Po, wer wollte auf ihn verzichten? Wer hätte statt dessen lieber noch mal eine Brust und wollte sich darauf setzen? Und die Gedärme, die alles andere als gut riechen, wer wollte – und könnte! – auf sie verzichten?

Genauso verhält es sich mit den verschiedenen Völkern. Jedes hat seine Funktion. Jedes ist wichtig. Jedes ist gut. Jedes ist für die eine oder andere Situation entscheidend. Kein Körperteil ist überflüssig. Keiner schlecht. Nur Dummköpfe können eine Wertung zwischen Händen und Füßen, zwischen Bauch und Rücken vornehmen. Ein kluger Mensch dagegen weiß, wieviel ihm jeder Körperteil wert ist, wie sehr er jeden vermissen würde und wie sehr er dem Herrn dafür dankt, daß er sie hat – alle hat!

Der Rabbi war ein weiser Mann, deswegen bewertete er weder Körperteile noch Völker, weder Mann noch Frau unterschiedlich. Vielmehr liebte und achtete er sie alle. Er war ein weiser, ein guter Mann. Trotzdem oder gerade deswegen war er gegen die Koedukation. Besonders in der Pubertät, wenn Jungen und Mädchen ihre Identität suchen und von Gefühlen hin- und hergerissen sind wie Isaak zum Zeitpunkt dieses Berichts, ist die Koedukation nachteilig, weil beide Geschlechter versucht sind, diesen Spannungen dadurch zu entgehen, daß sie Beziehungen zum anderen Geschlecht aufnehmen. Was aber aus einer Not oder gar aus einer Krise erwächst, ist häufig nicht von Dauer und schadet am Ende mehr, als es zunächst zu helfen schien.

Der Rabbi sah die strahlende Zukunft, die Isaak vor sich hatte, und wollte ihn deshalb unbedingt vor einer frühzeitigen Beziehung „aus gemeinsamer Not“, wie er es nannte, bewahren. So sagte er: „Ich erinnere mich noch genau an die Zeit, als ich so alt war wie du, Isaak. Mir war nicht klar, was ich tun, was ich *mit mir* tun sollte. Ich hatte auch deshalb lange ein Problem, weil ich nicht wußte, was ich machen, ob und, wenn ja, was ich studieren sollte. So verging die Schulzeit für mich unglaublich langsam. Einmal dachte ich, das beste sei, ich würde heiraten, Kinder haben, durch den Druck der Verhältnisse würde sich dann schon etwas ergeben.

Es kommen immer wieder Menschen zu mir, die in einer ganz ähnlichen Situation sind. Ich erzähle ihnen dann die folgenden Geschichten.“ Der Rabbi machte eine kurze Pause. Isaak sah ihn aber so erwartungsvoll an, daß er viel schneller fortfuhr, als er vorgehabt hatte.

„Es war einmal ein König, der hatte ein ganz kleines Königreich. Es war so klein, daß es im Grunde kaum lebensfähig war, denn weder produzierte es genug, noch hatte der König genug Kontakte zu anderen Königen aufgebaut, damit diese ihm bei Gefahr helfen würden. Anstatt dies zu tun, suchte König Tamas jahrelang nach einer Prinzessin, die ihn heiraten und ein großes Reich als Mitgift mitbringen würde. Er suchte so lange, bis er sie fand. Er war überglücklich. Sie feierten eine wunderbare Hochzeit und lebten Tag und Nacht zusammen. Der König freute sich nicht nur über seine schöne und kluge Königin, sondern auch darüber, daß er nun über ein großes Reich herrschte. Der Vater seiner Gemahlin hatte dieses Reich aber nur schaffen und erhalten können, weil er glänzende Kontakte zu seinen Nachbarn unterhielt und in seinem Reich wichtige Produkte geschaffen wurden, die andere gerne kauften. König Tamas konnte dieses große Reich weder gut verwalten noch gute Kontakte zu seinen wichtigsten Verbündeten aufrechterhalten. So kam eines Tages ein starker Herrscher mit einem großen Heer, besetzte das Reich und vertrieb den König samt seiner Gemahlin.

König Rajas, der nicht nur das Reich von König Tamas, sondern auch viele andere Gebiete erobert hatte, war nie zufrieden. Er mußte immer weiter. Er mußte mehr und mehr erobern. Eine Stadt nach der anderen, ein Land nach dem anderen fielen ihm zu. Und trotzdem zog er weiter und weiter. Bis er eines Tages in einer Schlacht tödlich verwundet wurde und starb.

Ein dritter König hatte ein ebenso kleines Reich von seinem Vater geerbt wie unser König Tamas. Es war ein bescheidener, sehr gläubiger Mann, der König Sathwas. Es war ihm nicht wichtig, in Prunk und Luxus zu leben. Ihm war viel wichtiger, tätig sein zu können. In der Zeit, in der er sich nicht um seine Untergebenen kümmerte, arbeitete er stets und stetig als Goldschmied. Sein Motto war dabei: *Tue gern, was du tust, und tue es so gut wie nur irgend möglich!* So wurde er sowohl als König als auch als Goldschmied weit über die Grenzen seines Landes hinaus bekannt. Viele Herrscher besprachen sich gern mit ihm oder baten ihn, wenn sie ein besonders schönes Schmuckstück gefertigt haben wollten. Und alle waren beeindruckt von seiner Kompetenz, seiner Herzlichkeit und seiner Zuverlässigkeit. So suchten viele Könige von nah und fern seine Freundschaft. Darüber hinaus war er seinen Untergebenen ein leuchtendes Vorbild. Sie sagten deshalb: „Wenn unser König so viel leistet, müssen auch wir uns anstrengen!“ Und so blühte und gedieh dieses Königreich. Jeder wollte dort leben, und keiner hatte ein Interesse daran, ihm etwas Böses zu tun. Einmal nicht, weil die Menschen so von den charakterlichen Qualitäten dieses Landes beeindruckt waren, und andererseits, weil jeder fürchtete, dem guten König würden so viele Freunde zur Hilfe eilen, daß jeder Angreifer sich bald einer enormen Übermacht gegenübersehen würde.“

Hier endete der Rabbi seine Erzählung. Isaak saß mit leicht geschlossenen Augen da – fast so, als schliefe er ein wenig. Der kluge Rabbi wußte aber, daß Isaak die Augen etwas geschlossen hatte, um sich noch besser in die Geschichte hineindenken, sich die einzelnen Bilder noch besser vorstellen zu können.

„Mein Lieber, weißt du, was die Geschichten bedeuten?“ fragte der Rabbi. „Ich habe eine Idee. Ich weiß aber, wie wunderbar du Geschichten deuten kannst. Bitte deute du sie deshalb!“ bat der Junge.

So sagte der Rabbi: „Der erste König ist träge und meint, seiner inneren Not dadurch entkommen zu können, daß er nach einer Lösung von außen sucht. Diese Lösung hilft ihm aber nur kurze Zeit. Außerdem ist sie gefährlicher als keine Lösung. Interessant ist nämlich, daß das Königreich überfallen wird, als es durch die Heirat größer geworden ist. Probleme im Außen sind immer Widerspiegelungen von Problemen im Inneren. Versuchst du, sie im Außen zu lösen, so geht es dir wie demjenigen, der Bauchschmerzen bekommt, weil er zuviel ißt, und diese nun täglich mit Kompressen auf dem Bauch zu heilen versucht. Diese Kur hilft nichts, sondern ist insofern sogar gefährlich, als der Vielfraß in dem Irrglauben verharren kann, die Kompressen würden ihm helfen. Die einzig richtige Medizin ist in diesem Fall, weniger zu essen. Sie schafft sofortige und nachhaltige Erleichterung durch grundsätzliche Heilung.

König Tamas verstand nicht, daß er und seine Untertanen aktiver, kontaktfreudiger werden mußten. Es half niemandem, daß alle zunächst von den Beziehungen seines Schwiegervaters lebten. Die Kontakte hätten gepflegt, erneuert und intensiviert werden müssen. Da der König dies nicht tat, verlor er sein Königreich.

König Rajas war dagegen sehr aktiv. Er wußte genau, wie er seine Energien einzusetzen hatte, um das zu erreichen, was er erreichen wollte. Er war stark, dynamisch und sehr durchsetzungsfähig. Er kannte aber kein Maß. Er war in seiner Aktivität grenzenlos. Mußte der eine lernen, daß Trägheit zum Scheitern führt, so mußte König Rajas erfahren, daß grenzenlose Aktivität das Leben kosten kann.

König Sathwas dagegen war weise, weil er ausgewogen war. Weisheit ist nichts anderes als Ausgewogenheit. Deshalb ist es typisch für den Weisen, daß sein Urteil maß-voll, eben ausgewogen ist. Dieser König diente seinem Volk, indem er umsichtig, gerecht und liebevoll regierte. Außerdem war er für seine Familie da, denn er wußte, wie wichtig der Mann und Vater für die Familie ist, und er lebte seine Kreativität. König Sathwas lebte diese aber nicht in der Weise, daß er machte, was er wollte, sondern er war dem Gegenstand und den Auftraggebern ein guter Partner. So bearbeitete er das Gold, das Silber, die Edelsteine und die Perlen mit der größten

Achtung und Liebe. Darüber hinaus begegnete er jedem als Freund. König Sathwas hatte sich gefunden. Und weil er sich gefunden hatte, fand er alle anderen. Und wie fand er sie? Er sah in allen Brüder und Schwestern, Väter und Mütter, Kinder und Enkel. Er hatte sich gefunden, deswegen suchten die anderen ihn, weil sie bei ihm das zu finden hofften, was sie in sich nicht gefunden hatten. Der König wußte, daß sie dies nicht bei ihm finden würden. Aber weder belächelte er sie deshalb, noch gab er ihnen ‚gute Ratschläge', sondern er ging mit jedem so um, als habe *er* ganz viel von jedem zu lernen. Dies schaffte eine Stimmung zwischen ihm und jedem anderen, in der jeder einen wichtigen Entwicklungsschritt machen konnte, weil er sich so anerkannt und gesehen fühlte, wie er war – und viele erlebten dies zum erstenmal.

König Tamas verlor sein Königreich und mußte fliehen. Seine Frau warf ihm deshalb häufig vor, was er alles falsch gemacht hätte.

König Rajas war immer nur von seiner Frau getrennt, um sie schließlich als Witwe zurückzulassen. Und wozu tat er das? Um unzählige Reiche zu erobern, die er alle verlor, als er frühzeitig starb.

König Sathwas kümmerte sich dagegen stets um seine Gemahlin. Er war für sie da, wann immer sie ihn brauchte. Er liebte und achtete sie. Gleichzeitig lebte er auch für sein Königreich und für seine Arbeit als Goldschmied. Weil er sich kannte, weil er die jeweiligen Grenzen kannte, übertrieb er nichts, vernachlässigte er nichts. So war seine Königin glücklich, an seiner Seite sein zu dürfen, denn auch sie spürte, wie seine Ausgewogenheit ihr ein Gefühl von Anerkennung, Geborgenheit und Liebe vermittelte. Deshalb herrschten im Königshaus eine Harmonie und ein Frieden, die sich über den Palast, die Städte und das Land bis hin zu den Nachbarstaaten ausbreiteten.

So viel und noch viel mehr erreichte dieser König – nur weil er sein Zentrum, seine Ausgewogenheit gefunden hatte."

„Was für eine schöne Geschichte! Vielen, vielen Dank! Wie sehr du mich beschenkt hast!" Isaak war sehr froh, denn die Geschichte hatte auch in seinem Herzen Ruhe entstehen lassen.

Nach einer kleinen Weile des Schweigens spürte Isaak plötzlich wieder die brennende Frage, derentwegen er zu *seinem* Rabbi gekommen war, und sagte deshalb etwas unvermittelt: „Ich habe aber doch noch eine Frage! Wie geht man eine *gute* Beziehung ein? Wann ist der *richtige* Zeitpunkt?“ – „Ich will die zweite Frage zuerst beantworten“, sagte der Rabbi. „Der richtige Zeitpunkt ist immer dann erreicht, wenn jemand aus seiner Mitte heraus eine Beziehung eingeht. Geschieht es dagegen aus Not oder weil jemand vor einer Aufgabe fliehen möchte so wie König Tamas, dann ist dies mit Sicherheit der falsche Zeitpunkt. Daher ist es so wichtig, daß Jugendliche Zeit für ihre Entwicklung haben. Sie können in dieser Zeit in den meisten Fällen gar nicht aufeinander eingehen, weil sie viel zu sehr mit sich beschäftigt sind, mit sich beschäftigt sein *müssen*. Deshalb ist dies auch die Zeit, in der viele junge Menschen anderen schwere Wunden schlagen – und auch selber tief verletzt werden!

Aus diesem Grund sollten sie, so schwer dies manchmal auch sein mag, ihren Weg in dieser Zeit allein gehen. Dadurch entwickeln sie die Stärke, die sie anschließend mit ihrem Partner teilen können – und dieses Teilen ist dann eine Handlung, durch die sie am Schluß nicht weniger, sondern mehr haben werden. Das ist das Wunder der Entwicklung: *Wer sich gefunden hat, kann tun, was er will, er bekommt immer mehr*. Wer bei anderen das sucht, was er in sich selbst suchen und finden sollte, verliert so lange immer mehr, bis er endlich seine seelischen Hausaufgaben macht!“ – „Wie wichtig!“ rief Isaak strahlend aus. Er war so glücklich, daß er *seinen* Rabbi hatte, der ihn lehrte, führte und damit seinem Leben eine Ausrichtung gab.

„Ich habe verstanden, daß man keine Beziehung eingehen sollte, wenn man nicht in Kontakt mit seinem Inneren, vielleicht mit seiner Bestimmung gekommen ist.“ – „Sehr richtig!“ bestätigte der Rabbi Isaaks Zusammenfassung. „Ich habe aber doch noch eine reine Interessensfrage: Was sollte man beachten, wenn man eine Beziehung eingeht?“ – „Möchtest du dies wirklich wissen? Auch wenn es viele, viele Fragen sind?“ fragte der Rabbi zurück. Kaum hatte er sie aber gestellt, wurde ihm bewußt, daß dies eine rein rhetorische Frage war, denn er kannte Isaak zu gut, als daß er hätte annehmen können, dieser ließe sich von Schwierigkeiten abschrecken. So kam auch prompt die Antwort: „Unbedingt! Und seien es noch so viele Fragen! Glaube mir, ich werde mir jede merken und eines Tages, wenn es soweit sein sollte, eine nach der anderen durchgehen!"

„Also dann los!" sagte der Rabbi, und Freude über Isaak strahlte in seinem Gesicht.

„Lernst du jemanden kennen, der dich interessiert oder der sich für dich interessiert, und du beginnst dich zu verlieben, so sollte deine erste Frage sein, ob du innerlich für eine Beziehung *frei* bist. Geht es dir so wie dem dritten König Sathwas, oder bist du noch verstrickt wie die beiden anderen?

Die zweite Frage ergibt sich aus der ersten, denn du mußt klären, ob du diesen Menschen überhaupt liebst und *willst*.

3. solltest du dir unbedingt darüber klarwerden, was du von einer Beziehung *erwartest*.
4. Was willst du *geben*?
5. Suchst du einen Lebenspartner? Willst du ihn *heiraten*?
6. Was *erwartest* du von deinem Partner? Mache dir unbedingt eine Liste. Je klarer du dir darüber bist, was du erwartest, desto geringer ist die Wahrscheinlichkeit, daß du enttäuscht bist bzw. dein Partner es ist.
7. Kannst du *allein* sein?
8. Kannst du *zu zweit* sein?
9. Kannst du *Nähe* aushalten?
10. Bestehen noch *Bindungen* an dein Elternhaus, die eine Partnerschaft behindern?
11. Kannst du *Verantwortung* übernehmen?
12. Kannst du *treu* sein?
13. Kannst du dich *anvertrauen*?
14. Bist du *konfliktfähig*?

15. Wo kannst du, wo willst du *Kompromisse* eingehen?

16. Bist du *großzügig*?

17. Welche Art der Beziehung *suchst* du – körperliche Nähe, geistigen Austausch, Spiritualität oder eine glückliche Mischung dieser drei?

18. Für den Mann: Kannst und willst du Frau und Kinder seelisch und materiell versorgen?
    Für die Frau: Kannst du deinen Mann stützen und den Kindern eine gute Mutter sein?

Und dies solltest du deinen Partner fragen:

1. Ist er frei?

2. Will er eine Beziehung mit dir? Auch lebenslang?

3. Welche Lebensanschauung, welche Ideale hat er? Passen sie zu deinen?

4. Ist er offen und konfliktfähig?

5. Welche vorherigen Beziehungen hatte er?
   a) Wie verliefen sie?
   b) Wie gingen sie zu Ende?
   c) Wie war's mit der Treue?
   d) Wie ist jetzt noch der Kontakt? Sind die Bindungen wirklich gelöst?

6. Wie ist der familiäre und persönliche Hintergrund? Das heißt, wie ist seine Familie, seine gesellschaftliche Schicht, Beruf der Familienmitglieder, welche Hobbys hat er?

7. Wie ist seine emotionale Lage? Wie geht er mit anderen um? Ist er fröhlich oder depressiv, engagiert oder desinteressiert? Hat er Humor?

8. Wie steht es mit dem Kinderwunsch? Ist er bei beiden gleich? Wie sind die Erziehungsvorstellungen?

9. Haben beide einen ähnlichen Geschmack?

Und zum Schluß noch die entscheidendste Frage: *Könnt ihr Dinge besprechen, klären und einen wirklichen Konsens finden?*

Viele Fragen, nicht wahr, Isaak?" beendete der Rabbi seine Aufzählung.

„Ja", antwortete Isaak, „es sind wirklich viele Fragen. Aber eine ist wichtiger als die andere. Ich danke dir von ganzem Herzen, daß du dir die Mühe gemacht hast, sie aufzuzählen. Ich bin baß erstaunt! Ich bin baß erstaunt, daß du so viele Fragen aufzählen konntest, von denen ich eine wichtiger als die andere fand, obwohl ich selber auf keine einzige gekommen wäre!

Wieviel hat mir dieses Gespräch mit dir gegeben! Wie viele Fragen habe ich bekommen! Aber auch so viele Antworten! Zum Beispiel die, daß ich mich noch intensiver auf eine Beziehung vorbereiten muß. Wie wichtig! Wie entscheidend!" Nun schwieg Isaak, und der Rabbi unterbrach die Stille nicht.

Nach einer Weile kam Isaak noch ein Gedanke, noch eine Frage, die er aber nicht aussprach: ‚Und was machen all diejenigen, die nicht so einen wunderbaren Rabbi haben wie ich?' Diese Frage machte ihm wieder einmal bewußt, wieviel er *seinem* Rabbi zu verdanken hatte, und daß er von nun an jeden Abend für alle Menschen beten wollte, damit sie in ihren Beziehungen so viel Stütze bekämen, wie er sie erhielt.

‚Wie war doch gleich die erste Frage: *Bin ich frei?* Nein, ich bin nicht frei!' beantwortete sich Isaak diese Frage sogleich. ‚Ich bin nicht frei, denn im Moment bin ich primär auf meinen Rabbi ausgerichtet!'

Beziehungen sind nicht zum Probieren da

Es war einmal eine Frau, die hatte, wie es bei euch so üblich ist, einen Freund. Mit dem lebte sie einige Zeit und trennte sich dann.

Bald hatte sie einen neuen Freund. Auch mit diesem lebte sie eine Weile und trennte sich dann.

Dies wiederholte sich einige Male, bis sie einen Mann kennenlernte, der sie im Grunde gar nicht so interessierte. Sie war aber von den vielen Bekanntschaften und Trennungen innerlich so wund, daß sie meinte, sie bräuchte einen Mann, der sie tröstete. Dies schien dieser Mann auch zu tun. Abgesehen davon gefiel er ihr, wie gesagt, nicht so sehr.

Er tröstete sie, und die Zeit verging.

Sie dachte immer wieder an Trennung. Die Zeit war aber vergangen: Es fiel ihr nicht mehr so leicht wie noch vor einigen Jahren, sich zu trennen.

Dann wurde sie schwanger. Sie war zuerst verzweifelt. Dann resigniert. Schließlich fügte sie sich in ihr Schicksal. ‚Dieser Mann kann ja so gut trösten', dachte sie sich, und sie hatte genug, was getröstet sein wollte. Besonders jetzt, da eine Familie entstand und sie sich immer noch nicht entschieden hatte und unglücklich war.

Diese Geschichte ereignet sich alle Tage. Einmal ist es eine Frau. Ein andermal ist es ein Mann. Häufig sind es beide.

Und was sagt dir diese Geschichte?

Beziehungen sind nicht zum Probieren da. Zu einer Beziehung gehören *untrennbar* (!!) der Entschluß und Gottes Segen.

Wähle deine(n) erste(n) Partner(in) gut aus. Überlege es dir lange und reiflich. Bitte Gott um Hilfe.

Hast du es dir gut überlegt und um Segen bei deiner Entscheidung gebeten, dann entscheide dich im Wissen, daß Schwierigkeiten zu einer Beziehung gehören wie das berühmte Salz in die Suppe.

Bitte Gott um Hilfe, wenn du nicht mehr weiterweißt. Gib nicht leichtfertig deinen einmal getroffenen Entschluß auf.

Du wirst sehen, es wird dir zum Segen gereichen – im Gegensatz zu der oben beschriebenen Frau.

Beziehungen brauchen Führung, brauchen Hilfe

Patrick und Marie waren seit sieben Jahren verheiratet, als Marie die Beziehung zu schwierig wurde und sie auszog. Patrick stand völlig fassungslos da und verstand die Welt nicht mehr. Er meinte, alles richtig und gut gemacht zu haben. Marie dagegen war der Ansicht, er habe sich nur um sich und sonst niemanden gekümmert.

Was war geschehen?

Patrick hatte im vierten Jahr seiner Ehe mich kennengelernt. Dies veränderte sein Leben grundlegend. Er ging abends nicht mehr weg. Meditierte morgens und abends. Er hängte viele Bilder von mir im Haus auf.

Was Patrick ganz übersah, war, daß er seinen Vertrag mit Marie gänzlich veränderte.

Im Deutschen sagt man zu den Gesetzen über Vereinbarungen „Vertragswesen". Im Grunde ist der Mensch selbst dieses Vertrags-Wesen, denn er ist ständig auf Verträge aus – obwohl ihm dies in den meisten Fällen nicht bewußt ist.

Treffen sich zwei Menschen, signalisieren sie bereits durch die Art und Weise, wie sie „Grüß Gott, wie geht es dir?" sagen, ob sie dem anderen freundlich oder unfreundlich gesonnen sind. Ich habe deshalb auch „Grüß Gott" als Grußform gewählt, denn je bewußter sich der Mensch seiner und der Göttlichkeit seines Gegenübers ist, um so herzlicher begegnet er ihm. Kein Mensch kann Schlechtes tun, der den Namen Gottes auf den Lippen hat. Würden die Würden(!)-Träger der Kirchen ständig den Namen Gottes auf den Lippen haben, müßte der Herr sich nicht inkarnieren, um wieder Liebe in die Welt zu bringen. Auch die verschiedenen Verantwortlichen der

Kirchen haben unausgesprochen Verträge mit den Gläubigen – vor allem den, daß sie diese zur Erlösung, zum Wissen um das Wahre, sprich: zur Liebe führen werden. Diesen Vertrag halten sie aber überhaupt nicht ein.

Es ist heute – auch durch das schlechte Beispiel der Kirchen! – üblich geworden, Verträge nicht mehr einhalten zu müssen. Dies geht so weit, daß manche sich juristische Unterstützung dafür holen, damit die Verträge, die sie mit anderen abschließen, so gestaltet sind, daß sie sie *nicht* einhalten müssen. So tief sind die Menschen heute gesunken! Und das Schlimmste daran ist, daß viele sich dessen gar nicht bewußt sind! Viele empfinden es als normal, daß jeder allein auf seinen Vorteil bedacht ist – wodurch sie immer einsamer werden. *Jeder ist sich selbst der nächste* ist ein geflügeltes Wort. Wer ist dieser Jeder? frage ich. Und was geschieht? Ich bekomme keine Antwort. Denn diesen Satz haben Menschen geprägt, die weder die größeren Zusammenhänge noch die Verbundenheit aller Menschen noch sich selber auch nur im entferntesten kannten. Sie waren vielmehr völlig in ihr kleines Ego verstrickt und dachten, dies sei die ganze Wahrheit! Und viele, die ebenfalls nichts wußten, plapperten es nach. Und wenn viele das gleiche sagen, meinen andere ebenso Unwissende, dann sei das wahr. So glaubten die Menschen über Jahrtausende, die Erde sei der Mittelpunkt des Universums. Und da alle das sagten, galt es als Wahrheit. Bis einer kam, der mehr sah: Kopernikus, der den Schleier wegriß.

Und die Machthaber kämpften gegen ihn, weil sie meinten, ihre auf Unwissenheit gegründeten Verträge müßten eingehalten werden. Wären sie mit der Wahrheit, das heißt mit der Liebe gegangen, hätten sie die Unermeßlichkeit des Universums *in sich* gefunden und Kopernikus leicht glauben können – deshalb leicht, weil sie es selber bereits gewußt hätten!

Menschen brauchen Verträge. Menschen machen Verträge. Ununterbrochen.

Treffen sich zwei Menschen, beschränkt sich deren „Vertragswesen“ nicht allein auf die Begrüßung. Jedes Wort wird gedeutet.

Lernt zum Beispiel eine Frau einen Mann kennen und erzählt ihm, sie habe sich von ihren Eltern nie verstanden gefühlt, und der Mann bemitleidet sie, so schließt er in diesem Punkt einen Vertrag mit ihr. Er sagt ihr auf der Herzensebene: „Ich würde dich nicht so behandeln. Ich würde dich viel besser verstehen. Ich würde wissen wollen, was du brauchst!" Und weil die Frau ihn so versteht, fühlt sie sich verstanden und vertraut ihm mehr und mehr. Und genau dies ist die Absicht dieses Mannes, falls er an der Frau interessiert ist. Ist das aber nicht der Fall, kann es sein, daß er sie genauso gleichgültig behandelt, wie sie es bei ihren Eltern erlebte.

Das Vertrags-Wesen zwischen Menschen ist immer sehr umfangreich. Ohne sich dessen bewußt zu sein, vereinbaren Menschen unendlich viel. Erzählt ein Mann, was er gerne ißt, und die Frau reagiert begeistert darauf, nimmt er an, sie würde wie er dieses Gericht häufig essen wollen. Mag sie es aber gar nicht, wird er enttäuscht sein und sich ge-täuscht fühlen. Er wird sie fragen, warum sie so begeistert auf seine Äußerungen reagiert habe. Sie wird dann sagen: „Ich fand deine Schilderung so wunderbar, ich hatte dieses Gericht förmlich vor Augen. Darauf habe ich reagiert. Aber es häufig essen zu wollen – so war es nicht gemeint!" Der Mann wird sich wundern.

Genauso wird die Frau reagieren, wenn sie feststellt, daß ein Mann ihr anfangs immer zuhörte, später aber nicht mehr. Sie wird verletzt und enttäuscht auf die „Vertragsverletzung" hinweisen. „Früher hast du mir zugehört!" wird sie klagen. „Früher warst du noch an mir interessiert. Heute dagegen interessiert dich nur noch ... der Fernseher!"

Und genau hier kommen wir zu Patrick und Marie zurück. Patrick war ein Lebemann, der fröhlich durchs Leben ging und stets zu einem Scherz aufgelegt war. Marie dagegen war schüchtern. Deshalb gefiel ihr Patricks lockere Art besonders gut. Sie war fasziniert, wie er allem etwas Leichtes, Lustiges abgewinnen konnte. Dies war der Vertrag, den er mit ihr schloß: *Ich werde immer lustig sein und dich mitreißen!* Und Maries Vertrag war: *Dafür werde ich dich immer bewundern und es genießen, mit dir zusammenzusein!*

Wie die allermeisten Verträge waren auch diese den „Vertrags-Partnern“ unbewußt! Das ist das Problem, das ist die Tragik der meisten Verträge – besonders heute.

Menschen versprechen sich viel, un-endlich viel. Erwecken Hoffnungen, geben Sicherheiten, verpflichten sich für dies und das – und sind sich dessen überhaupt nicht bewußt.

Dies kann so weit gehen, daß ein Mann seiner Frau sagt, er käme am Nachmittag um vier Uhr nach Hause. Die Frau richtet sich den Tag so ein, daß sie um vier da ist, um ihn zu empfangen. Der Mann kommt aber nicht. Und warum kommt er nicht? Weil er seine Aussage, er käme um vier, als überhaupt nicht verbindlich ansah! Für ihn war dies nur ein „Richtwert“. Es könnte vier, fünf oder auch sechs oder sieben Uhr sein. Daß die Frau sich auf seine Aussage aber einstellt, kann er überhaupt nicht verstehen. „Hätte ich gesagt: ‚Ich komme um vier, und wir fahren dann weg‘, wäre dies verbindlich gewesen. Aber so hatte meine Aussage keine Bedeutung!“ meint er. Die Frau versteht ihn – verständlicherweise!! – überhaupt nicht. Sosehr sie ihm zu erklären versucht, daß er ein Versprechen gebrochen habe, sosehr bleibt er bei der Behauptung, er habe keines gegeben!

Dabei verletzt er gleich mehrere Verträge, ohne sich dessen auch nur im geringsten bewußt zu sein: *Erstens*, daß sie sich auf ihn verlassen könne. Dies ist der Basisvertrag jeder Beziehung. Jeder verspricht dem anderen auf die eine oder andere Weise, er könne sich auf ihn verlassen. Denn jeder weiß, daß Unzuverlässigkeit die Hauptstraße zum Un-Glück ist.

Der *zweite* Vertrag, den er verletzt, ist, daß seine Aussagen bindend seien. Er verletzt aber nicht nur den Vertrag der Zuverlässigkeit, sondern sieht auch nicht, *daß* er ihn verletzt hat. Dies verunsichert und enttäuscht die Frau noch mehr.

Drittens verletzte er den Vertrag, er werde ihr zuhören und auf das reagieren, was sie sagt. Jeder Mensch vermittelt diesen Vertrag seinem Partner auf die eine oder andere Weise. Denn Nicht-Zuhören, Nicht-Reagieren erlebt jeder als Mißachtung. Stell dir vor, du gehst, nehmen wir einmal das Jahr 1365 an, zu einem König, und dieser gibt sich sogar mit dir ab, du hast aber die Stirn, ihm zu vermitteln, daß du ihm nicht zuhörst, daß du nicht auf ihn reagierst, er dich nicht interessiert. Stell dir vor, du stehst vor dem König, er spricht mit dir, und du packst dein Pausenbrot aus und ißt es genüßlich! Was meinst du, wird er tun? Ich kann dir sagen, zu jener Zeit wäre dir eine Tracht Prügel sicher gewesen!

Aber genauso verhalten sich viele ihrem Partner gegenüber. Interessant ist hier das Wort Partner. Ich möchte hier den eindeutigen Beziehungscharakter hervorheben, den dieses Wort ausdrückt. Ein Partner ist stets jemand, mit dem man in der einen oder anderen Weise verbunden ist. Und genau hier beginnt das Problem: Viele, sehr viele, viel zu viele Menschen behandeln ihre Partner, ihre Kinder oder sonstigen Angehörigen viel, viel schlechter als irgendwelche Fremden. Bei diesen geben sie sich Mühe, versuchen sich auf sie einzustellen, hören ihnen zu, nehmen sich zurück, versuchen herauszufinden, was sie brauchen, und viele dieser guten Eigenschaften mehr legen sie plötzlich an den Tag. Kaum kennen sie aber jemanden besser, verblassen diese Tugenden immer mehr, bis gar nichts mehr übrigbleibt.

Dies ist ein klarer Vertragsbruch, der bis zum Betrug reicht.

Bewußt oder unbewußt strengen sich viele Menschen nur an, um jemandem zu imponieren, um von ihm gesehen, anerkannt zu werden. Haben sie dies erreicht, wird er für sie uninteressant. Und weißt du, warum? Weißt du, was sie damit ausdrücken? Einen erschrekkenden *Mangel an Selbstwert.* Menschen behandeln andere nur deshalb schlecht, weil sie sich für nichtswürdig halten. Gott aber ist der Maßstab. Gott behandelt alle mit der größten Liebe, mit der größten Achtung, mit der größten Fürsorge. Gott ist Gott und weiß es auch. Menschen, die die Verträge, die sie schließen, nicht einhalten, sind weit, sehr weit davon entfernt, zu wissen, daß sie Gott sind. Sie halten sich leider für einen Niemand, der auf andere nur deshalb wirken kann, weil er gut blufft. Reagiert der andere positiv oder gar liebevoll auf sie, so können sie diesen nur ebenso verachten, wie sie sich selbst verachten. Sie leben nach dem tragischen Motto: *„Wer* *mich mag, ist entweder blind oder selber nichts wert!"* Folglich erwidern sie die Achtung des anderen mit Mißachtung, die Liebe mit Ablehnung oder gar Verachtung – manchmal sogar mit Haß.

Patrick war ein sehr unklarer Mann. Er achtete sich nicht. Entsprechend schlecht dachte er über andere. Er hatte aber die besondere Gabe, das Leben leicht zu nehmen. Er ließ sich nicht von jeder Widrigkeit niederdrücken. Er lebte nach dem Motto: „Nur sich nicht verrückt machen, es wird sich schon richten!" Dies ist im Grunde eine sehr weise Haltung, ist sie ja das Herz des Tao. Das Tao lehrt diese Haltung aber aus Wissen. Patrick dagegen vertrat sie aus Bequemlichkeit. Er wollte sich von nichts drängen, beeinflussen oder gar unter Druck setzen lassen. Hätte Marie mehr über sich und das Leben gewußt, hätte sie sich ausrechnen können, daß Patricks Haltung zwei Seiten hatte. Sie war aber froh, daß jemand leicht durchs Leben ging, sie war glücklich, daß er sie mitnahm und daß er sie immer wieder zum Lachen bringen konnte.

Dann fuhr er, wie gesagt, zu mir, und eine ganz andere Seite kam zum Vorschein. Plötzlich kümmerte sich Patrick überhaupt nicht mehr um Marie und die beiden Kinder. Er war nur noch mit sich, seiner Meditation und dem Rezitieren der Mantren beschäftigt – und wurde außerdem immer ernster.

Wie es Marie dabei ging, interessierte ihn wenig – wenn überhaupt. Das einzig Wichtige war ihm sein Sadhana, waren ihm seine spirituellen Übungen. Was Marie dazu sagte, war ihm völlig gleichgültig!

Patrick hatte damit etwas grundsätzlich falsch verstanden: Spiritualität darf niemals an die Stelle der Beziehung treten. Deswegen ist es keine große spirituelle Leistung, wenn ein Mann – wie es immer wieder geschieht – bei Nacht und Nebel seine Familie verläßt, um einem Guru zu folgen, und seine Frau und seine Kinder zusehen können, wie sie weiterleben. Ein guter Guru müßte diesen Mann zurückschicken, denn seine spirituelle Aufgabe besteht darin, daß er für seine Familie sorgt, und nicht darin, daß er irgendwo herumsitzt und meditiert, während seine Frau und seine Kinder sehen können, wie sie überleben.

Aber Patrick wollte nicht hören. Es interessierte ihn nicht, was andere sagten. Auch als ich ihm sagte, er müsse sich mehr um seine Frau und die Kinder kümmern, hörte er nicht. Er lebte sein Ego und konnte deshalb nicht verstehen, geschweige denn umsetzen, daß *helfende Hände stets Heiliger als betende Lippen* sind. Und warum ist das so? Weil die untätigen Hände das Bekenntnis der Lippen zum Lippenbekenntnis machen. Wer betet, anstatt zu helfen, hat nicht verstanden, daß jeder Mensch, der ihm begegnet, jener Gott ist, zu dem er betet. Gott ist *hinter* dem Altarbild, vor dem du betest, aber *in* dem Menschen, dem du helfen kannst. Außerdem wünschen sich die meisten Menschen stets etwas, wenn sie zu Gott beten. Geben sie aber ihrem Nächsten, was dieser benötigt, so sind sie auf der Bahn des Erfolgs, die besagt: Willst du bekommen, dann gib, denn Gottes Aufgabe ist ausschließlich zu geben.

Patrick wollte nicht hören. Er hörte nicht auf Marie, die ihm sagte, dieses viele Meditieren und Rezitieren sei ihr zuviel. Außerdem sei ihr dieser Baba fremd. Sie hänge an Christus und könne nicht so schnell umschwenken. „Du hast keine Ahnung!“ konterte er dann. „Jetzt ist Gott auf Erden, und du nutzt die Chance nicht!“

Patricks Aussage ist bemerkenswert: Er war der Ansicht, Marie nutze die Chance nicht. Dabei war das gerade *sein* Problem: *Er* nutzte die Inkarnation des Avatars nicht, denn anstatt weniger Ego zu haben und Marie nachzuempfinden, stärkte er es durch seine spirituelle Ausrichtung noch mehr! Dies entsprach dem Verhalten von Dummköpfen, die Kampfsportarten dazu verwenden, sich sinnlos mit anderen zu schlagen, anstatt die gelernten Techniken dazu zu verwenden, in Notsituationen sich oder anderen zu helfen.

Patrick verwendete seine spirituellen Übungen nicht, um mehr Frieden, sondern um mehr Kampf in seine Familie zu bringen. Darüber hinaus wollte er nicht hören. Und wie ist die Formel? *Den Blinden gibt Karma das Augenlicht!* Da er Marie überhaupt nicht zuhörte, nicht mit ihr kooperierte, ihr keinen Raum ließ, sondern sich rücksichtslos verhielt und auch nicht auf die guten Ratschläge anderer hören wollte, trennte sich Marie von ihm.

Nun reagierte er so wie manche, die auf dem spirituellen Weg sind: Er meditierte noch mehr, er wiederholte den Namen Gottes noch häufiger. Dies sind wunderbare Techniken, die ich deshalb allen ans Herz lege, weil ich weiß, wie wirksam sie sind. Patrick sollte aber nicht lernen, wie er zu innerer Ruhe und Gelassenheit kam, sondern wie *sein Gegenüber* im Zusammensein mit ihm diese finden konnte.

Patrick verhielt sich aber wie der oben erwähnte Familienvater, der bei Nacht und Nebel seine Frau und die Kinder verläßt und einem unklaren Guru folgt. Solch ein Familienvater macht alle Sadhanas, um seine Familie zu vergessen. Wozu ist das gut? Die Aufgabe des Menschen ist, Bewußtsein zu finden, Liebe zu entwickeln und verantwortungsbewußt zu leben. All dieses verpaßt so ein verworrener Familienvater. Wozu geht er dann einen spirituellen Weg?

Wozu meditierte und wiederholte Patrick den Namen Gottes, wenn das Ergebnis war, daß Marie sich immer mehr entfernte?

Und was war seine Schlußfolgerung aus alledem? Marie sei die falsche Frau für ihn! Man bedenke: Die Frau, mit der er sieben Jahre zusammengelebt, mit der er zwei Kinder hatte, war plötzlich die falsche, weil er rücksichtslos einen neuen Weg ging, ohne sich auch nur im geringsten um sie zu kümmern!

Ich bin aber gegen Trennungen. Menschen sollen sich für *einen* Partner entscheiden. Diese Entscheidung ist ein Vertrag. Und der lautet: *Ich will für dich dasein. Ich will für dich sorgen. Ich möchte, daß du glücklich wirst!* Dies sind die unbewußten Verträge, die zu erfüllen die Menschen sich gegenseitig versprechen.

Dies ist auch der tiefere Grund, warum Menschen auf Schönheit reagieren, warum so viele sich in schöne Menschen verlieben. Für den Menschen ist das Schöne ein Versprechen von Glück. Je unbewußter jemand ist, desto mehr sucht er dieses Schöne da, wo es das Versprechen von Glück am wenigsten erfüllt: Im Körper! Je weiser dagegen jemand ist, desto mehr sucht er das Schöne da, wo es hingehört: In der Seele, im Charakter! Denn allein diese Schönheit entspricht dem Gesuchten. Was der Mensch sucht, ist nämlich, was er aus dem Jenseits, aus der Tiefe seiner Seele kennt: Es ist das

Schöne *und* Gute, das Gott ist. Gott ist die vollkommene Verbindung von Schönem und Gutem. Gott ist deshalb das, was die Menschen im schönen Körper, in schönen Bewegungen, im schönen Ausdruck, im schönen Charakter, in der schönen Seele suchen.

Das Finden dieser wahrsten aller Wahrheiten ist auch eine Aufgabe des Partners. Kommst du mit ihm nicht zurecht, dann überlege dir immer, inwieweit du bereits in Kontakt mit dieser Wahrheit gekommen bist. Mit anderen Worten: Du trennst dich von ihm, weil du von dir, *von deiner* Quelle getrennt bist. Das ist das ganze Problem. Und was sagte jener Mann, der sich unbedingt wegen einer anderen von seiner Frau trennen wollte und eines Tages bemerkte, daß er in die andere Beziehung *sich*, sprich: die gleichen Probleme mitgenommen hatte? „Hätte ich gewußt, daß ich wieder da stehen würde, hätte ich mich nicht getrennt. Aber ich habe es nicht wissen können, war ich doch viel zu verschlossen dafür!"

So erging es auch Patrick. Anstatt um den Verlust seiner Familie zu trauern, stürzte er sich in die Meditation und in Namasmarana, in die Wiederholung des Namens Gottes. Diese halfen ihm – sein Herz zu öffnen! Und sein offenes Herz ließ ihn von Tag zu Tag mehr spüren, daß er seine Familie vermißte.

Als er Marie wieder einmal traf, um die Kinder abzuholen, fragte er sie, wie es ihr ginge. „Nicht so gut. Aber auch nicht mehr so schlecht, denn ich mache eine Therapie, die mir sehr hilft!" antwortete sie ruhig. Patrick bekam große Ohren, aber noch größere Augen: Therapie – das klang zwar verlockend, er sah dabei aber einen völlig unklaren Therapeuten vor seinem inneren Auge, der seine eigenen Schwierigkeiten auf die Patienten abwälzte. Marie bemerkte seinen Gesichtsausdruck und meinte deshalb: „Ich sehe deine Skepsis und verstehe sie nur zu gut! Wie viele Therapeuten sind weder hilfreich noch vertrauenswürdig, das heißt, sie schaden mehr als sie helfen. Dieser Therapeut hat selber in seiner Therapie viel aufgearbeitet, er ist deshalb fröhlich, kompetent und geht außerdem selber einen spirituellen Weg. Er hat mir schon sehr geholfen!" Patrick staunte. Das Thema machte ihm aber noch zu viel Angst, deswegen sagte er nur: „Ich freue mich, daß er dir guttut. Das freut mich wirklich!“ Marie spürte sofort, daß dies von Herzen kam. Patrick hatte sich seit langem wieder einmal auf sie bezogen, hatte ihr zugehört, war auf sie eingegangen und hatte mit einem Gefühl geantwortet! Patrick staunte über Maries Bericht von dem Therapeuten. Marie staunte ihrerseits über Patrick! Dieser hatte aber so viel Angst vor der Therapie, daß er es nicht bemerkte.

Er bemerkte nun von Mal zu Mal, wenn er Marie traf, daß es dieser immer besser, ihm aber stets gleich schlecht, wenn nicht gar immer schlechter ging. Was sollte er nur tun?

Es war ihm schon lange klar, was er tun müßte. Er wollte aber nicht. Auf keinen Fall! Lieber eine Operation. Er würde sogar ein Stück Magen oder Darm opfern – aber nicht das. Das würde er nie! Nie, nie würde er zu einem Therapeuten gehen!

Was sollte er aber tun? Er spürte, wie er Marie und die Kinder vermißte. Er spürte, wie Marie sich von Mal zu Mal veränderte – und er blieb allein zurück! Zumindest empfand er es so. Er scheute aber trotzdem den Schritt in eine Therapie.

Eines Tages ging es ihm besonders schlecht. Er betete um Hilfe und traf sich dann mit Marie. Die sah ihn und sprach ihn auf sein Befinden an. Patrick murmelte etwas Unverständliches, denn er wollte weder ihr noch sich selbst eingestehen, daß er nicht weiterkam. „Patrick“, sagte dann Marie und sah ihn herzlich an, „Patrick, wovor hast du denn Angst?“ – „Ich weiß nicht!“ antwortete er. „Ich glaube, ich weiß es!“ meinte Marie. „Ich glaube, du hast Angst, jemand schaut dir in die Karten. Ich habe es mir nie eingestanden, aber du warst immer ein Spieler – und ich fand es gut. Spieler sind aber gefährliche Menschen. Sie sind in der Lage, alles zu verspielen: Ihr Geld, ihr Haus, ihre Frau, ihre Kinder. Und warum? Weil Spieler keine Hemmung haben, sich selbst bzw. ihr Leben zu verspielen. Du bist ein Spieler, Patrick, und Spieler lassen sich nicht in die Karten sehen. Aus Schutz. Aber welch ein Schutz ist das! Stell dir vor, jemand schaut dir in die Karten und sagt dir, damit könntest du nie gewinnen. Welch eine Chance! ... Es wäre aber keine Chance“ fuhr Marie fort, „denn du würdest nicht darauf hören! So ist es!“ Marie schwieg, und Patrick brummte vor sich hin. Dann fragte er unvermittelt: „Und wie ist dein Therapeut? Kannst du dich auf ihn verlassen? Würde der auch mich als Patienten annehmen?“ Marie staunte. „Was möchtest du, allein zu ihm gehen oder zusammen mit mir?“ – „Es macht mir beides angst! Und wenn ich mir bewußtmache, daß ich mich entscheiden muß, dann könnte ich schon wieder weglaufen. Lotussitz und Räucherstäbchen ... Ah, welch eine Ruhe! Aber Therapie, wie unheimlich!“ Plötzlich sagte Patrick: „Ich komme mit dir mit!“

Marie war froh, daß Patrick sich entschieden hatte, so ging sie nicht weiter darauf ein, daß er sie gar nicht fragte, ob es ihr recht wäre, wenn er mit ihr zusammen zu ihrem Therapeuten ginge, auch wenn sie es ihm angeboten hatte.

So ging Patrick zusammen mit Marie zu dem Therapeuten und war tief in seinem Inneren auf Kampf und Ablehnung eingestellt – das heißt, er vermutete Kampf, weil er viel Kampf und Ablehnung in sich hatte.

Der Therapeut war ein älterer Mann, der klug und erfahren war. Und so erkannte er sogleich, daß mit Patricks Kommen Marie, die Kinder und natürlich auch Patrick eine ganz neue Chance bekamen. So konzentrierte er sich primär auf diesen und achtete genau darauf, wo sein neuer Patient verletzlich, verschlossen oder im Angriff war.

Da es Patrick liebte, im Mittelpunkt zu stehen, fühlte er sich von dem Therapeuten verstanden und angenommen. Und weil er sich geachtet fühlte, achtete er auch den Therapeuten. Dieser Therapeut hatte ein wichtiges Ziel erreicht: Er hatte durch seine Klarheit und den Kontakt mit tieferen Schichten seiner selbst eine Achtung gefunden, die er auch anderen vermitteln konnte.

So entschied sich Patrick, bei dem Therapeuten zu bleiben. Dies war zunächst einer der größten Erfolge seines Sadhana – er war bereit, einen Weg zu gehen, der seinem Ego Macht entziehen würde.

Nach einigen Stunden bei dem Therapeuten war Patrick in der Lage, zu sehen, wie wenig er sich um andere kümmerte. So machte der Therapeut ihn darauf aufmerksam, daß er stundenlang erzählen konnte, ohne sich auch nur im geringsten darum zu kümmern, was sein Therapeut meinte, wie er das Gehörte empfand und wie er darauf reagierte. Selbst wenn der Therapeut eine Hand hob oder anhob, etwas zu sagen, ließ es Patrick unberührt. Er redete, als sei ihm das wichtigste, daß er *redete*, und nicht, daß er gehört wurde.

Behutsam machte der Therapeut ihn darauf aufmerksam. Er zeigte ihm, wie wenig er darauf achtete, wo sein Gegenüber war. Patrick staunte! Er achtete nicht auf andere? Unglaublich! Er dachte, er sei so aufmerksam, so bewußt, und nun das!

Das Spiel wiederholte sich immer wieder: Patrick erzählte, und der Therapeut wies ihn darauf hin, daß er sich nicht um ihn kümmerte. Der Therapeut sprach aber nicht in einem vorwurfsvollen Ton, sondern leicht und spielerisch. Patrick konnte den Hinweis annehmen, weil er sich nicht bewertet, nicht verletzt fühlte. Patrick staunte.

Da erzählte der Therapeut eine Geschichte: „Es war einmal ein wunderhübsches Mädchen. Sie war aber nicht nur hübsch, sondern auch sehr intelligent und sehr lieb. Alle ihre Verwandten litten aber, weil sie blind war. Dem Mädchen machte dies nicht so viel aus, war sie ja damit geboren. Die anderen dagegen bedauerten, daß sie all das nicht sehen konnte, was sie sahen. Das Mädchen verstand das aber nicht.

Anstatt auf die Gefühle der anderen einzugehen, setzte sie sich stets an einen Bach und hörte auf dessen Plätschern. Mit der Zeit entwikkelte sie sogar eine Sprache, in der sie sich mit dem Bach unterhielt. Sie war überglücklich. Sie brauchte niemanden. Dann wurde es Winter, und der Bach fror zu. Das Mädchen konnte sich nicht mehr mit ihm unterhalten. Nun wurde sie traurig und dachte: ‚Die anderen sprechen über dieses oder jenes, was sie gesehen haben oder sehen. Ich kann da nicht mitreden. Und der liebe Bach ist zugefroren. Jetzt fühle ich zum erstenmal, daß ich einsam bin. Was kann ich nur tun?‘ Da erzählte eine Tante dieses Mädchens ihren Eltern, daß es einen Heiligen gäbe, der große Wunder vollbringe. Sie sollten doch einmal das liebe Mädchen zu ihm bringen, vielleicht würde er ihr helfen.“ Nachdem der Therapeut sich vergewissert hatte, daß Patrick noch zuhörte, fuhr er fort: „Sie brachten das Mädchen zu dem Heiligen, der sogleich seine Freude über das hübsche, liebe Mädchen aussprach. Er nahm sie zur Seite und sagte ihr ganz leise, so daß es die anderen nicht hören konnten: ‚Dein bester Freund ist der Bach, der im Moment schweigt, weil das Eis in dieser Jahreszeit das Sagen hat.' Das Mädchen staunte. ‚Ich habe dir eine Mitteilung von ihm zu machen, die er dir schon immer sagen wollte, die du aber noch nicht zu hören bereit warst.' Das Mädchen staunte noch mehr und machte ein fragendes Gesicht. ‚Eine Mitteilung?' brachte sie mit einem leichten Erschauern hervor. ‚Ja, eine sehr wichtige!' bekräftigte der Heilige. ‚Der Bach wollte dir schon immer sagen, daß du schon lange sehen kannst. Du hättest es ihm aber noch nicht geglaubt. Du wolltest damals nämlich noch nicht sehen. Jetzt, wo du sehen willst, wo du die anderen sehen willst, wirst du sehen. Der Bach sagte mir, ich solle dir etwas Wasser auf die Augen spritzen, dann würdest du sehen. So, nun erschrick nicht, denn ich werde so tun, wie der Bach befohlen hat!' Bei diesen Worten spritzte der Heilige etwas Wasser auf die geschlossenen Augen des Mädchens, wartete einen Augenblick und verdeckte ihr dann die Augen, damit sie nicht vom Licht geblendet werde, wenn sie sie öffnete. Und das Mädchen öffnete langsam die Augen – und sah! Sie sah immer mehr. Und staunte immer mehr. Und hatte von Tag zu Tag mehr, worüber sie mit den Menschen um sich reden konnte!

Und der Bach schwieg immer noch. Genauso wie der Weise, der seine große Heilkraft dem Bach in den Mund gelegt hatte!" Hier schwieg der Therapeut, und Patrick war ganz still. Er wußte nicht warum, er spürte Raum in sich.

Obwohl Patrick als ganz neues Gefühl Raum in sich spürte und merkte, daß die Geschichte ihn berührte, wußte er nicht genau, wie er sie deuten sollte.

Zu Beginn der Therapie hatte er gefragt, ob er den Therapeuten duzen könne, da ihm die Anrede mit Sie zu fremd sei und er den Gedanken als zu absurd empfand, einem völlig fremden Menschen seine privatesten Dinge zu erzählen und ihn gleichzeitig zu siezen. Dem Therapeuten war dies recht, so duzten sie sich von da an.

„Die Geschichte hat mich sehr berührt", meinte Patrick, „ich kann sie aber nicht deuten!" – „Ich helfe dir gern", antwortete der Therapeut.

„Das blinde Mädchen beziehe ich auf deinen weiblichen Seelenteil, deine Anima. Dieser Teil in dir ist blind. Du kannst nicht sehen, was dein Gegenüber fühlt. In dir ist wenig Raum für eine Frau. Marie konnte dir noch so sehr sagen, wie sehr sie mehr Kontakt, mehr *Dasein* von dir benötigte, du reagiertest nicht darauf, weil du nicht darauf reagieren konntest. Es war wie bei dem blinden Mädchen: Selbst wenn sie sich noch so sehr bemüht hätte, sie hätte die Dinge um sie nicht sehen können. Ebensowenig konntest du auf sie reagieren." Der Therapeut sagte dies in einem so herzlichen Ton, daß Patrick diese Deutung gut annehmen konnte. „Das Mädchen spürte aber eine Einsamkeit", fuhr der Therapeut fort. „Sie ging deshalb an einen Bach und sprach mit ihm. Dies bedeutet, daß Menschen den Austausch benötigen wie die Luft zum Atmen. Haben Menschen keinen Kontakt, verkümmern sie zuerst und sterben dann, wenn sich ihnen immer noch niemand zuwendet. So sprach das Mädchen mit dem Bach. Der Bach ist *das* Symbol für Leben. Der Bach plätschert, der Bach ernährt die vielen Millionen Wurzeln der unzähligen Pflanzen, die durch ihn leben. Der Bach spendet Kühle, der Bach spiegelt das Sonnenlicht in einer einmaligen Weise, wodurch es noch wundersamer, noch hinreißender, noch Göttlicher wirkt. Der Bach ist geballtes Leben – und genau dahin geht das Mädchen. Sie sieht das Leben nicht, wie es ist. Deshalb geht sie dahin, wo es geballt ist.

Du, Patrick, bist zur Spiritualität gegangen. Hier fandest du das Leben, das du woanders nicht finden konntest. Wie das Mädchen hast du dein ganzes Leben darauf ausgerichtet. Du hast aber übersehen, daß in deiner unmittelbaren Nähe deine Frau und deine Kinder waren. Du hast dies nicht gemerkt und hast sie deshalb völlig übergangen. Deshalb fror der Bach ein: Marie ging. Die Kommunikation brach zusammen, deshalb zog Marie aus. Nach einiger Zeit bemerktest du, daß du sie nicht einfach so übergehen, einfach so abhaken konntest, wie du es dir gewünscht, wie du es dir vorgenommen hattest. Da öffnetest du dich für Neues. Du kamst damit zum

„Vertreiber der Dunkelheit", denn Guru heißt genau dies auf Sanskrit. Und das ist meine Aufgabe: Dir vorsichtig die Augen zu öffnen, gleichzeitig aber zu sehen, daß nicht ich dies tue, sondern der uns verbindende, der uns gemeinsame Gott. Deshalb ist die Bescheidenheit dieses Heiligen so bezeichnend: Wer weiß, gibt nicht an. Wer weiß, nimmt sich zurück, denn er weiß, daß alles Der Eine macht!"

„Und ich", rief Patrick berührt dazwischen, „ich habe nie gesehen, was ich tun sollte. Ich habe mich auf die Meditation gestürzt und war davon überzeugt, meine Familie würde auch davon profitieren!" – „Genau!" meinte der Therapeut. „Spiritualität ist wichtig. Wäre der Heilige nicht spirituell, er wäre weder ein Heiliger, noch könnte er heilen. Du hast aber des Guten zu schnell, zu viel getan. Weißt du, du hast dich so benommen wie jemand, der gebeten wird, eine Tasse Tee einzuschenken, und nicht aufhört einzugießen. Keiner wird es ihm danken, wenn am Ende alles voller verschüttetem Tee ist, nur weil er das Maß einer Tasse nicht eingehalten hat. Ist dies Großzügigkeit? Ist dies hilfreich?" – „Natürlich nicht!" meinte Patrick nachdenklich und zufrieden. Und zufrieden war er deshalb, weil ihm ein Licht aufging. Er spürte, daß er wie jenes Mädchen war: In sich verschlossen und unnahbar. Ihm gefiel die Geschichte sehr gut. Er fand das Bild wunderbar, wie dieses Mädchen am Bach sitzt und ihr Herz ausschüttet. „Auch ich habe vor meinem Altar mein Herz ausgeschüttet. Das Mädchen hat sich ebenfalls hervorragend mit dem Bach unterhalten. Aber für ihre Mitmenschen war sie nicht da – ebensowenig wie ich! Dann kam der Frost, und sie spürte ihre Einsamkeit – ebenso wie ich!"

„Wie gut du das sehen kannst!" sagte der Therapeut anerkennend. „Der Unterschied zwischen dir und dem hübschen Mädchen ist, daß du Frau und Kinder hast. Das Mädchen war in dem Alter, in dem sie sich sehr um sich kümmern konnte und mußte. Hast du dagegen eine Familie, mußt du für sie sorgen. *Es ist keine spirituelle Entwicklung möglich, wenn sie auf Kosten der Familie geht.* Marie hat ein Recht auf ihren Weg, ebenso wie du auf deinen. Was ist die Steigerung von Ehe?" fragte der Therapeut mit einem Lächeln in den Augen.

„Ich weiß es nicht. Gibt es da überhaupt eine Steigerung?“ fragte Patrick bang zurück, denn er konnte sich eine Steigerung kaum noch vorstellen! Noch mehr als das, was er erlebt hatte, war für ihn kaum noch vorstellbar! Einfach übermenschlich!

„Die Steigerung von Ehe ist, nicht aufzuhören, bevor man einen Kompromiß gefunden hat!“ Beide lachten. „Ja, ja“, sagte Patrick lachend, „ich wußte sogleich, daß etwas herauskäme, was kein Mensch schaffen kann!“ – „Aber ein Gott ‚mit links‘!“ Der Therapeut lachte und fuhr fort: „Denk dich groß. Wachse an deiner Aufgabe, erfülle sie mit Freude, und du hast den tiefen Sinn deiner spirituellen Entwicklung gefunden! Du dachtest, du könntest von morgens bis abends mit deinen spirituellen Übungen beschäftigt sein. Du bist aber kein Mönch – und auch dieser muß sich an die Klosterregeln halten. Deine Aufgabe in diesem Leben ist, ein guter Ehemann zu sein. Dies ist dein Sadhana. Eine große, eine starke Auf-Gabe. Denn keiner kann eine glückliche Ehe führen ohne Aufgabe. Du mußt ganz vieles aufgeben, was das Mädchen noch unbekümmert leben konnte. Das ist das Wunderbare am Leben: Die Aufgaben sind von Gott so eingerichtet, daß sie uns mehr und mehr die Chance geben, Ihn zu finden. Je älter wir werden, desto mehr haben wir die Gelegenheit, uns um andere zu kümmern – dies ist der wahre Gottesdienst. So verstehe ich auch die Funktion eines Verweilens in einer Kirche oder des täglichen Betens: Uns offener für andere zu machen.

Und noch etwas, Patrick: Wir müssen sehen, daß die Welt Materie gewordene Vielfalt ist. Daß es unendlich viele verschiedene Formen der Entwicklung gibt. So haben auch häufig Partner verschiedene spirituelle Wege. Deshalb ist es die Aufgabe einer Beziehung, einen Rahmen zu schaffen, innerhalb dessen jeder *seinen* Weg gehen kann. Auch dies hat seinen tieferen Sinn, denn Toleranz ist die Schwester der Weisheit, und Weisheit ist unser aller Ziel.“

Patrick berührten diese erhellenden Ausführungen sehr. Er fühlte sich von seinem Therapeuten verstanden, gemocht und gut beraten. Deshalb konnte er von ihm das annehmen, was er sonst nicht gerne gehört hätte – besonders von Marie nicht!

Das Bild des blinden Mädchens begleitete ihn noch lange. So lange, bis er immer mehr Zugang zu seiner Anima fand – jenem weiblichen Seelenteil, der für Intuition, Spüren, Nachempfinden und Offensein für den anderen steht. Dann fand er allmählich zu Marie zurück und brachte mehr und mehr seine Vorstellungen mit Maries Wünschen bezüglich ihrer spirituellen Wege in Einklang. Und dieser Ein-Klang bestand darin, daß jeder seinen Weg ging und sich trotzdem auf den anderen einstellte. Patrick kümmerte sich liebevoll um seine Familie und erreichte damit viel, sehr viel auf seinem spirituellen Weg.

Wer das Buch *Sai Baba spricht über Beziehungen* gelesen hat, dem wird aufgefallen sein, daß dort eine Geschichte steht, die eine ähnliche Wendung nimmt: Der Mann findet über seine Frau den Weg zur Therapie. Diese Ähnlichkeit ist von mir beabsichtigt, weil erstens die meisten Männer durch ihre Partnerin zur Therapie finden und zweitens viele Beziehungen dadurch scheitern, daß der Mann nicht an sich arbeiten will. Viele Männer nehmen lieber das Zerbrechen ihrer Familie in Kauf, als daß sie sich in einer Therapie Hilfe holen. Dies ist ein großer Fehler, denn die Familie ist Heilig. Diese Männer werden deshalb auf ihrem Weg nicht weit kommen. Stell dir vor, du findest als Maurer eine Anstellung. Dein Chef braucht es, daß du mauerst, deswegen hat er dich eingestellt. Du aber gräbst den Garten mit der Begründung um, ein Garten werte ein Haus sehr auf! „Ja wunderbar!“ wird dein Chef sagen. „Aber erstens habe ich dich nicht als Gärtner, sondern als Maurer eingestellt, und zweitens nützt ein Garten überhaupt nichts, wenn das Haus nicht fertig wird und niemand darin wohnen kann!“

So ist die erste Aufgabe eines Partners, sich so zu verhalten, so viel in die Beziehung einzubringen, daß die Ehe glücklich ist. Machst du deinen Partner glücklich, hast du sehr, sehr viel auf deinem spirituellen Weg erreicht. Wird er durch dich unglücklich, hast du das Klassenziel verpaßt. Kümmere dich deshalb nicht darum, wie du den Garten anlegen kannst, daran kannst du frühestens dann denken, wenn das Haus fertig ist, weil sonst die Bauarbeiter alles wieder niedertreten. Und denke daran, daß du als Maurer eingestellt wurdest. Zieh deshalb sauber und ordentlich die Mauern deines „Familienhauses“ hoch. Und wie arbeitet ein Maurer? Er muß mit demjenigen zusammenarbeiten, der ihm die Steine liefert und den Mörtel mischt. Besteht hier keine gute Kooperation, kann der Maurer nicht effektiv arbeiten. So ist es auch zwischen Ehepartnern. Mann und Frau müssen zusammenarbeiten. Dies ist das Dharma, die Aufgabe der Ehe. Ist einer dazu nicht in der Lage, so muß er dies als eine Störung ansehen, an der er arbeiten muß.

Natürlich kannst du versuchen, eine Lösung durch Meditieren und Namasmarana zu finden. Der Maßstab ist hier aber dein Partner. Sagt er dir, daß er unglücklich mit dir ist, hast du kein Recht, nicht auf ihn zu hören. *Du mußt ihn vielmehr fragen, was er von dir braucht.* Und hat er das Gefühl, daß ihr euch fachkundige Hilfe holen müßt, dann mußt du mit ihm kooperieren.

Viele westliche Menschen sind von ihren Eltern so verletzt worden, daß sie sich schwertun, ihr Herz zu öffnen. Sie können dies auch in einer Partnerschaft häufig nicht, in der sie Geborgenheit und Zuwendung finden. Sie sollten sich deshalb unbedingt fachkundige Hilfe suchen, damit sie das heilen können, was von ihrer Kindheit her in ihnen noch wund ist.

Und was geschieht, wenn sie diese Wunden – am besten mit ihrem Partner zusammen – heilen? Sie erleben eine große spirituelle Entwicklung!

Und warum? Weil Heilung Ruhe bedeutet. Hast du Schmerzen, fällt es dir schwer, ruhig zu sein. Haben Menschen starke Schmerzen, wälzen sie sich im Bett hin und her. Es wäre herzlos bzw. zynisch, wollte man von ihnen verlangen, sie sollten ruhig sitzen und meditieren.

Viele Menschen haben solche seelischen Schmerzen, daß sie sich ständig nur wälzen können. Sie sind deshalb außerstande, innerlich ruhig zu sein. Sie werden aus diesem Grund auch keine Ruhe in einer Beziehung finden. Bist du aber betrunken und hast das Gefühl, das Zimmer dreht sich, so besteht die Lösung nicht darin, daß du darum bittest, jemand möge das Zimmer festbinden. *Du* mußt nüchtern werden, das ist die Lösung.

Ist dein Partner unglücklich, so trägst du zu mehr als 50% die Verantwortung dafür. Warum mehr als 50%? Weil du der einzige Mensch bist, den *du* verändern kannst. Dein Sadhana, deine spirituelle Aufgabe besteht deshalb darin, so zu heilen, daß du dein Herz für deinen Partner öffnen kannst.

Patrick zum Beispiel war von seiner Kindheit her noch so verletzt, daß er überhaupt nicht in der Lage war, die Not zu sehen, die Marie mit ihm hatte. Seine Aufgabe bestand deshalb darin, erst einmal sein Herz heilen zu lassen und es dann für seine Familie zu öffnen. Denn ein Mann, der sich so verhält, daß er Frau und Kinder verliert, hat weder ein Herz für seine Frau noch für seine Kinder noch für sich selbst. Wer sich so verhält, daß eine Familie zerbricht, hat noch nicht viel verstanden, denn die Zerstörung der Familien ist eine der größten Sünden dieser Zeit.

Hört jemand heute das Wort Sünde, zuckt er zusammen. In dem Begriff Sünde steckt das Wort Sühne. Fehler müssen gesühnt werden. Das heißt, du wirst durch Erleben dahin kommen, daß du verstehst, daß das, was du getan hast, falsch war. Sühne hat deshalb nur für das Ego einen erschreckenden Charakter – und natürlich auch deshalb, weil in den vergangenen Jahrtausenden mit den Begriffen Sünde und Sühne viel Mißbrauch getrieben wurde.

Sühne ist aber nichts anderes als das Deutsche Wort für Karma. Alles wird gesühnt heißt: Alles wird vergolten. Gutes durch Gutes, Schlechtes durch Schlechtes. Hier muß ich aber eine Erklärung anfügen: Dieses Schlechte ist nämlich ebenfalls nur für das Ego schlecht, denn du wirst durch Erleben erkennen, daß der Weg, den du bisher gegangen bist, dich nicht dahin führt, wohin du möchtest – nämlich zum Glück. Das Ego, das dich fehlgeleitet hat, erfährt damit eine Zurechtweisung. Das Ego mag dies natürlich nicht. Deshalb empfindet es die Korrektur durch das Schicksal, durch das Leben, als schlecht.

Das Selbst dagegen freut sich, denn es weiß, daß Gott für die Menschen sorgt und jedem genau die Erfahrungen beschert, durch die er das lernt, was er lernen muß, um glücklich leben zu können.

Was die Menschen heute lernen müssen, ist, daß ihre erste Aufgabe in ihrer Verpflichtung der Familie gegenüber besteht. Wer seine Kinder verläßt, lädt sich große Schuld auf, weil die Kinder durch das Beispiel der Eltern lernen. Und was lernen sie in diesem Fall? Daß Schwierigkeiten durch Trennung gelöst werden. Daß selbst ihre Eltern, die sie so sehr liebten, nicht bereit waren, ihr Ego soweit einzuschränken, daß sie eine gemeinschaftliche Lösung gefunden hätten, durch die ihre Kinder weiterhin ein gemeinsames Zuhause mit den Eltern hätten haben können. Durch das schlechte Beispiel der Eltern werden die Kinder ermutigt, es ihnen gleichzutun und ebenso leichtfertig mit Beziehungen umzugehen – ein Ergebnis, das heute leider überall zu beobachten ist.

So ist es meine Aufgabe, euch zu lehren, daß eine glückliche Partnerschaft das Beste ist, was ihr für die Welt tun könnt. Schaffst du es nicht, mit deinem Partner eine glückliche Beziehung zu führen, und sagt dir deine Frau bzw. dein Mann, daß deine spirituellen Übungen dich ihr bzw. ihm nicht näherbringen, dann bleibe nicht weiter vor deinem Altar sitzen, sondern gehe zu einem guten Therapeuten und laß dir helfen. Dazu brauchst du Mut.

Mut ist aber die erste Bürgerpflicht.

Gehe mit Gott bedeutet: Gehe mit den Menschen, die dir nahe sind. Und wie gehst du mit ihnen? Indem du sie wertschätzt. Indem du ihnen von Herzen das Gefühl gibst, daß sie dir wichtig sind.

Möchtest du gesehen werden, dann sieh. Möchtest du gehört werden, dann höre. Möchtest du wertgeschätzt werden, dann schätze du zuerst.

Die einfache Formel lautet: Wer liebt, der wird geliebt.

Wer nicht geliebt wird, liebt nicht. Weder sich noch andere.

Liebe, liebe, und Gott ebnet dir jeden Weg.

Glück ist zu sehen, was man hat

Es war einmal ein Junge, der lebte in ärmlichen, aber glücklichen Verhältnissen. Seine Eltern ehrten Gott, liebten einander und die Kinder. Sie waren mit allen in dem kleinen Dorf befreundet, in dem sie lebten. Sie waren aber, wie gesagt, arm, und dieser Junge hatte große Träume.

Er erzählte seine Träume seinen Eltern, und die meinten, klug wie sie waren, er könne sie niemals in dem Dorf verwirklichen, sondern nur in einer großen Stadt. Sie erklärten ihm auch, daß man viel Geld benötige, um in die Stadt gehen zu können, was sie aber nicht besäßen. Er solle deshalb wie sie Bauer werden. Sie seien nicht reich, hätten aber alles, was sie brauchten und seien zudem auch noch zufrieden und glücklich.

Damit konnte sich der Junge nicht zufriedengeben. Eines Tages packte er seine Siebensachen, schrieb seinen Eltern einen liebevollen Abschiedsbrief und zog los.

Er erreichte die Stadt und fühlte sich verloren, einsam und unsicher. Bald war das wenige Geld verbraucht, das er mitgenommen hatte, und er mußte jede nur erdenkliche Arbeit annehmen, um sich überhaupt ernähren zu können. Zum Schlafen suchte er sich eine ruhige Stelle im Freien, um das Geld für eine anderweitige Übernachtungsmöglichkeit zu sparen.

Dann geschah das Wunder. Er fand eine Arbeit, die ihm den Aufstieg ermöglichte. Sein Traum ging in Erfüllung. Er wurde reich. Er hatte es geschafft.

Alles hatte sich so gefügt, wie er es sich vorgestellt hatte.

Trotzdem blieb ein Teil seines Traumes unerfüllt: Wo war das große Glück, das er sich stets so bunt ausgemalt hatte? Das Glück, das er von zu Hause her kannte?

Hätte er – außer daß er in der Stadt mehr verdiente (und auch ausgab) – nicht auch zu Hause bleiben können?

Er gab seine Arbeit auf. Ging nach Hause. Begrüßte seine Eltern. Lebte in ihrer Liebe auf und wurde Bauer.

Die Verwirklichung seines Traumes hatte ihm etwas sehr Großes geschenkt: Zu *sehen*, was er bereits hatte, als er noch völlig unerfüllt träumte.

ALINA
oder GOTT HANDELT SCHNELL

Alina war eine gute Frau. Sie hielt sich an Sathya, Wahrheit, an Dharma, Rechtschaffenheit, an Prema, Liebe, an Shanti, Frieden, und an Ahimsa, Gewaltlosigkeit.

Außerdem betete Alina täglich zu Gott und pflegte einen engen Kontakt zu Ihm.

Alinas Mann, Andrej, dagegen war nicht so klar ausgerichtet. Er strauchelte vielmehr in der Welt herum und versuchte hier und da sein Glück – sowohl beruflich als auch privat.

Alina spürte das und betete deshalb zu Gott, Er möge ihm helfen und damit auch sie und die zwei Kinder vor Unglück bewahren. Gott erhörte ihre Gebete, und so kam es in all den Jahren zu keinen größeren Schwierigkeiten.

Dann aber verliebte sich Andrej in die Frau eines Geschäftskollegen – und sie sich in ihn.

Die Situation wurde zunehmend brisanter. Und Alina betete wiederum. Deswegen schickte Gott Andrej einen Traum, in dem er seine Angebetete vor sich sah. Er sah ihre schönen Augen, ihr schmales Gesicht und ihre lockigen Haare. Er begann sogleich, sich in ihren schönen Augen zu verlieren. So verliebt war er. Da sah er plötzlich, wie die Iris seiner Geliebten sich veränderte. Sie dehnte sich und nahm plötzlich die Form einer Kaulquappe an. Andrej staunte. Er staunte aber noch mehr, als er sah, wie die Kaulquappe sich in ein Krokodil verwandelte, das ganz schnell erst das Auge, dann das Gesicht und schließlich seine Geliebte ganz auffraß. Im Nu war das Krokodil riesengroß und bedrohte nun auch ihn. Andrej war zu Tode erschrocken und wachte schweißgebadet auf. Er verstand sofort die Bedeutung des Traumes: Die Kaulquappe interpretierte er als ein Symbol der Fruchtbarkeit, des Lebens, der Körperlichkeit. Das hieß: Sobald er mit seiner Angebeteten körperliche Nähe erleben würde, würde zuerst sie und dann er von Zerstörung und Tod bedroht werden.

Andrej war von dem Traum so berührt und im wahrsten Sinne des Wortes so wachgerüttelt, daß er nicht weiter versuchte, eine Beziehung mit der Frau seines Kollegen aufzubauen.

Alina ihrerseits wußte von alledem nichts. Sie spürte nur, daß ihr Mann unruhig, hin- und hergerissen und im Umbruch war. So betete sie noch mehr, und der Herr schenkte ihr Seine Gnade. Andrej erfuhr viele Schicksalsschläge, die ihn zuerst spüren und anschließend erkennen ließen, daß sein Weg in die Irre führte. Er begann deshalb zuerst zaghaft, dann aber mehr und mehr zu beten und den Weg seiner Frau zu teilen. Er gewann das Vermögen, das er in der letzten Zeit verschleudert hatte, nicht zurück. Er gewann aber inneren Frieden und erlebte die Freude, die ein Paar erfährt, wenn es einen gemeinsamen spirituellen Weg geht.

Diese Geschichte macht deutlich, welche Macht das Gebet hat und welch großer Nutzen bzw. Segen es für eine Beziehung ist, wenn auch nur *ein* Partner von Herzen betet.

Würden heute mehr Menschen beten, gäbe es mit Sicherheit weniger Scheidungen, denn die Zahl der Scheidungen ist direkt proportional zur Zahl derjenigen, die den Weg zum Gebet entweder nicht suchen oder nicht finden.

Betet dagegen jemand, so ruft er Gott sogleich auf den Plan.

So kam eines Tages eine Gruppe Menschen zu mir, die mich fragte, warum ein Flugzeug in Indien auf dem Weg nach Bangalore abgestürzt sei, wobei alle Insassen umkamen. Warum hatte ich das nicht verhindert? „Du bist doch allmächtig, warum hast du diese Menschen nicht gerettet?“ fragten sie mich. „Weil kein einziger sich an mich bzw. an Gott gewandt hat“, antwortete ich ihnen. Hätte auch nur *einer* um Hilfe gebeten, hätte ich sofort gehandelt. Unzählige

Unglücke habe ich verhindert. Selbst vor einer Atomexplosion wurden die Menschen bewahrt, weil ein Mensch Gott von Herzen um Hilfe bat. Damit hat dieser eine Mensch eine Katastrophe mit unabsehbaren Folgen verhindert.

Werde ich aber nicht angerufen, handle ich nur, wenn es das Karma verlangt bzw. um Schaden für Dritte, Unbeteiligte, abzuwenden.

Bedenke deshalb: Das Gebet ist die größte Macht, die der Mensch hat. Die Welt befände sich in einem viel schlimmeren Zustand, wenn nicht so viele gute Menschen um den Erhalt und das Wohlbefinden der Welt beteten.

Das Gebet ist so stark, daß Gott selbst Sich inkarnierte, um der Welt zu helfen und somit auf die Gebete zu antworten.

Wenn du Probleme hast, deine Beziehung schwierig ist, dann bete. Du benötigst aber drei Eigenschaften, damit deine Gebete auch sicher in Erfüllung gehen können: Du brauchst Glauben, Geduld, und außerdem mußt du das tun, was in *deiner* Macht liegt.

Du kannst zum Beispiel nicht Verhaltensweisen beibehalten, die deine Ehe zerstören, und davon ausgehen, das Gebet werde schon helfen.

Gib deine schlechten Gewohnheiten auf. Lebe nach den fünf Kardinaltugenden Liebe, Wahrheit, Rechtschaffenheit, Frieden und Gewaltlosigkeit. Übe Selbstkritik und nicht Kritik an anderen, und ich werde dir helfen und dich segnen. Mit Sicherheit, denn ich kann gar nicht anders, da meine Liebe mich wie ein Magnet zu dir hinzieht.

OM, Shanti, Shanti, Shanti.

Matwej und Ssergej
oder Die Macht von Maya

Matwej und Ssergej waren zwei Brüder, die sich sehr ähnlich sahen. Jeder, der sie kannte, sagte: „Natürlich sind das Brüder, die könnten fast Zwillinge sein, so ähnlich sind sie sich!"

So ähnlich sie sich äußerlich sahen, so unterschiedlich waren sie innerlich: Ssergej hatte während vieler Leben einen guten Kontakt zu Gott aufgebaut, war offen und herzlich. Matwej war verschlossen und egozentrisch.

Ssergej und Matwej sahen sich so ähnlich, weil sie noch jung waren und Maya (der Schein, die Illusion) sich ein besonderes Spiel erlauben konnte, weil das Karma mitspielte.

Die Eltern der beiden besaßen einen großen Stoffladen, in dem jeder in der kleinen Stadt, in der sie lebten, einkaufte.

Das Geschäft ging gut – trotzdem machte sich der Vater der beiden Brüder Sorgen, denn er sah seine Söhne heranwachsen und wußte nicht, wie er das Geschäft gerecht zwischen den beiden aufteilen konnte. ‚Denn in zwei Teile geteilt, bringt es nichts mehr. Ob die zwei Jungen zusammen das Geschäft führen können? Ich zweifle daran, denn sie sind so verschieden – und werden es immer mehr', dachte der Vater, und Sorgenfalten gruben sich in seine Stirn.

Die Mutter von Ssergej und Matwej machte sich dagegen keine Sorgen. Sie war ungerecht und kurzsichtig. Sie liebte Matwej über alles, denn er war nach ihr geraten, außerdem konnte sie mit Ssergejs Religiosität wenig anfangen. Sie hatte deshalb schon lange entschieden, daß *ihr* Matwej das Geschäft bekommen sollte. Dafür würde sie schon sorgen.

So wählte sie für Ssergej als Schule das Gymnasium. Für Matwej dagegen eine Kaufmannsschule. Sie versuchte überall, ihren heißgeliebten Matwej zu bevorzugen. Aber was tat sie in Wirklichkeit? Sie erfüllte Gottes Plan. Sorgt Gott für einen Gläubigen, kann nichts Negatives seinen Weg behindern. Sosehr Ssergejs Mutter versuchte, ihn zu benachteiligen, sosehr erfüllte sie Gottes Plan.

Gott hatte vorgesehen, daß Ssergej das Gymnasium besuchte. Gott hatte vorgesehen, daß Ssergej nicht das Geschäft erbte, da es eine enorme Einschränkung seiner Entwicklung gewesen wäre. Gott hatte vorgesehen, daß er eine klassische Bildung genoß. Gott hatte vorgesehen, daß Ssergej in ein Internat kam, um dem Einfluß seiner bösen Mutter zu entkommen. Diese war so ungerecht ihm gegenüber, daß sein lieber Vater es nicht mehr ansehen konnte und für Ssergej ein gutes Internat suchte, wo dieser aufblühte. Gott hatte es vorgesehen – und so geschah es auch. Zu Ssergejs Bestem.

Matwej dagegen wurde von seiner Mutter angehalten, so viel Zeit wie irgend möglich im Geschäft seines Vaters zu verbringen. Er sollte sich dort immer besser auskennen. Er sollte seinem Vater so viel zur Hand gehen, daß dieser gar nicht anders konnte, als ihm das Geschäft zu übergeben, obwohl sie genau wußte, daß ihr Mann Ssergej viel verbundener als Matwej war. Obgleich ihm Ssergej viel näher war, versuchte er trotzdem, mit seinem Sohn Matwej gut auszukommen, und dies, obwohl dessen übermäßiger Geschäftssinn ihm zuweilen Kopfzerbrechen bereitete. Denn Matwej versuchte früh, sich mit allen möglichen und unmöglichen Tricks des Geschäftslebens vertraut zu machen. Der Handel als solcher interessierte ihn gar nicht so sehr. Was ihn wirklich faszinierte, war die Möglichkeit, Ansehen und Reichtum zu gewinnen, von denen er sich Glück versprach. Das war sein Ziel und sein Ansporn.

Sein Vater bemerkte dies und war besorgt. Als er aber mit seiner Frau darüber sprach, beruhigte sie ihn, indem sie zu bedenken gab, dies sei doch ganz normal bei einem jungen und so engagierten Mann wie Matwej. Sie erklärte sein Verhalten mit seiner Jugend. Sie übersah, weil Matwej ihr so ähnlich war, daß sein Charakter und nicht seine Jugend ihn in Wahrheit zu diesem Handeln und Streben trieb, das mit der Zeit noch viel, viel stärker werden sollte. Matwej hatte sich Maya (der Außenwelt, dem Schein) verschrieben, und so nahm sein Schicksal seinen Lauf.

Auch bei Ssergej nahm das Schicksal seinen Lauf. Dieses Schicksal lag aber *direkt* in Gottes Hand. *Hier war Maya nicht dazwischen.* So verging die Zeit, dieses große Geschenk Gottes, und die beiden Brüder, die sich einst so ähnlich sahen, waren verschieden, sehr verschieden geworden.

Ssergejs Gesicht hatte eine Klarheit und ein Leuchten, das viele ansprach. Er besuchte zu der Zeit die Universität, wo er weiter aufblühte. Als er zweiundzwanzig war, lernte er Lisaweta kennen und lieben. Lisaweta war eine sehr liebe Frau und außerdem Ssergejs Zwillingsseele, die Seele, mit der er seit vielen Leben zusammen war.

Da Ssergejs Mutter stets alles ablehnte, was dieser Sohn dachte, sagte und tat, lehnte sie auch Lisaweta ab. Ssergejs Mutter behandelte Lisaweta die wenigen Male, die sie sie sah, so verletzend, so herzlos, daß die beiden entschieden, Ssergejs Eltern nicht mehr zu besuchen.

Dann feierte Ssergejs Vater seinen fünfzigsten Geburtstag. Ssergej und Lisaweta konnten diesem Fest nicht fernbleiben – ganz besonders auch deshalb nicht, weil Ssergej seinen Vater sehr liebte und schätzte, obwohl dieser sich überhaupt nicht gegen seine Mutter durchgesetzt, geschweige denn Ssergej verteidigt hatte.

Auf diesem Fest verletzte Ssergejs Mutter Lisaweta mit einigen bösen Worten derart, daß diese wie benommen aus dem Haus ging, um sich zu sammeln und um nicht vor allen Gästen laut zu weinen. Sie war so erschüttert, daß sie nicht mehr wahrnahm, was um sie geschah. Sie ging deshalb, ohne zu schauen, auf die Straße, stolperte und stürzte unter einen schweren Ochsenkarren, der gerade vorbeikam. Sie starb in Ssergejs Armen, der die Szene mit seiner Mutter von weitem mitbekommen hatte und ihr nachgegangen war, um sie zu trösten.

Diese Szene erschütterte Ssergej so sehr, daß er sein Studium zwar weiterführte, aber als Mönch in ein Kloster ging. Hier wurde ihm bald wegen seiner Klugheit, seiner Integrität, seiner Spiritualität und seines Engagements mehr und mehr Verantwortung übertragen.

Er wurde nach einigen Jahren Abt des Klosters und führte es mit viel Liebe und viel Einsatz – besonders, was humanitäre Fragen anbelangte. Er hielt die ihm unterstellten Mönche an, sich für die Armen einzusetzen, für sie zu sorgen und ihnen zu helfen, wo immer sie konnten. Er vertrat bereits damals den wichtigen Satz, den ich lehre: *Helfende Hände sind Heiliger als betende Lippen!* Er vertrat diesen Satz, weil sein Herz ihm dies sagte und er stets auf sein Herz hörte.

Es war nun in seinem Kloster ein junger Mönch, der sich besonders für die Armen und Schwachen einsetzte und für sie kämpfte, obwohl er wußte, wie gefährlich dies sein konnte.

Da es in einem Dorf einige Ungerechtigkeiten gegeben hatte, die von der Regierung begangen worden waren, nannte er die Schuldigen beim Namen und widersetzte sich ihnen.

Die Regierung zu der Zeit war aber Ausdruck einer sehr schlechten Führung, die von einem dummen und unfähigen Herrscher ausging, der darüber hinaus auch noch unmoralisch war.

So wurde der junge Mönch verhaftet. Als Ssergej dies hörte, war er empört. Er stellte sich sogleich schützend vor den Mönch und sagte, diesen träfe keine Schuld, da er allein auf sein Geheiß gehandelt habe. Daraufhin wurde Ssergej festgenommen und der Mönch zwar mißhandelt, aber dann freigelassen. Ssergej wurde der Prozeß gemacht, und obwohl seine Vorgesetzten sich für ihn einsetzten, wurde er wegen Majestätsbeleidigung zum Tode verurteilt.

Ssergej bereute seine Entscheidung keinen Augenblick. Getrost durchlebte er seine letzten Tage mit dem Namen des Herrn auf den Lippen.

Als ihm vor seiner Hinrichtung nochmals die Anklageschrift vorgelesen wurde, war er aber über die Lügen und die Ungerechtigkeiten so empört, daß er den Namen des Herrn vergaß, als er starb.

So wurde er wiedergeboren.

Matwej dagegen lernte Darja kennen, eine Frau, die ähnlich skrupellos wie seine Mutter war. Sie half ihm – auch hier seiner Mutter ähnlich – mit aller Kraft beim Ausbau des Geschäfts, den sie mit allen Mitteln betrieben.

Hatte sich Ssergej der Ungerechtigkeit der Regierung entgegengestellt, so arbeitete Matwej eng mit ihr zusammen. Er bestach Beamte, wo immer er nur konnte, mit allen nur erdenklichen Mitteln und mit den raffiniertesten Tricks.

So hätte er wahrscheinlich seinen Bruder auch freikaufen können. Er konnte es aber nicht, weil er von dessen Verurteilung und Hinrichtung erst erfuhr, als es bereits zu spät war. Das Karma wollte es so. Und nur der Herr weiß, ob Matwej sich tatsächlich für seinen Bruder eingesetzt hätte. Es hätte ihn nämlich viel Geld gekostet, und bei der Liebe, die er zum Geld hatte ...

Für Ssergejs Vater war die Nachricht aber ein Schock. Er hatte seinen geliebten Sohn verloren, ohne irgend etwas für ihn tun, ohne sich von ihm verabschieden zu können. Kurz nachdem er von Ssergejs Tod erfahren hatte, wurde er krank und starb nach langem Leiden. In seinem nächsten Leben wurde er ein enger Freund von Ssergej, von dem er noch viel lernte.

Nun war allein Matwej mit seiner Mutter und seiner Frau übriggeblieben. Und diese drei bauten das Geschäft mit allen Mitteln aus. Sie täuschten viele Händler und brachten sie um ihren Lohn. Da Matwej aber viele Beamte auf seiner Seite hatte, konnten die Betrogenen nichts gegen ihn unternehmen, sondern mußten schweigend zusehen, wie Matwej und seine Frauen ihnen das Geld stahlen, ohne auch nur im geringsten behelligt zu werden. Ganz im Gegenteil: Sie wurden noch geehrt, während die Betrogenen bedacht sein mußten, nicht aufzufallen, sich nicht zu laut zu beklagen, da sie sonst Gefahr liefen, zumindest eingesperrt zu werden.

Daß Matwej viele Händler betrogen hatte, sprach sich natürlich herum, weswegen er sich mit der Zeit schwertat, weiterhin Geschäfte machen zu können. Er kam deshalb auf eine neue, noch schlimmere Idee: Er machte nun kleine Handwerksbetriebe von sich abhängig, die nur durch den Einsatz der gesamten Familie überhaupt überleben konnten. Diesen gab er zunächst große Aufträge. Dafür mußten sie anderen Kunden absagen. Waren sie schließlich ganz von Matwej abhängig, ging er mit dem Preis so weit hinunter, bis sie nicht mehr existenzfähig waren und verkaufen mußten. Dies war der Augenblick, auf den Matwej gewartet hatte. Er kaufte dann günstig den Betrieb auf und gliederte ihn in sein Geschäftsgefüge ein. So wurde Matwej immer reicher und mächtiger.

Und die Leute dachten: ‚So ist die Welt! Die Armen, Anständigen werden ausgebeutet, betrogen, bedroht, mißhandelt und sogar ermordet. Die unanständigen, verbrecherischen Reichen werden unterstützt, bekommen Ansehen und alle möglichen Privilegien. Wo ist die Göttliche Gerechtigkeit?‘ fragten sie.

Maya ist auch Gott, und Maya verbarg die wahren Zusammenhänge.

Da waren zwei Menschen, von denen niemand Notiz nahm.

Da war einmal der junge Mönch, für den Ssergej in den Tod gegangen war. Und da war der Besitzer eines kleinen Handwerksbetriebs, den Matwej und seine Frauen in den Ruin getrieben hatten.

Der junge Mönch betete jeden Tag zu Gott, Er möge Ssergej all das vergelten, was dieser Gutes in seinem kurzen Leben geleistet hatte, Er möge außerdem den Armen und ungerecht Behandelten helfen.

Der Besitzer eines kleinen Familienunternehmens, der durch Matwejs Gemeinheit völlig mittellos geworden war und nicht mehr wußte, wie er seine Familie ernähren sollte, schilderte eines Tages einem Freund seine verzweifelte Lage.

Dieser Freund hatte ein gutes Herz, war aber unklar. Er ging nämlich zu einer Schwarzmagierin und ließ von ihr Matwej und die zwei Frauen an seiner Seite verfluchen.

Viele Menschen heute glauben nicht mehr an die Kraft der Schwarzen Magie – und das ist gut so. Dadurch findet sie keine Verwendung. Schwarze Magie anzuwenden ist eine große Sünde, die stets mit doppelter Wucht auf den zurückkommt, der sie anwendet. Deshalb lehre ich das Gesetz von Ursache und Wirkung, von Karma und Wiedergeburt und der Kraft des Gebets.

Sieh dein Schicksal als etwas an, das du durch die Taten früherer Leben geschaffen hast. Du hast aber dein Karma, dein Schicksal in der Hand: Tue Gutes, und du wirst mehr und mehr Gutes erleben. Gib niemand anderem die Schuld für die Situation, in der du lebst. Nimm vielmehr Verantwortung für dein Leben auf. Bedenke stets: Nichts geschieht, was der Herr nicht will. Wenn der Herr zuläßt, daß dir dies oder jenes zustößt, so hat es mit deinem Karma zu tun. Du mußt etwas durchleben, um etwas Entscheidendes zu lernen. Du kannst aber alles, alles abmildern, indem du betest. Gottes Liebe ist unermeßlich. Betest du aus tiefstem Herzen, so wird Er alles tun, um dein Leben so geschmeidig, so erfüllt wie nur irgend möglich fließen zu lassen.

Dieser Freund des armen Geschäftsmannes wußte von alledem aber nichts. Auch er war nur ein kleiner Suchender, der sich ohne die Gnade des Herrn ganz verloren hätte. In seiner Naivität ging er zu einer Schwarzmagierin, die Matwej, seine Frau und seine Mutter verfluchte – dies klingt schrecklich und ist es auch.

Durch den Fluch ging es den dreien immer schlechter: Sie stritten immer mehr, waren häufig krank, und ihr Geschäft machte immer mehr Verluste. So ging Matwejs Leben mehr und mehr dahin, denn die Freude und die innere Ruhe, dieses wahre Glück, hatten ihn schon lange verlassen. Und als er eines Tages starb, mußte er all das zurücklassen, was er mit so viel Mühen und Leid für sich und andere aufgebaut hatte.

Denke stets an die wunderbare Lateinische Grabinschrift: *Hodie mihi, cras tibi*. Heute mir, morgen dir. Der Tod macht alle gleich. Und worin macht er alle gleich? Daß nach dem Tod nur das zählt, was du Gutes getan hast. Das ist entscheidend. Alles andere ist völlig unwichtig. Völlig!! Welchen Nutzen hat Reichtum, den du dir auf Kosten anderer zusammengerafft hast? Gut, durch den Reichtum kannst du dir einige Annehmlichkeiten leisten. Was nützt dir aber ein angenehmes Zuhause, wenn du in dir, in deinem innersten Zuhause, unzufrieden, unruhig bist und dich nicht aufgehoben fühlst? Was nützte es Alexander dem Großen, daß er König und außerdem ein genialer Feldherr war, wenn er immer nur von einer Schlacht zur nächsten hetzen mußte? War Diogenes in seinem berühmten Faß nicht viel, viel glücklicher? Und was erbat er von Alexander, als dieser ihn nach einem Wunsch fragte? „Geh mir aus der Sonne!“ war seine Antwort. Dies bedeutet, Diogenes benötigte nichts, um glücklich zu sein. Er hatte alles – und die Sonne lachte ihn an.

Alexander dagegen lebte in großen Palästen. Eroberte die halbe damals bekannte Welt – und starb früh. Gehetzt. Mit dem Karma seiner Taten im Nacken.

Genausowenig ging die Rechnung für Matwej auf. Was hatte er nicht alles getan, um reich zu werden! Was hatte er sich den Kopf zerbrochen! Was hatte er alles anderen angetan! Und wofür? Für ein bißchen Geld und viel, viel Unruhe und Unglück! Welch ein krasses Mißverhältnis! Welche Unwissenheit!

Und was tut der Kluge, was tut der Weise? Er legt sein Schicksal in Gottes Hand. *Tut Gutes und sieht nicht auf die Früchte seines Tuns.* Vielmehr läßt er den Herrn entscheiden, was für ihn gut ist. Der Weise ist weise, weil er weiß, daß Gott ihm stets das Beste gibt. Deshalb ist er immer zufrieden. Und weil er zufrieden ist, ist er weise. Dies ist die Basis seines Glücks.

Matwej war aber noch nicht weise. Er war noch sehr am Anfang seines Weges dahin. So wurde er in einen kleinen Handwerksbetrieb wiedergeboren, der durch Einsatz aller Familienangehörigen gerade überleben und alle ernähren konnte.

Als Matwej vierundzwanzig war und gerade seine Frau Darja wieder geheiratet hatte, bekam dieser kleine Betrieb einen sehr großen Auftrag. Alle waren überglücklich darüber, denn sie hofften, endlich etwas Geld für das Allernotwendigste zu bekommen, was sie sich nie leisten konnten. Besonders froh waren sie natürlich, als sie auch noch zwei Folgeaufträge bekamen.

Wie groß war aber das Entsetzen aller, als dieser Großkunde einfach nicht zahlte und sie damit ruinierte!

Mittellos mußten sie in das Armenghetto gehen, wo sie von Erbetteltem lebten.

Matwej machte einen großen Schritt zur Weisheit hin – Weisheit, die er in seinem Herzen fand.

Viel später wurden auch Ssergej und Lisaweta wiedergeboren. Zu der Zeit war aber Gott als Avatar auf Erden. Er rief sie beide als Schüler zu sich und segnete ihr Leben, wo immer Er konnte.

Als Ssergej zweiundzwanzig und Lisaweta achtzehn war, verheiratete Er sie und gab ihnen zwei schöne Seelen als Kinder, die sie – eingebettet in ihre Liebe – aufziehen konnten.

Keiner wußte, warum der Herr sie so segnete. Keiner wußte, warum der Herr gerade diese zwei zusammengebracht hatte.

Alle staunten.

Nur der Herr nicht. Er wußte. Er vergaß nichts. Und Er hatte die Gebete des jungen Mönchs nicht nur gehört und erfüllt. Er gab diesem eines Tages die Gewißheit, daß seine Gebete erfüllt würden. Denn der junge Mönch mußte belohnt, mußte bestätigt werden. Er ging nämlich den Weg des Lichts: Er bat nicht für die Bestrafung der Schuldigen, sondern für das Glück der Unschuldigen. Und er bat dafür, daß die Schuldigen nicht weiter Schuld auf sich laden würden. Er war eine lichtvolle Seele. Und der Herr sah es.

Ssergej und Lisaweta beschenkte Er eines Tages damit, daß Er Mayas Schleier noch mehr lüftete. Da sahen sie alle Zusammenhänge. Sie sahen, wie wohlgeordnet, wie wohlgefügt, wie liebevoll und perfekt alles war. Und Hand in Hand empfingen Ssergej und Lisaweta Gottes Segen. Hand in Hand gingen sie zum Herrn.

Und Er breitete den Mantel Seiner Liebe um sie und gab ihnen ewigen Frieden. Ewiges Glück.

Dieses Glück bescherte Er auch ihren Kindern, wovon eins der junge Mönch war.

Suche die Gesellschaft der Guten

Eine sogenannte „Judasziege“ wird von Hirten als Anführerin einer Herde eingesetzt, damit sie diese in den Schlachthof führt. Hier bleibt die Herde. Die Judasziege kommt dagegen frei, wird belohnt und kann die nächste Herde in den Tod führen.

Eines Tages wird sie aber alt. Und was geschieht dann? Sie wird damit belohnt, daß auch sie geschlachtet wird und eine jüngere Ziege ihren Platz einnimmt.

Was soll dir dieses Beispiel sagen? Hüte dich vor schlechter Gesellschaft. Sie kann dir noch so viel versprechen. Du magst noch so viele *sichtbare* Vorteile haben. Eines Tages wirst mit Sicherheit auch du betrogen. Wer andere betrügt, wird irgendwann auch dich betrügen.

Betrügen, ebenso wie Lügen, wird nämlich schnell zur Gewohnheit, die gar nicht mehr wahrgenommen wird. Traue deshalb niemandem, der anderen schadet – seien die Opfer Menschen oder Tiere.

Setze all deine Anstrengung ein, bei und mit guten Menschen zu sein. Bleibe lieber allein als in schlechter Gesellschaft. Es mag anfangs noch so schwer sein. Am Ende zahlt sich die Gemeinschaft mit den Guten aber immer aus.

Denn dein Ziel ist das Absolute Gute.

ॐ

Schule dein Unterscheidungsvermögen, denn es bewahrt dich vor bösen Überraschungen.

Gibst du dem Bösen, wird er es dir nicht danken, sondern gar gegen dich verwenden.

Gibst du dagegen den Guten, werden sie es dir hundertfach zurückgeben.

Dies zu wissen und zwischen Guten und Bösen zu unterscheiden, ist das Geschenk des Unterscheidungsvermögens – eines der größten Geschenke auf dem Weg zum Höchsten Ziel, wo du dieses Wissen nicht mehr brauchst, weil es dann keine Trennung zwischen dir, der Welt und Gott gibt.

Arche und Anarchie

Karl Marx hatte es schwer. Er wuchs in einer Familie auf, in der er sich nicht geborgen fühlte. Und er hatte nicht die Gnade, einen engen Kontakt zu Gott aufbauen und pflegen zu können. Statt dessen lebte er in ständiger Konkurrenz – mit sich und mit anderen.

Karl Marx hatte deshalb ein schweres Leben, weil er im Laufe seiner verschiedenen Leben nicht die Eigenschaft der Freude entwickelt hatte. Freude zerrann in ihm wie Wasser in einem durchlöcherten Eimer. Karl Marx war aber sehr engagiert. Er wollte die Welt verändern. Das Leiden der Arbeiter berührte und beschäftigte ihn.

Sein Denken war aber tot – obwohl er so viel dachte. Karl Marx dachte nämlich, Gott sei tot. Das Denken, das von einem toten Gott ausgeht, ist selber tot. Gott ist der absolute Maßstab. Gott ist die Essenz, das Wesen und damit das Wesentliche von und in allem. Wer Gott nicht denken will, kann nicht denken – obwohl oder gerade weil er meint, dies so klar zu denken. Dies klingt paradox, aber gerade deshalb ist es wahr. Das Denken kann Gott nicht ergründen. Es kann Gott nicht durchdenken, analysieren, erfassen. Gott muß aber immer als Maßstab, als Ziel, als das sichere Absolute im Denken enthalten sein, sonst wird das Denken grenzenlos. Und grenzenloses Denken ist höchst gefährlich. Ein Denken ohne Grenze, ein Denken ohne Gott ist zu allem fähig.

Karl Marx wollte eine Gesellschaft ohne Gott aufbauen. Ich sage: „Der Mensch ist Gott.“ Karl Marx sagte: „Gott ist der Mensch.“ – Eine kleine Umkehrung, und alles ist anders. Sage ich, der Mensch solle das Göttliche in sich suchen und verwirklichen, sagte Karl Marx, Gott sei der Mensch, und er sei tot. Also ist sowohl Gott als auch der Mensch tot. Ohne zu wissen, was er sagte, formulierte Marx eine entscheidende Wahrheit: Ist Gott nicht mehr lebendig in der menschlichen Gemeinschaft, geht diese zugrunde – und mit ihr die Menschen, die in ihr leben. Eben dies geschah in den sogenannten kommunistischen Ländern: Die Regierungen richteten die Staaten zugrunde und ermordeten darüber hinaus noch Millionen (!!!) Menschen. Welch ein Greuel!

Der Mensch hat immer zwei Möglichkeiten: Entweder er wendet sich Gott zu und vom Dämonischen ab oder umgekehrt. Das Entscheidende auf dem Weg zu Gott ist die Aufgabe des Ego. Das Ego ist zunächst wertfrei. Es ist anfangs hilfreich bzw. entscheidend, um zu überleben und wichtige Entwicklungen zu machen. Ein Tier ohne Ego ginge zugrunde. Und so auch ein Mensch ohne Durchsetzungsvermögen. Früher oder später kommt aber der Punkt, an dem der Mensch sich entscheiden muß: Für oder gegen das Ego. Entscheidet er sich für das Ego, liegt der Weg zum Dämonischen sehr nahe. Das Dämonische ist die totale Macht des Ego, nach dem Motto: Alles für mich, koste es – besonders andere! –, was es wolle! Das ist etwas, was bei Tieren nicht geschehen kann, weil sie bei weitem nicht über die Freiheit und die Macht des Menschen verfügen.

Der Weg zu Gott, zum Selbst, ist das Aufgeben von Ego. Gott schmelzt das Ego, löst es mehr und mehr auf. Deshalb ist der Weg zu Gott für das Ego kein leichter Weg. Deswegen wird das Ego so sehr vom Dämonischen angezogen. Hier glaubt es, sich nicht nur über die Runden retten zu können, sondern sogar mehr und mehr Macht zu bekommen.

Dieses Denken ist falsch. Es ist das Denken ohne Maßstab, ohne Gott. Keiner kann auf Dauer dämonisch sein. Dämonen können nur unter bestimmten Bedingungen aufkommen und eine Zeitlang überleben. Ihre Zeit ist aber immer begrenzt. Früher oder später müssen sie ihr Dämonendasein aufgeben. Da gibt es kein Entrinnen. Anders dagegen ein guter Mensch: Er kann immer gut sein. Er wird einigen Prüfungen begegnen, die ihm helfen, seinen Charakter zu festigen und seine Güte mehr und mehr in seinem Wesen zu verankern. Der Gute ist aber immer bereits am Ziel. Der Schlechte dagegen noch auf dem Weg.

Der wirklich Gute weiß, daß er Gott ist. Der Schlechte leugnet Gott oder meint, Gott sei der Mensch.

Was bei dieser Haltung herauskommt, sehen wir in den sogenannten kommunistischen Ländern. Alle waren Diktaturen. Und was heißt das? Wo kein Gott ist, da ist auch keine Freiheit!

Hier wendest du sogleich ein, es gäbe genügend Diktaturen, die sich auf eine Religion bezögen oder gar von der Religion bzw. einer Kirche ihre Legitimation ableiten oder bekommen.

Für mich ist die Antwort einfach: Hast du einen Maler bestellt, und da kommt jemand, der anfängt, dein Haus einzureißen, dann nennst du den nicht Maler, sondern einen Abbruchunternehmer, oder du erklärst ihn für verrückt.

Wer Menschen unterdrückt, die Menschenrechte mit Füßen tritt und seine Untertanen leiden läßt, hat mit Gott soviel zu tun wie jener Mann mit einem Maler – nämlich gar nichts.

Die Nähe zu Gott und zu wahrer Religion erkennst du daran, wie liebevoll, wie gebend, wie barmherzig jemand ist. Ist er es nicht, ist er Gott nicht nahe.

So war es auch mit der marxistischen Theorie und deren zum Teil äußerst brutaler Umsetzung in die Praxis. Politiker, die ihre Staatsbürger für eine Idee einsperren, darben lassen oder gar foltern und ermorden, sind keine Politiker, sondern eine Ansammlung von Verbrechern.

Aber selbst die schlechtesten Wesen können nicht Gottes Gesetze ignorieren. Sie können die Kirchen schließen, groß verkünden, Gott gäbe es nicht, und doch werden sie mit Seinen Gesetzen konfrontiert und können sie, wenn überhaupt, nur eine Zeitlang übergehen.

So lehnte der Marxismus anfangs auch die Familie bzw. die Einehe ab. Jeder sollte mit jedem zusammensein können, und dies, solange er bzw. sie es wollte, und gehen können, wann immer es ihm bzw. ihr paßte.

Das Göttliche Gesetz lautet aber: Wer die Familie zerstört, zerstört die Gesellschaft. An Gott glaubten die marxistischen Tyrannen nicht. Und dennoch mußten sie Seine Gesetze befolgen – um zu überleben. Denn eine Regierung, die die Familien zerstört, führt geradewegs in die Anarchie und damit in die totale Zerstörung.

Anarchie wird mit Gesetzlosigkeit bzw. mit politischem, sozialem und wirtschaftlichem Chaos übersetzt. Ich möchte es aber noch anders sehen. Das griechische Wort „Arche" bedeutet Anfang, Ursprung. Anarchie ist für mich der Zustand, der nicht mit dem Ursprung verbunden ist. Dieser Ursprung ist Gott. Leugnest du Gott, verlierst du deinen Ursprung. Achtest du die Familie nicht, verlierst du den Kontakt zu deinem Ursprung, zu Gott. Und was ist ein Leben ohne Gott? Sinn- und wertlos. Du bist auf Erden, um Gott zu finden, nicht um Ihn zu verlieren. Verlierst du Gott, hast du dieses Leben nicht genutzt.

Gott ist eben nicht der Mensch, sondern du mußt dein Verweilen auf Erden nutzen, um herauszufinden, daß du Gott bist.

Was wäre aus Karl Marx, was wäre aus vielen Herrschern, was wäre aus vielen Ländern geworden, wenn jemand ihnen das gesagt und es sie in ihren Herzen hätte spüren lassen!

Sieh, welch ein Segen das Leben ist, denn alle, Marx und Mao und all die anderen, enden als Paulus, als derjenige, der nach langen Zweifeln und Suchen Gott findet. Die Zeitspanne, während der jemand als Saulus, als Zweifler lebt, ist immer nur eine kurze Phase der Anarchie. So sehr sich Saulus auch abwenden mag, es ist nicht schlimm, denn Gott hält ihn fest an Seinem Herzen. Er verhält sich wie eine Mutter zu ihrem Kind: Je kleiner das Kind ist, desto häufiger gibt sie ihm die Brust!

Ohne Gott geht es nicht

Stalin war einer der großen Dämonen dieses Zeitalters. Er schreckte vor nichts zurück, um seine Macht auszubauen bzw. zu erhalten. Fast alle seine Weggenossen ließ er einen nach dem anderen ermorden. Manch einen ließ er mit einer großen Begräbnisfeier bestatten – so, als hätte das böse Schicksal ihm einen guten Freund entrissen. Das Böse war aber er, der keine Grenzen kannte.

Unzählige ließ er per Gericht zum Tode verurteilen, und wo dies aus taktischen Erwägungen nicht möglich war, ließ er sie zu zehn Jahren Haft ohne Recht auf Briefkontakte verurteilen. Dies war ebenfalls ein Todesurteil, denn die Armen wurden im Gefängnis liquidiert, ihre Leichen anschließend heimlich in Krematorien verbrannt und die Asche weggeworfen. Manche Angehörigen erfuhren so nie, welch schreckliches Unrecht ihren Geliebten widerfahren war.

Stalin schaffte es in seiner grenzenlosen Grausamkeit auch, daß seine Frau sich das Leben nahm. Sie war ihm lästig geworden, so mußte auch sie sterben.

Bemerkenswert ist nun, daß dieser Dämon, ebenso wie der feige Lenin, versuchte, eine neue Gesellschaftsordnung zu errichten. Lenin hatte die Zarenfamilie ermorden und die Kirche entthronen lassen. Unzählige Priester verloren durch die sogenannte Kulturrevolution ihr Leben. Und wofür? Für ein Regime, das den Menschen noch weniger Wohlstand, noch weniger Gerechtigkeit als zuvor die Zaren bescherte. Natürlich ging es einigen besser als unter dem Zaren und seinen üblen Vasallen. Im ganzen betrachtet, war das Blutopfer aber so groß, daß es alle Greuel aller Zaren zusammen übertraf. Und das, obwohl die Zaren und deren Schergen auch nicht sehr menschenfreundlich gewesen sind.

So war es auf der einen Ebene ein schwerwiegendes Verbrechen, daß der falsche Lenin die Zarenfamilie ermorden ließ. Auf der anderen Seite war sie von den Göttlichen Heerscharen nicht zu retten, weil sie sich selber so viel Schuld aufgeladen hatte.

Der Zar war liquidiert, die Kirche entmachtet – und was hatte sich verändert? Man kann hier zu Recht das zynische Motto erwähnen: *Zuerst wurden die Menschen von Menschen ausgebeutet. Danach war es umgekehrt!* Dieses Motto ist aber insofern nicht ganz zutreffend, als nach der Kulturrevolution nicht Menschen von Menschen, sondern Menschen von Dämonen ausgebeutet wurden – Dämonen, zu denen ich auch den schrecklichen Breschnew rechne.

Was tat aber Stalin, der alles „säubern" wollte? Er führte die alten Insignien und Rituale der Macht und der Religiosität wieder ein! Bei „wichtigen" Beerdigungen wurden die Leichname mit entblößtem Gesicht aufgebahrt wie die Heiligen, es wurden, wie früher die Ikonen, nun große Bilder von ihnen im Trauerzug getragen, und die rote Fahne des Kommunismus hatte die Fahnen der Kirchen und Potentaten ersetzt. So wurden zuerst Lenin und anschließend Stalin zu den „Heiligen" Königen des Sowjetreiches. Und das Volk trauerte in größter Ergriffenheit bei dem Tod dieser Schurken, die es geschafft hatten, die alten Riten in ihr zerstörerisches Vorhaben zu integrieren. Was einst auf Gott und auf den Herrscher von Gottes Gnaden verwiesen hatte, verwies nun auf die Schergen des Kommunismus. Sie lehnten Gott, sie lehnten Seine Gesetze ab – und verwiesen doch, wenn auch in leicht abgewandelter Form, auf Ihn, um ihre Macht abzusichern. Es reichte ihnen eben nicht allein zu morden, sie mußten dem Volk übergeordnete Werte geben, um es regierbar zu halten. So wurden sie mit Gott, den sie unbedingt aus ihrem Leben verbannen wollten, spätestens beim Tod wieder konfrontiert.

Und dies in doppelter Hinsicht: Einerseits mißbrauchten sie die alten Riten, um ihre Macht zu legitimieren und zu festigen. Andererseits begegneten sie Gott nach ihrem Tod direkt. So waren Lenin und Stalin erschüttert, als sie sich nach dem Verlassen ihrer Körper mit Gott und Seiner Ordnung konfrontiert sahen. Sie sahen ihre schrecklichen Fehler, und sie erkannten, daß sie für all das Böse, das sie getan hatten, sühnen mußten.

Sowohl Lenin als auch Stalin mußten zurück ins Tierreich, hatten sie doch durch ihr Handeln das hohe Gut der menschlichen Geburt verwirkt. Stalin muß sogar mehrere Inkarnationen als Tier verbringen und einiges erleiden.

Dies klingt grausam und für die Welt, wie so häufig, „inhuman". Ihr müßt aber wieder verschiedene Ebenen betrachten. Natürlich sind die Menschen, die Tiere quälen, unmenschlich und werden ihre Lehren ebenfalls erfahren. Sühne ist aber wichtig. Sühne ist der westliche Begriff für Karma. Stalin muß am eigenen Leibe erfahren, was er Millionen angetan hat. Dies ist deshalb notwendig, weil er nur so ein Nachempfinden, ein Mit-Leiden lernen kann. Das Deutsche Wort *Mitleiden* trifft den Sachverhalt perfekt. Für Stalin waren Menschen nichts anderes als Schachfiguren. Kein vernünftiger Mensch bricht in Tränen aus, wenn auf dem Schachbrett ein Bauer, ein Läufer oder eine Dame fallen. Genauso sah Stalin seine Mitmenschen: Als Schachfiguren, mit denen man geschickt umzugehen hat, die aber ansonsten keinen Wert haben.

Stalin ist eine sehr starke Seele, nur dadurch konnte er so schnell so weitreichenden Einfluß gewinnen. Zu schnell. Er hatte den Ehrgeiz, ganz schnell weit hinaufzukommen. Dann erlebte er und erlebt immer noch, daß zu schnelles Vorankommen den Weg nicht verkürzt, sondern enorm verlängern kann. Das ist die Sühne, das ist die Aufgabe von Karma: Der Seele zu zeigen, sie *erleben* zu lassen, daß irgendein schnelles Vorankommen nicht das Entscheidende ist, sondern daß es allein darauf ankommt, ob eine Seele ein Segen für die Menschheit ist oder nicht.

Es ist nun schrecklich für eine Seele, nach dem Tod zu erkennen, daß sie nicht nur kein Segen, sondern ein Fluch für die Menschheit war. Dies schmerzte alle Dämonen des 20. Jahrhunderts sehr. Ihre größte Bitte im Jenseits ist deshalb, ihr Tun könne irgendeinen Segen, zumindest irgendeinen Nutzen gebracht haben. Ihr Leiden berührt Gott, und Er erhört deshalb ihre Gebete. Aus diesem Grund wird eines Tages selbst das Tun der Dämonen segensreich. In

Deutschland zum Beispiel haben die Menschen durch die Schrekkenstaten Hitlers gelernt, daß eine Philosophie des Größenwahns und eine Regierung ohne ethisch ausgerichtetes Grundgesetz zur Katastrophe führen. Hitler hat deshalb bei den guten Menschen in Deutschland – und davon gibt es stündlich mehr – die Funktion, daß sie alles vermeiden möchten, was nur annähernd zum Faschismus bzw. zu einem totalitären Staat führen könnte. Hitler hat mit dem Deutschen Größenwahn aufgeräumt, den dumme Deutsche Dichter und Denker in die Welt gesetzt hatten – besonders mit dem Größenwahn, die Deutschen seien das beste Volk. Kein Wunder, daß die Deutschen die Juden ausrotten wollten, weil diese ebenfalls den Anspruch erhoben, sie seien auserwählt. Mit dem Unterschied, daß die Juden sich dabei auf Gott, die Deutschen aber auf wild gewordene Denker beriefen. Bemerkenswert ist, daß beide den gleichen Anspruch hatten, die einen aber zu gottlosen Kriminellen, die anderen zu Opfern wurden, die immer wieder verfolgt werden.

Und die Dämonen der Sowjetunion machten ihrerseits deutlich, daß ein Staat ohne Gott, ein Volk ohne Glauben zugrunde geht. Und noch etwas wurde deutlich: So, wie gute Menschen sich stets verstehen und den Ausgleich suchen, so zerstreiten sich die Bösen – kein Wunder, daß sie den größten Krieg der Menschheitsgeschichte entfachten und alle gegeneinander kämpften.

Trenne dich deshalb unbedingt von dummen Egoismen. Baue vielmehr auf Gott und damit auf ein positives Selbstwertgefühl. Glaube niemals aus deinen Komplexen und deiner Dummheit heraus, du würdest dadurch größer, daß du jemand anderem den Kopf abschlägst. Sein Tod macht dich nicht größer, auch nicht lebendiger, sondern nur noch lebloser. Alle Menschen sind vor Gott gleich. Auch die bösen Dämonen, denn Gott sieht nicht nur den Augenblick, sondern das Ganze. Gott sieht deshalb, daß eine Seele, die viel Schlechtes tun kann, eines Tages auch viel Gutes tun wird, weil sie durch entsprechendes Leid viel Mitleid entwickelt hat. Die Welt ist auf Ausgleich ausgerichtet. Vor Gott sind alle gleich, denn Seine unendliche Liebe macht alle gleich. Sie kann gar nicht anders. Deswegen sind vor Gott alle auserwählt.

Die Ungläubigen bzw. Gottlosen *glauben* (!), es gäbe weder Glauben noch Wunder. Und warum glauben sie dies? Weil sie noch nicht in Kontakt mit der Göttlichen Liebe gekommen sind. Diese Liebe ist das wirkliche Wunder. Deswegen ist alles ein Wunder. Alles.

Besonders aber die Tatsache, daß jemand dies nicht sehen kann!

ॐ

Arroganz, Hochmut und Überheblichkeit entstehen, weil du dich als wichtig denken **möchtest.**

Dies in Wahrheit aber nicht tust.

Schätze deshalb dich und andere von deinem Herzen her.

Umhülle dich und andere mit deinem Herzen.

Nimm dich und andere vom Herzen her wichtig – und du wirst es in Wahrheit, von der Wahrheit des Herzens her, sein.

König Ashok
oder Ein Land erlangt Dharma

Es war einmal ein grausamer König, der sich wenig um Recht und noch weniger um Gnade kümmerte.

Ein König, der sein Reich mit Recht und Gnade regiert, ist wie eine Rose: Sie hat Dornen, um sich gegen Feinde zu verteidigen, sie hat aber auch eine wunderschöne Blüte und einen herrlichen Duft, um die zu erfreuen, die ihr mit offenem Herzen begegnen. Viele übersehen die Pracht einer Rose. Sie wissen noch wenig vom Leben. Der Wissende dagegen begegnet ihr mit Liebe und Achtung. Dafür wird er, wie auch von allem anderen Schönen, von der Rose mit Energie, Freude und innerem Glanz gesegnet.

Ein Herrscher ohne Gerechtigkeit und Gnade ist wie ein Tage alter Leichnam – er ist übelriechend und zu nichts nütze.

So verhielt es sich mit König Ashok. Anstatt seine Untertanen zu führen, zu lehren, zu verstehen und zu lieben, ließ er zahllose von ihnen einkerkern, foltern und hinrichten.

König Ashok hatte einen weisen Freund, der immer wieder versuchte, ihn klug zu beraten, und der ihn von Herzen bat, nicht weiter so ungerecht und grausam zu sein. „Majestät, ich bitte dich“, sagte er häufig, „ich bitte dich, herrsche mit offenem Herzen. Ich bitte dich im Interesse aller. Besonders auch in deinem Interesse. Du warst so gnädig, mir zu erlauben, dein Freund sein zu dürfen. Als Freund möchte ich dir von Herz zu Herz nahebringen, daß dein Handeln dich in Gefahr bringt. Du weißt, daß über uns alle der barmherzige, gütige und gerechte Herr, unser aller Gott, herrscht. Er sieht alle unsere Taten. Ich bitte dich, halte dich an Seine Gesetze. Es sind dies die Gesetze der Gerechtigkeit und Barmherzigkeit.“ Mit gefalteten Händen stand sein Freund Ananda vor ihm. Und er faltete seine Hände, weil er in seiner Weisheit selbst in diesem ungerechten Herrscher Gott sah und liebte.

König Ashok hörte jedoch nicht auf seinen Freund, sondern reagierte ganz im Gegenteil ungeduldig und ungehalten.

Ananda war aber ein guter Mensch und ein ebenso guter Freund. Er bat deshalb immer wieder für das Recht oder das Leben vieler Menschen. Dies erboste König Ashok allmählich so sehr, daß er selbst seinen treuen Freund in den Kerker werfen ließ.

Gott sah dies und verschloß Seine Augen nicht vor dem Unrecht.

Der König hatte einen Sohn, den er gemeinsam mit seiner Frau Lolanda zu Härte, Willkür, Brutalität und Grausamkeit anhielt. Er wurde ein Abbild seines Vaters und übertraf diesen sogar noch an Unmenschlichkeit.

Grausam wie König Ashok war, liebte er die Jagd und den Krieg. So war es nur folgerichtig, daß er bei einem Feldzug gegen seine Nachbarn ums Leben kam. Er wurde bald darauf als armer Bauer in seinem ehemaligen Königreich, das nun sein grausamer Sohn regierte, wiedergeboren.

Ashoks Frau Lolanda war von ihrem eigenen Sohn in den Kerker geworfen worden, wo sie elend umkam. Sie wurde als arme Bauerstochter wiedergeboren.

Der ehemalige König und die ehemalige Königin lernten sich kennen und lebten als arme Bauern ein mühevolles, aber glückliches Leben.

Da kamen eines Tages die Häscher des Königs und führten den armen Bauern, den ehemaligen König, ab. Er wurde ins Gefängnis geworfen, mißhandelt, gefoltert und anschließend einfach vergessen. So lebte er viele Jahre in einem dunklen Verlies.

Seine Frau sah ihn noch ein einziges Mal und war tief erschüttert, was man ihm, den sie für unschuldig hielt, angetan hatte.

Ashok wurde jahrelang unter den schlimmsten Bedingungen gefangengehalten.

Er lebte hier mit fünfzehn Mithäftlingen in einem Raum zusammen, den man eher eine Höhle als ein Zimmer nennen mußte. Es war wenig Licht in diesem Raum. Es gab keine Privatsphäre, und jeder mußte mit jedem auskommen. So sprach Ashok viel mit den anderen Häftlingen und diskutierte darüber, wie ungerecht die Herrscher seien und wie ausgeliefert das Volk. Er wäre gerne einmal Herrscher. Er wolle es besser machen, sagte er, von dem ja im Grunde all diese Brutalitäten ausgingen! Denn er hatte den heutigen Herrscher so menschenverachtend erzogen. Er war ihm ein so schlechtes Beispiel gewesen! Aber all das wußte Ashok nicht – Ashok, der jetzt kein König und im Grunde auch kein Bauer, sondern nur mehr ein armer, hilfloser Gefangener war.

Ich sagte, er wußte nicht, daß von ihm all diese Brutalitäten ausgingen. Dies ist nicht ganz richtig: Auf einer Ebene wußte er es natürlich nicht – auf einer anderen aber sehr wohl.

Freud hat die Einteilung von *bewußt* und *unbewußt* in die Psychoanalyse eingeführt. Dies war ein entscheidender Schritt. Die Welt sähe in vieler Hinsicht noch schlimmer aus, hätte es nicht die gute und integre Seele von Sigmund Freud gegeben. Sie hat der Menschheit Licht in die inneren Zusammenhänge der Seele gebracht.

Freud hat aber auch manches falsch gesehen. Freud hatte keinen Zugang zu der Quelle seines Glaubens gefunden. Das war in gewisser Hinsicht auch wichtig. Der Leser wird an dieser Stelle stutzen: Ich, der ich das Ziel allen Glaubens bin, ich sage, es sei in gewisser Hinsicht auch gut gewesen, daß Freud nicht glaubte! Fast schon unerhört, zumindest aber paradox! Bedenke jedoch stets, daß alles seinen Sinn hat. Alles! So auch Freuds Ferne von der Quelle seines Glaubens. Freud schuf damit die Basis eines theoretischen Gebäudes, das in vielem heute noch eines der fundiertesten ist, wenn es um die Erklärung psychischer und psychologischer Sachverhalte geht. Dadurch, daß es ihm an Glauben fehlte, entging Freud der Gefahr, überall dort irgendwelche unbewiesenen Hypothesen bzw. irgendwelche Glaubenssätze zu postulieren, wo er entweder nicht in der Lage oder zu bequem war, weiterzusuchen. Freud versuchte vielmehr, alles „wissenschaftlich" zu begründen. Und bewies hierin eine beispielhafte Redlichkeit.

Wer aber nicht glaubt, ist fast immer irrational. Gott ist die Basis und das Ziel allen Denkens, Forschens und Strebens. Wer Gott nicht mitdenkt und mitbedenkt, baut sein Denken nicht nur auf Sand, sondern auf einer äußerst tönernen Basis, die zwangsläufig früher oder später zusammenbricht, zusammenbrechen muß. Ohne Gott ist alles Denken reinste Spekulation, die bis zur Irrationalität bzw. bis zum blanken Selbstwiderspruch reicht. Eine dieser Irrationalitäten ist Freuds Begriff der Libido. Alles soll die Libido erklären, alles soll sie begründen. Die Libido bei Freud erinnert mich an die Landkarten der Römer, die sie für Afrika erstellten: Überall, wo sie nicht wußten, was da sei, schrieben sie einfach: *Hic sunt leones,* hier sind Löwen. Ähnlich verhält es sich mit dem Begriff der Libido bei Freud. Für alles muß diese arme Libido geradestehen – die Libido, die Quelle der Freude, ob sie wohl bei dieser Überforderung noch Freude haben kann?

Ein weiterer Fehler bei Freud sind seine Begriffe des Unbewußten, des Ich und des Über-Ich. Zum Unbewußten zählt Freud Triebe, Wünsche, Verdrängtes. Das Selbst, den Gott in dir, dachte Freud nicht, deshalb wies er Ihm auch keinen Platz zu. Das Selbst ist aber in jedem Menschen vorhanden. Gott ist in jeder Kreatur und begleitet sie durch die verschiedenen Leben. Gott ist immer da, obwohl Er den meisten *unbewußt* ist. Deshalb ist das Unbewußte nicht nur ein etwas dunkler Sammelplatz wilder Wünsche und Neigungen bzw. Verbote, sondern der psychische Ort im Menschen, der von den archaischsten Trieben bis hin zum allumfassenden Gott reicht – dem Gott, der das wahre Fundament für das Ich und Über-Ich ist.

Im Gegensatz zu Nietzsche war Freud ein klarer und integrer Mann. Freuds Unbewußtes – diesmal im umfassenden Sinne! – war viel menschenfreundlicher als das Nietzsches. Nietzsche verachtete sich selbst und damit die anderen, besonders die Juden. Er sprach vom Übermenschen, weil er sich selber so unzureichend vorkam, daß er gerne ein Übermensch geworden wäre, weil er hoffte, dann vielleicht mit seinen alltäglichen Problemen zurechtzukommen. Nietzsche glaubte auch nicht an Gott, gleichzeitig haderte er aber ständig mit Ihm – haderte mit Ihm bis zur geistigen Umnachtung. Daß Nietzsche die Existenz Gottes anzweifelte, stellte kein Problem dar.

Es gibt viele Menschen, die Gottes Existenz entweder aus mangelndem Interesse oder aus mangelnden seelisch-geistigen Fähigkeiten oder aus beiden Gründen anzweifeln, die aber trotzdem Gott nahe sind. Nietzsche verachtete seine Mitmenschen, deshalb bekam er eine Krankheit, die aufzeigte, wie krank sein Denken war. Ein genialer Mensch, der durch eine schwere Krankheit den Weg zu seinem Herzen fand.

König Ashok hatte Ähnlichkeiten mit Nietzsche gehabt, als er als König seine Untertanen in erschütternder Weise um die Führung durch einen guten König betrog. Er kam in einem selbstverschuldeten Krieg um und erlitt als armer, hilfloser Bauer einen Teil der Qualen, die er anderen angetan hatte. Er fand in seiner Inkarnation als Bauer bzw. als ausgelieferter Gefangener seinen Weg zu dem Teil, der ihm als König so unbewußt gewesen war: Zu dem Gott in sich. Ashok fand zu einem tiefen Glauben, zu Demut, zu Ehrfurcht und zum Staunen. Ashok konnte sich nun über die kleinste Kleinigkeit freuen und dem Herrn dafür danken.

Ashok war aber von unbewußten Schuldgefühlen getrieben. Er „wußte“ unbewußt um seine Schuld als König. Deshalb bat er immer wieder Gott, Er möge ihm die Chance geben, als Herrscher Gutes für ein Volk zu tun. Immer und immer wieder dachte er daran und bat Gott um die Gnade, diesen seinen brennenden Wunsch zu erhören und zu erfüllen.

Nach langer, langer Zeit, in der er niemals vernommen, geschweige denn ihm die Möglichkeit gegeben wurde, sich zu verteidigen, wurde ihm eines Tages mitgeteilt, es sei nun erwiesen, daß er schuldig sei, weswegen er in zwei Wochen hingerichtet werde.

Ashok betete in diesen zwei Wochen viel und hoffte, „einmal als Herrscher wieder aufwachen zu können“, wie er es nannte. Er sprach noch viel mit seinen Kameraden und war recht gefaßt. Was ihn aber wirklich schmerzte, war der Gedanke an seine Familie. Ashok litt bei der Vorstellung, wieviel Leid sie durch ihn erleben mußte. „Wer kümmert sich um meine Frau?“ fragte er sich. „Wer wird in diesen schlechten Jahren für sie und die lieben Kinder sorgen?" Diese Fragen bekümmerten ihn sehr. „Da ich aber ohnehin keine Hoffnung habe, aus dem Gefängnis je wieder herauszukommen", dachte er, „ist es auch beinahe einerlei, ob sie mich jetzt töten oder ob ich etwas später an Auszehrung sterbe. Aber ich bitte dich, Herr, mein Schöpfer, dich um meine liebe Familie zu kümmern." Und der Herr erhörte ihn, und seiner Familie wurde geholfen.

Ashoks Herz, das während seiner Zeit als König so verschlossen war, öffnete sich mehr und mehr. Er half noch, wo er konnte, und starb mit einem Gebet auf den Lippen und dem Wunsch, einmal ein guter Herrscher zu werden, unter dem Henkersbeil.

Gott verfügte, daß er in der Herrscherfamilie als sein eigener Urenkel wiedergeboren wurde. Dies war eine besondere Gnade, die so nicht häufig geschenkt wird, die ihm aber wegen seines Glaubens, seiner Hingabe, seines Dienens seinen Mitgefangenen gegenüber und auch deshalb gewährt wurde, weil er mit einem Gebet auf den Lippen gestorben war.

Ashok hatte in seiner neuen Inkarnation ein offenes, ein gutes Herz, entsprechend viel litt er unter der Unredlichkeit, der Falschheit und dem korrupten Machthunger am Hof.

Er wurde aber nicht so sehr beachtet und in die Pflicht genommen, daß es für ihn hätte unerträglich werden können. Ashok war nämlich in der Thronfolge erst an fünfter Stelle. So wurde er beinahe übersehen, dachte ja keiner daran, daß er eines Tages Herrscher werden würde. Er wuchs deshalb mit einiger Freiheit auf, wodurch er sich seine guten Charaktereigenschaften bewahren konnte. Der Herr hatte aber bereits vor der Geburt entschieden, daß Ashok König werden würde. Viele gute Menschen hatten gebetet, weswegen sich die Schwingung im Land grundlegend geändert hatte. So *mußte* ein anderer Herrscher kommen. Dieser andere Herrscher war der durch Leiden und Tod geläuterte Ashok.

Wer ebenfalls in Ashoks Familie hineingeboren wurde, war dessen früherer guter Freund Ananda. Ashoks Sohn hatte ihn freigelassen. Daraufhin war Ananda in die Berge gegangen und hatte monatelang um Segen und Frieden für sein Land gebetet. Dann war er eines

Tages sanft eingeschlafen. Der Wunsch, seinem Land zu dienen, bestimmte seine Wiedergeburt. Er wurde als Ashoks jüngerer Bruder geboren.

Zusammen mit seinem Bruder überlebte Ananda eine Pestepidemie. Sie nahm deshalb so viele ins Jenseits mit, weil sie alle vom Bösen ergriffen und damit in ihrer Vitalkraft geschwächt waren. Jemand ist nämlich deshalb böse, weil er Böses sieht, hört und tut. Ein böser König straft deshalb so hart, weil er überall Böses sieht, hört und wahr-nimmt, das heißt für wahr hält. Das Böse, das er wahrnimmt, ist aber nicht in den anderen, sondern *in ihm*. Das ist das ganze Problem. Das Böse schwächt, weil das Böse den Lebensfluß blokkiert. Das Leben ist Fluß. Das Böse drückt sich dagegen häufig im Gegensatz der Liebe, in Haß aus. Und Haß blockiert. Wer haßt, verzehrt sich, schwächt sich, zerstört sich selbst und öffnet sich damit für alles Negative. In dem Maße, wie jemand negativ denkt und gerne Negatives sagt und hört, öffnet er sich für Krankheitserreger: Negative Gedanken *sind* die Krankheitserreger. Ein Heiliger kann gar nicht krank werden – außer wenn er das Karma anderer auf sich nimmt! Negative Gedanken sind die Pest des Denkens, kein Wunder also, wenn sie ihre Verwandten, die Pesterreger, aufnehmen.

So starben viele an der Pestepidemie, denn viele hatten die Pest bereits in ihrem Denken und Handeln.

Ashok und besonders Ananda hatten aber im letzten Leben gelernt, daß sie durch das Gebet innere Kraft und Ruhe finden konnten. Während viele ihrer Mitbürger zu schlechten Ärzten, Wahrsagern, Quacksalbern und Scharlatanen gingen, hielten sich Ashok und Ananda ans Gebet. So überlebten sie. Und weil kaum jemand von der königlichen Familie überlebte, besonders aber keiner vor ihm einen Anspruch auf den Thron hatte, wurde Ashok mit fünfunddreißig Jahren König.

Ashok heiratete die fünfzehn Jahre jüngere Lolanda, die nun durch die Leiden um ihn und als arme, geschundene Bäuerin liebevoll und redlich geworden war.

Ashok trat eine große Aufgabe an. Er hatte aber mit einem entscheidenden Problem zu kämpfen: Viele Beamte und Minister waren entweder gestorben, oder sie waren nicht die Menschen, die er sich als Ratgeber und Helfer vorstellte. Es bestanden immer noch viele Privilegien, viel Ungerechtigkeit, viel Unrechttun. Ashok wollte dies unbedingt beenden. Er setzte deshalb seinen geliebten jüngeren Bruder Ananda als Übergangsherrscher ein, verkleidete sich und seinen treuen Diener, Narendra, der ihn unbedingt begleiten wollte, als arme Bettelmönche und zog mit ihm durchs Land, um nach rechtschaffenen Menschen Ausschau zu halten, die ihn bei seiner Regierungsarbeit unterstützen sollten.

Für Ashok erhob sich die Frage, wo er suchen sollte. „Kann ich", so fragte er sich, „auch bei ganz einfachen Leuten suchen? Nehmen wir an, ich gehe zu einer Bauernfamilie und sehe, daß der Bauer oder sein Sohn ein guter Mann ist, was tue ich dann? Denn ungebildet, wie die Menschen sind, können sie doch nie eine Beamtenstellung bzw. einen Ministerposten innehaben. Was tun?" Ashok dachte nach, dabei sprach er vor sich hin. Das hörte Narendra und meinte: „Majestät, ich habe eine Idee!" – „Du hast eine Idee, dann sprich!" – „Majestät, Sie wissen nicht, wie ich unter meiner mangelnden Bildung leide. Beinahe alles, was ein Kind in der Schule lernt, kenne ich nicht. Das ist schrecklich. Ich fühle mich so ausgeschlossen!" – „Du hast recht! Trotzdem: Du magst nicht in die Schule gegangen sein, du bist doch gut und klug! Besser so, als gebildet mit schlechtem Charakter!" antwortete Ashok und lachte Narendra fröhlich und herzlich an. Er fuhr dann fort: „Was du gesagt hast, ist sehr, sehr wichtig. Jetzt weiß ich, was wir dringend benötigen: Schulen! Dieses Land hat viel zuwenig Schulen. Wo keine Schulen sind, da gibt es kein Wissen. Das bedeutet, daß allein die Wissen erlangen, die sich teure Schulen leisten können. Und das heißt, daß es kaum, wenn überhaupt, eine Auswahl an fähigen Köpfen und guten Herzen gibt. Gibt es keine Auswahl, muß genommen werden, was sich bietet, womit zwangsläufig das Niveau sinkt. Wir benötigen Schulen. Das ist das Entscheidende!" Ashok war sehr froh über diese Idee, denn es hatte ihm bereits viel Kopfzerbrechen bereitet, wie er neuen Wind in den verlotterten Staat bringen konnte.

Nun gingen Ashok und Narendra von Dorf zu Dorf. Und in jedem Dorf bettelten sie von Haustür zu Haustür. So lernten sie die Menschen kennen. Behandelten diese sie gut, so sprach der König länger mit ihnen. Und waren sie offen und zugewandt, stellte Ashok früher oder später die Frage, die er sich ausgedacht hatte: „Was meint ihr, ist das wichtigste: Gott, seinem Gewissen oder dem König zu folgen?“ Ashok ging von Haus zu Haus und schrieb sich die Namen von denjenigen auf, die ihm das antworteten, was er erwartete. Die Antwort mußte lauten: Allen dreien! Denn zwischen den Anordnungen Gottes, des Gewissens und des Königs darf es keinen Unterschied geben! Gott stellt die Gesetze auf, das Gewissen richtet sich danach, und ein König muß sie umsetzen. Tut er dies nicht, darf man ihm nicht folgen. Deshalb verläßt der Weise ein Königreich, in dem ein ungerechter König herrscht.

Ashok dachte, nicht viele würden diese Antwort geben, denn er selbst fand sie nicht einfach. Wie überrascht war er aber, als er feststellen mußte, daß nicht wenige wie er dachten. „Majestät“, meinte deshalb Narendra, „ist es nicht erstaunlich, daß es nach all den Jahren der Unterdrückung, der Angst und der Not noch so viele gute Menschen gibt?“ – „Du hast recht, Narendra“, antwortete Ashok, „man könnte meinen, die Menschen seien nach diesen vielen Jahren des Unrechts ebenfalls unrecht geworden. Dem ist aber hier nicht so. Nur die, die stets mit den Regierungsgeschäften betraut waren, wurden angesteckt. Die Menschen auf dem Land und in den kleinen Städten haben ihr gutes Herz bewahren können. Das paßt zu meiner Theorie: Der Mensch, ja jede Kreatur, ist von Herzen gut. Nur die schlechte Erziehung, die falsche Ausrichtung des Denkens, läßt die Menschen schlecht werden!“

Ashok ging von Haus zu Haus und fand viele gute Menschen. Und warum fand er sie? Weil er selber ein guter Mensch war. Bei ihm konnten seine Landsleute ihr Herz öffnen und fanden sich verstanden und geachtet.

So kam König Ashok nach drei Jahren mit einer langen Liste in die Residenzstadt zurück.

Keiner erkannte ihn. Das Treiben ging fröhlich weiter. Keiner blieb stehen und grüßte ihn, wie es einem König gegenüber angemessen gewesen wäre. Das erwartete Ashok auch nicht. Er spürte aber eine Veränderung. Irgend etwas hatte sich verändert seit seiner Abreise. Ashok dachte und spürte nach. Nach einer Weile kam ihm die Antwort: Die Stimmung war anders, ruhiger, offener, positiver.

Und er sah viele offene, fröhliche, redliche Menschen auf der Straße. Wo kamen die alle her? Was war geschehen?

Erwartungsvoll ging Ashok zum Königspalast. Zuerst verwehrten ihm die Wachen den Eintritt, als er aber sagte, er sei König Ashok, warfen sie sich ihm ehrerbietig zu Füßen und dankten Gott, daß er wohlbehalten wiedergekommen sei. Sie erhoben sich und sagten: „Gott segne dich, unseren König!"

Diesen Segenswunsch hörte er zum erstenmal. Ashok war berührt und beeindruckt.

Er ging in den Palast. Die Kunde seiner Ankunft hatte aber bereits seinen Bruder und jetzigen Regenten, Ananda, erreicht. Der kam mit offenen Armen auf ihn zu und begrüßte ihn herzlich. Auch er wirkte verwandelt. „Was ist nur geschehen?" fragte sich Ashok, und Narendra tat es ebenso.

„Wie schön, daß du wieder da bist, mein lieber Bruder!" sagte Ananda, und Tränen der Freude waren in seinen Augen. „Wie ist es dir ergangen?" – „Sehr gut, denn ich habe feststellen dürfen, welch ein gutes Volk wir haben. Wie viele gute Menschen es gibt. Aber sag du mir, wie ist es dir ergangen?" wollte Ashok wissen. „Nachdem du weggegangen warst, wurde mir bald die Bürde der Herrschaft deutlich", antwortete Ananda. „Ich fühlte mich durch vieles überfordert. Außerdem merkte ich, wie korrupt viele Minister, Beamte und Angestellte waren. Ich wußte nicht, was ich tun sollte. Ich betete immer wieder zu Gott, Er möge mir helfen. Ich fastete, betete und meditierte. Da kam eines Tages ein Erleuchteter zu den Toren der Residenz und bat um Einlaß. Ich empfing ihn mit dem größten Respekt." Ananda machte eine kurze Pause, um sich die Nase zu putzen, da fragte Ashok: „Und wie ging es weiter? Es klingt so überaus spannend!“ – „Das war es auch!“ antwortete Ananda. „Ich bat den Erleuchteten herein und bot ihm an, sich zu baden, sich neu zu kleiden, und lud ihn zum Essen ein. Als er merkte, daß ich fastete, fragte er mich nach dem Grund. Als ich ihm sagte, ich täte es, um eine Antwort auf meine brennendste Frage zu finden, bat er mich, ihm diese Frage mitzuteilen. ‚Ich weiß nicht, was ich tun soll‘, antwortete ich. ‚Mein Bruder, der König, ist auf Reisen, und ich weiß nicht, wie ich der Korruption, des mangelnden Einsatzes und der Vetternwirtschaft Herr werden kann!‘ – ‚Was macht dein Bruder auf Reisen?‘ fragte mich der Erleuchtete. Ich antwortete ihm, daß du nach neuen Ministern, Beamten und Angestellten suchst. ‚Eine gute Idee! Aber ein langwieriger Prozeß! Bis ihr Leute, die nicht geschult sind, sinnvoll einstellen könnt, vergehen einige Jahre. Und was macht ihr bis dahin? Was macht ihr jetzt?‘ – ‚Genau das ist meine Frage, das ist mein Problem!‘ antwortete ich etwas hilflos. Ich muß ziemlich unglücklich ausgesehen haben, denn der Erleuchtete berührte liebevoll und voller Respekt meinen Arm und sagte dann: ‚Mach dir keine Sorgen. Du bist ein guter Mensch und ein ebenso guter Verwalter des Thrones deines Bruders. Guten Menschen wird immer geholfen! Was du benötigst, ist ein Umschulungsprogramm, das nicht in den Kopf, sondern ins Herz geht!‘

Ich war recht erstaunt, denn unter einem Umschulungsprogramm, das ins Herz ging, konnte ich mir überhaupt nichts vorstellen. Auch dies bemerkte er und sagte deshalb: ‚Das einzige, was das Herz verändert, ist Spiritualität. Spiritualität ist der Weg der Liebe. Denn Spiritualität öffnet dein Herz für Gott. Das ist der ganze Sinn und Zweck von Spiritualität.‘ Ich wußte nicht, worauf er hinauswollte, deshalb sah ich ihn fragend an und schwieg. Er fuhr sogleich mit seinen klugen Ausführungen fort: ‚Du wirst dich jetzt fragen, wie du völlig unspirituelle Menschen, die zum Teil ein sehr verschlossenes Herz haben, zur Spiritualität führen kannst.‘ – ‚Genau, das ist meine brennende Frage!‘ sagte ich. ‚Du mußt als Herrscher verfügen, daß morgens und abends das Gayatri-Mantra 108mal gesungen wird. Das ist alles!‘ Nun wußte ich nicht viel mehr als vorher, denn ich kannte das Gayatri-Mantra nicht. Ich spürte aber sogleich, daß es mich sehr ansprach und berührte.“ – „Und wie lautet das Gayatri-

Mantra?“ fragte König Ashok sehr interessiert seinen guten Bruder. „Genau das fragte ich auch den Weisen“, antwortete Ananda, „und er sang es mir sogleich vor. Möchtest du, mein lieber Bruder, daß ich es dir vorsinge?“ – „Oh, liebend gern!“ Und so sang Ananda:

Om Bhur Bhuvah Svah
Tat Savitur Varenyam
Bhargo Devasya Dhimahi
Dhiyo Yonah Prachodayath

Nachdem die letzte Silbe bereits eine Weile verklungen war, sagte König Ashok: „Wie schön und berührend es ist! Welch ein Geschenk! Wie uns dieser Heilige gesegnet hat! Und was bedeuten diese Verse?“ – „Mich berührte es ebenfalls“, antwortete Ananda. „Da erklärte mir der Weise: ‚Was ich dir vorgesungen habe, ist ein uraltes Mantra, das die großen Weisen der Vorzeit direkt von Gott erhalten haben. Es ruft die verschiedenen Ebenen, die verschiedenen Energiequellen, sprich: die verschiedenen Götter an und besagt im Grunde nichts anderes als: Führe mich zur Erleuchtung!‘ Ich war nicht nur berührt von den Ausführungen dieses Erleuchteten, sondern ich war begeistert und tief dankbar: Der Herr, mein gütiger Gott, hatte mir die Gnade gewährt, mich zu erhören und mir eine Lösung für mein drängendstes Problem zu schicken. Ich dankte dem Weisen von Herzen und setzte seinen Rat sogleich in die Tat um. Ich ließ die besten Männer und Frauen rufen und bat den Weisen, sie in dem Mantra zu unterrichten. Als sie es auswendig konnten, teilte ich alle Minister, Beamte und Angestellte in Gruppen ein und wies jeweils einen derjenigen, die es soeben gelernt hatten, an, eine Gruppe zu unterweisen.

Jeden Morgen und jeden Abend kamen die Gruppen zusammen und sangen das Mantra 108mal.

„Welch eine wunderbare Idee und Einrichtung!“ meinte König Ashok freudig. „Und wie ging es weiter?“ fragte er begierig. „Der Erleuchtete sagte mir noch folgendes: ‚Es wird immer wieder Menschen geben, die in ihrer Entwicklung auf einer Stufe stehen, wo sie mit dem Gayatri nichts anfangen können. Die Kraft des Weisen ist die Toleranz, die ihre Wurzeln im Kosmischen Wissen gründet.

Jeder hat seinen Weg. Manche Wege kreuzen sich. Manche nicht. Stell dir vor, du legtest alle Straßen so an, daß sich alle kreuzten! Welch ein Chaos! Welch ein sinnloses und außerdem unmögliches Unterfangen! Es muß Wege geben, die sich nicht kreuzen. Dadurch erst ergibt sich die Möglichkeit, in unendlich verschiedene Richtungen zu gehen.

Du wirst immer wieder Menschen finden, die sich für einen spirituellen Weg nicht – noch nicht! – öffnen können. Erzwinge nichts. Nichts erzwingen bedeutet aber nicht, alles zu dulden. Führe deshalb immer wieder Kontrollen durch. Kann bzw. will jemand nach drei Monaten immer noch nicht das Gayatri singen, entferne ihn aus der Gruppe und von seinem Posten. Hab keine Angst, daß Ämter für eine Weile unbesetzt bleiben: Es werden Menschen nachkommen, die viel besser geeignet sind, und die anderen, die ihren Weg mit dem Gayatri gehen, werden eine Zeitlang einige Arbeit von den anderen übernehmen können. Führe dieses Gruppensingen stets durch, ebenso wie die Erneuerung alle drei Monate. Und bitte die, die nicht hineinpassen, liebevoll hinaus, mache ihnen klar, daß sie offensichtlich einen anderen Weg gehen, daß dies völlig in Ordnung sei, daß sich aber dein Weg und der ihrige trennen. Denke immer daran: Bei einer Weggabelung ist die Straße nicht unruhiger als zuvor. Und die zwei Wege, die sich durch die Weggabelung ergeben, zürnen nicht einander. Vielmehr geht jeder seinen Weg und dient dabei den Reisenden!'" – „Wie klug!" meinte König Ashok.

„Mein lieber Bruder, du kannst dir vorstellen, wie dankbar ich dem Weisen war", fuhr Ananda fort. „Ich bat ihn, noch mein Gast zu sein, was er zögernd annahm. Er half mir sehr, die Vorsänger auszubilden und die Gruppen einzuteilen. Dann ging er. Nach genau drei Monaten kam er wieder und half mir, diejenigen auszusuchen, die nicht diesen Weg gehen wollten. Mit sicherem Auge erkannte er jeden, der nicht an das Gayatri glaubte und beim täglichen Singen nicht mitmachen wollte. Ich sagte ihnen, sie könnten die Gruppen verlassen und daß sie ihre Stellung verlören. Darüber waren sie zum Teil sehr aufgebracht. Der Weise blieb aber sehr ruhig, herzlich und bestimmt. Er verließ dann wieder die Residenz, wobei er nicht vergaß, mir zu versprechen, daß er nach Ablauf der nächsten drei Monate wiederkomme. Er hielt sein Versprechen. Als er kam, war die Stimmung bereits grundlegend verändert. Alle, die regelmäßig das Gayatri sangen, waren viel offener, herzlicher, engagierter, fröhlicher, positiver. Es wehte ein ganz neuer Wind im gesamten Regierungsapparat. Wieder bat mich der Weise, bestimmte Menschen aus den Gruppen zu entlassen. Wieder war dies zuerst mit Schwierigkeiten, anschließend aber mit einer großen Erleichterung und mit einer großen Entwicklung verbunden.

Wegen der gewaltigen Erfolge, die wir durch das Gruppensingen erzielten, haben wir dieses Singen auch auf die Kindergärten, Schulen und Oberschulen ausgedehnt. Natürlich können kleine Kinder nicht 108mal das Gayatri singen. Deshalb beginnen die Kindergärtnerinnen mit wenigen Gayatris und steigern die Zahl allmählich. Die Kinder sind begeistert. So auch die Schüler. Siehst du, mein lieber Bruder, so grundlegend hat sich die Stimmung durch das Gayatri geändert." – „Es ist regelrecht zu spüren gewesen, als ich kam. Es war so viel friedlicher, liebevoller, herzlicher", antwortete Ashok. „Ja, und es geschah noch etwas!" sagte Ananda. „Als der Weise das dritte Mal wiederkam, sagte er mir: ‚Du wirst sehen, die Menschen werden nun nach Gott fragen und werden wissen wollen, wie man Ihm nahekommt.' Und genauso war es. Alle waren begeistert von dem Singen. Viele wollten aber außerdem wissen, wie sie ihren Kontakt zu Gott verbessern, wie sie auf ihrem Weg zur Spiritualität weiterkommen konnten. Der Erleuchtete sagte schlicht: ‚Es gibt einen ganz einfachen Weg zu Gott. Genauso, wie es einen einfachen Weg gibt, zu deinen Eltern zu kommen: Du mußt sie nur rufen. Entweder sie kommen, oder sie antworten, wodurch du weißt, wo sie sind, und zu ihnen gehen kannst. Das gleiche geschieht, wenn du den Namen des Herrn wiederholst. Die Wiederholung des Namens ruft den Herrn automatisch zu dir. Der Herr ist dann stets bei dir. Genaugenommen ist er dies auch ohne Wiederholung Seines Namens. Aber wenn du den Namen wiederholst, wird sich deine Seele Seiner Gegenwart immer mehr bewußt – und das bedingt die Veränderung. Dringt Gott immer mehr in dein Bewußtsein, so muß alles Negative weichen. Wo Licht hinkommt, weicht die Dunkelheit von allein. Du mußt sie nicht mit einem Sack heraustragen. Wo Licht ist, geht sie einfach. Das ist das Gesetz. Dies mußt du deine Untertanen lehren. Dann kommt Licht in dein gesamtes Reich!' Und, geliebter Bruder, so war es auch! Der Weise lehrte die Menschen, den Namen Gottes zu wiederholen, erklärte ihnen, daß sie damit alle Probleme und alle Krankheiten heilen könnten. Und er tat es so, daß fast alle von ihm begeistert waren. Diejenigen, die diesen Weg nicht gehen konnten, wurden nach drei Monaten ebenfalls von mir entlassen."

„Welch wunderbare Veränderung!" rief König Ashok aus. „Wieviel Gnade unser Königreich durch dich und diesen Heiligen erfahren hat! Ich danke dir von Herzen für deinen Einsatz." Bei diesen Worten umarmte König Ashok Ananda.

Nach einer Weile fragte Ananda seinen Bruder: „Und was hast du auf deinem Weg erfahren?" – „Ich hab mich gewundert, wie viele gute Menschen es in unserem Königreich gibt", antwortete König Ashok. „Offensichtlich habe ich die Auswirkung deiner segensreichen Handlungen bis in die entfernten Dörfer unseres Landes feststellen können. Ich habe viele Menschen getroffen, die liebevoll und Gott ergeben sind. Und es ist mir durch meinen treuen Diener Narendra bewußt geworden, daß es außer dem Glauben nichts Wichtigeres als Bildung gibt. Ich will deshalb in unserem Land viele Schulen errichten. Ich finde es auch wichtig, daß es Fortbildungen für Erwachsene gibt. Denn Wissen, gepaart mit Unterscheidungsvermögen, Demut den Mitmenschen und Ehrfurcht Gott gegenüber, ist das Wichtigste für die Menschen. Und wir als Herrscher müssen dem Rechnung tragen und es so sehr fördern wie nur irgend möglich!"

Ananda war der gleichen Ansicht wie Ashok. Ananda war so froh, daß sein Bruder wieder da war, daß er ihn bat, ein großes Fest zu Ehren der Götter und als Ausdruck der Freude über die Rückkehr des Königs geben zu dürfen. Und König Ashok freute sich, bei dem Fest so viele offene, herzliche und gläubige Menschen an einem Ort zu sehen.

„Wann kommt eigentlich der Heilige wieder?“ fragte er eines Tages. „Ich weiß es nicht“, antwortete Ananda. „Ich befürchte sogar, daß er nicht wiederkommt – bzw. ich hoffe es sogar, obwohl ich es bedauere!“ König Ashok sah Ananda wegen dieses offensichtlichen Widerspruchs erstaunt an. „Ich hoffe, daß er nicht wiederkommt“, erklärte sich Ananda, „weil der Weise sagte, er käme wieder, wenn ich in Schwierigkeiten geraten würde. Deswegen hoffe ich, er möge nicht wiederkommen. Auf der anderen Seite haben uns die Schwierigkeiten viel gelehrt, weswegen ich sie auch willkommen heiße – besonders bei der Aussicht, den Weisen wiederzusehen!“

Die Zeit verging. Ashok und Ananda regierten zusammen – Ashok als König und Ananda als Vizekönig.

Ananda hatte viel Segen aus seinem früheren Leben mitgebracht. Er war derjenige, der den spirituellen Kurs in dem Königreich bestimmte. Ashok dagegen beschäftigte sich mit der Gesetzgebung und der Verwaltung.

Das Karma wollte, daß Anandas Linie den Thron innehaben sollte. Und so geschah es auch: Ashok und seine Frau Lolanda hatten keine Kinder. Außerdem starb er mit dreiundsechzig. Bei seinem Tod übernahm sein guter und treuer Bruder die Regierung. Und nach ihm dessen wunderbarer Sohn. Und nach dessen Tod Anandas Enkel. Und Gottes Segen lag lange über diesem Königreich, das alles getan hatte, um Ihm nahe zu sein.

Die Wahrheit siegt

Es waren einmal drei Männer.

Der erste war ein Raubmörder.

Der zweite ein notorischer Lügner.

Der dritte war ein ehrlicher Mann.

Der erste beging einen Mord und gestaltete dabei die Umstände so, daß der Verdacht sowohl auf den Lügner als auch auf den ehrlichen Mann fiel.

Beide wurden festgenommen und verhört. Da sie unschuldig waren, bestritten beide, den Mord begangen zu haben.

Da der zweite als Lügner bekannt war, glaubte man ihm nicht und verurteilte ihn.

Der dritte war als ehrenhafter Mann bekannt, deswegen wurde ihm geglaubt, und er war bald wieder auf freiem Fuß.

Die Geschichte lehrt uns, wie Sathya, die Wahrheit, uns beschützt.

Das Leben ist voller Wechselfälle. Du weißt nie, was schon morgen auf dich zukommt. Du kannst völlig unschuldig für etwas angeklagt werden und hast niemanden an deiner Seite als die Kraft der Wahrheit, die du bis dahin aufgebaut hast.

Diese Kraft entwickelst du damit, daß du die Wahrheit sagst und als ehrlicher Mensch bekannt bist.

Die Konsequenzen dieses positiven Karmas werden dir folgen und in der Lage sein, dich dann zu beschützen, wenn du, wie der zweite Mann, dringend Schutz benötigst.

Hast du aber nichts aufgebaut, hast du nicht auf dein „Karma-Konto“ eingezahlt, kannst du in Notfällen nichts abheben.

Beginne heute noch, auf dieses Konto einzuzahlen. Sprich die Wahrheit. Sei rechtschaffen.

Dieses Kapital und die sich daraus ergebenden Zinsen stellen den Wert dar, den dir niemand nehmen kann.

Außerdem ist es das einzige Kapital, das dich wie in einen Mantel einhüllt, dich schützt und stärkt.

Patrizia und Claudia
oder Dharma schützt

Es waren zwei Freundinnen. Die eine nenne ich Patrizia, abgeleitet vom Lateinischen *patrius*, von hohem Adel. Die andere nenne ich Claudia, lautmalerisch zum Englischen Wort *clouds*, Wolken. Patrizia hielt sich an die Göttlichen Gesetze, ehrte Gott, die Welt und sich. Claudia dagegen lebte ihren Wünschen gemäß. Patrizia heiratete Mario und Claudia Enzo. Beide Paare führten eine friedliche Ehe, mit dem einzigen Unterschied, daß Patrizia und Mario meditierten, stets dem Herrn das Essen darreichten und immer versuchten, in Wahrheit und Rechtschaffenheit zu leben.

Claudia und Enzo dagegen lebten ganz nach ihren Bedürfnissen und versuchten, es sich so gut wie irgend möglich gehen zu lassen. So nahmen sie es weder mit der Wahrheit noch mit Treue allzu genau. Sie wollten es sich gutgehen lassen, „da muß man mitnehmen, was sich einem bietet", meinten sie. Da sie außerdem nicht an ein Leben nach dem Tod glaubten, geschweige denn an eine ausgleichende Gerechtigkeit, war es naheliegend, daß sie so viel wie irgend möglich von dem angeblich Angenehmen und Schönen der Welt zu genießen suchten. Und es war ebenfalls kein Wunder, daß sie mit allen Mitteln versuchten, Geld, viel Geld anzuhäufen – getreu dem weltlichen Motto: Viel Geld = viel Glück.

Und da beide arbeiteten, sammelte sich mit der Zeit ein ansehnliches Sümmchen an.

Patrizia und Mario dagegen hatten Erfolg, weil sie den Erfolg nicht primär suchten. Sie bemühten sich vielmehr, ihre Beziehung zu klären, die am Anfang alles andere als einfach war. Sie lebten außerdem nach dem spirituellen Gesetz des Gebens, wonach jeder,

der gibt, am Ende immer bekommt. Und sie ehrten Dharma, die Göttliche Ordnung, die besagt, daß kein Fehler unbemerkt, keine Wohltat ungewürdigt bleibt.

Obwohl Patrizia sehr zufrieden in ihrer Arbeit war, wollte sie nur so lange arbeiten, bis sie Kinder haben würden. Es war ihr klar, wie groß die Rolle, wie groß die Bedeutung der Mutter für Kinder ist. Sie kannte meinen Spruch, daß Mütter durch die Kinder die Generation von morgen schaffen. Dieser Satz war ihr ein Leitfaden, an den sie sich halten wollte.

So ging die Zeit dahin. Und obwohl Patrizia und Claudia derart unterschiedliche Wege gingen, blieben sie Freundinnen. Dies war für Claudia eine Chance, denn Patrizia lebte ihr ein spirituelles, ein positives Leben vor. Für Patrizia barg der Kontakt zu ihrer Freundin dagegen eine Gefahr, denn schlechte Beispiele können schnell zu schlechten Handlungen führen.

Eines Tages nun fragte Claudia Patrizia, ob sie sie nicht auf ein Fest begleiten wolle. Es würden dort interessante Vorträge gehalten – auch über die Rolle des Glaubens beim Erfolg. Da Patrizia dies interessant fand und Mario an dem Abend auch etwas vorhatte, sagte sie zu.

Patrizia war bald von dem Fest enttäuscht. Es gab viel Fleisch zu essen und Alkohol zu trinken. Patrizia hatte es sich zum Prinzip gemacht, nirgendwo hinzugehen, wo Menschen auf diese Art und Weise meinten, sich unterhalten zu müssen. Den Verzehr von Fleisch lehnte sie kategorisch ab, denn einmal taten ihr die Tiere von Herzen leid, und außerdem wollte sie keinen Kontakt zu Menschen haben, die so wenig Herz für ihre Mitkreaturen hatten. Darüber hinaus fand sie, daß viele Menschen sich durch den Einfluß von Alkohol unangenehm veränderten. Das wollte sie nicht, denn sie spürte, daß es ihr weder guttat, Umgang mit Menschen zu haben, die Alkohol tranken, noch selber welchen zu trinken.

Nun war sie aber da und wollte weder ihre Freundin noch die Gastgeber dadurch brüskieren, daß sie aufstand und ging. Außerdem wartete sie gespannt auf die Vorträge. Diese wurden dann auch gehalten. Was sie aber vermittelten, lohnte den Aufwand bei weitem nicht.

Nach den Vorträgen wurde getanzt. Es waren viele Menschen auf der Tanzfläche, die durch den Konsum von Fleisch und Alkohol stark in ihre körperlichen Energien gekommen waren. Patrizia empfand dies als unangenehm. So ging sie bald, nachdem sie aus Höflichkeit zweimal mit ihrem Tischherren getanzt hatte.

Claudia dagegen fand die Atmosphäre sehr anregend. Besonders, als sie immer länger und immer enger mit Ennio tanzte. Ennio und sie verstanden sich so gut und fühlten sich so voneinander angezogen, daß sie noch unbedingt „mehr" aus diesem Abend machen wollten. Da auch Ennio verheiratet war, konnten sie weder zu ihm noch zu Claudia nach Hause gehen. So lebten sie ihre Leidenschaft in Ennios geräumigem Wagen aus, den er in einer versteckten Straße geparkt hatte.

Sie waren so mit sich beschäftigt, daß sie gar nicht merkten, wie es zweimal blitzte.

Anschließend gingen beide wie berauscht nach Hause.

Natürlich fragte Enzo, wie Claudias Abend gewesen sei und wieso das „Geschäftsessen" so lange gedauert habe. Claudia antwortete darauf, es seien viele wichtige geschäftliche Kontakte für sie entstanden. Es sei für sie ein wirklich wichtiger Abend gewesen, deswegen habe er bis in die Morgenstunden gedauert.

Patrizia dagegen war früh nach Hause gekommen. Sie berichtete Mario von dem vielen Fleisch, dem Wein und der angespannten Atmosphäre. Sie sprach nicht viel über das Tanzen; einmal, weil es sie nicht interessierte, und andererseits, weil sie Claudia nicht kompromittieren wollte.

Es waren keine zwei Tage vergangen, als Claudia Patrizia völlig aufgebracht und aufgelöst anrief: „Stell dir vor, was mir passiert ist!" Claudia war den Tränen nahe. „Was ist geschehen?" fragte Patrizia Anteil nehmend. „Ich bin in eine böse Falle geraten!"

Claudia konnte kaum noch sprechen. „Eine Falle? Inwiefern?" fragte Patrizia. „Nachdem du weg warst, habe ich einen Mann kennengelernt, der mir unheimlich (!) gefiel. Er heißt Ennio. Dieser dumme Kerl hat seine Frau offensichtlich so häufig betrogen, daß diese einen Detektiv beauftragt hat. Nach dem Fest waren wir noch zusammen in seinem Wagen, und da hat dieser Detektiv von uns die peinlichsten Fotos gemacht. Ennios Frau scheint sehr reich zu sein. Sie hat ein eigenes Büro mit vielen Angestellten. Dahin hat sie Enzo, Ennio und mich bestellt und die Fotos gezeigt. Du kannst dir vorstellen, was da los war – und wie es mir ging und geht!"

Patrizia war sprachlos. Wo war ihre Freundin nur hineingeraten? Sie tat ihr so leid.

Dazu hatte sie allen Grund, denn die nächsten Tage und Wochen waren schrecklich für Claudia, weil Enzo und sie nur noch stritten. Ennio rief sie pausenlos an und berichtete ihr in den grellsten Farben, was seine Frau mit ihm vorhabe. Und Enzo, ihr Mann, war empört, daß sie ihn so angelogen hatte – und wollte nichts davon wissen, daß er sie ebenfalls mehrmals angelogen und betrogen hatte. Vielmehr prasselte seine Wut wie ein enormer Wasserfall auf sie nieder.

Patrizia und Mario gaben dagegen ein ganz anderes Bild ab. Sie fühlten eine besondere Nähe zueinander, denn sie dankten Gott, daß sie durch Dharma vor all dem, was Claudia und Enzo durchmachten, bewahrt blieben.

Ich wiederhole deshalb immer und immer wieder: Wer Fleisch ißt und Alkohol trinkt, dessen rajasische, dessen aggressive und leidenschaftliche Tendenzen werden aktiviert bzw. stark gefördert – was besonders im Westen ein großes Problem ist, da im Westen die Menschen von vornherein aggressiver und leidenschaftlicher sind.

Ich sage deshalb: Wehre den Anfängen! Halte dich an das, was Gott festgelegt hat, damit du Glück bzw. Glückseligkeit erlangen kannst.

Halte dich aus diesen Gründen so weit wie möglich von Fleisch, Alkohol und unklaren Beziehungen entfernt.

Begehe niemals Ehebruch – besonders nicht mit einem Partner, der selber verheiratet ist. Das führt nie zum Glück, sondern immer zu Problemen, Verletzungen bzw. katastrophalen Überraschungen wie bei Claudia.

Das Leben ist voller Überraschungen. Wie schnell kann dir das widerfahren, was Claudia geschah. Du glaubst, du bist ganz sicher, keiner sieht, keiner merkt etwas, und doch kommt auf die erstaunlichste Weise das wohlgehütetste Geheimnis heraus.

Habe keine solchen Geheimnisse. Sie kosten nur Energie. Energie, die du viel besser in deine Beziehung, in deine spirituelle Entwicklung, in deinen Kontakt zu dir, sprich zu Gott, investieren solltest.

Gehe mit der Wahrheit, und sei dadurch doppelt belohnt: Einerseits vergeudest du nicht sinnlos Energie im Verheimlichen oder gar in Lügen, und andererseits beschützt dich die Wahrheit, beflügelt dich und führt dich zum Licht.

Vergegenwärtige dir, daß Dharma stets den beschützt, der sich daran hält. Alles andere sind Umwege, die dir helfen sollen, deine Unklarheit, deine „Wolken" zu beseitigen. So, wie es Claudia erging.

Die Geschichte mit Ennio hatte noch ein böses Nachspiel: Enzo war so verletzt, daß er sich auf nichts einlassen wollte. Er war viel zu sehr in der Welt verstrickt, als daß Claudia irgendeine Handhabe gegen sein Ego gehabt hätte. Sie hatten sich in ihrer Ehe keine übergeordnete Instanz, keinen für beide verbindlichen Maßstab erarbeitet, auf den sie in einer Krisensituation hätten zurückgreifen können. Sie hingen vielmehr beide ausschließlich an der Welt – und verloren sich in ihr.

Enzo tröstete sich bei einer anderen Frau und reichte die Scheidung ein. Das gemeinsame Haus wurde verkauft, die Ersparnisse geteilt – bzw. das, was nach Abzug der Rechtsanwalts- und sonstigen Scheidungskosten übrigblieb.

All dies war aber für Claudia eine entscheidende Lehre: Enzo war nicht ihr Seelenpartner, sondern nur ein wichtiger Lehrer auf dem

Weg zu ihm. Claudia mußte durch diese schwere Schule gehen, damit sie, als sie ihrem Seelenpartner begegnete, gelernt hatte, daß man mit Beziehungen bzw. mit Gefühlen nicht spielen darf. Der Schock durch Ennio und Enzo lehrte sie, daß Klarheit und Wahrheit lebensnotwendig für eine Beziehung sind. Deshalb setzte sie all das Leiden, das die Trennung von Enzo bei ihr verursacht hatte, in eine starke seelische Entwicklung um, die sich so auswirkte, daß sie in ihrer Ehe mit ihrem Seelenpartner ehrlich, klar und treu sein konnte.

Sie hatte die Stärke entwickelt, die notwendig ist, um sich für das Glück öffnen zu können. Sie hatte viel gelernt, und ihre Freundin Patrizia war stets an ihrer Seite geblieben – in allen Wirren und Enttäuschungen. Patrizia, der sie nun auch eine gute, eine sehr gute Freundin geworden war.

ॐ

Alles hat seinen Preis. Auch die Glückseligkeit. Und was ist ihr Preis? Daß du dein Ego aufgibst!

Und wie kannst du dein Ego aufgeben? Ganz einfach: Frage nicht mehr, was du bekommen, sondern was du **geben,** ***was du für andere*** **tun** ***kannst.***

Dies ist der einfachste Weg, denn er ist der Weg der Liebe.

Beziehungen brauchen Ideale und Ausdauer

Es war einmal eine Frau, die hatte einen schrecklichen Mann, der sich nicht um die Familie kümmerte, sie und die Kinder schlug, einen Großteil seiner Einkünfte vertrank und seine Freizeit in schlechter Gesellschaft verbrachte.

Die Frau dagegen war sehr gläubig. Sie betete viel und tat zudem alles, was sie konnte, damit ihre Kinder soweit wie nur irgend möglich in einem ordentlichen und sicheren Zuhause aufwuchsen.

Die Freunde dieser Frau rieten ihr aber, sie solle sich von ihrem Mann trennen. Sie meinten, ein Ende mit Schrecken sei immer noch besser als ein Schrecken ohne Ende.

„Nein", antwortete die Frau, „er ist mein Mann. Gott hat ihn mir anvertraut. Er wird wissen, warum. Vielleicht war ich im letzten Leben ein Mann und habe ihn so behandelt wie er heute mich. Ich sehe mein Leben als einen Lernprozeß. Wenn Gott zuläßt, daß mein Mann mich schlägt, wird Gott schon wissen, warum. Ich werde weiterhin meine Aufgabe erfüllen, werde beten und geduldig warten."

So geschah es auch, und sie schwankte nicht in ihrem Glauben, daß Gott ihr helfen würde, wenn die Zeit reif sei.

Eines Tages kam der Mann wieder einmal betrunken aus einem Lokal, lief auf die Straße und wurde von einem Auto angefahren.

Schwer verletzt kam er ins Krankenhaus und mußte, eingegipst und dick verbunden, wochenlang liegen. Die Frau kam ihn jeden Tag besuchen, fragte ihn nach seinen Wünschen und half, wo sie konnte.

Der Mann litt sehr. Damit verwirklichte sich Gottes Gnade, denn der Mann konnte von Tag zu Tag mehr sehen, welch eine wunderbare Frau er hatte und mit welcher Liebe sie ihn bedachte.

Sein Herz öffnete sich, und unter Tränen der Liebe und Rührung bat er sie um Vergebung und versprach, sein Leben grundlegend zu ändern.

Er genas und hielt sein Versprechen.

Noch etwas zum Schluß: Du denkst, dies sei ein Märchen. Du täuschst dich. Es ist von mir geschaffene, beobachtete, gehörte und diktierte Realität.

Vertraue auf meine Gnade, baue auf Geduld, bete um das, was du erreichen möchtest, und ich werde alles tun, um es zu verwirklichen.

Kein Märchen, sondern *deine* Realität.

CORALI oder ES WIRD ALLES GUT

Es waren einmal zwei Seelen, die lange zusammen gegangen waren. Ich nenne sie Corali und Lichtfried. Warum ich sie so nenne, wird sich später zeigen. Corali und Lichtfried waren Zwillingsseelen, Seelen also, die sich immer wieder als Partner zusammenfinden. Sie gehörten zusammen. So fanden sie sich.

Allerdings gab es in Corali einen Teil, der weder wußte, daß Treue entscheidend, noch wie gefährlich schlechte Gesellschaft ist.

So wurden die beiden in eine Gesellschaft geboren, in der die Göttlichen Werte nicht viel galten. Hier wurde betrogen, gelogen – manchmal sogar gemordet. Außerdem feierte diese Gesellschaft jedes Jahr ein Fest, während dessen alle Konventionen außer Kraft gesetzt wurden. Während dieses Festes konnte jeder mit jedem den Tag und die Nacht verbringen. In diesem Leben war Corali ein Mann und Lichtfried eine Frau. Lichtfried haßte diese Feste. Er versteckte sich während dieser Zeit immer so gut, daß ihn keiner finden und ihn zu Verhaltensweisen verführen oder gar nötigen konnte, die er nicht wollte.

Corali dagegen lebte als Mann ganz ihre Wünsche und Bedürfnisse aus. Nicht selten verbrachte sie den Tag und die Nacht mit vielen verschiedenen Partnern. Alle bewunderten dies. Nur Lichtfried nicht. Lichtfried war ihre Frau und litt. Corali dagegen kümmerte dies nicht. Sie meinte, es sei doch ganz normal, wie sie sich verhalte. Lichtfried solle sich nicht so anstellen und lieber mitmachen! Lichtfried fühlte sich überhaupt nicht verstanden. Er wußte eben nicht, daß Corali und er allein aus zwei Gründen in diese Gesellschaft geboren worden waren: Weil Corali ihre Erfahrungen machen mußte und er seine Standhaftigkeit prüfen und stärken sollte.

Diese Standhaftigkeit wurde sehr auf die Probe gestellt, denn Corali lernte während einem dieser Feste eine Frau kennen, die genauso auf das Sinnliche ausgerichtet war wie sie. Diese Seele nenne ich Degenhart, weil sie noch so hart und schneidend wie ein Degen war – was im weiteren Verlauf der Geschichte noch deutlich werden wird.

Corali und Degenhart fanden sich und wollten nicht mehr voneinander lassen. Daß Lichtfried litt und allein mit den Kindern zurückblieb, kümmerte beide nicht. Sie lebten ihr Leben, das heißt, sie lebten ihre Leidenschaft, und was andere dabei empfanden, berührte sie wenig.

Hier wird ein Gesetz des Lebens und der Entwicklung deutlich. Viele Menschen verstehen nicht, warum jemand, den sie bislang ganz anders kannten, plötzlich ein völlig verändertes Gesicht bekommt. Im Grunde ist dies immer so, nur seht ihr die größeren Zusammenhänge so wenig, daß es euch nicht auffällt. Seht ihr jemanden, mit dem ihr euch gut versteht, so erkennt ihr hinter der Erscheinung nicht den Freund, den Verwandten oder Partner aus einem früheren Leben. Ihr glaubt, ihr trefft einen Unbekannten, den ihr jetzt zum erstenmal sprecht. In den meisten Fällen ist dies nicht der Fall, vielmehr ist euch jemand deshalb vertraut, weil ihr ihn aus einem früheren Leben kennt und gemeinsames Karma euch verbindet. Deshalb habt ihr häufig zwar mit verschiedenen Gesichtern, aber mit den gleichen Seelen zu tun, nur ist euch dies nicht bewußt.

So erkannte Corali Lichtfried in diesem Leben auch nicht als ihre Zwillingsseele, mit der sie durch so viele Inkarnationen gegangen war. So lange waren sie schon zusammen, und trotzdem erkannte weder der eine den anderen als den Partner aus den früheren Leben, noch wußte er, welche Entwicklungsschritte der andere noch zu tun hatte. Dies liegt den allermeisten so fern, daß manche nicht glauben können, daß sie bereits in einer Inkarnation als Tiere Partner waren. Ihr trennt eben die menschliche Inkarnation viel zu sehr von der der Tiere. Natürlich hat der Mensch einige Fähigkeiten, die das Tier nicht hat. Dies ist aber auch bei Kleinkindern der Fall. Wieviel können diese nicht, was ein Erwachsener als selbstverständlich empfindet – haltet ihr deshalb Kinder nicht für Menschen?

Lichtfried wußte nicht, daß Corali noch einige Unklarheiten und einiges Unbewußtes in sich hatte, das er durch seine Inkarnationen als Frau „erhellen“ konnte. Viele wundern sich, warum Frauen häufig ein so viel schwereres Los als Männer haben. Der Grund dafür ist, daß Seelen in einer Inkarnation als Frau in den meisten Fällen mehr und schneller lernen. Die schweren Bedingungen lehren die Seele, was richtig und was falsch ist. Lichtfried hatte viel gelernt. So viel, daß er nicht mehr den Weg der Begierde gehen und sich einem egoistischen Treiben hingeben wollte.

Corali hatte diese Möglichkeit noch nicht gehabt. Ihr Lehrmeister sollte Degenhart werden, mit dem sie noch einige Erfahrungen machen würde.

Wir werden sie bei einigen begleiten.

Corali war so begeistert von Degenhart, daß sie am Ende Lichtfried verließ und mit ihrem neuen Partner zusammenlebte. Kaum waren sie zusammen, quälten sie sich mit Eifersucht, da jeder weiterhin das alte „freie“ Leben führen wollte – nur war keiner bereit, dem anderen die gleichen Rechte zuzugestehen. So liebten und bekriegten sie sich und trieben sich eines Tages beide in den Tod.

Lichtfried dagegen lebte ein Leben in der Zurückgezogenheit. Er betete viel, ging mit Gedanken an seine Kinder und an Gott durch den Tag, fand dadurch immer mehr Ruhe und innere Geborgenheit und starb eines Tages einen friedlichen Tod.

Corali wurde als Prinzessin in einem Königshaus wiedergeboren, das sehr unbewußt war. Ihr Vater und ihre Mutter kümmerten sich ausschließlich um den Schein, um ihre Wirkung nach außen. Ihre ständige Redensart war: „Und was werden die Leute denken?“ Dabei kümmerten sie sich wenig, um nicht zu sagen überhaupt nicht darum, ob ihr Handeln gerecht oder ungerecht, tugendhaft oder unmoralisch war. Sie kümmerten sich allein um den Schein, und der täuschte sie, wo immer er konnte.

So wuchs Corali in einer Welt auf, in der sie keinen inneren Halt fand. Da sie mit einer ganz weißen Haut auf die Welt kam, nannten ihre Eltern sie Weiße Perle. Sie wuchs heran, und ihre Eltern entschieden sich eines Tages, daß sie heiraten müsse.

Sie luden deshalb die Prinzen der nahen und fernen Königreiche ein. Unter ihnen waren viele liebe und gute, sogar Gottesfürchtige Männer. Aber all diese interessierten Corali nicht. Denn nur einer fiel ihr auf: Degenhart, der als starker Kämpfer vor ihr stand und jedem deutlich machte, daß er bis zu seinem letzten Blutstropfen für seine Interessen kämpfen würde. Degenhart hatte eine verwegene, starke Ausstrahlung. Aber jeder, der einen geschulteren Blick als das Königspaar und Weiße Perle hatte, konnte leicht erkennen, welch schwieriger Charakter sich hinter Degenharts imposanter Erscheinung verbarg.

Corali, die Weiße Perle, die noch einige weiße Flecken auf der Landkarte ihres inneren Wissens hatte, fand Degenhart hinreißend und wollte nur ihn. Außerdem wußte sie, daß er seinem Vater auf den Thron folgen und sie damit Königin werden würde. Auch dies verlockte sie sehr.

So heirateten sie. Drei Tage und drei Nächte wurde gefeiert – und Degenhart konnte sich nur mit aller Mühe während dieser Feierlichkeiten davon zurückhalten, mit anderen Frauen zu verschwinden. Von seinen früheren Leben her war dies immer noch seine Gewohnheit geblieben, auf die er keinesfalls verzichten wollte.

Entsprechend verlief anschließend das Leben der Weißen Perle an Degenharts Hof. Solange sein Vater noch lebte, hielt er sich auch hier noch etwas zurück und lebte seine Interessen an reichlichem Essen, viel Trinken und vielen Frauen nicht zu offensichtlich aus. Trotzdem war es genug, um Corali spüren zu lassen, wie einsam sie war – so einsam wie Lichtfried war, als er dies im Leben davor durchmachen mußte.

Dann starb Degenharts Vater, und Degenhart nutzte die Gelegenheit, um ein rauschendes Fest zu geben. Dazu lud er all die Mätressen ein, deren Dienste er schon lange dankbar in Anspruch nahm.

Corali ertrug diese Demütigung nicht. Da sie überhaupt nicht wußte, mit wem sie es zu tun hatte, machte sie ihrer Empörung Degenhart gegenüber laut Luft. Dieser blieb ganz gefaßt und strahlte jene Ruhe aus, die jeder etwas genauere Beobachter als größte Bedrohung erkannt hätte. Corali war aber noch eine Weiße Perle, die sich wenig in andere und in sich selbst einfühlen konnte. Sie verstand deshalb nicht, was es bedeutete, als Degenhart ihr ganz ruhig, aber mit glühenden Augen sagte: „Sprich nie wieder in diesem Ton mit mir! Verstehst du? Nie wieder!“ Er stieß sie dabei zur Seite und ging. Corali war sprachlos! Noch nie hatte es jemand gewagt, so mit ihr zu reden! Sie war deshalb vor allem damit beschäftigt, wie Degenhart sie stehengelassen hatte, anstatt seine Warnung zu verstehen.

Corali war empört und schäumte vor Wut. Bei der nächsten Gelegenheit, als Degenhart sich wieder einmal mit anderen Frauen die Zeit vertrieb, platzte Corali mit all ihrer Enttäuschung und Wut heraus. Anstatt sie anzuhören, gab Degenhart ihr eine Ohrfeige, daß sie zu Boden fiel, und befahl der Wache, sie ins Gefängnis zu werfen.

Corali war fassungslos. Aber auch noch hilfloser. Denn nun war sie Degenhart ganz ausgeliefert. Hier verstand sie aber, was sie bis dahin nicht hatte sehen können: Wie gefährlich Degenhart war, wie rücksichtslos er mit Menschen umgehen konnte. Auch mit ihr. Eine Tür in ihrem Inneren machte sich auf: Sie verstand ein wenig, daß die Wahrheit unteilbar ist. Da Degenhart andere Menschen so schlecht behandelte, war es nur folgerichtig, daß er früher oder später auch seine Frau mißhandeln würde. Dies war eine entscheidende Einsicht.

Degenhart kümmerte sich nicht mehr um Corali, bis ihr Bruder zu Besuch kam. Da ließ er sie aus dem Kerker holen, waschen und fein einkleiden. Am liebsten hätte er auch den Bruder ins Gefängnis geworfen. Coralis Vater herrschte aber über ein viel größeres Reich als Degenhart, deshalb vermied dieser wohlweislich einen Krieg mit diesem starken Nachbarn, bei dem er mit Sicherheit den kürzeren gezogen hätte. Zähneknirschend bewirtete er Coralis Bruder und versuchte durch Schmeicheleien das zu erreichen, was er nicht durch einen Mord bewirken konnte: Er wollte Coralis Bruder auf seine Seite ziehen.

Dieser erfuhr aber alles von seiner Schwester und setzte ihren Plan in die Tat um, Degenhart zu ermorden und mit den Truppen, die ihr Bruder als Eskorte mitgebracht hatte, einen Umsturz durchzuführen. Bei der nächsten Gelegenheit, als Degenhart wieder einmal ein Festessen gab und sich betrank, ließ Corali mit Hilfe der Wachen ihres Bruders Degenhart ermorden.

Corali richtete sich als Herrscherin sicher ein und ließ alle einsperren bzw. ermorden, von denen sie annahm, sie könnten ihr gefährlich werden. Und nicht genug damit, ließ sie alle Dirnen im Königreich verfolgen, einsperren, foltern und viele hinrichten.

Sie verstand nicht, daß diese armen Frauen ihrer Tätigkeit, die natürlich alles andere als ehrenhaft war, zum größten Teil aus Not nachgegangen waren. Viele befanden sich in einer Notsituation und wußten keinen anderen Ausweg. Corali verstand nicht, daß unter einem Herrscher wie Degenhart – und sein Vater war nicht viel besser gewesen – viel Leid bei der Bevölkerung entstehen mußte, das nur durch Liebe und Ethik hätte geheilt werden können. Corali war aber in ihrer Entwicklung noch nicht dort angelangt, sondern mißbrauchte ihre Macht als Herrscherin, um ihre Rache zu leben.

So lebte sie. Vergoß viel unschuldiges Blut und starb schließlich, nachdem sie viel mehr Unrecht als Degenhart seinerzeit angerichtet hatte.

Sie wurde bald wiedergeboren als jüngste Tochter eines armen Bauern, der sich keine Tochter gewünscht hatte. Außerdem war seine Frau weder glücklich, erneut schwanger zu sein, noch eine Tochter zu bekommen, denn Töchter waren in dem Land nicht hoch angesehen und kosteten außerdem viel Geld, weil bei der Hochzeit eine große Mitgift anfiel. Dies konnten Coralis Eltern sich nicht leisten. Und wollten es auch nicht.

Deshalb gingen sie den einfachsten und gemeinsten Weg: Sie verkauften Corali, als sie gerade zwölf war, an einen Bordellbesitzer, der ihnen einen guten Preis zahlte. Damit hatten sie zwei Fliegen mit einer Klappe geschlagen: Sie hatten einen Esser weniger, und anstatt Geld für die Mitgift aufbringen zu müssen, bekamen sie welches! Daß sie damit ihren eigenen Weg ins Bordell in einem nächsten Leben vorzeichneten, wußten sie nicht, und es interessierte sie auch nicht. Sie lebten in jeder Hinsicht von der Hand in den Mund. Dies hatte den Vorteil, daß sie wirklich in der Gegenwart lebten – das war aber auch der einzige Vorteil, denn ein Leben, das so fern von den Göttlichen Gesetzen verläuft, lohnt kaum, gelebt zu werden.

Corali landete in einem Bordell, das von niemand anderem als Degenhart geleitet wurde. Er war anfangs begeistert von Corali und behandelte sie nicht nur wie sein Eigentum, sondern auch wie seine Freundin. Degenhart war aber ein Degen-harter Geschäftsmann und Lustmensch. So interessierte ihn nichts auf Dauer, denn der Geschäftsmann und der Lustmensch haben in diesem Zeitalter eines gemeinsam: Sie wollen beide immer mehr! So genoß Degenhart eine Zeitlang die blutjunge und hilflose Corali. Dann aber gingen die Lust und das Geschäft vor: Er bevorzugte eine andere, und Corali mußte als Prostituierte arbeiten. Weigerte sie sich oder wollte sie sogar fliehen, wurde sie so lange geschlagen, bis sie bewußtlos war. „Ich treibe dir deinen Eigensinn schon aus!" waren Degenharts Worte dabei. Corali blieb nichts anderes übrig, als sich in ihr Schicksal zu fügen und für Degenhart hart zu arbeiten. Genauso, wie den Prostituierten in ihrem Königreich nichts übriggeblieben war, als alles über sich ergehen zu lassen. Besonders in den Gefängnissen, in die die Weiße Perle sie hatte werfen lassen.

Corali fügte sich in ihr Schicksal und lebte ein Leben, das ihr zuwider war. Besonders war ihr aber Degenhart zuwider, der ihr täglich zu verstehen gab, daß sie sein Eigentum war, mit dem er machen konnte, was er wollte. Und dies tat er auch. Diese Besitzergreifung endete damit, daß er sie mit Syphilis ansteckte. Er wußte schon lange, daß er krank war. Dies hinderte ihn aber nicht daran, viele Frauen anzustecken. Ganz im Gegenteil: Er rächte sich damit an der Frau, durch die er sich die Krankheit zugezogen hatte. Mit anderen Worten: Er machte die Frauen für sein Schicksal verantwortlich, anstatt zu sehen, daß sein Lebenswandel ihn zwangsläufig dahin führen mußte. Spielt jemand unentwegt Russisches Roulette, das heißt, hält er immer wieder einen mit einer Kugel geladenen

Trommelrevolver an seine Schläfe, kann er mit Bestimmtheit damit rechnen, daß er eines Tages diese eine Kugel zuerst im Pistolenlauf und anschließend in seinem Kopf hat. Russisches Roulette spielen in übertragenem Sinne unzählige Menschen. Sie wissen nicht, was sie mit ihrem Leben beginnen sollen – und wollen es auch nicht wissen. Deshalb setzen sie es in der sinnlosesten Weise aufs Spiel. Und verlieren es auch. Dies ist typisch für ein Leben ohne Gott, ohne Tugend und ohne Ideale. Deshalb wird ein solches Leben heute so häufig gelebt. Ein Leben, das ohne Rücksicht auf Verluste der Lust geweiht wird. Ein Leben, das aber am Ende alle Beteiligten aufzehrt. So wie Degenharts Leben.

Degenhart verzehrte sich immer mehr. Sein maßloses Leben, die gnadenlose Ausbeutung der anderen und seine Krankheit verbrauchten seine Lebensspanne im Nu. Er litt noch sehr an seiner Krankheit, die ihm viele Schmerzen bereitete, und gelangte in seiner Abhängigkeit mehr und mehr auf die Stufe der Frauen, die ihm gnadenlos ausgeliefert waren.

Degenhart starb qualvoll an Syphilis. Er benötigte noch einige Leben, um zu erkennen, daß ein auf Leidenschaft und Genuß aufgebautes Leben früher oder später immer in einer mehr oder minder großen Katastrophe endet.

So schrecklich Degenhart auf der einen Seite war, so wichtig war er für Corali auf der anderen. Denn von einer höheren Sicht aus betrachtet, war Degenhart ihr Meister. Er verhalf ihr zu einer Tiefe, zu einer Wahrhaftigkeit und inneren Stärke, die andere Seelen selbst in mehreren Inkarnationen nicht erreichen. Degenhart war hart und hatte noch viel zu lernen, er führte aber Corali zum Licht.

Lichtfried hatte Corali während des Lebens, das sie als gefangene Prostituierte verbringen mußte, nicht aufgesucht, weil er zu der Zeit keinen Körper hatte. Er begleitete sie dafür vom Kosmos aus und bewahrte sie vor Unheil, in das sie sich hätte verstricken können, ohne daraus zu lernen.

Corali weigerte sich, nachdem sie festgestellt hatte, daß sie an Syphilis erkrankt war, weiterhin als Prostituierte zu arbeiten. Der neue Zuhälter bestrafte sie dafür hart. Ihm war es egal, ob sich auch noch andere ansteckten. Ihm war nur eines wichtig: Das schnell verdiente Geld. Wer dabei zu Schaden kam, interessierte ihn überhaupt nicht. Corali blieb aber standhaft. Und der Herr hatte insofern ein Erbarmen mit ihr, als die Krankheit sie derart entstellte, daß sie nicht mehr als eine attraktive Frau „gehandelt“ werden konnte. Deshalb verbannte der Zuhälter sie in eine Hütte neben dem Pferdestall. Hier dämmerte sie dahin und wäre völlig vergessen worden, hätten nicht ihre Freundinnen, die anderen Prostituierten, zu ihr gehalten und sie versorgt. Sie pflegten sie, bis sie starb, und gaben ihr ein würdiges Begräbnis.

Corali wurde als Sohn eines Bauern wiedergeboren. Diesmal war sie nicht die geächtete letzte Tochter, die keiner wollte, sondern der ersehnte erste Sohn. Entsprechend hoch war ihr Stand in der Familie. Ihr Vater verehrte sie und freute sich, einen Erben, einen Freund bekommen zu haben.

Der Hof war nicht besonders groß, entsprechend war Coralis Familie nicht besonders reich. Es reichte aber für vieles. Und Corali genoß ihr Leben. Endlich einmal!

Als sie neunzehn war, wurde sie mit Lichtfried verheiratet, der diesmal wieder eine Frau war, noch dazu die einzige Tochter eines reichen Bauern. Dieser Bauer liebte seine Tochter über alles – etwas sehr Ungewöhnliches in dem Land. Und so freute sich Lichtfrieds Vater, daß seine geliebte Tochter mit einem so lieben Mann wie Corali verheiratet wurde.

Durch ihre Erfahrungen als Prostituierte konnte Corali die Frauen mit ihren Gefühlen, mit ihrem besonderen Sinn für das Wesentliche in Herzensangelegenheiten gut nachempfinden. So fühlte sich Lichtfried geborgen, und die beiden führten eine sehr gute Ehe.

Außerdem brachte die Verbindung beider Höfe einen entsprechenden Wohlstand mit sich. Lichtfried liebte Corali. Er genoß es aber auch, finanziell unabhängig zu sein. Dies gab ihm ein Gefühl von Freiheit, von Selbstsicherheit und relativer Weltoffenheit. Und weil sie beide innerlich so viel bekommen hatten, konnten sie gemeinsam den Weg des Glücks gehen, der im Teilen besteht. So taten sie viel Gutes, halfen den Armen und unterstützten viele Familienmitglieder. Darüber hinaus trafen sie sich mit den armen Bauern und teilten mit ihnen ihre Vorräte, als eine Hungersnot ausgebrochen war.

So genossen sie ihr Leben, und Gott segnete sie.

Lichtfried und Corali verbrachten einige glückliche Leben zusammen und lernten viel. Dann bedingte Lichtfrieds Entwicklung, daß er nochmals als Frau wiedergeboren wurde, aber früh starb. In dieser Inkarnation wurde Corali Mönch. Sie lebte in einem Land, das von einem atheistischen Volk erobert worden war, das alle Religiösen Tätigkeiten unter Strafe stellte. Corali lebte jedoch bewußt ihren Glauben – und war auch bereit, dafür zu kämpfen. So dauerte es nicht lange, bis sie Freunde fand, die einen ähnlichen Weg gingen wie sie und ebenfalls gegen die neuen Machthaber opponierten. Diese Unterdrücker hatten aber viele Spitzel, und so kam es, daß sie festgenommen und verhört wurde. Corali war genau die Richtige, um Gottes Weg zu gehen und ihre Freunde zu schützen. Corali hatte in ihren vorhergehenden Leben so viel innere Stärke erlangt, daß sie allen Anfeindungen bravourös widerstehen konnte und ein Beispiel an Glauben, Mut und Opferbereitschaft gab, das sowohl ihre Freunde als auch ihre Feinde berührte.

Die neuen Machthaber wollten die Namen von Coralis Freunden erfahren. Corali weigerte sich aber, sie preiszugeben. So wurde sie immer wieder geschlagen. Sie weigerte sich aber weiterhin und bat Gott um Standfestigkeit. Eines Nachts holte ein junger, brutaler Offizier den zarten und offenherzigen Mönch Corali aus seiner Zelle und schlug ihn so lange auf den Kopf, bis dieser starb – und alle Namen seiner Freunde in den Tod mitnahm. Im Sterben dachte Corali noch: ‚Ach, dieser arme Offizier, wieviel hat er noch vor sich. Heute mir – morgen ihm!‘ Und sie segnete ihn.

Außerdem war Corali glücklich darüber, daß der Herr ihr die Kraft gegeben hatte, keinen ihrer Freunde zu verraten. Und der Herr sah all dies und segnete sie.

Nun blieb Corali einige Zeit im Jenseits und erntete die Früchte der guten Taten, die sie vollbracht hatte.

Als sie erneut wiedergeboren wurde, kam sie wegen ihrer vielen Verdienste zu sehr liebevollen Eltern, die sich schon lange ein Kind – am liebsten eine Tochter! – gewünscht hatten.

Kaum war Corali geboren, strahlte sie ihre Eltern an. Diese waren davon sehr berührt. Und aus diesem Gefühl der Dankbarkeit und Gnade heraus sagte Coralis Mutter zu ihrem Mann: „Mein Lieber, ich finde, wir sollten sie Corali nennen!“ Ihr Mann stutzte, weil er den Namen noch nie gehört hatte. Er gefiel ihm aber sogleich. Dann sagte er: „Du hast völlig recht. Corali ist ein wunderschöner Name. Er kommt vom Lateinischen *cor*, das Herz, und dem Italienischen *ali*, Flügel. Corali bedeutet demnach *das geflügelte Herz*!“ – „Oh, welch schöne Erklärung du gegeben hast!“ sagte seine Frau. „Corali ist der Name für diese gute Seele, die zu uns gekommen ist! Dieses Kind hat so ein gutes Herz! Das ist deutlich in seinem Gesicht zu sehen.“ Und so wurde ihr liebes Kind Corali getauft.

Corali brachte aber aus ihrem früheren Leben und Sterben ein schweres Trauma mit. Deshalb weinte sie häufig und wachte immer wieder in Panik auf. Ihre Eltern wußten nicht, was dies zu bedeuten hatte. Ebensowenig konnten sie sich erklären, warum Corali zusammenzuckte, wenn jemand schnell die Hand bewegte.

Sie waren aber liebe, gute Eltern mit offenen Herzen. Deshalb fühlten sie sich in ihre kleine Tochter ein und spürten, daß sie ganz viel positiven Kontakt brauchte.

Natürlich war manch einer hart genug, ihnen zu raten, sie sollten Corali einfach schreien lassen – nach drei Tagen würde es sich bestimmt geben!!

Coralis Eltern empfanden dies zu Recht als herzlos und brutal. Sie ließen deshalb ihre gute Seele nie längere Zeit schreien, sondern waren immer bei ihr, wenn ihre Tochter sie brauchte, und gaben ihr viel Körperkontakt, viel Nähe und menschliche Wärme. Außerdem sangen sie immer Göttliche Lieder. So spürte Corali, daß sie geliebt wurde, und heilte langsam aus. Und sie wurde ein Kind voller Liebe und Zufriedenheit.

Corali wuchs heran und hatte immer ein Lächeln für die Welt und beschenkte damit jeden, der ihr begegnete – ein Lächeln, mit dem sie geboren wurde, das ihre Eltern durch ihre Liebe ihr aber erhalten hatten.

Als sie sieben war, kam sie einmal nach Hause und war traurig. Da fragte ihre Mutter sie, was sie bedrücke. „Die Menschen sind so ernst!“ antwortete Corali traurig. „Ich lache oder lächle sie an, sie schauen aber nur mißmutig und finster vor sich hin!“ – „Ich verstehe, daß dich das betrübt!“ sagte Coralis Mutter. „Aber mache dir nichts daraus! Schenke du ihnen dein Lächeln und erwarte keines zurück. Dann wirst du zum einen stark, und zum anderen glaube mir, dein Lächeln geht nicht verloren! Nie! Es geht bestimmt in das Herz desjenigen, den du anlächelst – auch wenn es nicht beantwortet wird, gelangt es in sein Herz. Offensichtlich hat derjenige, der dein Lächeln nicht erwidern kann, ein Herz, das lange, lange kein Lächeln bekommen hat. Deswegen gibt er keins zurück. Er findet es zu kostbar. So kostbar, wie auch ich dein Lächeln finde!“ Bei diesen Worten strahlte Coralis Mutter sie an und umarmte sie. „Bedenke aber stets den Satz der Kraft“, fuhr sie fort: „Die Herzen nah, die Körper fern. Laß keine Fremden zu nah an dich. Schenke ihnen dein Lächeln, und geh deinen Weg. Dies ist das beste gegen Verwicklungen – gegen Probleme aller Art!“ – „Probleme, Ver-wick-lungen, was meinst du damit?“ fragte Corali erstaunt. „Wer so offen und herzlich wie du ist, muß wissen, daß er vieles in anderen auslöst. Und das muß für dich nicht immer das Gute, von dir Gewünschte sein. Halte Distanz zu fremden Menschen, sei herzlich und freundlich, und mache dir keine Sorgen, denn Gott beschützt dich, das weiß ich!“

Corali dachte lange über das nach, was ihre Mutter ihr gesagt hatte – besonders auch deshalb, weil sie den Satz: *Die Herzen nah, die Körper fern* schon öfter gehört hatte. Sie verstand das alles nicht so recht. Aber sie fühlte sich von ihrer Mutter geliebt, deshalb glaubte sie ihr und hielt sich daran. So war sie beschützt.

Und Corali veränderte die Welt. Wohin sie auch ging, sie begegnete allen mit Aufmerksamkeit und einem wunderschönen Lächeln. Und dieses Lächeln versiegte weder, noch ging es verloren. Es ging vielmehr in das Herz desjenigen, den Corali anlächelte – und es ging von hier aus weiter. Nicht unbedingt als ein Lächeln. Aber einmal als eine kleine Freude, ein andermal als ein nettes Wort und wieder einmal als eine freundliche Geste. So wanderte dieses Lächeln von Mensch zu Mensch, von Haus zu Haus, von Dorf zu Dorf, von Stadt zu Stadt. Von Land zu Land.

So stark ist die Kraft eines Lächelns, das von Herzen kommt.

Und Corali achtete nicht mehr darauf, ob jemand ihr Lächeln erwiderte. Sie glaubte fest an das, was ihre Mutter ihr gesagt hatte: Daß kein Lächeln je verlorengeht. Und Coralis Mutter war nicht nur sehr liebevoll, sondern auch klug – was, wie schon gesagt, häufig Hand in Hand geht! Deshalb hatte der Herr ihr die liebe Seele Corali anvertraut. So war es kein Wunder, daß Coralis Mutter recht hatte. Deshalb vergiß auch du nie: *Kein Lächeln geht je verloren!* Lächle deshalb. Denn das Lächeln ist die unumschränkte Macht des Weisen, des Heiligen. Und die kommt vom Herzen. Deshalb ist sie so stark, deshalb ist sie unumschränkt.

Corali erreichte aber auch viele Herzen direkt. Viele erwiderten ihr Lächeln sogleich. ‚Merkwürdig!' dachte sie eines Tages. ‚Ich kann es kaum glauben: Seitdem ich auf kein Lächeln bei den anderen warte, erlebe ich es viel häufiger, daß es erwidert wird. An manchen Tagen meine ich, es lächle die ganze Welt. Diese schöne Welt. Kein Wunder, daß sie lächelt!'

So verging die Zeit, und Corali wuchs heran. Und die Einstellung ihrer Mutter: *Die Herzen nah, die Körper fern* bewahrte sie vor mancherlei Verwicklung.

Eines Tages verwickelte sie sich aber doch – und Gott hielt Seine Hand schützend und segnend über sie.

Corali war allein in einem wunderschönen Park spazierengegangen. Sie liebte es, sich in Gärten und Parks aufzuhalten, denn hier hatte sie unendliche Möglichkeiten, mit Bäumen und Blumen zu sprechen.

Ein großer, blühender Rosenstrauch zog sie magisch an. Überall flogen die Bienen und Hummeln. Und die weißen und roten Rosen zwischen den dunkelgrünen, gezackten Blättern dufteten Corali schon von weitem entgegen.

Corali kam näher und näher. Nahm eine Rose nach der anderen in ihre Hände, begrüßte sie und atmete ihren wunderbaren Duft ein. Sie stand da und fühlte wieder einmal die Freude im Herzen. So dankte sie Gott, daß Er nicht nur eine solche Pracht schuf, sondern ihr auch noch die Gnade gewährte, sie sehen, berühren und riechen zu dürfen.

Coralis Gesicht strahlte. Strahlte vor Freude und Verbundenheit mit dem Glück in ihr. Corali war siebzehn und strahlte selber wie eine Rose.

Da näherte sich ihr ein junger Mann mit zarten Gesichtszügen. Er erkannte sogleich, welch eine besondere Seele vor diesem blühenden Rosenstrauch stand. Er spürte, wieviel Achtung und Verständnis in ihm für diese junge Frau entstand. Und er sah sogleich, daß diese junge Frau mit den Rosen sprach. So stellte er sich nur neben Corali und betrachtete ebenfalls die Rosen, die Blätter, die Bienen und die Hummeln.

Erst nach einer Weile bemerkte ihn Corali – und lächelte ihn an. Und der junge Mann lächelte zurück. ‚Oh!‘ dachte Corali. ‚Ich wußte gar nicht, daß ich immer dieses Lächeln als Antwort gesucht habe. Wie erstaunlich! Wie erstaunlich schön es ist!‘ – „Du redest auch mit den Blumen, nicht wahr?“ fragte der junge Mann, und seine Worte wurden von jenem berührenden Lächeln begleitet. „Ja“, erwiderte Corali, „ich finde, die Pflanzen verstehen so viel. So unendlich viel. Kein Wunder, daß so viele Bienen und Hummeln und sogar Wespen hier herumfliegen. Es ist die Liebe der Blumen, die sie anzieht!“ – „Daß du dies siehst!“ staunte der junge Mann. „Ich habe häufig heimlich mit den Pflanzen um mich herum gesprochen. Heimlich, denn viele verstehen das nicht. Meine Eltern und mein Bruder schon. Manchmal standen wir vier in unserem Garten und sprachen mit den Blumen.“ – „Wie schön ...“, antwortete

Corali, verlor aber den Faden, denn ihre Gedanken waren abgeschweift. So hörte sie nur von fern, daß der junge Mann sie fragte, wie sie hieß. Ganz automatisch sagte sie „Corali“. „Ich heiße Lichtfried. Ein ungewöhnlicher Name. Aber meine Eltern meinten, ich sei das Licht und der Frieden in ihrem Leben – genauso wie mein lieber Bruder, obwohl er natürlich anders heißt.“ – ‚Welch ein sonderbares Gefühl mich überkommt!‘ dachte Corali und spielte mit ihren Händen. Sie gingen ein langes Stück Weg zusammen. An diesem Tag.

Und dieser Weg wurde immer länger und bescherte ihnen eine Ehe, Kinder und viel Glück und Segen.

Und eines Tages verließen sie ihre Körper, und Gott nahm sie ganz nah zu sich. Fest umschlungen in Seine weiten Arme, die so viel Freiheit geben, gleichzeitig aber auch so geborgen halten können.

Erik
oder Vieles ist nicht sichtbar

Erik saß im Tempel und wartete auf mein Erscheinen. Auch Marcel wartete. Ich erschien und vollführte in Richtung von Erik einige schreibende Bewegungen. Marcel dagegen durfte meine Füße berühren und war selig.

Erik kam aus dem Tempel und war ein wenig enttäuscht. Er hatte mehr erwartet. Einfach „nur" mich zu sehen war nicht das, was er sich gewünscht hatte. Er hätte zu gerne ebenfalls meine Füße berührt.

Marcel dagegen war überglücklich. Er hatte meine Füße berührt, was er als große Gnade erlebte.

Was war aber wirklich geschehen?

Ich hatte gesehen, daß Erik an Krebs erkranken würde. Weil ich wußte, wieviel Gutes er getan hatte, schrieb ich in die Akasha-Chronik, in das Himmlische Buch aller Leben, und veränderte sein Karma. Statt Krebs würde er eine Grippe bekommen. Damit war sein schweres Schicksal abgewendet.

Marcel dagegen benötigte Energie. Diese bekam er dadurch, daß er meine Füße berührte. Das half ihm. Natürlich ist das Übertragen meiner Energie ein großes Geschenk, es bewirkte aber bei weitem keine so einschneidende Veränderung wie bei Erik.

Trotzdem war Marcel, obwohl er derjenige war, der weniger bekommen hatte, glücklicher als Erik, dem so viel Leiden erspart bleiben würde.

Was sagt dir diese Geschichte? Achte auf die Außenwelt als eine große Lehrmeisterin, die dir wichtige, nein, entscheidende Hinweise gibt.

Sei dir aber gleichzeitig bewußt, daß du in den meisten Fällen das Wahre, die wirkliche Realität, nicht siehst. Deswegen sind für dich zwei Gemütshaltungen von größter Bedeutung: *Forsche erstens stets nach dem tieferen Sinn dessen, was du erlebst. Sei zweitens immer mit dem zufrieden, was du bekommst, da es immer, immer mehr ist, als du glaubst.* Denn Gott als dein idealer Guru gibt dir stets nur das Beste. Er ist dein Weg von der Dunkelheit zum Licht.

Und was bedeutet Guru? „Gu" heißt vertreiben, und „ru" bedeutet Dunkelheit. Der Guru ist allein schon von der Bedeutung seines Namens her derjenige, der dich von der Dunkelheit zum Licht führt. Deswegen ist Gott auch der ideale Guru, da Er die ganze Welt so aufgebaut hat, daß alle Lebewesen zur Bewußtheit geführt werden. Dies tut auch jeder gute Guru. Er tut es, wie Gott, selbstlos, voller Liebe und mit dem Blick allein auf das ausgerichtet, was seinem Schüler nutzt, was dieser für seine Entwicklung braucht.

Dies ist der Grund, warum der Schüler seinen Guru ehren soll. Ehre deinen Guru. Vertraue ihm. Dies ist entscheidend. Und weißt du, warum? Weil du in dem Maße, wie du ihn verehrst, von der Dunkelheit zum Licht gelangst. Dies besagt, daß du dahin kommst, zu erkennen, *wer* du wirklich bist. Dein Guru, der gute Guru, führt dich somit vom Zweifel, von der Unklarheit, vom mangelnden Selbstbewußtsein zur Wahrheit und zum Selbstwert. Du gelangst dadurch nicht nur zu immer mehr Wissen über Gott und die Welt. Du kommst zudem in Kontakt mit dem wahren Wissen über *dich.*

Und die Folge davon ist Zufriedenheit, Glück und Selbstbewußtsein.

Das alles schenkt dir dein Guru dadurch, daß er dich in Kontakt mit der Göttlichkeit in dir führt.

Und was mußt *du* leisten? Du mußt zwei Dinge in die Beziehung zum Guru einbringen: Glauben und Geduld. Deswegen lautet die

Formel: G + G + G = G! Was heißt das? Findest du einen wirklichen Guru und entwickelst du Glauben und Geduld, kommst du zu Gott.

Unweigerlich, denn der gute Guru weiß, daß du schon immer bei Ihm bist.

Nur weißt du selbst dieses häufig nicht, weil du entweder die Bedeutung dessen, was du erlebst, nicht verstehst oder dir zu wenig Mühe gibst, es zu begreifen.

Dazu ein Beispiel. Ingmar fuhr nach Moskau. Hier wurde er auf dem Bahnhofsvorplatz von einem Mann gefragt, ob er seine Bluejeans verkaufen wolle. Zunächst wollte Ingmar nicht. Dann bot der Mann ihm so viel Geld, daß er auf den etwas erstaunlichen Vorschlag einging – besonders, da er in seiner Reisetasche noch drei weitere Paar Hosen hatte.

Der Mann, der ihm das Geschäft angeboten hatte, zählte die Scheine vor Ingmars Augen. Dann gab er sie ihm. Nachdem dieser sie nochmals gezählt hatte und sie einstecken wollte, sagte der Mann, es sei nicht gut, mit so vielen losen Scheinen in der Tasche herumzulaufen. Er wolle doch lieber ein Gummiband darum machen. Ingmar gab ihm das Bündel, und der Mann wickelte flugs ein Gummiband darum. Ingmar steckte das Bündel ein, und sie verabschiedeten sich.

Kurz darauf ging Ingmar in ein Restaurant, aß dort und wollte anschließend zahlen. Er griff in seine Tasche, nahm das Bündel Scheine heraus, löste das Gummiband – und hatte nur mehr wertloses Papier in der Hand!

Ingmar war empört und wütend darüber, daß jemand ihn derart bedrängen konnte, seine Jeans zu verkaufen, um ihm anschließend wertloses Papier in die Hand zu drücken!

Nach einer Weile mischte sich auch Bewunderung in den Ärger, da er den Taschenspielertrick, mit dem ihm das Geld abgenommen worden war, hervorragend fand.

Außerdem dachte er darüber nach, was er falsch gemacht hatte. Er fand, er hätte besser aufpassen sollen. Er würde bei einem zweiten Mal das Geld nicht wieder hergeben. Bestimmt nicht!

Erzählte Ingmar diese Geschichte *seinem*, das heißt einem guten Guru, würde dieser auch nach dem forschen, was Ingmar falsch gemacht hat. Er würde aber auf ganz andere Dinge sein Augenmerk richten: Hat Ingmar sich den Mann genau angesehen? Hat er ihm in die Augen geblickt und sich diese genau angeschaut? Wie lächelte er? Wie bewegte er sich? Wie sprach er mit ihm?

Dies sind die entscheidenden Fragen. Fragen, die Ingmar sich nicht gestellt hat. Sonst hätte er von einem Geschäft mit diesem Mann unbedingt abgesehen. Und dies, obwohl er dadurch nur zu einem geringen Maß gesehen hätte, worum es wirklich ging. Aber zu einem Maß, das gereicht hätte, ihn zu warnen.

Worum es aber wirklich ging, und was der Guru mittels seiner Erleuchtung sehen würde, ist, daß Ingmar einem äußerst gefährlichen Mann begegnet war, der vor nichts zurückschreckte. Hätte Ingmar seinen Taschenspielertrick entlarvt, was er sich so wünschte, nachdem er den Betrug entdeckt hatte, hätte der Mann, der Mitglied einer besonders gefährlichen Mafiabande war, ihn entweder rücksichtslos zusammengeschlagen oder gar erstochen. Ingmar wäre, ohne einen Ton zu sagen, auf der Stelle zusammengebrochen, und der Mann wäre verschwunden.

Ingmar war in eine hochgefährliche Situation geraten. Er hätte um ein Haar wegen einem Paar älterer Jeans sein Leben riskiert – ohne sich dessen überhaupt bewußt zu sein.

Ebenso wie du. Du, der du heute lebst und nur deshalb lebst, weil du unzählige Male gerettet wurdest. Manchmal mehrere Male täglich. Ohne daß du auch nur das geringste merkst.

Denke immer daran, daß du gesegnet bist. Zweifle nicht daran, es würde dich sonst schwächen.

Denke immer daran, daß Gottes Gnade dich von Geburt an begleitet. Von deiner ersten Geburt an.

„Und warum machen wir dann zum Teil so schreckliche Erfahrungen?“ fragst du zu Recht. Die Antwort ist: Weil das Vitale so langsam lernt. Du bist in der Welt, damit das Vitale in dir lernt. Jede Erfahrung ist allein dazu da, daß dieser Anteil in dir das lernt, was er lernen muß.

Leider lernt der Mensch auf den meisten Stufen seiner Entwicklung nicht durch Worte, durch Erklärungen oder durch gute Ratschläge, sondern primär durch Erfahrungen.

Es ist wie mit einer Statue aus Holz. Zuerst wird das Holzstück mit großen Sägen grob zurechtgeschnitten. Dann werden die einzelnen Konturen grob herausgehauen.

Je mehr aber die gewünschte Form herauskommt, desto feiner werden die Instrumente und desto vorsichtiger arbeitet der Künstler.

Dabei achtet der Künstler das Holz zu Beginn seiner Arbeit genauso wie am Schluß.

Auf die Seele übertragen heißt das: Je weiter du in deiner Entwicklung bist, desto mehr bist du in der Lage, durch Unterscheidungsvermögen zu erkennen und aus dem Erkannten Schlüsse zu ziehen, nach denen du dein Handeln richtest.

Du bist dann der vollendeten Statue sehr ähnlich und erlebst mehr und mehr Gott als die Wirklichkeit deines Herzens. Je mehr du dies kannst, desto näher bist du deiner Verwirklichung gekommen. Dies ist auch der Augenblick, in dem du erkennst, wie beschenkt du bist, und sehen kannst, daß Gott stets um dein Wohl bemüht ist und daß alles zu deinem Besten gefügt wurde.

Du siehst dann nicht nur sehr klar, du erlebst vielmehr auch Gottes Nähe und verstehst das Gefüge der Welt. Und all dies erfüllt dich mit Licht, und das heißt: Unterscheidungsvermögen und Liebe, nämlich Herzlichkeit.

Damit wirst du selbst zum Guru. Zu demjenigen, der die Dunkelheit der anderen verscheucht. Du hilfst dann den Menschen, ihre Erlebnisse zu verstehen. Du gibst ihnen Erklärungen an die Hand – und wartest geduldig ab, bis sie die Erfahrungen machen, die sie befähigen, das zu verstehen, was du ihnen sagst.

Mit anderen Worten: Das goldene Rad des Lebens dreht sich immer weiter. Immer gibt es einen Lehrer. Immer einen Schüler. Niemand geht wirklich allein. Immer ist jemand da, der beschützt, leitet, lehrt.

Häufig siehst du diesen Beschützer nicht. Ebenso, wie Ingmar nicht sah, wie beschützt er war, als er, Gottlob, übersah, wie er durch einen plumpen Trick sein Geld verlor. Ingmar war in diesem Moment blind. Von einer Blindheit geschlagen, die notwendig war, um sein Leben zu retten.

Siehst du, so vielfältig ist die Welt. Einmal ist es entscheidend, daß du klar siehst. Ein andermal ist es lebensrettend, wenn du nicht siehst.

„Bedeutet dies, daß Blindheit doch gut ist?“ fragst du. Es besagt nur, daß man manchmal am besten mit dem Gefährt aus einer Situation herauskommt, mit dem man hineinkam. Kommst du zum Beispiel mit einem Boot auf dem offenen Meer ins Trudeln, kann es dein Leben kosten, wenn du das Boot verläßt. Ebensowenig solltest du in dieser Situation von einem Überseedampfer träumen. Vielmehr ist es in dieser Situation ratsam, daß du das Boot unter Kontrolle bekommst und damit zur nächsten Küste gelangst. Bist du hier angekommen, kannst du dir überlegen, ob du dein Gefährt wechseln möchtest. Meisterst du die Krisensituation nicht und gehst unter, hast du diese Entscheidungsmöglichkeit natürlich nicht mehr!

Ingmar war blind. Er sah nicht, in welcher Gefahr er sich befand. Ein Engel bedingte, daß dem Mafioso der Trick mit dem Gummiband so gut gelang, daß Ingmar keinen Verdacht schöpfte. Er sah damit weder, daß er betrogen, noch daß sein Leben gerettet wurde. Ebensowenig, wie Erik erkannte, daß er vor einer Krebserkrankung bewahrt wurde.

So ist das Leben.

So wunderbar und vielfältig. Deshalb genießen es die Erleuchteten, die viel sehen und viel erkennen, so sehr.

Das Vitale

Dimitrj sitzt in der Todeszelle. Er hat knapp sieben Quadratmeter Raum. Ein Bett. Eine Toilette, die mehr schlecht als recht funktioniert. Einen Tisch. Einen Stuhl.

Er wird von starken Wänden eingesperrt. Das kleine Fenster ist mit dickem Eisen vergittert.

Dimitrj hat Angst. Tag und Nacht. Er weiß nie, welcher sein letzter Tag ist. Jeden Tag kann frühmorgens die Tür aufgehen, und er wird abgeholt. Er wird dann in ein anderes Gebäude gebracht, wo der Henker auf ihn wartet, der ihn mit einem Genickschuß töten wird.

Jeden Tag kann das geschehen. Dies läßt ihn zittern. In seinem Innersten erschüttern.

Und wie ist es dazu gekommen?

Dimitrj hat eine besonders lange Karriere als Verbrecher hinter sich.

Bereits mit acht fing er an, zu lügen, zu stehlen und zu betrügen.

Mit siebzehn vergewaltigte und tötete er anschließend ein fünfzehnjähriges Mädchen. Mit achtzehn erschoß er einen Jungen, der ihm seinen Platz in der Räubergang streitig machen wollte.

Von da an mißhandelte und tötete er immer wieder Menschen, die er erpreßte, die aber entweder nicht zahlten oder nicht genug zahlten. Dazu gehörten auch Frauen, die sich für ihn prostituieren mußten.

Dimitrj tat all das, ohne auch nur mit einer Wimper zu zucken. Ohne das geringste Mitgefühl.

Wie ist jetzt dein Urteil über Dimitrj?

Findest du, daß es ihm recht geschieht, wenn er täglich auf den Tod wartet?

Das ist der Balanceakt des Lebens: Einerseits weder das Leben noch Gott zu verurteilen, sondern zu sehen, daß jemand das erlebt, was er sich als Karma schuf. Und daß dieses Karma einen Sinn hat. Und andererseits nicht zu verurteilen, sondern ganz mit den Leidenden mitzufühlen.

Dimitrj kommt durch die Brutalität der Situation, in der er lebt, in Kontakt mit den Gefühlen bzw. mit den Todesängsten der Opfer, die ihm wehrlos ausgeliefert waren. Sie konnten bei ihm nicht auf Gnade hoffen, da Dimitrj keine Gnade kannte. Ebenso, wie die Staatsmaschinerie, in die er jetzt geraten ist, keine Gnade kennt. Gemäß der Ordnung der verschiedenen Akten wird sein Schicksal verwaltet – und besiegelt. Keiner fühlt sich verantwortlich. Jeder gibt der Institution die Verantwortung. Selbst der Henker, der sein blutiges Tun mit dem verwerflichen Satz „Tue ich es nicht, tut es jemand anderes“ zu legitimieren versucht. Keiner empfindet auch nur die geringste Verantwortung, geschweige denn Mitgefühl für Dimitrj. Auch nicht der hartherzige Wärter, der ihn täglich sieht. Auch für ihn nimmt das Schicksal seinen Lauf. Wann wird es ihn überrollen?

Dimitrj hat sich sein Schicksal geschaffen. Erbarmungslos, wie er zu anderen war, wird er nun behandelt. Das Karma ist aber immer gnädig. So brutal die Umstände auch sein mögen. Der Lohn von Dimitrjs Angst, die ihn kaum schlafen läßt, weil er immer wieder angsterfüllt und schweißgebadet aufwacht, ist, daß das Vitale in ihm durch Erleiden lernt. Durch Spüren am eigenen Körper erlebt er unmittelbar, was es bedeutet, Angst, Lebensangst, Todesangst zu haben. Dies ist das Geschenk. Dimitrj wird nie wieder ein solches Leben führen können, wie er es tat. Das Leben ist für ihn zu einem kostbaren Gut geworden. Das ist neu. Unendlich neu. Früher hätte er sein Leben für eine Handvoll Rubel aufs Spiel gesetzt. Jederzeit hätte er sein Leben für irgend etwas Sinnloses riskiert. Und häufig genug hätte er es um ein Haar verloren. Das wäre ihm völlig gleichgültig gewesen. Entscheidend war ihm allein zu *handeln*. Im Leben gleichsam zu waten. Am besten mit Blut an seinen Stiefeln. Dann fühlte er sich lebendig. Der Tod anderer machte ihn lebendig.

Denn die Gefühle anderer ließen ihn leben – Gefühle, die er nicht hatte und nicht kannte.

Genau diese Gefühle erlebt er nun in der Todeszelle. Nur daß es jetzt seine eigenen Gefühle und sein eigener Tod sind. Die Bedrohung seines Lebens, die Unmöglichkeit, zu entkommen oder auch nur auszuweichen, vermitteln ihm, welch kostbares Gut das Leben ist. Der Henker, der ihm das Leben nimmt, gibt es ihm – und zahlt dabei mit seinem eigenen dafür, denn die Angst seiner Opfer wird als tiefwühlende Unruhe sein Leben begleiten bzw. beschädigen.

Und wie ist jetzt deine Einstellung Dimitrj gegenüber?

Dein Verstand mag verstehen, daß das Vitale nur schwer lernt. Dein Herz aber leidet. Es zittert mit allen Opfern Dimitrjs und mit ihm selbst mit. Dein Herz zittert mit allen mit, denn Mitgefühl und Nachempfinden sind der Lebensatem deines Herzens. Und was kannst du tun? Kannst du ein brutales Regime stürzen? Kannst du einen brutalen Verbrecher verändern bzw. ihn vor der Todesstrafe bewahren? Lege ja nicht die Hände in den Schoß. Mache dich nicht klein. *Wer sich klein macht, macht sich mitschuldig*. Denke, daß die Welt in deiner Hand liegt. Du bist die Welt. Du bist der Gestalter dieser Welt. Du verhängst die Todesstrafe. Du bist der Wärter, der zusieht, wie Gefangene in verkommenen Löchern dahinvegetieren müssen. Du bist der Henker. Du bist der Gefangene.

Übernimm Verantwortung für die Welt. Denn du bist ihr Gestalter. Mache dich deshalb niemals klein. Was du heute denkst, sagst und tust, schafft die Welt von morgen.

Bete für andere. Meditiere, wiederhole den Namen Gottes. Das verändert dich – und damit die Welt. Schicke allen Bedürftigen Licht. Gehe in Krankenhäuser. Gehe in Gefängnisse. Gib Trost. Gib Verständnis. Gib Nachempfinden. Dann verändert sich die Welt. Dann verändert sich auch das Vitale in dir. Du öffnest dein Herz mehr und mehr und entdeckst somit den Gott in dir, den allverstehenden Gott, der nie bewertet, der alle und alles versteht und gerade deshalb verändern kann.

Dimitrj ist überall. Auch in dir. Einmal als Täter. Ein andermal als Opfer. Das ist die unendliche Ambivalenz des Lebens: Jeder ist Opfer. Und jeder ist Täter. Alles hängt allein von dem Zeitpunkt und vom Blickwinkel ab.

Alles ist aber auch Gott. Dies ist die unendliche Gnade: Der Zustand ohne jegliche Ambivalenz. Die Ruhe des Herzens. Die Ruhe im Herzen. Die Ruhe des Ziels. Das Ende aller Dualität.

Und wann endet für dich die Dualität? Wenn du klar sehen und verstehen kannst und gleichzeitig alles Platz in deinem Herzen hat.

Dimitrj, das Regime und sein Henker sind dann eins.

Eins in dir.

Eins in Gott.

ॐ

Nur eins bewahrt dich vor dem Gift der Welt, das sich in unzähligen Süchten ausdrückt, die zunächst deine geistige und körperliche Gesundheit zerstören und dir schließlich Tod und Wiedergeburt bescheren. Dieses eine ist: Halte dich an Gott, trinke an der Brust der Göttlichen Mutter von der Liebe und Gnade, die Sie für dich bereithält.

Diese sind so segenbringend, weil sie die Essenz von allem sind.

Ahimsa
oder Achte auf deine Ernährung

Don Alfonso war ein guter Fürst. Er kümmerte sich liebevoll um seine Untertanen, war seinen Mitmenschen ein guter Freund, seiner Frau ein treusorgender Gatte und seinen Kindern ein lieber Vater, den sie nicht nur verehren, sondern auch von Herzen lieben konnten.

Don Alfonso hatte aber zwei bedenkliche Fehler: Er liebte es, zu jagen und Wildbret zu essen. Er war *un pasionado de la caza*, jemand, der von der Jagdleidenschaft ergriffen war. Wann immer und wo immer er konnte, ging er auf die Jagd und schoß und schoß. Dabei beherrschte ihn die Leidenschaft so sehr, daß er sich tagelang ärgern konnte, wenn er zum Beispiel einen Hasen verfehlt oder wenn er an einem Tag nicht hundert (!), sondern nur neunundneunzig (!) Hasen erlegt hatte. Don Alfonso betrachtete die Jagdleidenschaft so sehr als Sport, daß er gar nicht mehr sah, was er tat. Er nahm nicht wahr, daß er Leben auslöschte, daß er Schmerzen bereitete, daß er Familienbande zerstörte.

Don Alfonsos Frau, Dona Margerita, war nicht viel weiser. Sie liebte die Jagden als wunderbare gesellschaftliche Ereignisse, die einen herrlichen Anlaß boten, alte Bekannte und Freunde wiederzusehen. Daß für diesen „herrlichen Anlaß“ Dutzende von Tieren ihr Leben lassen mußten, gehetzt, verletzt und geschunden wurden, ging ihr überhaupt nicht durch den Sinn.

Tiere leiden wie Menschen. Tiere haben zarte Seelen wie empfindsame Menschen.

Es ist der Wissenschaft bekannt, daß eine Häsin es spürt und darunter leidet, wenn ihre Jungen getötet werden, und seien sie auch weit entfernt von ihr. Wieviel mehr leidet sie darunter, wenn eines ihrer Kinder bei einer Hetzjagd direkt neben ihr verwundet oder gar erschossen wird!

Auch die Bande zwischen einer Ricke und ihrem Kitz bleiben drei Jahre lang eng.

Die Beziehungen von Wildschweinen sind die einer Familie. Die Tiere kennen sich genau, haben Freundschaften und regen Austausch. Der Verlust eines Tieres kann eine Herde lange schmerzen.

Nicht anders verhält es sich bei den Raubtieren.

Ein Alpha-Wolf trauert lange, wenn er seine Alpha-Wölfin verliert. Aber auch jedes andere Rudelmitglied wird betrauert.

Und eine Löwin kann Monate um eines ihrer Kinder trauern.

Deshalb lädt sich jemand, der ohne zwingenden Grund – wie Notwehr oder eine Hungersnot – Tiere tötet, negatives Karma auf, das irgendwann zum Tragen kommt.

So kam auch für den Fürsten und die Fürstin die Zeit, in der sie die Konsequenzen ihres Tuns erleben mußten.

Die beiden hatten drei Söhne, und zwei waren ihnen besonders nahe.

Als sie gerade den Militärdienst als Offiziere beendet hatten, wurde Don Alfonsos Land von seinem Nachbarn angegriffen. Dieses benachbarte Land wurde von unanständigen Herrschern geführt. Auf diplomatischem Weg wäre aber viel zu erreichen gewesen, besonders, wenn Don Alfonso und seine Verbündeten sich mehr um Dharma, um Rechtschaffenheit, gekümmert hätten. Aber viele, viele wollten den Krieg, da sie den Krieg – wie das Jagen – als ganz natürliches (!) Mittel der Auseinandersetzung betrachteten!

Zwei der drei Söhne des Fürsten, es waren seine Lieblingssöhne, begrüßten den Krieg als richtig, wichtig und nützlich – ihr Vater war ihnen leider ein schlechtes Vorbild gewesen –, und sie fanden im Krieg den Tod.

Das Karma, das er sich durch das Töten der Tiere geschaffen hatte, hatte sich gebündelt und zwei seiner Söhne so jung sterben lassen, was den Fürsten und die Fürstin tief im Herzen traf.

Der Fürst lebte noch lange nach dem Verlust seiner Söhne und seines Reiches, das er durch diesen Krieg ebenfalls verloren hatte.

Von vielen Seiten wurde er immer wieder darauf hingewiesen, daß Jagen, besonders leidenschaftliches Jagen, ein großer Fehler sei. Aber der Fürst wies diese Ansichten, diese Warnungen stets als „Geschwätz von Schwächlingen" von sich.

Er hatte zwei Söhne und sein Reich verloren – was wäre dieser Verlust gegen die Erkenntnis gewesen, daß ein Mensch sich in Ahimsa, in Gewaltlosigkeit, üben und alle Lebewesen achten muß? Nichts!

Der Körper ist einerseits der Tempel Gottes. Andererseits ist er wie Bauholz, das zum Beispiel für Verschalungen verwendet wird. Der Körper hat eine entscheidende, aber auch zweitrangige Rolle. Natürlich kann man ohne Bauholz beim Errichten eines Hauses sehr schlecht auskommen. Beim Bauen geht es aber um das Errichten eines Hauses und nicht um das Schaffen eines Kunstwerkes mit Bauholz. Ist das Haus fertig, hat das Bauholz keine Funktion mehr und wird abtransportiert.

So ist es auch mit dem Körper. Solange die Seele auf der Suche ist, ist der Körper von entscheidender Bedeutung. Hat sich die Seele aber gefunden, ist der Körper überflüssig, denn sein Bewohner, die Seele, ist nun überall und nirgends, weil sie mit Gott eins ist.

Natürlich ist es sehr schmerzlich, zwei Kinder zu verlieren. Die Eltern verlieren dadurch häufig auch den Kontakt zu ihrer Persönlichkeit und ihrer Seele.

Aber auch Tiere sind Seelen, und so ist es für sie nicht minder schmerzlich, gejagt zu werden und ihre Angehörigen zu verlieren. Schrecklich wird dies aber dann, wenn aus einem Verlust nichts gelernt wird, wenn, wie in Don Alfonsos Fall, ein Leben mehr oder minder so beschlossen wird, wie es begann.

Das gleiche gilt für die Ernährung. Wer sein Leben lang Fleisch ißt, hat nichts verstanden und wird in diesem oder in einem zukünftigen Leben leidvoll sterben.

Achte deshalb die Tiere. Achte auf deine Ernährung, dies ist genauso wichtig, wie auf deine Kleidung zu achten. Kein vernünftiger Mensch würde nur mit einer Badehose bekleidet in einen Schneesturm gehen. Keiner setzt sich – außer er ist krank – mit Mantel, Schal, dicken Stiefeln und Wollmütze in die glühende Hitze eines Tropenstrandes.

Achte nicht allein auf das Außen. Achte ebenso auf das Innen. *Was du ißt, das wirst du.* Ißt du Fleisch, wirst du aggressiv; ißt du Fisch, wird das deine Triebe aktivieren. „Achte auf deine Ernährung" heißt deshalb auch: Halte dich an das Gebot der Gewaltlosigkeit, wiederhole den Namen des Herrn, und dein Leben wird mit Segen reich beschenkt sein.

„Achte auf deine Ernährung" bedeutet weiterhin:

Iß viel Obst, rohes Gemüse, Nüsse, Sprossen, und kaue langsam und gut. Mahatma Gandhi prägte den Spruch, man solle feste Nahrung trinken und flüssige kauen, das heißt, die eine solltest du so lange kauen, bis sie flüssig ist, die andere gut einspeicheln. Viele Menschen haben deshalb Verdauungsprobleme, weil sie zu schnell essen, sprich: viel zuwenig kauen.

Bedenke, daß die Morgenstunden die Zeit der Reinigung, der Ausscheidung sind. Iß deshalb bis zum Mittag viel Obst und trinke reines Wasser.

Mittags iß zum Beispiel eine große Schüssel Salat mit Sprossen, den du mit Öl und Zitrone anmachst. Zum Salzen verwende am besten Tamari bzw. Sojasoße.

Als Öl gebrauche Olivenöl. Distelöl ist auch gesund und eine gute Abwechslung. Leinöl solltest du als Ergänzung immer wieder zu Kartoffeln essen.

Sonnenblumenöl hat dagegen bei weitem nicht den Nährwert, den viele ihm zuschreiben – ganz im Gegenteil, wegen seines zu hohen Anteils an Linolsäure.

Entscheidend ist die Herkunft des Salates, des Gemüses und des Obstes.

Bedenke, daß Spritzmittel und Kunstdünger die Struktur von Obst und Gemüse ändern und mit ein Grund für die Entstehung von Krebs sind.

Ähnlich problematisch ist natürlich (oder besser unnatürlich!) die Bestrahlung von Lebensmitteln.

Eine gute Ergänzung zu einer großen Portion Salat sind zum Beispiel Vollkornreis oder Polenta (Maisgrieß), Dinkel, Hirse, Amarant. Dies sind wunderbare Lebensmittel, die deinen Körper stärken. Iß sie in Maßen, und sie werden dir Kraft geben.

Bedenke, daß es einen Unterschied gibt zwischen *tamasischem*, *rajasischem* und *sathwischem* Essen.

Sathwisch ist das Essen, wenn es von guten Menschen erzeugt, gekocht und bald nach dem Kochen gegessen wird.

Rajasisches Essen ist zu heiß, zu kalt, zu scharf, zu salzig, zu süß und zu reichlich.

Tamasisch ist ein Essen immer dann, wenn es bereits abgekühlt, neu aufgewärmt bzw. totgekocht ist.

Koche deshalb nicht zuviel. Bedenke, daß ungekochtes Essen eine stärkende, bereichernde und heilende Wirkung hat.

Milch, die von Kühen kommt, die mit Achtung und Liebe gehalten werden, ist ein ganz besonderes Lebensmittel, das dem Körper viel Energie und sogar Jugend verleiht.

Bedenke aber, daß Milch kein Getränk, sondern ein Nahrungsmittel ist. Nimm deshalb Milch nicht in Verbindung mit anderen Lebensmitteln zu dir, sondern erst eine halbe Stunde, nachdem du anderes gegessen hast, und eine halbe Stunde, bevor du etwas anderes ißt.

Iß nicht zuviel Joghurt und am besten nicht nach vierzehn Uhr, da er dann schlechter zu verdauen ist.

Buttermilch und Kefir sind viel leichter verdaulich als Joghurt und können über den ganzen Tag verteilt getrunken werden.

Am besten trinkst du aber nicht während des Essens, da die Flüssigkeit die Magensäfte verdünnt und deshalb das Essen länger im Magen verbleibt. Trinke aus diesem Grund spätestens fünfzehn Minuten vor dem Essen und erst wieder frühestens zwanzig Minuten danach.

Benötigst du Eiweiß, so iß Nüsse, sie sind ein wunderbares Lebensmittel, das dich mit unendlich viel Wichtigem versorgt. Tofu ist auch ein guter Eiweißlieferant. Du mußt aber sehr aufpassen, woher die Soja stammt, aus der der Tofu gemacht wurde, denn die Sojabohnen können in hohem Maße mit Pflanzenschutz- und Entlaubungsmitteln verseucht, sie können genmanipuliert und bestrahlt sein.

Iß häufig Algen, denn sie enthalten viele Vitamine, Mineralstoffe und Spurenelemente und stellen die ideale Ergänzung für eine vegetarische Ernährung dar.

Iß drei Eßlöffel Weizenkeime täglich, denn sie stabilisieren ebenfalls deine Gesundheit.

Halte dich an eine einfache Kost. Je einfacher, desto besser!

Deshalb lebt der Yogi allein von Obst, Wurzeln und Nüssen, die ihn als wildwachsende besonders wohl ernähren. Durch diese Kost achtet er die Natur am meisten.

Die Welt ist an einem Wendepunkt angelangt. Die Zeit der Umkehr ist angebrochen, weil die Lebensmittel so verfälscht, so sehr vom Lebensmittel zum Todesmittel de-naturiert (in dem Verb steckt Natur drin!), das heißt so weit von der Natur entfernt wurden, daß sie nicht mehr nähren, geschweige denn heilen, sondern ganz im Gegenteil krank machen und nicht selten zum Tod führen.

Wie heute Lebensmittel produziert, verarbeitet und transportiert werden, hat häufig mit Aggression und deshalb mit mangelnder Ahimsa, mit mangelnder Gewaltlosigkeit zu tun, denn diese Produkte stellen einen regelrechten Angriff auf den Organismus dar.

Halte dich an diese wenigen Regeln. Reiche dein Essen stets vorher mit dem Darreichungs-Gebet dar, und du wirst nicht nur ein lebendiges, stärkendes und gar heilendes, sondern ein gesegnetes Mahl zu dir nehmen. Entsprechend segensreich wird seine Wirkung sein.

Das Gebet lautet wie folgt:

> *Geliebter Herr, ich reiche Dir dieses Essen dar. Das Dargereichte bist Du, Herr, der Darreichende bist Du, Herr. Dargereicht von Dir, Herr, in das Heilige Feuer, das Du bist, Herr. Der allein erreicht Dich, Herr, der in allem mit Dir eins ist.*
>
> *Ich bin das alles durchdringende Kosmische Bewußtsein, das in Lebewesen erscheint und sich in deren Ein- und Ausatmen manifestiert.*
>
> *Amen.*

Machiavelli
oder So einfach doch nicht!

Robert war ein ehrgeiziger junger Mann. Sehr ehrgeizig. So ehrgeizig, daß ihm jedes Mittel recht war. Hauptsache, er hatte Erfolg. Dabei hätte es ihm auch nichts ausgemacht, über Leichen zu gehen. Erfolg war für ihn alles. Er scheute sich überhaupt nicht, andere anzulügen, zu verraten, zu betrügen, zu hintergehen.

So behandelte er auch seinen Freund Alexander, mit dem er ein Geschäft aufgebaut hatte. Als sich seiner Ansicht nach eine Gelegenheit bot, auf Alexanders Kosten weiterzukommen, bootete Robert ihn kalt lächelnd aus. ‚Ist er doch selber schuld, wenn er mir so blind vertraut!' dachte Robert und zog alle Register, um sein Geschäft auf Alexanders Kosten auszubauen.

Im Leben paßt alles zusammen. Wie ich immer betone, gibt es keinen Zufall. Der sogenannte Zufall ist das Ergebnis eurer Taten – der guten und der schlechten. Sie verdichten sich zu Erlebnissen – zu *euren* Erlebnissen.

So war es kein Zufall, daß Robert das Buch „Il Principe" (Der Fürst) von Machiavelli fand – Machiavelli, vom Italienischen *macchia*, der Fleck. Machiavelli, der Befleckte, war ein reiner Machtmensch der Renaissance. Ihn interessierte nicht, wie Menschen zum Glück finden, sondern allein, wie Herrscher zur Macht kommen, wie sie sie festigen bzw. ausbauen können. Ebensowenig interessierte ihn die Wahrheit, sondern nur das Augenscheinliche. Machiavelli war von der Macht besessen. So besessen, daß sie ihn gleichsam zerfressen hat. Es genügte ihm nicht zu sehen, wie andere Macht hatten, und ihnen Ratschläge zu geben, wie sie mit ihr am geschicktesten umgingen. Er wollte selber an der Macht sein. Die Macht haben. Die Macht ausbauen. Mit Macht gestalten. Er wollte von morgens bis abends die Macht kosten. Es dürstete ihn nach Süße. Einer besonderen Süße. Diese Süße meinte er in der Macht zu finden. Deswegen strebte er nichts so sehr an wie die Macht.

Machiavelli war eine Seele, die den rechten Weg verloren hatte. Anstatt die Süße, die wahre Süße, in Gott zu suchen und zu finden, meinte er, sie durch Macht zu bekommen. Und zwar mit allen Mitteln. Wahrheit, Rechtschaffenheit, Liebe, Frieden und Gewaltlosigkeit waren fremde, unbekannte Werte für ihn. Machiavelli setzte sein Glück auf Macht. Und so, wie er in seinem Buch den Herrschern riet, die Macht mit allen Mitteln zu ergreifen und dabei gnadenlos durchzugreifen, so bemühte er sich sein ganzes Leben um Macht. Aus dem gleichen Grund war er auch von Tierdressuren fasziniert. ‚Was kann man mit Kreaturen alles machen, wenn man es nur richtig anfängt!‘ dachte er und haderte mit dem Schicksal, daß er kein Fürst war. Mit dem unerfüllten Wunsch, ein König oder zumindest ein Fürst zu sein, starb er. Der Wunsch war so stark, daß er sich im nächsten Leben verwirklichte: Er wurde ein Landesfürst. Er baute mit allen Mitteln seine Macht aus. Dabei schreckte er vor nichts zurück: Weder vor Verrat noch vor Mord und Schändung, noch vor den brutalsten Kriegen, die viele Menschen ins größte Elend stürzten. Damit nicht genug, erstach oder verurteilte er manch einen im Rausch. Dabei war ihm das Trinken selber nicht wichtig. Wichtig war ihm die Macht. Mit Macht umzugehen und sie auszubauen – sie wie einen Rausch zu erleben.

Er verschuldete sich derart, daß er sein Recht auf eine menschliche Wiedergeburt verlor. Er wurde deshalb als Hund wiedergeboren, der an einer kurzen Kette vor seiner schimmligen Hütte hin- und hergehen konnte – und immer wieder von seinem alkoholisierten Besitzer bis zur Bewußtlosigkeit geschlagen wurde.

Durch die Inkarnation in verschiedene andere Haustiere lernte er allmählich das Dienen, und daß das Leben bedeutet, für andere dazusein. Alle anderen Wege sind Umwege. Wichtige Umwege. Wie das Leben des Machiavelli. Sein Umweg war aber ein Umweg mit Folgen, denn viele lesen heute noch sein gefährliches Buch und ziehen ihre Schlußfolgerungen daraus. Falsche Schlußfolgerungen.

Denn durch gewissenlose Macht, durch Macht, die nicht auf Liebe, Wahrheit und Rechtschaffenheit aufgebaut und auf Frieden und Gewaltlosigkeit ausgerichtet ist, läßt sich keine wahre Macht, sondern nur Machtmißbrauch errichten – und der führt, wie wir bei Machiavelli gesehen haben, stets in die Katastrophe.

Siehst du bereits, was all dies mit Robert zu tun hat? Es ist das Spiel von Maya, das euch so viel beschert. Und Maya, die Außenwelt, der Schein, tut dies, damit ihr die Erfahrungen macht, die ihr machen müßt. Machiavelli war eine begabte Seele, die aber auf das Falsche ausgerichtet war. Durch Erleben lernte sie, daß es nur einen Weg gibt: Den der Kosmischen Ordnung.

Und was ist die Folge von alledem? Machiavellis Wunsch nach Macht blieb bestehen. Er mußte wieder ein Herrscher werden. Diesmal aber mußte er ein wirklicher Herrscher, ein guter Herrscher werden. Durch seine Erlebnisse als hilflose Kreatur hatte er Mitgefühl entwickelt. Das bedingte die entscheidende Wende in ihm. War er vorher, als Machiavelli, noch stark verbunden mit einer früheren, raubtierhaften Inkarnation, bestimmten nun ganz andere Werte und Empfindungen sein Leben und Handeln. Er wollte immer noch an die Macht. Diesmal aber als weiser, als guter, als liebender Fürst. Und was geschah? Er diente seinem Volk. Und das Volk dankte Gott, einen so guten, einen so weisen Herrscher zu haben. Machiavellis Seele verlor in dieser Inkarnation aber das Interesse an der Macht. Sie erlebte so viel Glück, indem sie liebevoll und weise für das Glück anderer sorgte, daß sie nicht mehr an Macht interessiert war. Und sie erkannte, daß sie dies in jeder Inkarnation tun konnte. Nicht allein als Fürst. Nicht allein, wenn sie die Macht hatte. Machiavellis Seele verlor damit den Wunsch zu herrschen, da sie erkannte, daß sie in Wirklichkeit nicht Macht, sondern die Wahrheit, die Rechtschaffenheit, die Liebe, den Frieden, die Gewaltlosigkeit, mit einem Wort: Gottes Nähe gesucht hatte. Machiavellis Seele hatte das Entscheidende erkannt und wurde ruhig, froh und leicht.

Robert lernte ebenfalls. Zu dem Gesetz von Ursache und Wirkung gehört auch, daß, wer betrügt, betrogen wird. So lebte Robert über einige Jahre seine unanständigen Machenschaften aus und hatte auch einigen Erfolg. Sein Konzept der Gnadenlosigkeit schien sich zu bestätigen. Dann kam aber alles auf einmal: Seine Frau verließ ihn, weil sie seinen Geschäftsfreund interessanter fand als ihn. Der Geschäftsfreund und sie übervorteilten Robert derart, daß er an den Rand des Ruins kam. Den Rest verlor er bei der Scheidung, da seine Frau alles tat, um ihm wirklich alles zu nehmen.

Er endete als Obdachloser unter einer Brücke. Völlig mittellos lebte er einige Jahre unter den schwersten Bedingungen.

Das klingt alles schrecklich, war aber in Wirklichkeit reine Gnade. Robert lernte durch diese Erlebnisse, daß seine Theorie nicht stimmte: Gnadenlosigkeit führt nicht zum Ziel. Führt sie zu irgendeinem Erfolg, dann nur deshalb, weil die Zeit für eine Veränderung nicht reif ist bzw. gutes, früheres Karma eine Katastrophe aufschiebt – oder beides zutrifft. Früher oder später führt Unanständigkeit immer zu einer größeren oder kleineren Katastrophe. Robert starb eines Winters, als es so kalt war, daß er auf seinem dürftigen Lager unter der dünnen Decke erfror.

Schon lange vorher war ihm klargeworden, wie falsch er gelebt hatte, als er noch ganz andere Möglichkeiten hatte. Robert war als Obdachloser eine gute Seele geworden, die mit anderen teilte, die für andere sorgte. So hatte er einem anderen, viel jüngeren Obdachlosen eine Decke geliehen, der deshalb die Nacht überlebte. In seinem nächsten Leben beschenkte Robert viele Menschen mit seiner Herzenswärme. Einer Wärme, die die Kälte ihm geschenkt hatte.

Ordnung ist Göttlich

Es waren einmal ein Mann und eine Frau, die waren verheiratet, verstanden sich gut und bemühten sich, ein kleines Geschäft aufzubauen.

Es wollte ihnen aber nicht gelingen. Lange Zeit standen sie kurz davor, aufgeben zu müssen.

Da sie sehr gläubig waren, gingen sie zu einem weisen Mann, um ihn um seinen Rat zu bitten.

Der hörte sich ihre Sorgen an und riet ihnen, zweimal am Tag und vor allem immer zur gleichen Zeit zu meditieren und jeden Tag stets zur gleichen Zeit zu essen. Außerdem sollten sie einmal in der Woche fasten. Nach drei Monaten sollten sie wiederkommen.

Völlig verwundert kamen der Mann und die Frau nach Hause. Sie hatten sich irgendeinen „interessanten" Rat erhofft, so etwas wie eine Offenbarung. Und nun sollten sie meditieren und pünktlich essen. Welch ein sonderbarer Rat!

Da beide ältere Seelen waren, kannten sie die Demut Weisen gegenüber.

Sie befolgten daher die Ratschläge, und ... siehe da, es stellte sich ein gewisser Erfolg in ihrem Geschäft ein, der stetig wuchs!

Nach drei Monaten gingen sie wieder zu dem Weisen. Der bestärkte sie in ihrem Tun und sagte, sie sollten nach weiteren drei Monaten wiederkommen.

So ging es über viele Monate. Und ihr Geschäft begann mehr und mehr zu blühen.

Die beiden gingen immer wieder zu dem Weisen, um seine Ausstrahlung zu genießen und weil sie endlich wissen wollten, was der Grund für seine Ratschläge war.

Nach zwei Jahren sagte er ihnen: „Ihr seid nun gefestigt in euren neuen Gewohnheiten, deshalb will ich euch sagen, warum ich euch pünktlich zu meditieren und zu essen riet.

Ihr hattet keinen Rhythmus und keine Ordnung in eurem Leben. Das schwächte euch. Ohne Ordnung und ohne Rhythmus kann man auf Dauer nichts erreichen.

Pünktlichkeit ist äußere Ordnung. Fasten ist sowohl innere als auch äußere Ordnung.

Meditieren bezieht sich zunächst auf die innere Ordnung, strahlt aber mit der Zeit immer mehr auf die äußere aus.

Ihr hattet keinen Erfolg, weil ihr keine Ordnung in eurem Leben hattet.

Aber ihr hattet Demut und Bescheidenheit – entscheidende Tugenden, die als innere Ordnung wirkten und euch vor dem Scheitern bewahrten.

Haltet euren neu gewonnenen Rhythmus“, fuhr der Weise fort, „haltet Ordnung in eurem Leben. Rhythmus und Ordnung sind Grundvoraussetzungen, damit Gottes Segen auf euch kommen kann.“

Edith und Judith
oder Die Stärke der Ordnung

Ein Ehepaar hatte zwei Töchter. Die älteste nannten sie Edith. Die jüngere Judith. Beide waren sehr liebe Kinder, die ihre Eltern liebten und ihnen viel Freude bereiteten. Beide waren intelligent. Beide waren fleißig. Beide waren hübsch.

In einem waren sie aber grundverschieden: Ediths Zimmer war immer ordentlich. Das Zimmer von Judith war es nur hin und wieder. „Hin und wieder" bedeutet, daß es Judith nach einer Zeit der Unordnung stets wieder gelang, Ordnung zu schaffen. Es war aber immer mit einer großen Anstrengung verbunden. Deshalb verstehe ich ihren Namen als „*you did*", du hast es getan – du hast es mit viel Mühen getan.

Ediths Namen verstehe ich als „*He did*", Er hat es getan. Edith war im Einklang mit der Göttlichen Ordnung. Sie war sehr systematisch und ordnete deshalb alles sogleich. Erledigte, was zu erledigen war, räumte immer alles an seinen Platz. Und alles hatte *seinen* Platz! Edith war im Fluß der Dinge. Im Fluß des Lebens. So ging ihr alles leicht von der Hand, denn sie hielt sich an das Gesetz des Erfolges, das dazu auffordert, die Dinge, wo immer es möglich ist, so anzupacken und voranzutreiben, daß es leicht geht. Deshalb wartet der Weise, der Erleuchtete, bei manchen Aufgaben keine Minute, um sie zu erledigen; bei anderen dagegen Jahre. Er geht mit dem Fluß des Lebens und kann deshalb leicht viel erledigen, weil er die Situation abschätzen und abwarten kann, die die günstigste ist. Die alten Griechen nannten diesen Moment Kairos, der rechte Augenblick, *das rechte Maß* – sie wußten noch viel über das Walten der Götter!

Judith dagegen befand sich im steten Kampf. Obwohl sie im Grunde unbeschwert war, belasteten sie unzählige Dinge, die sie noch nicht erledigt, die sie noch nicht aufgeräumt, die sie noch nicht an ihren Platz geräumt hatte. Darüber hinaus mußte Judith an eine Vielzahl von Dingen denken, die sie noch erledigen mußte. All dies kostete sie viel, sehr viel Energie.

Nur wenn sie wieder einmal alles mit viel Mühe aufgeräumt hatte, fühlte sie sich entlastet. Fühlte sie sich frei.

Edith dagegen genoß dieses Gefühl immer. Nichts lag bei ihr herum und sah sie erwartungsvoll oder vorwurfsvoll an.

Die Zeit verging. Edith und Judith wurden älter. Und je älter sie wurden, desto mehr Aufgaben hatten sie zu erledigen. Und je mehr Aufgaben sie hatten, desto mehr stapelten sich bei Judith die unerledigten Dinge. Dies ging so weit, bis sie weder ein noch aus wußte. Das war der Augenblick, in dem sie lernen wollte und konnte.

Judith bat nun Edith, ihr das System zu zeigen, mit dem sie Ordnung hielt. „Ich habe es dir schon oft gezeigt, aber ich zeige es dir noch einmal!" antwortete Edith erstaunt. „Vielen Dank", sagte Judith, „ich habe es vorher weder verstehen noch umsetzen können. Jetzt aber ist die Zeit reif!"

Und so zeigte Edith Judith noch einmal ihr System, mit dem sie bei sich Ordnung hielt:

1., daß sie alles sofort erledigte. Sogleich Briefe beantwortete, Rechnungen bezahlte, Fragen klärte. „Sofort Rechnungen bezahlen?" fragte Judith. „Und wenn du kein Geld hast?" – „Ich habe ein Gesetz herausgefunden, Judith: Es ist nicht so, daß Menschen kein Geld haben, ihre Rechnungen zu bezahlen, vielmehr haben sie deshalb kein Geld, *weil* sie nicht bezahlen!" Judith staunte, und bevor sie etwas sagen konnte, fuhr Edith fort: „Das Geld muß fließen. Wer Geld festhält, trennt sich selber vom Strom. Wer nicht gibt, bekommt nicht. Wer Rechnungen nicht bezahlt, das heißt, wer anderen nicht gibt, was ihnen zusteht, was ihnen de facto gehört, der bekommt selber nicht. Mein Grundsatz ist deshalb: Ich zahle immer sofort – und immer ist das Geld dann auch da. Ich achte aber auch das Geld, deshalb kaufe ich nie etwas, was ich nicht bezahlen kann. Wenn du dich achtest, achtest du das Geld, und es kommt zu dir! So ist das!

2. Ich hefte alles Wichtige ab. Dazu habe ich mir, wie du weißt, viele verschiedene Ordner für die verschiedenen Themen besorgt. Und diese Ordner selber habe ich in verschiedene Sachgebiete (Suchgebiete!) unterteilt.

3. Kann ich etwas nicht sofort erledigen, kommt es in ein besonderes Fach, das die Überschrift „zu erledigen" hat. Dieses Fach muß am Ende der Woche stets leer sein!

4. Richte dir jeden Tag eine halbe Stunde zum Aufräumen ein. Jeden Tag und immer zur gleichen Zeit. Dies wirkt Wunder!"

Judith hörte genau zu und bedankte sich von Herzen.

Noch am selben Tag setzte sie Ediths Vorschläge um. Sie erreichte damit Ediths Freiheit. Sie war in Fluß gekommen. Sie bestimmte nun die Dinge und nicht mehr die Dinge sie.

Sie hatte zu ihrer inneren Freiheit gefunden, nämlich gerne das zu tun, was man tun muß.

Davor war sie nicht frei gewesen, sondern hatte nur unter dem Zwang der Umstände gehandelt. Damit bestimmten die Dinge sie. Das ist natürlich ein „Unding!", dieses Ding, das in der Lage ist, Menschen zu bestimmen.

Kein Mensch kann aber von Dingen bestimmt werden, wenn *er* ihnen nicht die Macht dazu gibt. Diese Macht gibt er ihnen dadurch, daß er nicht im Fluß ist. Und du bist dann nicht im Fluß, wenn du dich vor den Aufgaben drückst. Dies ist eine Form der Freiheit, die aus der Verweigerung kommt. Judith wollte nicht aufräumen und tat es deshalb auch nicht. Sie war aber nicht frei, nicht unter Druck zu geraten. Ihre Freiheit war deshalb eine sehr kurzfristige, eine sehr begrenzte.

Edith dagegen beherrschte die Dinge.

Deshalb mein Rat: Gib den Dingen keine Macht über dich. Behandle sie mit Achtung, aber beherrsche du sie. Dann kann die Liebe fließen.

So erstaunlich es auch klingen mag: Die Liebe fließt auf Dauer nur dort, wo Ordnung ist, wo klare Verhältnisse herrschen.

Gibt es Unordnung, gibt es bald Verwicklung, bei der Auseinandersetzungen nicht lange auf sich warten lassen, die ihrerseits häufig von Kampf und Schmerzen begleitet werden.

Und dann heißt es bald: „*You did!*" – du hast es getan! Es kommen, mit anderen Worten, die Anschuldigungen, der Mangel an Selbstverantwortung, der daraus resultierende Mangel an Selbstwert und der sich daraus wiederum ergebende Mangel an Blick für das Wesentliche – womit sich der Kreis schließt! Hättest du nämlich diesen Blick für das Wesentliche, dann hättest du gesehen, daß du dein Leben zu wenig gestaltest. Daß du anderen, und hier sogar Dingen (!), Macht über dich gibst. Anstatt zu handeln. Anstatt zu sehen, daß alles, was geschieht, mit dir zu tun hat. Mit deiner Ordnung, die sich stets im Äußeren widerspiegelt.

Gib nicht anderen die Schuld. Lebe nicht nach dem Motto „*You did!*", sondern stets nach dem Grundsatz von „*I did!*" – ich habe es getan!

Natürlich mußt du dich nicht für alles öffentlich als der Verantwortliche oder gar Schuldige erklären.

Überlege dir aber doch eine Zeitlang bei allem, was geschieht, was dein Teil dabei ist.

Und dieser Teil ist schon allein deshalb gegeben, weil du unendlich, wirklich unendlich viel durch dein Gebet verändern kannst.

Gib außerdem Schuldgefühlen keinen Raum. Schuldgefühle sind Maskerade und Zeitverschwendung. Hast du Schuld, dann nimm sie an und ent-schuldige dich von Herzen. Dies ist hilfreich. Lasse dann aber los.

Schuldgefühle dagegen bringen gar nichts, weil sie dich nur zum Opfer machen – womit du durch diesen Trick nur zu erreichen suchst, daß die anderen sich wieder um dich kümmern. Du also wieder genau dahin kommst, wovon du wegwolltest. Durch Schuldgefühle kommst du zu den ungünstigen inneren Einstellungen wie Passivität und Opfersein und wirst dadurch zum Spielball aller. Schuldgefühle sind deshalb die großen Zerstörer deines Selbstwertes.

Gehe deshalb nicht ins Opfer, sondern sieh dich als den Gestalter deines Lebens. Dies bringt dir Kraft. Dies bringt dich in Abhängigkeit deines Selbst und macht dich wirklich frei.

Frei von den Dingen, frei von Umständen – weil du sie *aktiv* gestaltest.

Indem du alles in Ordnung bringst. Und in Ordnung hältst.

Dies ist die Weisheit des Tuns, ohne zu handeln.

Weil „*He did*“, Er es tat!

Felix
oder Die Macht der Negativität

Felix kommt aus dem Lateinischen und heißt *glücklich, erfolgreich*. Felix war aber weder glücklich noch erfolgreich, sondern der geborene Pessimist. Sein Lebensmotto war: „Es geht sowieso alles schief." Und schien einmal etwas wider Erwarten doch zu gelingen, dann zögerte und wartete Felix so lange, bis am Ende doch alles schiefging.

So kam Felix auch zu keiner besonderen Beschäftigung, sondern blieb sein Leben lang ein kleiner Angestellter, der peinlich genau seine Arbeit verrichtete, weil ihm jeder Fehler auffiel, da er sowieso nur Fehler sah.

Ebenso trostlos war sein Privatleben. Wegen seiner Negativität hatte er keine Freunde. Außerdem waren seine Beziehungen zu Frauen – wenn er überhaupt einmal eine Beziehung hatte – nie von Dauer.

So lebte Felix dahin, war mißmutig und hatte zwangsläufig viele Wehwehchen und Krankheiten. Er litt – natürlich – unter chronischen Magenproblemen, weil er zu viel, zu schnell und zu unregelmäßig aß. Dies war der eine, der äußere Grund. Der andere bestand darin, daß Magenprobleme typisch für Menschen sind, die negativ denken. Negativität ist die größte Feindin des Menschen. Sie hat die Kraft, ihn im Handumdrehen zu vernichten. Ähnlich verhält es sich mit der Magensäure. Sie ist so stark, daß sie im Nu die festesten Dinge zersetzen kann. Negativität schwächt den Schutzschild, den der Magen gegen die Säure geschaffen hat, die er selber produziert. Wird dieser Schutzschild zerstört, verdaut der Magen sich selber. Dies ist typisch für den Pessimisten: Er zerstört sich selber. So erging es auch Felix.

Zudem rauchte er auch noch viel und hatte deshalb Probleme mit seinen Atemwegen.

Da „das Leben eine üble Einrichtung“ war, wie er es nannte, vertrieb er sich die Zeit vor dem Fernseher oder ging in Bars, wo er sich mit entsprechenden Mädchen einließ.

Vor der Gefahr einer Ansteckung war er von seinem Arzt immer wieder gewarnt worden, der ihn wegen entsprechender Krankheiten behandelte.

Felix tat dann so, als hörte er dem Arzt aufmerksam zu. Im Grunde interessierte ihn das alles nicht. Für ihn war „das Leben schon lange gelaufen“. Es hatte alles keinen Sinn, warum sollte er dann nicht „die kleinen Freuden mitnehmen, die man überhaupt noch hat?“ fragte er sich.

Deswegen lehnte Felix jedweden Schutz kategorisch ab. „Wenn schon, denn schon!“ war sein Lieblingsspruch, mit dem er die Mädchen bedrängte, für etwas mehr Geld mit ihm ohne Schutz zusammenzusein. Und er fand immer Mädchen, die naiv, abgebrüht oder schlicht dumm genug waren, sein verachtendes Spiel mitzumachen.

So steckte sich Felix nicht nur immer wieder mit allen möglichen Krankheiten an, die sein Arzt mit immer stärkeren Antibiotikagaben behandeln mußte, sondern infizierte sich schließlich mit AIDS.

Nun hatte sich bewahrheitet, was er schon immer gedacht hatte: „Das Leben hat doch keinen Sinn! Alles nimmt mit Sicherheit ein schlimmes Ende. Wir sind doch alle lebenslänglich hier!“

Die Nachricht, er sei HIV-positiv, erschütterte ihn aber doch. Obwohl er „mit dem Leben abgeschlossen“ hatte, wie er häufig von sich behauptete, traf ihn die Nachricht ins Mark. Viele Nächte lag er wach und kämpfte mit der Erschütterung, litt unter der Angst. Seine Augen bekamen einen noch leereren Ausdruck. Seine Haut etwas Fahles.

Dann erkrankte er an einer Lungenentzündung und wurde in ein Krankenhaus eingeliefert.

Hier lernte er Manon kennen, die ihn als Krankenschwester versorgte. Felix, der mit allem abgeschlossen hatte, verliebte sich händeringend in sie. Er, der gemeint hatte, nichts könne ihn noch berühren, bangte zum erstenmal um sein Leben, das er ständig hatte wegwerfen wollen, und verliebte sich nun Hals über Kopf in Manon! „Ich habe es doch schwer!“ seufzte er, und die verfahrene Situation, in die er geraten war, schmerzte ihn.

Es war nun so, daß Manon nicht irgendeine Frau war, sondern seine Zwillingsseele, die so lange auf ihn gewartet hatte, bis die Zeit reif war, daß er sie sehen, sie wiedererkennen konnte.

Manon verstand seine Verbitterung, seine Verzweiflung, seine Negativität. „Felix, was dir fehlt, ist Glaube“, sagte sie ihm und sah ihn mit ihren schönen, blauen Augen ganz ruhig an. In ihren Augen war die Stärke desjenigen, der es nicht nötig hat, daß ein anderer, dem er seine Meinung mitteilt, diese teilt. So wie jemand, der im Freien war und sah bzw. spürte, daß es regnete, und gesagt bekommt, es regne nicht. Er muß nicht diskutieren, geschweige denn, daß er sich ereifern muß. Er kann ganz ruhig bei seiner Meinung bleiben und nur den anderen bitten, einmal hinauszugehen. Deshalb bekümmerte Manon Felix’ Skepsis nicht. Vielmehr fuhr sie ganz ruhig fort: „Ohne Glauben hat dein Leben keinen Sinn. Wenn jemand wie du auf der Suche ist, dann kann er schnell in die Irre gehen, wenn er keinen Glauben und keine Führung hat.“

„Aber ich suche doch gar nicht!“ protestierte Felix. „Doch. Wer so ziellos wie du durchs Leben geht, sucht!“ – „Aber, Manon!“ widersprach er. „Ich suchte gar nichts!“ – „Das stimmt nicht. Du suchtest den Tod.“ – „Stimmt!“ gab Felix nun kleinlaut zu. „Und als du ihn gefunden hattest“, fuhr Manon in ihrem herzlichen Ton fort, „da erschrakst du, weil du etwas aufgeben solltest, dessen Wert du noch nicht erkannt hattest.“ Felix stutzte, denn er verstand nicht, was Manon damit meinte. Da sie dies bemerkte, fuhr sie fort: „Ich bin überzeugt, daß es ein Gesetz auf Erden gibt: *Du bist an alles gebunden, was du nicht erkennst.*“ Felix staunte. „Erkennt jemand nicht, welch eine Illusion zum Beispiel der Alkohol ist, verfällt er ihm. Genauso ist es mit dem Rauchen. Die Indianer hatten einen sehr interessanten Spruch: ‚Ehrst du den Tabak, hilft er dir. Ehrst du ihn nicht, bringt er dich um!‘ Dieser Satz ist entscheidend, denn er macht deutlich, daß jede Sucht zum Tode führt. Du hast dich in die verschiedensten Süchte gestürzt, um das Leben zu vermeiden. Und plötzlich steht das Leben dann vor dir, wenn du dabei bist, es zu verlieren! Du hast es nie gesehen, dein Leben. Du hast es nie gewürdigt. Jeder, der sich in Pessimismus und die daraus resultierenden Süchte verliert, kennt das Leben nicht. Das Leben ist so unendlich schön. Du hast seine große Schönheit in den Süchten gesucht, weil du meintest, dem Leben nicht gegenübertreten zu können. Und dann kam die Nachricht, du hättest AIDS. Plötzlich standest du dem Leben gegenüber und spürtest unmittelbar, was du gesucht, was du vermißt hattest. Und wer das Leben sucht, fragt nach dem Weg. Und wer nach dem Weg fragt, fragt nach dem Ziel. Und sprichst du vom Ziel, sprichst du von Gott. Dies ist die unweigerliche Antwort, die du bekommst, wenn du nach dem Leben fragst.“ Felix staunte.

„Wie ist es nun möglich, daß Manon und Felix so unterschiedliche Wege gegangen waren, wenn sie doch Zwillingsseelen waren?“ wirst du fragen. Daß einer in seiner Negativität „badet“, bedeutet nicht, daß er nicht weit auf seinem Weg ist. Auch wenn es dich verwundert: Es gibt Menschen, die sind sehr positiv und leben streng nach den Religiösen Vorschriften. Trotzdem müssen sie bei weitem nicht so entwickelt wie Felix sein. In der seelischen Entwicklung aller Lebewesen geht es primär darum, daß etwas *grundsätzlich* gelernt wird. Darum geht alles. Alle Erfahrungen, die Seelen machen, haben nur dieses Ziel: Daß Entwicklungen beständig, dauerhaft sind. Deshalb kann es gut sein, daß ein Mensch zwar ganz brav alles tut, was die verschiedenen Regeln vorschreiben, daß diese aber überhaupt nicht in ihm verankert sind, ihm überhaupt nicht entsprechen. Daß sie vielmehr wie eine Maske sind, die er sich angezogen hat, um nicht aufzu-fallen bzw. um anderen zu ge-fallen. Dies führt immer zum *Fallen*. Wer etwas nicht um seiner selbst willen, sondern wegen anderen tut, stolpert bzw. fällt früher oder später und erkennt dadurch, daß seine „Bravheit“ nicht viel mehr als ein Anstrich war, den er sich gegeben hatte, um auf andere zu wirken bzw. um ein bequemes Leben zu haben. Er fällt, um schließlich aus eigener Kraft wieder aufzustehen. Deshalb kann ein alkoholisierter Bettler, der sein Leben unter einer Brücke fristet, viel weiter in seiner seelischen Entwicklung sein als ein Pfarrer, der sich brav an alle Gebote hält, dabei aber weder sich noch andere sieht. Was ist schon ein Pfarrer, der nicht die Einheit der Religionen predigt und lebt, verglichen mit einem Bettler, der einem Passanten von Herzen eine Rose schenkt? Nichts. Der Bettler steht außerhalb der gesellschaftlichen Ordnung, weil er so sein Herz, sein Leben finden konnte. Der Pfarrer hat eine Schlüsselposition in der Gesellschaft inne und mißbraucht sie, um anderen den Weg des verschlossenen Herzens zu weisen. Der eine hält die Blüte, der andere die Dornen in der Hand!

Die Frage oben lautete: Wie war es möglich, daß Felix und Manon so unterschiedliche Wege gegangen waren, wo sie doch Zwillingsseelen waren? Die Antwort ist: Jeder muß *seine* Entwicklung machen. Ist die Entwicklung abgeschlossen, treffen sich die Partner auf einer höheren Ebene wieder – oder, wie im Falle von Felix, auf den Stufen zu dieser Ebene.

Deshalb spürte Felix von Tag zu Tag mehr, wie wichtig ihm Manon war. Er wußte, daß er im Grunde immer auf sie gewartet hatte. Daß er aber stets gedacht hatte, sie niemals finden zu können. Und nun hatte er sie doch noch gefunden, jetzt, wo sein Leben sich dem Ende zuneigte. Er war empört über das Leben! Von dem Leben, das er so wenig geachtet hatte, fühlte er sich jetzt betrogen. War dieses Gefühl aber wirklich neu? War es nicht schon immer so gewesen, daß er gemeint hatte, das Leben sei im Grunde nichts für ihn?

Er äußerte diese Gedanken Manon gegenüber. „So darfst du nie denken!“ sagte diese energisch. „Warum nicht? Mein Leben geht doch zu Ende – jetzt, wo ich dich kennengelernt habe!“ – „Alles liegt in deiner – in Gottes Hand. Du mußt Gott erreichen, Sein Herz berühren, und alles kann sich verändern. Als erstes mußt du deinen schrecklichen Pessimismus loslassen. Pessimismus richtet sich gegen das Leben. Wer pessimistisch denkt, ist weit weg vom Leben. Denn das Leben ist Gott, und Gott ist dein Freund!“ – „Das Leben ist

Gott, und Gott ist dein Freund – was heißt das?" fragte Felix skeptisch. „Ohne Gott gäbe es kein Leben, denn Gott schuf das Leben. Gott ist das wahre Wesen des Lebens, denn Er ist in allen Lebewesen. Hast du ein offenes Herz und blickst zum Beispiel in das Auge eines Tieres, dann kannst du Ihn darin sehen!"

Felix hatte einem Tier noch nie so tief in die Augen gesehen, geschweige denn, daß er Gott darin gesehen hätte. Der Gedanke faszinierte ihn aber. Da er von Manon so berührt war, berührte ihn alles, was sie sagte – auch wenn er es kaum glauben konnte. Aber die Tatsache, daß das Ende seines Lebens in greifbare Nähe gerückt war, brachte viel in Bewegung. Erst jetzt, wo es ihm so schlecht ging, lebte er so, wie er immer schon hätte leben sollen: *Als wäre jeder Tag sein letzter.* Als müsse er jeden Tag optimal gestalten, um ein Maximum herauszubekommen. Deshalb hörte Felix überhaupt zu. Deshalb stellte er Fragen, die sich auf das bezogen, was Manon gesagt hatte. Früher war dies fast nie geschehen. Wer auch immer mit ihm gesprochen hatte, Felix hatte nicht zugehört. Er war vielmehr seinen Gedanken nachgegangen und hatte etwas geantwortet, was ihm gerade durch den Kopf gegangen war. So hatte jemand ihm sagen können, er habe ihn nicht verstanden, worauf Felix zum Beispiel antwortete: „Ja, ja, das ist ein großes Problem (denn alles war ja ein Problem!). Deswegen fahre ich am Wochenende aufs Land!" Bei so einer Antwort hatte sein Gegenüber sich nur wundern können. Eine Kommunikation oder etwas, was man so hätte nennen können, hatte nicht stattgefunden. Wo aber keine Kommunikation ist, da ist auch keine Beziehung – ein Problem, das heute viele, sehr viele Menschen haben.

Ein großer Kommunikationsvernichter ist das Fernsehen. Das Fernsehen zerstört viel mehr, als viele wahrhaben wollen. Bei manchen Familien ist die Kommunikation aber derart gestört, daß sie nur deshalb zusammen sind, weil sie einen Fernseher besitzen. Er bestreitet die Familienunterhaltung. Er stellt, wenn auch nur noch einen minimalen, so doch noch einen Kontakt her. Geht der Fernseher kaputt, wissen die Partner zum Teil überhaupt nicht, wie sie den „gemeinsamen" (!) Abend bestreiten können. Sie sind wie Drogenabhängige, die glauben, nur noch leben zu können, wenn sie ihre Droge haben. Erst nach einem Entzug stellen sie fest, daß das Leben ohne Droge viel lebenswerter ist.

So war es auch bei Felix gewesen. Er hatte seinen Pessimismus wie eine Droge geliebt. Er hatte aus seiner Ablehnung von allen und allem ein süß-säuerliches Gefühl der Überlegenheit gezogen. Denn in der Ablehnung hatte er sich überlegen gefühlt. „Ich brauche niemanden!“ war sein Motto gewesen. Er hatte dies natürlich nur deshalb sagen können, weil er nicht gesehen hatte, wie sehr er andere benötigte. Wie viele Menschen hatten ihm durch ihre Arbeit unendlich viel geboten. Er hatte im obigen Satz gesagt, er fahre aufs Land. Wie geht das ohne Autos, Straßen und Häuser, die andere bauen? Ohne Lebensmittelgeschäfte, die das verkaufen, was andere erzeugt haben? Und wie könnte er sich gegen die Wettereinflüsse schützen, wenn nicht andere seine Kleider geschneidert hätten? Und wie sähe das Land aus, wenn es nicht die Müllabfuhr gäbe, die für Sauberkeit und damit für Gesundheit sorgt? Felix hatte all dies als selbstverständlich hingenommen, deswegen hatte er ein Pessimist sein und bleiben und sich außerdem einreden können, er brauche niemanden. Hätte er *bewußt* betrachtet, wieviel ihm die Gemeinschaft, das Land und damit das Leben schenkten, dann hätte er dankbar sein und somit kein Pessimist mehr bleiben können.

Pessimismus ist Blindheit. Pessimismus ist der Ausdruck dafür, daß jemand noch nicht so weit ist, das Leben zu sehen. Selbst die Optimisten sehen in vielen Fällen nicht die Unermeßlichkeit des Lebens. Dann wären sie erleuchtet und in ständiger Glückseligkeit. Denn das Leben ist reines Glück, da es das Wunder aus Gottes Hand ist. Siehst du ins Leben mit offenen Augen, kannst du in das Füllhorn Gottes sehen. Wer dies sieht, der läßt das Glück nicht mehr los – geschweige denn, daß er ein Pessimist sein könnte. Es ist so wie mit einem kleinen Kind, das das Wechseln der Windeln nicht mag. Es schreit und wehrt sich, weil es darin etwas Unangenehmes sieht. In Wirklichkeit sieht es aber überhaupt nichts: Würde die Mutter es nicht wickeln, würde das Baby zuerst wund und dann krank werden. Es ist die Liebe und Fürsorge der Mutter, die sie dahin führt, ihr Kind trotz dessen Abneigung zu wickeln. Aber das Kind sieht dies nicht, sondern bliebe lieber in der schmutzigen Windel.

Je älter das Kind aber wird, desto deutlicher kann es sehen, was die Mutter leistet, wieviel Liebe in dem steckt, was es damals als unangenehm empfand. Dazu braucht es aber Zeit. Dazu braucht es Entwicklung. Und eben diese durchlief Felix.

Diese Entwicklung bestand darin, daß er sich von Manon berühren ließ. So fragte er mit offenen Augen und mit Staunen in seinem Herzen: „Du kannst Gott in den Augen eines Tieres sehen? Wie machst du das?“ – „Ganz einfach“, antwortete Manon, „du mußt nur den Namen des Herrn ständig wiederholen, dann kommst du Ihm so nahe, daß du Ihn überall sehen kannst – besonders aber in den Augen der Lebewesen.“ Manon erklärte Felix, er müsse sich eine Gottesform aussuchen, die ihn besonders anspreche, und deren Namen so wiederholen, daß er die Silbe *OM* davorsetzte. Zum Beispiel: *OM Jesus Christus*. Entscheidend sei, daß die einmal gewählte Form und der Name nicht verändert würden, da dies zu Verwirrungen führen würde.

Felix war dies sehr fremd – und natürlich war es für ihn auch ein wenig „Hokuspokus“, wie er es nannte. Er „vertraute“ lieber dem, was er sehen und anfassen konnte. Und warum vertraute er dem? Weil er es, wie wir wissen, im Grunde ablehnte, wie er das ganze Leben ablehnte. Diese Ablehnung war ihm aber vertraut. Sie wollte er nicht aufgeben. Das Leben hatte ihn aber an einen Punkt gebracht, an dem er wußte, daß er umdenken mußte, denn er hatte durch Manons Hilfe bereits so viel verstanden, daß sein negatives Denken ihn dahin geführt hatte, wo er jetzt war. Deshalb wählte er den Namen Jesus Christus und wiederholte ständig *„OM Jesus Christus“*. Und Manon erklärte ihm, daß das *OM* die Urschwingung ist, aus der alles hervorgegangen ist.

Felix wiederholte den Namen Gottes – und er tat es natürlich mit halbem Herzen, denn so richtig glauben konnte er nicht. Das heißt, wie immer im Leben: Noch nicht!

Felix wiederholte immer wieder die Worte *OM Jesus Christus*, da spürte er eines Tages, wie er unglaublich ärgerlich wurde. Alles ärgerte ihn, und er fand alle Menschen um sich – Manon ausgeschlossen – ziemlich schrecklich. Es war ihm noch nie bewußt gewesen, daß er die Menschen so schrecklich fand. Dieses Gefühl hielt eine Weile an. Durch Manons Hilfe blieb er beim Wiederholen seines Gottesnamens. Dann setzte nach einer Weile eine große Müdigkeit ein. Er mußte nur ein paarmal den Namen wiederholen, und schon spürte er, wie seine Augenlider schwer wie Blei wurden. Er blieb aber bei der Rezitation und schlief immer wieder dabei ein. Nach einiger Zeit ging diese Phase auch zu Ende, und er stellte fest, daß er seine Mitmenschen nicht mehr so schrecklich fand – ganz im Gegenteil, er war verwundert, wie viele ihm offen oder sogar liebevoll begegneten. Er war überrascht, wie „schillernd" die Welt war. „Weiß der Himmel, was ich da sehe!" dachte er – und er hatte recht, der Himmel wußte es!

Felix war immer noch im Krankenhaus und hatte die Gnade, in einem Land zu leben, in dem die sozialen Institutionen die Kosten trugen und außerdem nach seiner Entlassung auch noch materiell für ihn sorgten – für ihn, der immer wieder betont hatte, er brauche niemanden!

Felix wiederholte den Namen immer regelmäßiger und schlief auch weiterhin noch häufig dabei ein. Er freute sich aber, daß er zuweilen aufwachte und den Eindruck hatte, den Namen Gottes auch im Schlaf wiederholt zu haben. Deshalb rezitierte er den Namen noch häufiger, besonders, als er merkte, daß es ihm immer besser ging – seelisch und physisch.

Eines Tages, als Manon ihn wieder einmal besuchen kam, erlebte sie ihn verändert. „Wie geht es dir, Felix?" fragte sie. „Schlecht!" war die schlichte Antwort. „Warum?" – „Ich will hier heraus! Ich will etwas tun. Ich habe mein ganzes Leben nur vertrödelt und nur an mich gedacht. Das war die Wurzel meines Pessimismus. Ich hatte ständig Angst, nicht genug zu bekommen. Welch ein sinnloses Leben. Ich fand das Leben sinnlos, weil meines sinnlos war! Ich möchte es sofort ändern!" – „Ich verstehe dich. Was möchtest du aber tun?“ fragte Manon. „Ich habe den ganzen Tag ein Bild. Ich wohne neben einem Heim für geistig Behinderte. Früher galt es mir als der sichtbare Beweis für meinen Pessimismus. Ich dachte stets: ‚So schlecht ist die Welt. Da, da sieht man es deutlich!‘ Heute denke ich: ‚Wie gut habe ich es, daß ich so viel bewußter und freier mit der Welt umgehen kann!‘

Ich weiß, daß sie in dem Heim chronischen Personalmangel haben – es gibt eben zu viele Pessimisten!“ sagte er lachend. „Ich möchte dort arbeiten. Mit dem Namen Gottes auf den Lippen wird es mir große Freude bereiten. Ich danke dir von Herzen, daß du mich dies – neben all dem anderen – gelehrt hast. Vielen Dank!“

Noch am Nachmittag desselben Tages ging Felix in das Heim für geistig Behinderte. Dort waren sie froh, jemanden zu bekommen, der sich so engagiert einsetzen wollte. Und so verbrachte Felix seine Tage und auch manch eine Nacht in dem Heim und lebte dafür, daß er für die Menschen dort dasein konnte. Er wiederholte den Namen Gottes und bemühte sich, stets Gott in den Menschen zu sehen, mit deren Behinderung er nun so unmittelbar zu tun hatte.

Felix war glücklich. Da stellte sich ihm die Frage: Sollte er nur für die Behinderten leben – und sterben? Oder sollte er die Beziehung zu Manon intensivieren? Er spürte, daß er diese Frage nicht allein entscheiden konnte. So besprach er sich mit Manon, als sie sich das nächste Mal trafen. Auch dies war eine große Veränderung: Früher hätte er mit Sicherheit eine Entscheidung getroffen, ohne sie zu informieren, geschweige denn seine Überlegungen mit ihr zu besprechen und sie damit an einer gemeinsamen Entscheidung teilhaben zu lassen.

Er erzählte Manon von seinen Überlegungen, als sie sich das nächste Mal trafen, und sie machte ihm deutlich, wie wunderbar sie ihn fand, wie gern sie ihr Leben mit ihm verbringe. So entschied sich Felix für das Leben *mit* Manon und *für* das Heim!

Und was machte seine Krankheit?

Krankheiten haben immer mit Karma zu tun. Bei Felix war es viel negatives Karma. Und wie gehst du am besten mit negativem

Karma um? So, wie Felix es tat. Negatives Karma mußt du dir wie Samen vorstellen, die du durch dein Handeln in die Erde gesetzt hast und die bereit sind zu keimen. Wässerst du sie, das heißt, tust du weiterhin Schlechtes, werden die Samen aufgehen, und dein negatives Karma wird dich einholen, und du wirst leiden.

Bedeckst du dagegen die Samen mit Erde, das heißt, tust du Gutes, dann gehen die Samen nicht auf, und die Konsequenzen deiner negativen Handlungen holen dich nicht ein.

Eben diesen Weg ging Felix. Er tat Gutes. Er wiederholte den Namen des Herrn ständig, was allein schon Berge negativen Karmas auflöst. Außerdem half er von Herzen den Behinderten, wurde ein guter Ehemann und eines Tages ein liebevoller Familienvater.

Er war immer noch HIV-positiv. In seinem Inneren war er aber nicht mehr negativ. So brach die Krankheit nicht mehr aus. Er spürte sie auch nicht mehr. Nur in seinem Blutbild war noch die Erinnerung, waren die Samen seines negativen Karmas. Es war aber so viel Erde darauf gekommen, daß die Saat nicht mehr aufgehen konnte.

Der Herr und Manon hatten Felix geholfen, einen neuen Weg zu suchen und zu finden.

Den Weg, der dahin führt, in ein Auge zu blicken und Gott darin zu sehen!

ॐ

Sieh das Schöne in der Welt, und du findest Ruhe in deinem Herzen.

Der König mit seinen drei Söhnen oder Die Kraft des Guten

Es war einmal ein Prinz, der verlor bereits in jungen Jahren seine Eltern. Deswegen wuchs er einsam auf und wurde früh König. Und weil er einsam war, heiratete er bald, und seine Frau schenkte ihm zwei Söhne, die nannte er Ottokar und Ottopas.

Der König und die Königin liebten das vergnügliche Leben, gingen viel auf die Jagd und kümmerten sich auch sonst wenig um die Zusammenhänge des Lebens. Bei einem solchen Jagdausritt stürzte die Königin vom Pferd, brach sich das Genick und war auf der Stelle tot. Der König war untröstlich. Er ging nie mehr auf die Jagd, richtete sich eine Bibliothek ein und las zum erstenmal in seinem Leben viel.

Da stieß er immer wieder auf die Schriften eines Weisen aus dem Morgenland. Er war so fasziniert von diesen Büchern, und er wünschte sich so sehr, diesen Weisen kennenzulernen, daß er sich entschied, die weite Reise auf sich zu nehmen, um diesem klugen Mann zu begegnen. So zog der König eines Tages mit einem kleinen Troß als Begleitung los, nachdem er seinem Vetter die Regentschaft übertragen hatte.

Die Reise war lang und beschwerlich. Der König und seine Begleiter erlebten viel, aber durch Gottes Segen kamen sie wohlbehalten in jenem fernen Land an. Hier fragte der König mehrfach nach jenem Weisen. Jedesmal wurde er auf die Residenz verwiesen. So ritt er dorthin und dachte: ‚Natürlich ist dieser Weise in der Residenz. Wenn jemand so klug und so wissend ist, dann ist es im Grunde seine Aufgabe als Bürger eines Landes, seinen Herrscher zu beraten, damit dieser von seinem Wissen profitiere, was natürlich allen zugute kommt.‘

Der König ritt zu der Residenz, und kaum sah er sie, war er tief beeindruckt. Es war eine wunderbare Burg, die einerseits sehr trutzig und andererseits sehr elegant aussah. ,Welch eine geniale Mischung!' dachte der König. ,Auf der einen Seite bietet diese Burg sichtlich Schutz, denn sie wirkt uneinnehmbar. Auf der anderen Seite sind die Fassaden so gestaltet, gegliedert und verziert, daß sie leicht, elegant und anmutig wirken. Welch eine wunderbare, welch eine unglaubliche Architektur!' dachte der König. Am Tor angelangt, sagte der König, wer er sei und daß er den Weisen sprechen wolle, der jene wunderbaren Bücher schreibe. Die Wachen sahen ihn etwas erstaunt an, sagten ihm aber, er möge bitte einen Augenblick warten, und sandten einen von ihnen ins Innere der Burg. Es dauerte eine Weile, bis dieser zurückkam. In der Zwischenzeit war der König vom Pferd gestiegen, denn er fand es unhöflich, den Weisen vom Pferd aus zu begrüßen.

Dann erschien eine kleine Gruppe Menschen, die von einem sehr eleganten Herrn angeführt wurde, der in ausgesprochen malerische Gewänder gekleidet war, die seine Würde und sein Ansehen noch unterstrichen. Aufgrund der Art und Weise, wie dieser Herr sich bewegte, war dem König sogleich klar, daß dies nur der Herrscher selbst sein konnte.

Durch das Leid, das er erfahren hatte, und das Studium kluger Bücher hatte unser König eine sehr vornehme Bescheidenheit entwickelt – eine Haltung, die jene finden, die zunächst ihre Macht leben und diese von anderen zugestanden bekommen, die eines Tages aber erkennen, daß es noch eine andere Macht gibt, die weit über ihnen steht.

So kam der König ehrerbietig, aber doch sehr würdevoll dem Herrscher entgegen. Unser König sprach Griechisch – eine Sprache, die er, weil zur Allgemeinbildung zählend, in seiner Jugend gelernt hatte. Außerdem hatte er viele Griechische Diener an seinem Hof. So fragte er höflich, ob der elegante Herrscher, der lächelnd vor ihm stand, Griechisch spräche. „Natürlich!" antwortete dieser mit einem herzlichen Lächeln. „Ich verehre die Griechen zutiefst. Wieviel Wichtiges haben wir ihnen zu verdanken – auch wenn sie in ihrem

Zusammenleben wie Kampfhähne waren! Aber, mein lieber Fremder, wie schön, daß du hierhergekommen bist! Sei mein Gast, außerdem sage mir, was ich für dich tun kann." – „Majestät", antwortete der König, „ich danke dir sehr für den herzlichen Empfang. Und ich danke dir noch mehr für das Angebot, dein Gast sein zu dürfen. Ich habe die lange Reise von meinem Land hierher unternommen, weil ich die Bücher jenes Weisen gelesen habe, der hier wohnt. Ihn möchte ich gerne kennenlernen." – „Dies ist ganz einfach", warf der Herrscher hier ein, „wenn ich mich vorstellen darf: Ich bin der Autor jener Bücher." Der König war nun endgültig sprachlos vor Staunen. Die ganze Atmosphäre atmete einen Geist, den er so nie kennengelernt hatte. Es war alles so anmutig, klar, leicht und doch präzise durchstrukturiert und geordnet – und nun war der gesuchte Weise der Herrscher dieses Landes. Das erstaunte ihn – und erklärte gleichzeitig so viel.

Der König nahm liebend gern die Gastfreundschaft des Herrschers an und genoß es, sich mit ihm zu unterhalten, seine Ansichten über die verschiedensten Gebiete zu hören und in vieles eingewiesen zu werden, was ihm bis dahin unbekannt gewesen war.

So verging die Zeit, und der König veränderte sich – veränderte sich, ohne es selbst so recht zu bemerken. Aber seine Umgebung nahm diese Veränderung um so genauer wahr. Der weise Herrscher hatte nämlich eine Tochter, die sich von Tag zu Tag mehr in den König verliebte. Sie liebte ihr Land. Sie liebte all die Menschen, mit denen sie aufgewachsen war und mit denen sie in Liebe und Freude lebte. Trotzdem war sie dazu bereit, mit dem König in sein fernes Land zu ziehen, da ihr Herz ihr den Weg dahin wies.

Der Herrscher sprach viel mit dem König. Und je mehr dieser von jenem erfuhr, desto mehr verehrte er ihn. Und je mehr er ihn verehrte, desto mehr öffneten sich ganz neue Seiten in seiner Seele. So geschah es eines Tages, daß er die liebliche Prinzessin sah und sich unsterblich in sie verliebte. Deshalb hielt er bei dem Herrscher um die Hand der Prinzessin an, und dieser gab ihm seine Tochter zur Frau, da er sah, welch ein gutes Herz er hatte. Es wurde eine große, eine wunderschöne Hochzeit gefeiert. Und beide waren überglücklich.

Dann kam aber der Tag des Abschieds. Mit schwerem Herzen in ihrer Brust trennten sich alle voneinander. Und besonders die Zurückbleibenden spürten, wie sehr das Herz ihnen in der Brust lastete, denn bei ihnen ging das tägliche Leben wie immer weiter – nur fehlten nun einige besonders geliebte Menschen.

Die Abreisenden litten auch unter dem Abschied. Sie gingen aber auf Reisen, und die vielen Abenteuer, die ihren Weg begleiteten, bedingten, daß sie zeitweise überhaupt nicht mehr an den Abschied denken konnten.

Nach einer langen und zum Teil auch sehr beschwerlichen Reise kam der König mit seiner neuen Königin in seinem Reich an. Sie wurden von seinem Vetter, von Ottokar und Ottopas herzlich empfangen. Trotzdem stellten alle, die zusammen mit dem Königspaar ankamen, fest, wie sehr sich diese Residenz von der, die sie im Morgenland verlassen hatten, unterschied.

Die Königin aber, die doch den meisten Grund gehabt hätte, wegen des Wechsels betrübt zu sein, war völlig gelassen und wohlauf. Sie hatte erwartet, daß vieles anders sein würde, deshalb hatte sie sich darauf eingestellt.

Die erste Maßnahme, die das Königspaar traf, war, daß es ein großes Fest zur Feier der Hochzeit und Rückkehr gab und damit die Regentschaft wieder an sich nahm. Die vielen Untertanen, die an dem Fest teilnahmen, bemerkten, daß ihr König sich verändert hatte. Sie meinten aber, der Grund dafür sei seine neuerliche Vermählung.

Der König hatte viel von dem Weisen, von seinem geliebten und verehrten Schwiegervater gelernt. Das Wichtigste war aber der Satz: „*Willst du wirklich etwas verändern, gehe langsam vor. Wer schnell verändert, geht nicht mit dem Leben.* Das Leben geht langsam. Unendlich viel verändert sich ganz, ganz allmählich. Vieles nehmen wir überhaupt nicht wahr, weil es sich so langsam verändert. Von anderem sprechen wir, es habe sich plötzlich verändert, weil wir die lange, lange Vorbereitungszeit überhaupt nicht wahrgenommen haben. Mein lieber Sohn“, sprach der weise Herrscher,

„wer schnell verändern will, sollte zuallererst sich verändern. Denn mit Ungeduld erreicht man auf Dauer nichts. Geduld ist das Salz des Lebens. Geduld ist die Mutter allen guten Wandels. Geduld ist die Wiege des Glücks. Mußt du etwas Grundlegendes verändern, bereite es lange vor und warte geduldig den rechten Augenblick ab. Dies ist der Königsweg des Erfolgs – den mußt du doch kennen, denn du bist ja König!“ Dabei schmunzelte der Weise.

So besprachen sich der König und die Königin täglich und überlegten genau, was sie verändern konnten und was nicht.

Die erste und entscheidende Veränderung bestand aber darin, daß ein neues Schulsystem in dem Reich eingeführt wurde, das jedem, der wollte, den Besuch einer Schule ermöglichte, denn die Schulen sollten kostenlos sein.

Auch dies war eine sehr behutsame Veränderung, denn im Grunde wollte das Königspaar eine allgemeine Schulpflicht einführen. Die sozialen Strukturen hätten dies aber zu dem Zeitpunkt überhaupt nicht erlaubt, denn viele Familien waren darauf angewiesen, daß die Kinder bei der Arbeit mithalfen. Auch hier war der notwendige Wandel nur allmählich zu erreichen – durch Geduld und mehr Bildung, denn zuerst kommt die In-Formation und dann die Trans-Formation.

Der Königin war die Veränderung der Religiosität besonders wichtig. „Es ist nicht gut, wenn die Menschen an einen fernen Gott im Himmel glauben. Gott ist nicht im fernen Himmel, sondern unser aller Begleiter auf Erden. Gott ist alles, denn Gott schuf alles aus Sich heraus. Deshalb ist nichts anders als Gott, nichts getrennt von Gott.“

Doch die Priester waren gegen diese Ideen. Sie verurteilten sie als „heidnisch“. Und wenn sie diesen Begriff wählten, so aus Respekt der Königin gegenüber. Im Grunde dachten sie aber, es seien ketzerische Gedanken.

Das Königspaar ließ sich jedoch nicht beirren. Vielmehr ging es gemeinsam seinen Weg und war für alle ein hervor-ragendes Beispiel, denn es versuchte, von Herzen allen mit Liebe zu begegnen.

Dann gebar die Königin ein Kind. Das Königspaar war glücklich über dieses Kind. Und sie nannten ihren Sohn Oktavian.

Die Königin überließ niemandem die Erziehung ihres Kindes. Natürlich durften andere auf Oktavian aufpassen oder mit ihm spazierengehen. Die Erziehung bestimmte aber sie. Sie war davon überzeugt, daß ein Kind das Bewußtsein desjenigen bekommt, der es erzieht. „Läßt du dein Kind von einem Angestellten erziehen, bekommt es das Bewußtsein eines Angestellten", sagte sie. „Wird es von einem König erzogen, bekommt es das Bewußtsein eines Königs. Und das Bewußtsein bestimmt das Leben. Denkst du groß, wirst du Großes vollbringen. Denkst du klein, vollbringst du nur Kleines!"

So begegnete die Königin Oktavian mit Liebe, mit klaren Vorstellungen, aber von Anfang an auch mit viel Achtung. „Achte ich mein Kind, wird es sich auch achten. Und achtet es sich, wird es auch andere achten. Achtung ist das wichtigste für einen Menschen. Besonders für einen Prinzen, der in der einen oder anderen Form repräsentieren, führen und ein Beispiel geben muß."

Die Königin erzog Oktavian auch mit viel Freude und tat alles, um die Freude in seinem Herzen zu bewahren und zu mehren. „Ein Tag ohne Freude ist wie ein Tag ohne eine gute Tat. Es ist ein verlorener Tag!" sagte sie immer und dachte sich neue Spiele aus, durch die sie Oktavian zum Lachen bringen konnte. „Wenn ein Kind lacht, öffnet sich der Himmel, und die Sonne scheint – scheint in den Herzen der Erwachsenen!" war ihr Spruch.

Trotzdem war ihr Ordnung wichtig. „Ohne Ordnung kann nichts entstehen und nichts bestehen. Ordnung ist das wahre Wesen des Universums. In der Ordnung erkennt man Gott. Gott ist Ordnung, deshalb ist das Universum, deshalb ist die Welt so wohlgeordnet. Und die Verbindung von Freude und Ordnung ist eine Kraft, die den Menschen zum Erfolg führt."

Oktavian wuchs heran und wurde eine Freude für sich und seine Umgebung. Jeder erkannte in ihm den guten Prinzen, der nicht nur sehr begabt und fleißig, sondern auch sehr bescheiden war. Die

Erziehungsvorstellungen seiner Mutter hatten gute Früchte getragen – so, wie in vielem anderen auch.

Stück für Stück veränderte sich das Königreich. Es gab manche Widerstände. Es gab sogar Proteste. Die Ruhe, die Sicherheit, der Glaube und das Verständnis des Königspaares verhinderten stets, daß es zu Konfrontationen oder Unruhen kam.

Die Zeit verging. Oktavian wuchs heran, und das Ehepaar wurde älter.

Da gab es doch einen großen Aufstand in einem entfernteren Teil des Reiches. Dies war eines der größten Probleme des weisen Königspaares gewesen: Das Königreich war so groß, daß die Informationen, das Wissen und die Innen-Formung nicht überall hingelangten. Besonders nicht in diese Provinz, in der nun der Aufstand stattfand.

Der König war zu alt, um selber an Ort und Stelle für Ausgleich und damit für Frieden zu sorgen.

So schickte er seinen ältesten Sohn, Ottokar.

Ottokar hatte aber in vielerlei Hinsicht die Veränderungen seines Vaters nicht mitgemacht. Er ging immer noch auf die Jagd, setzte Recht vor Liebe und war ansonsten übergenau. Er ging deshalb mehr mit dem Buchstaben als mit dem Leben. So paßte der Name auch zu ihm: Er hieß Ottokar, als der, der sich durch Besitz- und Machtdenken negatives Karma auflädt.

Ottokar zog mit einem großen Heer in die Provinz und versuchte durch Recht und Gesetz, durch Macht und Gewalt die Ordnung wiederherzustellen. Es war aber zu dem Aufstand gekommen, weil sich große Teile der Bevölkerung nicht verstanden, nicht geachtet fühlten. Somit war Ottokars Vorgehen genau das Falscheste, was er tun konnte. Darüber hinaus ließ er viele Menschen festnehmen, verurteilen und einkerkern.

Das Volk war so aufgebracht, daß Ottokar eines Tages durch einen „tragischen Unfall“ ums Leben kam. Damit erstarkte der Aufstand noch mehr, und der König mußte sich um eine neue Lösung kümmern.

So schickte er seinen zweiten Sohn, Ottopas, in die Provinz. Er schärfte seinem Sohn vor der Abreise deutlich ein, er solle unbedingt Gnade vor Recht, Verständnis vor Unterdrückung walten lassen.

Aber wem sagte er das? Ottopas ließ gerne fünfe gerade sein. Er liebte das Leben und meinte, andere sollten es auch lieben und genießen. Deshalb hieß er Ottopas, vom Lateinischen *passio*, das Leiden. Ottopas war damit derjenige, der unter seinen Gelüsten leidet.

Ottopas kam in der Provinz an, richtete sich komfortabel ein, gab wunderbare Feste, bei denen es viel zu essen, viel zu trinken und viele Frauen gab.

Ottopas kümmerte sich im Grunde überhaupt nicht um den Aufstand, sondern genoß es, endlich von seinem Vater und seiner Stiefmutter fort zu sein und nun all die Ausschweifungen leben zu können, die er sich hatte versagen müssen, solange er unter den Augen seiner Eltern lebte.

Ottopas hatte nicht verstanden, daß das geordnete, das liebe- und verantwortungsvolle Leben in Wahrheit den größten Genuß bereithält, da es zur Quelle aller Freuden führt. Und daß Rechtschaffenheit den besten Schutz bietet. Ottopas hielt dies für fromme Märchen aus dem Morgenland, eben von dort, wo seine Stiefmutter herkam.

So schwelgte Ottopas und merkte gar nicht, wie er von den Aufständischen ausgeschaltet wurde. Eines Tages, als er wieder einmal völlig betrunken war, beugte er sich über eine Balkonbrüstung, verlor das Gleichgewicht (das er im Grunde nie gehabt hatte!) und stürzte in den Tod.

Nun blieb dem König nur mehr sein jüngster Sohn. Sollte er ihn in diese offensichtlich so gefährliche Provinz schicken, ihn, den er so liebte und der sein letzter Erbe war? Lohnte es, dieses wunderbare Kind für eine Provinz zu opfern?

Oktavian war der Name eines der größten Herrscher des Abendlandes. Der Römische Kaiser Augustus hieß Gaius, Julius, Cäsar, Octavianus.

Oktavian war kein Kind mehr. Er war gerade zwanzig geworden, großgewachsen und reif in seinem Geist und seinem Herzen. „Verehrter Vater“, sprach er deshalb, „bitte laß mich in diese Provinz ziehen. Ich schulde dies meinen Brüdern, dir und mir. Wer wäre ich, wenn ich mich einer so wichtigen Aufgabe nicht stellen würde. Bitte laß mich dorthin gehen, lieber Vater!“ bat Oktavian. Dem König fiel die Entscheidung sehr schwer. Er fragte deshalb die Königin, und die meinte: „Ich möchte Oktavian auch nicht dorthin gehen lassen, wo bereits zwei Prinzen ihr Leben ließen. So rede ich als Mutter, die primär ihren Gefühlen Rechnung trägt. Als Mutter, die sieht, was für ihren Sohn das richtige ist, sehe ich, daß Oktavian ziehen muß. Es würde immer als eine Niederlage auf seiner Seele liegen, daß er nicht dahin ging, wo seine beiden Brüder ihr Leben ließen. Und als Königin sehe ich klar die Notwendigkeit, daß der Prinz in der Provinz für Ruhe und Ordnung, besonders aber für Zufriedenheit sorgt.

Und überdies weiß ich“, fuhr die Königin fort und faltete wie nebenbei ihre Hände in ihrem Schoß, „daß Oktavians Schicksal nicht in unseren Händen liegt. Er kann heute, hier im Palast, erkranken und morgen tot sein. Unser Sohn ist Gottes Sohn. Gott allein kann ihn beschützen. Er allein weiß, was das beste für uns alle ist. Wir müssen deshalb Gott bitten, unseren geliebten Sohn zu beschützen, und alles Weitere in Seine liebenden Hände legen. Er wird dann mit Sicherheit für uns sorgen, wie Er es bisher immer getan hat!“

Diese Worte bewegten den König, der nun gestattete, daß Oktavian in die Provinz gehen könne. Das Königspaar bestand aber darauf, daß er genauestens vorbereitet und informiert wurde. Ottokar und Ottopas waren mehr oder minder Hals über Kopf abgereist. Sie hatten sich nicht vorbereiten wollen. Sie wollten handeln. Ihre Ernährung, die nämlich darin bestand, viel Fleisch und Alkohol zu konsumieren, bestimmte ihren Charakter und ihr Handeln.

Oktavian dagegen war wie seine Eltern Vegetarier. Er war wach und wachsam, gleichzeitig aber auch geduldig. So ließ er sich aufs genaueste über die Provinz informieren: Wer die Macht habe, wer sie anstrebe, wer den Aufstand leite, wer gemäßigt, wer kriegslüstern sei.

Mit Gott im Herzen, viel Wissen in seinem Geiste und dem Segen seiner Eltern auf seiner Stirn zog Oktavian los. Er erreichte mit seinem Heer die Provinz und zog in den Herrscherpalast ein. Hier richtete er sich nicht besonders häuslich ein, sondern stellte Gottesbilder in die Kapelle, betete und meditierte morgens und abends davor. Weiterhin ließ er einen Thron aufstellen und dann alle Gefangenen einen nach dem anderen zu sich bringen.

Von jedem wollte er genau wissen, was er getan habe, wofür er verurteilt wurde, was er sich wünsche. Oktavian hörte jedem genau zu und ließ stets Gnade vor Recht gelten. Trotzdem leerte er nicht einfach die Gefängnisse durch eine pauschale Amnestie, sondern beurteilte jeden Fall anhand des Gesetzes und der Gerechtigkeit, die er klar in seinem Herzen spürte.

Dies sprach sich sogleich herum, so daß auch andere Bürger kamen. Alle trugen sie dem jungen Herrscher ihre Sorgen vor. Allen hörte er aufmerksam zu, und er veränderte allein schon dadurch die Stimmung in der Provinz, daß er viel weniger sprach, als er zuhörte. Allen half er, wo er konnte. So erfuhr er bald, warum die Provinz sich erhoben hatte: Sie fühlte sich vom Hof vernachlässigt, übergangen, in vielem sogar ausgebeutet. Die beiden Prinzen, Ottokar und Ottopas, paßten genau in dieses Bild. Der eine eine engherzige Beamtenseele, der andere ein Prasser. Wo blieben da die Interessen der Bürger?

Nachdem die Bevölkerung erfahren hatte, welch großmütige Seele der junge Kronprinz war, lud dieser all diejenigen ein, die entweder die Macht anstrebten oder sie in dieser oder jener Form innehatten. Er versprach ihnen Geleitschutz für die An- und Abreise sowie bei dieser Konferenz. So kamen viele, sehr viele, wenn auch nicht alle.

Der Prinz hatte vor dem Treffen Gott um Unterstützung gebeten. So stand er mit dem sicheren Gefühl vor der Versammlung, der Herr werde durch ihn handeln. Er war glücklich bei der Vorstellung, Gott könnte ihn als Werkzeug benutzen. Er drückte deshalb eine Offenheit und ein Strahlen aus, die alle berührten. Nachdem er die Versammlung herzlich begrüßt hatte, sagte der Prinz: „Ich bin nicht gekommen, um euch zu unterdrücken. Ich habe mir in den Gesprächen, die ich hier führte, ein Bild machen können, wie wichtig eure Anliegen sind. Es gibt hier viel Not und viel Leiden. Es ist nun so, daß ich von meinem Vater, dem König, die Erlaubnis habe, euch zu sagen, daß es ihm lieber ist, daß ihr euch von seinem Reich trennt, als daß es Blutvergießen gibt. Er sieht sein Reich von Gott gegeben an. Er meint aber, Gott heiße es auf keinen Fall gut, wenn Menschen gegen ihren Willen gezwungen werden. Ein Reich muß vielmehr so gut, so vortrefflich sein, daß seine Bürger gerne, sehr gerne darin leben. Es ist dies die vornehmliche Aufgabe des Herrschers, das Reich so zu verwalten, daß die Bürger sich wohl fühlen und entfalten können.

Ich sehe, daß in dieser Provinz viel mißlungen ist. Ich verstehe, daß ihr auf euch aufmerksam machen mußtet. Ich verstehe, daß ihr euch unterdrückt fühltet. Deshalb spreche ich vor dieser Versammlung eine Amnestie für alle Beteiligten dieses Aufruhrs aus. Und ich entschuldige mich im Namen der Regierung und in meinem Namen für alle Unterlassungen, Entbehrungen und Ungerechtigkeiten, die ihr erfahren habt. Meine Entschuldigung kommt vom Herzen, und ich hoffe, sie erreicht auch euer Herz." Hier hielt der Prinz inne, so konnten die Anwesenden in sich nachklingen lassen, was er gesagt hatte, und konnten wahrnehmen, wie es sie berührte.

Nach einer Weile fuhr Oktavian fort: „Meine ernstgemeinte Frage an euch ist: Was wollt ihr? Was braucht ihr? Wollt ihr euch vom Reich lossagen? Ich würde diesen Wunsch nur zu gut verstehen. Aber was dann? Wie wollt ihr als kleines Land bestehen? Wie ihr wißt, ist dies eine Zeit großer Umwälzungen, und viele Herrscher warten nur darauf, Eroberungen zu machen.

Wie gesagt, ihr könnt euch von dem Reich meines Vaters lossagen. Es wird kein Blut wegen dieses eures Wunsches vergossen werden.

Ich mache euch aber einen anderen Vorschlag: Ich habe euch zu Beginn bereits gesagt, daß offensichtliche Fehler euch gegenüber gemacht wurden, die ich sehr bedaure. Ihr wurdet in euren Wünschen nicht beachtet, und deshalb mußtet ihr euch in eurem Wesen nicht geachtet fühlen. Mein Vorschlag besteht nun darin, daß ich euch ein Jahr lang verwalte. Wir werden ein Parlament aufbauen und herausfinden, was besser, was anders, was ganz neu gemacht werden muß. Nach einem Jahr könnt ihr entscheiden, was ihr wollt: Ob ihr euch immer noch vom Königreich loslösen wollt oder ob ihr einen neuen Weg für eure Provinz gefunden habt und dieser Weg euch auch gefällt.“ Hier schwieg der Prinz, und betretenes Schweigen entstand im Saal.

Oktavian war aber aus starkem Holz geschnitzt. Außerdem eiferten in ihm keine vordergründigen Egoanteile nach Erfolg. Er empfand die Hand des Herrn in seinem Rücken, seitdem er Ihn gebeten hatte, alles zu leiten. Und so wußte er, daß Gott alles zum Besten richten würde. Außerdem meinte er es ernst, daß er die Provinz ohne Kampf in die Unabhängigkeit entlassen würde. Dies war die feste Überzeugung seiner Eltern, und er war nicht minder davon überzeugt, daß kein Herrscher dadurch Glück findet, daß er sein Volk unterdrückt.

Da die Stille anhielt, vergewisserte sich Oktavian nochmals der Unterstützung Gottes und sagte dann: „Wieso schweigt ihr? Traut ihr mir nicht? Glaubt ihr, ich lüge? Wenn dem so ist, sagt es mir, denn dann bedeutet dies, daß wir noch mehr miteinander reden müssen!“

Nachdem der Prinz dies gesagt hatte, stand ein vornehmer älterer Mann mit schlohweißem Haar auf und sagte: „Königliche Hoheit, wir haben deine Hochherzigkeit kennengelernt, und was du gerade gesagt hast, hat uns alle berührt. Du hast uns erlaubt, offen zu reden, deswegen erlaube mir, die Wahrheit zu sagen.“ Als Oktavian ihn dazu ermutigte, fuhr der Mann fort: „Du hast in deiner Großmut Fehler eingestanden. Dies hat bisher niemand getan. Du hast gesagt, daß dein Vater, der König, und die hochangesehene Königin kein Blut vergießen wollen. Hier wurde aber Blut vergossen. Und keiner hat auf uns gehört. Woher wissen wir, daß wir dir nicht nur vertrauen können, sondern daß du auch die Macht hast, das durchzusetzen, was du sagst? Dies sind die Bedenken, die uns vorhin schweigen ließen.“

Oktavian konnte die Einwände, die dieser vornehme Mann vorbrachte, gut verstehen. Deswegen schwieg er, um auszudrücken, daß er die Rede des Mannes würdigte. Dann sagte er: „Ich danke dir für deine Offenheit. Und ich kann die Ängste, die du äußerst, gut verstehen. Ich kann nur dies sagen: Erstens hat das Königspaar nichts von euren Problemen erfahren. Deswegen wird mein nächster Schritt darin bestehen, aufzuklären, wie dies möglich war.

Zweitens werde ich die Mißstände beseitigen. Und drittens: Wenn ihr mir nicht glaubt, dann gebt mir zumindest die Gelegenheit, meine Versprechen in die Tat umzusetzen. Gebt mir etwas Zeit, und ich werde euch nicht enttäuschen, denn ich habe von meinen guten Eltern gelernt, daß ein Leben in Rechtschaffenheit zum Glück führt. Daran werde ich mich halten. Ihr werdet mich an meinen Worten und meinen Taten messen können.

Ich bin der Kronprinz. Ich werde, so Gott will, eines Tages euer König werden – je später, desto lieber, denn jeder Tag, den mein verehrter Vater lebt, ist ein Geschenk für mich. Da ich aber eines Tages euer König sein werde, ist es heute bereits meine Pflicht, alles mir Mögliche dafür zu tun, daß ihr gern in dem von mir verwalteten Reich lebt. Dies ist mein Vorsatz, dies ist der Maßstab meines Handelns. Danach werde ich mich richten – mit Gott als meinem Weggefährten!"

Die Menschen waren von Oktavians Worten tief bewegt. Sie spürten eine Hoffnung, eine Zuversicht wachsen, die sie schon lange nicht mehr für möglich gehalten hatten. Dieser junge Kronprinz berührte sie in seiner Ehrlichkeit, in seiner Offenheit, in seinem Engagement und in seinem Glauben. Ihm wollten sie vertrauen. Sie spürten, daß er eine Zuversicht ausstrahlte, der sie sich anvertrauen wollten.

Und so gingen sie auf seinen Vorschlag ein, ihn ein Jahr lang als Regenten zu unterstützen.

Der Prinz bedankte sich bei den Menschen für ihr Vertrauen. Und er bedankte sich bei Gott für Seine Unterstützung und Führung. Dann verabschiedete er sich und bereitete sich auf die nächsten Schritte vor.

Der nächste Schritt bestand darin, herauszufinden, wie es möglich war, daß die entscheidenden Informationen nicht ins Königshaus gelangten. Wer war daran interessiert, daß der Kommunikationsfluß zwischen der Provinz und dem König unterbrochen war?

Oktavian ging an diesem Abend frühzeitig zu Bett. Mitten in der Nacht wachte er mit einem beunruhigenden Gefühl auf. ‚Hm', dachte er, ‚irgend etwas ist merkwürdig. Ich habe so ein seltsames Gefühl.' Er setzte sich im Bett auf und fragte Gott, was dies bedeutete. Da spürte er sogleich, daß er das Bett verlassen, die Bettdecke so arrangieren, als läge er noch darin, und sich auf den Stuhl hinter dem Vorhang setzen sollte. Von der Laterne vor dem Fenster kam genug Licht herein, so daß er leicht das Zimmer überschauen konnte. Er saß nicht lange auf dem Stuhl mit einem schweren Leuchter in der Hand, da senkte sich ganz langsam die Klinke der Eingangstür. Ganz behutsam öffnete sich die Tür, und eine Gestalt mit einem Dolch in der Hand ging auf das Bett zu. Kaum war sie dort angelangt, stach sie mehrmals auf die Decke ein. Als sie weggehen wollte, sprang der Prinz hinter seinem Vorhang hervor und schlug den Mörder mit dem Leuchter nieder. Dann ging er hinaus und sah nach den Wachen. Die beiden Wachen vor seiner Tür waren nicht da. Oktavian konnte sich dies nicht erklären, denn es waren die treuesten Männer seiner Gefolgschaft. Er ging deshalb zuerst in sein Zimmer zurück und fesselte den Mann, der immer noch bewußtlos am Boden lag. Dann ging er aus dem Zimmer, um zu erfahren, was geschehen war. Was er sah, erschreckte ihn zutiefst. Im Hof lagen mehrere Männer am Boden. Sie waren alle ermordet worden. Der Prinz eilte in die Zimmer, in denen seine restlichen Wachen schliefen. Gottlob waren sie noch am Leben. Der Prinz weckte sie und gebot ihnen, leise zu sein. Als sie angekleidet und bewaffnet waren, eilte er mit ihnen durch die Residenz. Er konnte noch fünf Männer festnehmen, dic offensichtlich zu dem Mann in seinem Zimmer gehörten.

Der Prinz ließ sie alle einsperren und verhören. Es stellte sich schnell heraus, daß sie gedungene Mörder waren, denen bald klarwurde, daß sie gar keine andere Wahl hatten, als ihre Hintermänner preiszugeben. Der Prinz erfuhr noch in der gleichen Nacht die Namen dieser Hintermänner, die den Informationsfluß zum Königspaar über so viele Jahre verhindert hatten. Bevor diese wissen konnten, daß ihr Anschlag gescheitert war, wurden sie festgenommen und verhört. So wurden die Köpfe der Revolte einer nach dem anderen verhaftet. Es wurde ihnen ein fairer Prozeß gemacht, wonach sie verurteilt wurden.

Auch hier ließ der Prinz Klugheit und Milde walten. Jeder hätte es verstanden, wenn er die Mörder seiner Garde und diejenigen, die ihn selbst umbringen wollten, sogleich hätte hinrichten lassen. Oktavian wartete aber den Prozeß ab und verwandelte die Todesurteile in lebenslange Haft, weil er, wie sein Großvater aus dem Morgenland, meinte, jeder Mensch müsse eine Chance bekommen.

Da die Rädelsführer gefaßt waren, konnte der Prinz sehr schnell Frieden in der Provinz schaffen. Kaum herrschte aber Frieden, konnte Oktavian sich mit all seiner Kraft um die Belange der Menschen in diesem Teil des Reiches kümmern. Und die Provinz gedieh. Die Menschen blühten auf. Immer mehr Kinder konnten in die Schule gehen.

Und warum geschah dies? Warum war es möglich?

Allein, weil ein Mann sein Herz für die klugen Schriften eines weisen Herrschers öffnen konnte, der dadurch, daß er die Einheit zwischen Denken, Reden und Handeln geschaffen hatte, gleich mehrere Reiche veränderte.

Und wie sagte der weise Platon? *Entweder die Philosophen werden Könige, oder die Könige beginnen ernsthaft zu philosophieren, sonst gibt es kein Ende des Übels in der Welt.*

Gewohnheiten haften fest

Es war einmal ein Junge, der kam aus armen Verhältnissen. Sein Vater verdiente gerade so viel, daß er die Familie mit dem Nötigsten versorgen konnte.

Es war deshalb alles sehr knapp, reichte aber.

Als der Junge vierzehn war, wurde sein Vater entlassen. Auf einmal hatte die Familie selbst das Wenigste nicht mehr.

Der Junge hatte noch nichts gelernt, womit er hätte Geld verdienen können, wollte aber trotzdem seiner Familie helfen.

Er ging deshalb betteln, was ihm sehr schwer fiel, aber er half damit seiner Familie zu überleben.

Dies ging einige Jahre so.

Als er zwanzig war, erfüllte sich für ihn ein Traum. Er fühlte sich in ein Märchen versetzt.

Eine ausländische Familie lernte ihn kennen und lieben und kaufte ihm ein Auto, damit er sich als Taxifahrer eine Existenz aufbauen konnte. Dazu überwies sie monatlich so viel Geld, daß er die Anfangsschwierigkeiten seiner neuen, kleinen Karriere überstand.

Nun war er ein kleiner Unternehmer. War auf einen Schlag selbständig. Trotzdem konnte er eine Angewohnheit nicht überwinden: Er bettelte immer noch. Er fühlte sich immer noch als einer der Ärmsten der Armen.

Er hatte immer noch Angst zu verhungern. Er sah allein im Geld die Lösung aller Probleme.

Bedenke: Das Leben formt deine und die Gewohnheiten anderer. Und Gewohnheiten haben die Eigenschaft, fest zu haften.

Achte deshalb genau darauf, *welche* Gewohnheiten du annimmst. Das heißt, lasse nur zur Gewohnheit werden, was gut, hilfreich und notwendig ist.

Hüte dich vor schlechten Gewohnheiten, sie bekommen schnell Macht über dein Leben, und du könntest große Schwierigkeiten haben, dich wieder von ihnen zu befreien, wenn du es eines Tages wolltest.

Gleichzeitig denke an den armen Jungen, wenn dich die schlechten Gewohnheiten anderer stören: Vielleicht hatten sie ebenfalls schwere Lebensbedingungen, wodurch sie nicht in der Lage sind, ihre Gewohnheiten von heute auf morgen zu verändern – selbst wenn sie es wollten.

Ulrich
oder Der Segen der Zufriedenheit

Ulrich war „Uh- *rich*" (vom Englischen *rich,* reich), das heißt sehr reich. Seine Eltern besaßen beide, bereits als sie sich kennenlernten, ein ansehnliches Vermögen. Durch die geschickten Geschäfte, die sein Vater tätigte, wurden sie sogar noch reicher.

Ulrich wuchs somit im Wohlstand, im Überfluß auf. Leider war dieser Überfluß ausschließlich auf das Materielle beschränkt. Es fehlte ihm weder an gutem und gesundem Essen noch an Sport, an schöner Kleidung, an guten Schulen und vielen Freunden. Aber Werte, spirituelle Ausrichtung, Charakterbildung wurden ihm nicht vermittelt.

Dies ist die Tragik vieler Kinder, die im materiellen Überfluß aufwachsen: Sie bekommen viel zuviel Unwichtiges, aber viel zuwenig Entscheidendes. Und anstatt Charakter auszubilden, entwikkeln sie unzählige Ansprüche, Launen und damit ein großes Ego, das ihnen ein Leben lang unendlich viele Probleme schafft. Somit war Ulrich im Grunde bettelarm. Das wußte er natürlich – wenn auch nicht bewußt. Er wußte es aber auch deshalb, weil er immer wieder spürte, wie ungerecht, wie unnahbar, wie wenig nachempfindend, wie lieblos seine Eltern waren. Sie kauften ihm zwar Unmengen von allem, was man nur kaufen kann. Das Entscheidende, das, was man nicht kaufen kann, den zarten Hauch der Liebe, der sich über alles breitet und alles verändert, diese Liebe blieben sie ihm schuldig.

Dies ist das entscheidende Wort: Schuldig. Schuld ist im Deutschen sowohl ein finanztechnischer als auch ein ethischer Begriff. In anderen Europäischen Sprachen gibt es diese Verbindung von finanzieller und ethischer Schuld nicht in diesem Maße. Das Deutsche ist eine sehr philosophische Sprache, denn es ist richtig, daß derjenige, der Schulden macht bzw. derjenige, der Schulden machen läßt, sich auch leicht *schuldig* macht. Dies klingt zunächst eher unklar oder gar „moralisch", bei näherer Betrachtung kann man jedoch erkennen, daß dem nicht so ist, sondern in dem Wort eine tiefe Weisheit steckt.

Macht jemand Schulden und kann sie nicht zurückzahlen, macht er sich bei dem schuldig, der ihm das Geld geliehen hat. Denn dieser geht gewöhnlich davon aus, daß er sein Geld zurückbekommt. Erhält er es dagegen nicht zurück, kann ihn dies in mancherlei Schwierigkeiten stürzen. Heute dagegen kalkulieren viele genau dies in ihre Planung ein: Sie leihen sich Geld mit dem klaren Vorsatz, es nicht wieder zurückzugeben. Damit machen sie sich schuldig und stehen eines Tages mit absoluter Sicherheit an der Stelle dessen, den sie heute betrügen. Denn zwischen Betrüger und Betrogenem steht allein die Zeit. Die Zeit bedingt im Handumdrehen, daß aus dem einen der andere wird.

Die andere Form der Schuld besteht darin, daß manche es darauf absehen, Menschen Kredite zu gewähren, von denen sie genau wissen, daß sie nicht zurückgezahlt werden können. Viele Banken tun dies heute. Sie führen zum Teil ihre Kunden nachweislich und vorsätzlich hinters Licht, um dadurch an deren Vermögen zu kommen. Können diese Armen ihren Kredit nicht vertragsgemäß zurückzahlen, so wird ihnen ihr Haus oder was sie sonst dem Gläubiger an Sicherheit gegeben haben, versteigert, und sie verlieren beides: Das, was sie bereits gezahlt haben, und das, was sie an Vermögen noch besaßen. Vielen geht es danach viel, viel schlechter, als es ihnen gegangen wäre, wenn sie keinen Kredit aufgenommen hätten. Die Banken, die Gläubiger, haben ihr Geschäft gemacht. Ich frage mich aber, was für ein Geschäft? Lohnt es sich, für ein paar tausend Mark oder auch für eine Million andere ins Unglück zu stürzen?

Ich sage immer: Alle sind eins. Hier wird dieser Satz besonders deutlich: Du stiehlst heute durch eine betrügerische Machenschaft jemandem Geld. Er verliert es, und du bekommst es. Heute. Und morgen? Morgen verlierst du es, und er bekommt es! Deshalb lohnen sich solche Geschäfte nie – ganz davon abgesehen, daß du dich durch Betrug von Gott entfernst. Lohnt sich da die Million, die du ergaunerst? Glaubst du, du machst einem Ertrinkenden eine Freude, wenn du ihm sagst, er solle sich keine Sorgen machen, er habe im Lotto gewonnen? Über diese Nachricht freut er sich erst, wenn er wieder festen Boden unter den Füßen hat, denn dieser ist ihm in dem Moment viel wichtiger als alles Geld. Was nützt ihm schließlich das Geld, wenn er ertrunken ist?

Der feste Boden unter deinen Füßen ist deine Beziehung zu Gott. Sie gibt dir Ruhe und Zufriedenheit. Das Geld dagegen versetzt dich in ständige Unruhe, denn Geld ist untrennbar mit dem Immer-Mehr-Wollen verbunden. Wer Gelderwerb als das Ziel seines Lebens ansieht, kann deshalb niemals zufrieden werden.

Und er läuft ständig Gefahr, sich schuldig zu machen, denn wer immer mehr will, ist immer wieder versucht, über die Grenzen von Dharma, von Rechtschaffenheit, hinwegzugehen.

Genau dies geschah Ulrichs Eltern: Sie kümmerten sich mehr um ihren Wohlstand als um die innere Entwicklung ihres Kindes. Sie kümmerten sich mehr um die Bildung von Geld und Ansehen als um den Charakter ihres Sohnes. Nichts Schlimmeres können Eltern ihren Kindern antun als eben dies!

Geld ist wie ein Schuh: Es muß passen. Hast du zuwenig Geld, dann ist der Schuh zu klein, und er drückt dich. Ist er zu groß, gibt er dir keinen Halt. Mit anderen Worten: Zuwenig Geld macht das Leben schwer, zuviel Geld haltlos. Deswegen dürfen Eltern ihre Kinder nicht mit Geld überschütten. Anstatt um das Geld sollten sie sich um den Charakter ihrer Kinder kümmern, und hier ist immer weniger Geld besser als zuviel.

Viele Eltern verwenden außerdem Geld auch noch als einen Ersatz für Liebe, als einen Ersatz für Spiritualität. Quantität kann aber nie Qualität ersetzen. Eine Mutter kann stundenlang ihr Kind streicheln, spürt dieses aber nicht, daß die Mutter es wirklich liebt, wird es das Streicheln kaum wahrnehmen und sich voraussichtlich schnell entziehen.

Geld ist Materie. Materie hat zunächst keine Bedeutung. Kleine Kinder zum Beispiel behandeln Geld genauso wie Papier. Es hat für sie keinen Wert. Den bekommt es erst dadurch, daß dem Kind bewußt wird, was es alles mit Geld machen, was es bewirken kann. Damit bekommt es eine Bedeutung. Und dies ist die Qualität. Ist nämlich Geld entwertet oder durch eine andere Währung ersetzt, verliert es von einem Tag auf den anderen seinen Wert – es wird damit von einem Tag auf den anderen von Qualität zur Quantität, von einem Bündel Reichtum zu einem Bündel Papier – wie vieles andere auch.

Geld kann viel bewirken. Was viel bewirken kann, ist gut, aber auch gefährlich. Mit einem Löffel kann man Gefäße leeren. Man kann aber nicht Dinge in ihrer Beschaffenheit verändern. Dies kann das Messer. Mittels eines Messers kannst du eine Mohrrübe in winzig kleine Stückchen zerkleinern oder aus einem Stück Holz eine Figur schnitzen.

Du kannst damit aber auch dich und andere verletzen – oder gar töten. Das Messer bewirkt in jeder Richtung, in der positiven und der negativen, mehr als der Löffel. Deshalb muß man mit einem Messer viel vorsichtiger als mit einem Löffel umgehen, weswegen Eltern schnell ein Messer aus der Hand ihres Kindes nehmen und ihm statt dessen einen Löffel geben.

Genauso ist es mit dem Geld. Als besonderer Bedeutungsträger kann es in jeder Hinsicht viel bewirken.

Geld ist einem scharfen Messer vergleichbar: Es kann dir dazu dienen, dir und anderen zu helfen. Du kannst es verwenden, um anderen eine Freude zu machen: Ihre Not zu lindern oder ihnen eine Ausbildung zu ermöglichen.

Du kannst es aber auch mißbrauchen, um Macht über andere zu erhalten. Andere auszubeuten oder gar zu unterdrücken. Geld ist ein sehr scharfes zweischneidiges Schwert: Du kannst einerseits Probleme, wie einst Alexander der Große, mit einem Schlag, mit einem Scheck lösen. Du kannst aber auch jederzeit dich und andere verletzen.

Der Preis für all dies ist Isolation. Unzählige reiche Menschen sind einsam, fühlen sich verlassen, können trotz – oder wegen! – ihres Geldes ihrem Leben keinen Sinn geben. Außerdem befürchten sie, daß jeder, der ihre Gesellschaft sucht, nicht sie, sondern ihr Geld meint. Diese Ängste sind schrecklich und ein enormer Preis für die Bequemlichkeit, die Reichtum ansonsten bietet.

Kein Wunder also, daß Ulrich heranwuchs und von all dem nichts erfuhr, worum es im Leben geht: Von Liebe, Verständnis, Mitgefühl. Und er erfuhr nichts Wichtiges über Gott.

Ulrich besuchte gute Schulen, eine renommierte Universität, verkehrte in sogenannten „interessanten" Kreisen, sprich: pflegte den Umgang mit Leuten, die für sein berufliches Fortkommen von Interesse sein könnten. Was aus seiner Seele wurde, was aus seiner Freude wurde, darum kümmerte sich niemand.

Hier stoßen wir wieder auf eine interessante Eigenschaft des Geldes: Die meisten jagen ihm nach, weil sie sich davon Glück versprechen. Sie meinen, Glück könne man kaufen. Man kann sich ein Haus, Diener, Bequemlichkeit und sogar einen Partner kaufen. Aber kein Glück und keine Liebe. Dies ist die Wahrheit, die die Illusion, Geld bringe Glück, mit einem Federstrich wegstreicht.

Deshalb wird derjenige, der sich einen Partner des Geldes wegen wählt, nicht allzulange auf die Zerstörung seiner Hoffnungen warten müssen. Finanzielle Interessen sind nämlich kein gutes Fundament für ein so vielschichtig aufgebautes Gebilde, wie es die Ehe ist. Deshalb führen Beziehungen, die anstatt auf Liebe auf Geld aufgebaut sind, bald zu Enttäuschung und Trauer anstelle von Ruhe und Glück.

Dies war auch Ulrichs Los. Er hatte von seinen Eltern und Freunden keine wahre Geborgenheit und keine ihn mitbedenkende Liebe kennengelernt. Traf er seine Eltern, so war es für ihn sterbenslangweilig, weil er sich mit ihnen nichts zu sagen hatte. All ihre hausgemachten Problemchen und Wehwehchen interessierten ihn nicht. Er ging aber brav mit ihnen in Restaurants essen, in denen die Rechnung so hoch war, daß manch eine Familie einen Monat lang davon hätte leben können, unterhielt sich vornehmlich mit den Freunden, die er mitbrachte, und bekam anschließend noch ein Couvert mit Geld zugesteckt. Damit wollten ihm seine Eltern ihre Zuneigung beweisen. Und Zuneigung ist das richtige Wort, denn zugeneigt waren sie ihm. Sie hätten auch vieles für Ulrich getan. Aber das, was er wirklich brauchte, das konnten sie weder sich noch ihm geben.

Entsprechend waren auch Ulrichs Bekanntschaften mit Frauen. Er sah gut aus. War athletisch im Wuchs und schlagfertig in seinen Formulierungen. Außerdem hatte er diese Ausstrahlung, die junge Männer haben, die wissen, daß ihre Eltern reich sind und ihnen finanziell immer aushelfen werden. Es ist dies eine etwas süß-saure Ausstrahlung. Trifft sie aber auf die entsprechenden Seelen, kann sie wie magisch wirken. Ulrich traf auf die entsprechenden Seelen. Und wanderte von Einsamkeit zu Einsamkeit. Er genoß, was er genießen konnte. Da diese Beziehungen auf Materielles gegründet und ziemlich leer waren, wanderte er von einem „Vergnügen" zum nächsten, von einer „Ablenkung" zur nächsten. Und wovon mußte er sich ablenken? Von der inneren Leere, die ihn immer wieder bedrängte. Er hatte aber nicht gelernt, auf sie zu hören. Er hatte nicht gelernt, daß die innere Leere *das* Signal ist, etwas im Leben zu verändern. Er meinte deshalb, er müsse ihr entfliehen. So wanderte er von Party zu Party. Von Amüsement zu Amüsement. Bis er eines Tages diese Art zu leben ausgereizt hatte. Da holte ihn die Leere wieder ein. Und diesmal besonders. Denn was sollte er tun, wo er doch fast alles erlebt hatte?

Er war Mitte zwanzig, hatte alles und wußte doch nicht, wohin – wohin mit sich.

Da schlug er eines Tages gelangweilt und mißmutig eine Zeitschrift auf. Er blätterte wahl- und ziellos darin. Sah sich die Werbung an und dachte sich: ‚Kenn' ich alles!' und blätterte weiter. Da stieß er auf einen Bericht über Rennfahrer. Kaum hatte er begonnen, ihn zu lesen, bekam er ein Prickeln im Bauch. ‚Ah!' dachte er. ‚Endlich etwas Neues! Daß ich nicht schon früher darauf gekommen bin! Das ist Leben!' Ulrich war begeistert, denn endlich hatte er eine Lebens-aufgabe. Noch dazu eine, die schnell, im doppelten Sinne sehr schnell zur Lebens-Aufgabe führen kann! Aber genau darin lag das Prickeln – und das suchte er in Ermangelung von etwas Besserem.

Ulrich verfügte über die nötigen Beziehungen, um an die richtigen Adressen zu kommen. So stellte er sich eines Tages in einem Rennstall vor, zu dem ihm der Vater eines Freundes den Kontakt hergestellt hatte. Hier führte er den entsprechenden Leuten seine Fahrkünste vor, die tatsächlich ausgezeichnet waren. Außerdem stellten diese sogleich fest, daß er ein Mann ohne Nerven war. Oder spirituell ausgedrückt: Ulrich war ein Mann ohne das Wissen über die Gnade einer Geburt im menschlichen Körper. Und wer nicht weiß, der riskiert alles, gerade weil er nicht weiß, was er riskiert. So wurde Ulrich als Fahrer bei dem ersten Rennstall genommen, bei dem er sich vorstellte. Und konnte bald Rennen fahren. Und wie er fuhr! Kein Risiko, das er nicht einging oder zumindest in Betracht zog! Keine Gefahr, die ihn nicht gelockt hätte, denn da meinte er, zu leben, weil er in diesen Augenblicken seine innere Leere nicht spürte. Durch sein Können und seine Risikobereitschaft wurde er bald ein bekannter Rennfahrer. Er wurde umjubelt. Gefeiert. Geehrt.

Und da begann sie schon wieder, die innere Leere. So gefährlich das Fahren auch war, so unberechenbar der Ausgang jedes Rennens, es wurde immer mehr zur Routine. Auch die Aufregung. Was sollte Ulrich tun? Noch mehr riskieren? Er kam damit an den Punkt, an dem viele Rennfahrer einen Unfall haben oder gar tödlich verunglücken: Sie merken bewußt/unbewußt, daß ihr Leben, trotz allem!, keinen Sinn mehr hat bzw. noch nie einen hatte, und provozieren einen Unfall. Dies sieht dann ganz zufällig aus – ein böser Zufall! In Wahrheit ist es aber der innere Aufschrei nach Sinn, nach einer Veränderung, die endlich einen bleibenden Wert vermittelt – und sei es dadurch, daß alles zerstört wird: Das Auto, der Körper, das Leben.

Ulrichs Leben stand auf der Kippe, und es fehlte wenig, daß er es verlor, dieses Leben, das ihm nichts bedeutete.

Es kam aber anders. Sein Vater, der sein Leben lang nach immer mehr Geld gestrebt hatte, verbrauchte sich allmählich. Wer sich nur um Geld kümmert, wenig für andere tut und außerdem Fleisch ißt und Alkohol trinkt, dessen Gesundheit geht schnell dahin. Darüber hinaus schwächt die ausschließliche Beschäftigung mit den eigenen Interessen das Herz ungemein. Herzkrankheiten sind heute sehr verbreitet. Einmal, weil die Ernährung so schlecht geworden ist und die Menschen viel zuviel raffinierte Speisen zu sich nehmen, die dazu auch noch mit Kunstdünger, Pestiziden, Fungiziden und anderen Giften behandelt werden. Nicht genug damit, kümmert sich der Mensch zweitens nicht um seine Mitmenschen und noch weniger um seine Mitkreaturen, von denen er glaubt, sie seien dazu da, daß er sie schlachten und aufessen kann. So zu denken ist ein großer Fehler. Fleisch zu essen eine Sünde, die sich rächt. Wer so lebt wie Ulrichs Vater, wird früher oder später mit Sicherheit gesundheitliche Probleme bekommen. So erkrankte Ulrichs Vater am Magen, an der Leber und am Herzen, und als das Maß voll war, wirkte sich sein verschlossenes Herz so aus, daß er einen Herzinfarkt erlitt, an dem er auf der Stelle starb.

Für Ulrich bedeutete dies, daß er von einem Tag auf den anderen der Besitzer eines Imperiums war. Er mußte deshalb sogleich das Rennfahren aufgeben und sich um die Firmen seines Vaters kümmern. Mit anderen Worten: Sein Vater, der ihm im Leben so wenig gegeben hatte, bewahrte ihn, seinen Sohn, durch seinen Herzinfarkt vor dem Tod auf der Piste. Ulrich sah diese Zusammenhänge nicht. Er verspürte aber eine tiefe Dankbarkeit seinem Vater gegenüber, und all die Entbehrungen, die er durch ihn hatte erleiden müssen, waren wie weggewischt.

Nun war Ulrich von einem Tag auf den anderen wirklich Uh-*rich*, sehr, sehr reich. Was sollte er aber mit all dem Reichtum tun? Wie sollte er dieses Riesenunternehmen verwalten, wo er doch noch so jung war und sein Studium abgebrochen hatte?

Sein Vater hatte viele Berater gehabt. Ulrich hatte aber eines während der Rennen gelernt: Er wußte, daß bei einem Rennen genausoviel wie von seinem Können von der Zuverlässigkeit der Monteure und Techniker abhing. Machten sie einen Fehler, vergaßen sie etwas Wichtiges, so konnte es sein Leben kosten. Ulrich hatte so ein genaues Gespür dafür entwickelt, wem er vertrauen konnte und wem nicht.

Die Berater seines Vaters empfand er alle als Blutsauger. Sie fühlten sich wie die Maden im Speck – ‚nur', dachte er, ‚einen Speck, in dem Maden sind, kann man nicht mehr essen! Das heißt, ich brauche neue Berater!' Und so suchte sich Ulrich neue Berater. Dies war aber gar nicht so einfach, denn er mußte sie suchen und besuchen, ohne daß die anderen es erfuhren.

Hier kam ihm sein Karma zu Hilfe, bzw. die Tatsache, daß sein Vater kurz vor und auch nach seinem Tod darum gebeten hatte, der Herr möge seinem unerfahrenen Sohn helfen. Dieses Gebet kam aus einem durch den Tod geläuterten Herzen und wurde deshalb von Gott sogleich gehört und erhört. Dies ist immer während der Sterbestunde so, deshalb sollten Menschen sich schon lange, am besten ein Leben lang darauf vorbereiten, denn was du im Augenblick deines Todes denkst, geht in Erfüllung bzw. bestimmt deine nächste Inkarnation.

Die Rettung für Ulrich war eine junge Frau, die er während seiner Zeit als Rennfahrer kennengelernt hatte. Zugegeben, sie fühlte sich von seinem Geld, von seinem „Ruhm" und von seinem Draufgängertum angezogen. Sie war eben noch jung an Leben und Erfahrungen. Sie hatte aber ein gutes Herz, und obwohl Ulrich sich ihr gegenüber ziemlich großspurig gab, blieb sie bei ihrer Achtung sich selbst und ihrer Loyalität ihm gegenüber. Sie bewunderte ihn, sie hatte aber auch Angst um ihn und fand sein Draufgängertum höchst gefährlich. Sie spürte jedoch genau, daß Worte Ulrich nicht erreichen würden. Deshalb betete sie für ihn, und so trug auch sie dazu bei, daß sein Leben gerettet wurde – etwas, was Ulrich nie erfuhr. Auch hierin war sie stark.

Nachdem Ulrich der mächtige Chef geworden war, traf er sich eines Abends mit ihr zum Essen. Er erzählte Hedda von seinen neuen Anforderungen, von der Größe der Aufgabe und dem Problem mit den Beratern. Hedda hatte den richtigen Namen, denn sie lebte nach dem Motto: „He, da!“ Das bedeutet, sie gehörte zu den Menschen, die sehen. Obwohl fast alle Menschen Augen haben, besagt dies noch nicht, daß sie auch tatsächlich sehen. Viele gehen an den größten und schönsten Dingen vorbei und sehen nichts.

Andere dagegen sehen sogleich, wo etwas Bemerkenswertes ist, wie sich etwas verändert hat, wie sich jemand fühlt, was jemand braucht oder was er denkt. Sie leben nach dem Motto: „He, da!“, weil sie sehen, weil sie das Leben ganz nah an sich herankommen lassen wollen und *können*. Sie sind wach – und genießen es. Und genau so war Hedda. Ihre wachen Augen waren ständig mit Beobachten, mit Erfassen, mit Vergleichen, mit Erkennen beschäftigt. Hedda liebte ihr Leben, denn sie sah, wie reich es war. Sie war damit das völlige Gegenteil von Ulrich. Wo er doch das Leben nicht achtete, warum sollte er es dann noch genau betrachten? Er lebte von klein auf im Überfluß, warum sollte er da auf die kleinen Dinge achten? Ulrich achtete nicht auf diese kleinen Dinge, die eine Welt ausmachen können. Er hatte zwar durch die Rennen gelernt, wie wichtig es war, Menschen vertrauen zu können. Er wußte auch, wie er sie kontrollieren und auf welche er sich schließlich verlassen konnte. Kontrollieren zu können war aber nicht die Fähigkeit, die er benötigte, um die richtigen Berater auszusuchen.

Er erzählte Hedda von seinem Problem, und diese meinte sogleich: „Wenn du möchtest, kann ich dir dabei helfen. Ich habe ein Auge für anständige Leute!“ – „Wie gut, Hedda!“ sagte Ulrich. „Wieso triffst du dich dann mit mir? Ist das kein Widerspruch?“ warf Ulrich lachend ein. „Überhaupt nicht!“ konterte Hedda sogleich. „Ich würde dich allerdings auch nicht als meinen Berater nehmen!!“ Beide lachten.

Und so zogen sie zusammen von Vorstellungsgespräch zu Vorstellungsgespräch, und Hedda sagte Ulrich nach jedem Treffen genau, was sie von den einzelnen hielt. Ulrich dagegen war sich nicht so sicher. Er spürte aber, daß er Hedda vertrauen konnte, deshalb war er klug genug, ihrem Rat zu folgen. Und Heddas Ratschläge waren gut, denn die Berater, die sie auswählte, waren nicht nur kompetent, sondern auch loyal. „Du darfst nicht mehr als zwei, maximal drei Berater haben!" sagte sie ihm immer wieder. „Aber mein Vater hatte so viele!" – „Dein Vater ist dein Vater. Du bedenke aber, daß es sehr, sehr schwer ist, gute und loyale Berater zu finden. Die meisten heutzutage wollen ihre Fähigkeiten nicht in erster Linie für einen anderen, für eine Firma oder gar für eine Idee einsetzen. Sie denken primär an ihre eigenen Interessen, das heißt an *ihr* Geld!" – „Das tue ich doch auch!" meinte Ulrich lachend. „Ja", antwortete Hedda, „aber erstens ist dies dein gutes Recht, denn es ist dein Geld, um das es geht, und nicht das deiner Berater. Zweitens steckt hier auch das Problem: Was machst du eigentlich mit dem vielen Geld? Was ist dein Ziel?" Ulrich wurde ernst und auch etwas ärgerlich, denn er wußte nicht, was er antworten sollte. Er schwieg. Hedda schwieg ebenfalls, und es entstand eine etwas bedrückende Stille. Hedda beobachtete ihn in diesem Augenblick genau. Als sie eine Leere und eine Härte in seinem Gesicht sah, die sie an die Schnauze eines Grislys denken ließen, erschauderte sie und wußte, daß Ulrich als Partner zu gefährlich für sie war.

Als er Rennfahrer gewesen war, hatte die Nähe des Todes noch eine gewisse Zartheit in ihm gelassen. Diese war nun durch die Macht und den Reichtum weggewischt worden. Hedda schluckte schnell eine Träne, die herausquellen wollte. Sie empfand einen leicht salzigen Geschmack auf der Zunge, da wußte sie, daß Ulrich nicht sehen konnte, was in ihr vorging. Sie verabschiedete sich von ihm, zog sich fortan mehr und mehr von ihm zurück und betete zu Gott, Er möge Ulrich helfen.

Da Ulrich nicht beobachten konnte, bemerkte er es zunächst kaum, daß Hedda sich zurückzog. Und als er es schließlich feststellte, war bereits so viel Zeit vergangen, war er so sehr im Griff des Geldes und der Macht, daß er sie kaum vermißte und entsprechend schnell vergaß.

Das weitere Leben von Ulrich ist schnell erzählt. Ulrich fuhr zwar keine Rennen mehr – die im übrigen aber den einen Vorteil gehabt hatten, daß sie auf einer klar abgesteckten Piste stattfanden. Nun kaufte sich Ulrich ein schnelleres Auto nach dem anderen, weil er immer noch von seiner Unruhe getrieben war. Deshalb jagte er über die Straßen – so, als wollte er sich am liebsten selbst überholen. Da geschah eines Tages das Unweigerliche, das, was sein Vater noch einmal hatte verhindern können: Ulrich kam bei regennasser Fahrbahn von der Straße ab, prallte frontal gegen einen Baum und war auf der Stelle tot.

„Wozu“, wirst du fragen, „verhinderten Ulrichs Vater und Hedda durch ihre Gebete, daß er als Rennfahrer starb, wenn er bald darauf doch durch einen Unfall umkommen sollte?“

Diese Frage ist entscheidend. Wäre Ulrich während eines Rennens gestorben, hätte er ins Jenseits die Illusion mitgenommen, als Geschäftsmann hätte er seinem Leben doch eine sinnvolle Wende geben können.

Durch das Verwalten des Imperiums seines Vaters stellte er aber fest, daß auch diese Tätigkeit seinem Leben keinen tiefer gehenden Sinn gab. Deswegen raste er auf den Straßen, denn er riskierte immer noch wenig, war ihm sein Leben ja nichts wert.

Ulrich hätte noch einige Jahre oder gar Jahrzehnte so weiterleben können. Es wäre für seine Entwicklung aber nachteilig gewesen, denn er hätte sich viel negatives Karma aufgeladen, ohne etwas daraus zu lernen. Deshalb erfüllte Gott Heddas Gebete und beendete eine Inkarnation, die in eine Sackgasse geführt hatte.

Hedda kam zu Ulrichs Beerdigung und legte eine weiße Rose auf seinen Sarg als Zeichen ihrer Klarheit und der Reinheit ihrer Gefühle ihm gegenüber, denn sie hatte ihm nicht helfen können, da sie genau spürte, daß sie Ulrich vom Herzen her nicht erreichen konnte. Und da er sie nie geheiratet hätte, konnte sie sich nur zurückziehen und für ihn beten.

So schmückte die Träne, die sie damals geschluckt hatte, ihr Gesicht, während sie folgendes Gebet sprach: „Geliebter Herr, Ulrich war eine so gute Seele. Er hatte in diesem Leben aber keine Chance. Niemand führte ihn. Niemand wies ihm den Weg. Ich auch nicht!

Ich bitte dich, oh Herr, gib ihm im nächsten Leben die Chance, die er diesmal nicht hatte. Bitte, oh Herr, er hat es doch verdient, ist er doch dein lieber Sohn!" Der Herr hörte diese Worte, ward berührt und trocknete ihre Tränen durch einen feinen Luftzug, der wie zufällig an ihrem Gesicht vorbeizog. Und Ulrich bekam seine Chance.

Nach einigen Inkarnationen, in denen er Entscheidendes lernte, wurde er in einem der ärmsten Viertel Kalkuttas als fünftes Kind einer Bettlerfamilie wiedergeboren, die nicht viel mehr als das Strohdach über dem Kopf besaß. Die ganze Familie ernährte und kleidete sich von dem wenigen, was sie im Abfall der Reichen fand und die Kinder erbettelten. Trotz der Armut waren aber alle zufrieden. Die vielen Kinder der verschiedenen Familien spielten, wo immer sie konnten. Und ihr Spielzeug war das, was gerade herumlag: Ein Stein, ein Stock, eine zerbrochene Tasse, eine Flasche. Anstrengend war das viele Betteln. Aber auch dies machten sie gemeinsam und hatten deshalb Spaß dabei. Als Ulrich (ich nenne ihn weiterhin bei diesem Namen, damit deutlich wird, wie sinnlos ein Denken ist, das sich auf die Enge einer einzigen Inkarnation, eines einzigen Landes, einer einzigen Religion oder nur einer Rasse beschränkt) – als Ulrich fünf Jahre alt war und nach ihm noch zwei weitere Geschwister gekommen waren, gaben seine Eltern ihn als Laufburschen zu einem Kaufmann in der Nähe. Er kam damit weg von der Straße, was, wie alles, zwei Seiten hatte: Einerseits war er dadurch mehr von seinen Spielkameraden getrennt, auf der anderen Seite hielt er sich nicht mehr soviel auf den unsicheren Straßen in zweifelhafter Gesellschaft auf.

Der Kaufmann, zu dem er kam, war ein gläubiger Mann. Bevor Ulrich morgens mit der Arbeit begann, setzte er sich mit ihm vor den Altar, auf dem viele verschiedene Gottesfiguren standen, und sagte ihm, er solle etwas beten, die Augen schließen und sich vorstellen, zwischen seinen Augenbrauen entstünde Licht. Ulrich gelang dies sehr gut. Er liebte die Heilige Ruhe an diesem Ort, und nie wurde ihm die Zeit lang, wenn der Kaufmann neben ihm zuerst verschiedene Mantren rezitierte und dann still dasaß.

Vergnügt begann er anschließend den Arbeitstag, der mit kurzen Unterbrechungen bis zum Abend ging. Dann setzte sich der Kaufmann wieder mit Ulrich vor den Altar und forderte ihn auf, Gott für die Energie und den Schutz zu danken, die er während des Tages erhalten hatte.

Ulrich berührte all dies sehr. Und da er sich berühren ließ, wurde er verändert.

Eines Tages, als sie wieder einmal vor dem Altar saßen, fragte der Kaufmann: „Mein Lieber, magst du mir eine Frage beantworten?" – „Natürlich gern, Herr." – „Welchen Gott hast du dir ausgesucht? Du mußt nicht antworten, wenn du nicht möchtest!" Allein bei diesen Sätzen kann jeder, der etwas weiß, erkennen, daß der Kaufmann eine alte, weise Seele war, denn nur eine solche ist in der Lage, so respektvoll mit einem Kind zu sprechen. Eine alte Seele blickt hinter den Schein eines kleinen Körpers, sie läßt sich deshalb nicht täuschen und zollt einem Kind *mindestens* so viel Respekt wie einem Erwachsenen. Ich sage deshalb *mindestens*, weil in den meisten Fällen Kinder für Gott viel offener als manch ein Erwachsener sind – wie zum Beispiel Ulrich in seinem früheren Leben.

Es stand nun die Frage des Kaufmanns im Raum, die er mit soviel Achtung für sein Gegenüber vorgebracht hatte. „Natürlich kannst du fragen, Herr, mein Lieblingsgott ist Ganesh. Ich liebe Elefanten. Außerdem strahlt Ganesh so viel Liebe und Güte aus." – „Da hast du gut gewählt!" sagte der Kaufmann. „Denn Ganesha hat auch deshalb den Kopf eines Elefanten, weil Elefanten alles wegräumen können. Ganesha ist der Gott, der alle Hindernisse wegräumt. Bete täglich zu Ihm, und du wirst sehen, daß dein Leben immer glücklicher wird!"

Ulrich war berührt. Und langsam, von Tag zu Tag mehr, wurde er wieder Uh-*rich*, reicher und reicher. Diesmal aber in der Hinsicht, in der Hedda bei seiner Trauerfeier für ihn gebetet hatte. Er fand durch Heddas Gebet, durch Gottes Gnade und durch die Seelentiefe des Kaufmanns zu einem Glauben, der seinem Leben einen Sinn gab. Und Ganesha nahm ihn in Seine Arme und schlang Seinen Rüssel um ihn. Ulrich war Gott lieb, und Dieser ebnete seinen Weg.

So kam Ulrich in die Schule, damit er in dem Kaufmannsladen mehr und mehr Aufgaben übernehmen konnte. Und all das, was er in seinem früheren Leben unterlassen hatte, tat er jetzt. Mit Ganesha im Herzen half er, wo immer er konnte. Der Kaufmann leitete ihn an und beobachtete mit froher Fürsorge, wie sein Zögling das umsetzte, was er ihn lehrte: *Glück bedeutet, zu teilen und für andere dazusein.* So teilte Ulrich von klein an sein weniges Taschengeld mit seiner Familie. Und obwohl er mehr und mehr zum Haushalt des Kaufmanns gehörte, vergaß er seine Familie nicht, zumal der weise Kaufmann ihn stets an seine Herkunft erinnerte: „Vergiß nie, woher du kommst! Mag deine Familie noch so arm sein, von ihr stammst du ab. Sie ist deine Wurzel. Schneidest du deine Wurzeln ab, verdorrst du. Verehrst du dagegen deine Eltern, weißt du immer, woher du kommst. Und weißt du, woher du kommst, weißt du immer, welchen Weg du zurückgelegt hast.“

Und Ulrich, der in diesem Leben so unendlich viel weniger an Materiellem besaß als damals als Uh-*rich*, war so unendlich viel glücklicher, weil er jemanden gefunden hatte, der ihn die entscheidenden zwei Dinge lehrte: *Einen engen Kontakt zu Gott und zur Zufriedenheit.*

Zigmillionen Geldscheine können dies beides nicht ersetzen. Denn Geld kann weder den Kontakt zu Gott noch die tiefe Zufriedenheit bzw. das Glück kaufen, die Ulrich in diesem Leben fand.

Zufriedenheit ist eine der größten Segnungen, die ein Mensch bekommen kann. Zufriedenheit ist im Grunde alles, was ein Mensch braucht.

Und zu dieser Zufriedenheit benötigt er nur das Licht einer kleinen Kerze.

Ganz klein. Aber ganz hell – in seinem Herzen.

Übe dich in Zufriedenheit. Es gibt kein höheres Gut als die Zufriedenheit.

Die Tragik des Menschen besteht darin, daß er das, was er hat, nicht schätzt und das, was er nicht hat, idealisiert.

Sieh, was du hast. Sieh, wie vielen es schlechter geht als dir. Vergleiche dich* nicht *mit jenen, von denen du annimmst, sie besäßen mehr.

Sieh, was du hast, und übe dich damit in Zufriedenheit. Es gibt kein höheres Gut als die Zufriedenheit, denn sie ist der entscheidende Weg zum Glück.

Glady
oder Über den tieferen Sinn dessen, was uns geschieht

Glady war ein recht unbekümmertes Mädchen – oder besser gesagt, sie war bereits eine junge Frau. Sie war aber auch noch ein Mädchen, weil sie mit jungen Männern noch sehr merkwürdig umging – eben so, wie Mädchen in der Pubertät häufig mit Jungen umgehen: Sie wissen nicht, was sie von ihnen halten sollen. Trotzdem kokettieren sie mit ihnen, weil sie herausfinden wollen, wie sie auf das andere Geschlecht wirken – bzw. ob sie überhaupt wirken! Und haben sie dies herausgefunden, dann haben sie in den meisten Fällen ihr Ziel bereits erreicht. Ob sich der junge Mann etwas anderes erhoffte oder nun gar verliebt ist und entsprechend unter der rücksichts-losen, wenn nicht gar herz-losen Behandlung leidet, berührt sie nicht so sehr.

Alles hat aber seinen Weg. Alles hat seinen Preis. Das Ziel des Lebens ist einfühlsames Verstehen. Deshalb lernte Glady Jerry kennen. Jerry war leitender Angestellter in einem großen Forstamt. Er hatte viele Hektar Wald zu verwalten. Verwalten ist aber sehr positiv ausgedrückt, denn seine Verwaltung bestand darin, daß er weite Flächen abholzen ließ, um Geld für seine Behörde zu erwirtschaften. Dies mußte sehr geschickt gehandhabt werden, damit die potentiellen Wähler nicht erfuhren, wie sehr ihre Regierung Raubbau an der Natur betrieb, Tausenden und Abertausenden von Tieren die Existenzgrundlage nahm und durch die Zerstörung von Flora und Fauna auch den Menschen großen Schaden zufügte.

Jerry war genau der Richtige für diese Aufgabe, denn er war geschickt und rücksichtslos genug, um die Pläne seiner Behörde ohne großes Aufsehen durchzuführen.

Deshalb war Glady genau die richtige Frau für ihn. Er spürte sofort, daß sie mit Männern schlecht umging, deshalb spielte er gekonnt alle seine Spielchen der Tarnung, der großen und kleinen Täuschung, des gezielten Desinteresses, der zufälligen Beachtung.

Glady war zu kindlich verspielt, um diese raffinierten Spiele der Erwachsenen zu durchschauen, geschweige denn sich dagegen abzugrenzen. Statt dessen verliebte sie sich in Jerry bzw. in das, was sie für ihn hielt, und war glücklich, als sie endlich ein Paar wurden.

Sie lebte aber ständig in der Angst, Jerry zu verlieren, deshalb dachte sie, es sei das beste, schwanger zu werden und ihn auf diese Weise ganz an sich zu binden. Und so wurde sie schwanger.

Jerry war zunächst erschrocken. Dann dachte er nach und kam zu dem Ergebnis, Glady sei nicht die schlechteste Wahl. Sie heirateten, und drei Monate später wurde ihr Sohn geboren. Danach kamen eine Tochter und schließlich noch ein Sohn.

Drei Kinder haben es als Geschwister nicht so einfach. Die Engländer haben den treffenden Spruch: *Two is a company, three is none* – zwei sind eine Gesellschaft, drei ist nichts – geprägt.

So gab es immer viel Streit unter den Kindern. Diesen löste Jerry nicht damit, daß er zu verstehen versuchte, was die Kinder mit ihrem Verhalten ausdrückten. Er meinte vielmehr, man müsse Kinder ablenken. Dies geht natürlich nicht lange gut, denn wenn ein Konflikt nicht gelöst wird, lassen Kinder sich nicht lange ablenken. Da er mit seiner Methode nicht sehr weit kam, griff Jerry zu einem noch viel dümmeren Mittel: Er schlug seine Kinder!

Und Glady, die Mutter dieser Kinder, die sie getragen, geboren und gestillt hatte, sie stand da und sah dem schrecklichen Treiben unbeteiligt zu!

So wuchsen die armen Kinder heran und hatten von klein auf das Gefühl, weder von ihrem Vater noch von ihrer Mutter verstanden, geschützt, geschweige denn geliebt zu werden.

Als der älteste Sohn gerade sechzehn war, ging Jerry in ein Waldstück, das ganz gerodet werden sollte. Er sah so fasziniert zu, wie die Bäume immer stärker wippten und dann umstürzten, daß er nicht bemerkte, wie er in die Schnittschneise geriet. Er stand an eine kleine Fichte gelehnt und sah zu, wie die Bäume niederbrachen, als ein Baum auf ihn niederfiel und ihn unter sich begrub. Von Zweigen durchbohrt, starb er auf dem Weg ins Krankenhaus.

Glady war erschüttert. Die Kinder dagegen hatten widerstreitende Gefühle. Einerseits hingen sie trotz allem an ihrem Vater. Andererseits war durch die ständige schlechte Behandlung und die daraus resultierende Angst ihre Beziehung zu ihrem Vater getrübt.

Zwei Jahre später kamen der älteste Sohn und seine Schwester auf einer Bergwanderung durch ein Gebiet, das ihr Vater hatte abholzen lassen. Sie waren noch zu jung und unerfahren, um früh genug zu erkennen, daß der Boden, der nicht mehr von den Wurzeln gehalten wurde, extrem gefährlich war. Als sie einen steileren Hang hinaufklettern wollten, rutschte einer nach dem anderen ab. Da alle Bäume abgeholzt waren, fanden sie keinen Halt und stürzten viele Meter tief in eine Schlucht. Beide waren auf der Stelle tot.

Für Glady war dies eine große Katastrophe und ein wahrer Schock. Wochenlang konnte sie kaum reden, weil ihr die Tränen die Sprache verschlagen hatten. Sie konnte kaum noch in dem Haus leben, unter dessen Dach sie in so kurzer Zeit bereits drei Todesfälle erlebt hatte. Alles in dem Haus erinnerte sie an ihren Mann und die zwei Kinder – besonders aber, wenn sie nach Hause kam und das Dach sah, mußte sie an ihren Mann denken. Denn der hatte ein ausgefallenes Hobby gehabt: Er hatte bunte Ziegel gesammelt, mit denen er das Haus gedeckt hatte. In farbenprächtigen Mustern leuchtete ihr deshalb das Haus schon von weitem entgegen, und jedesmal mußte sie an ihren Mann denken, der begeistert immer wieder neue Muster gesammelt und anschließend das Dach damit gedeckt hatte. Wie häufig hatte sie deswegen mit ihm gestritten. Sie fand diese Ziegel völlig sinnlos. Einmal kosteten sie Geld, dann Zeit, und außerdem fand sie das Haus durch dieses Dach zu bunt, zu auffällig. Das alles störte sie. Jetzt wurde sie auch noch durch dieses Dach an ihren Mann erinnert – und jedesmal trauerte sie um ihn.

Ihr ältester Sohn und ihre Tochter hatten viel gestritten. Das hatte sie ebenfalls geärgert. Nun vermißte sie es. Was würde sie heute dafür geben, wenn sie sie noch einmal streiten hören könnte! Selbst wenn sie den ganzen Tag stritten, sie wäre überglücklich, könnte sie sie hören!

Durch den Tod ihres Mannes und ihrer beiden Kinder war das Haus nicht nur sehr viel stiller geworden. Der Tod der drei hatte zweifellos eine große Lücke in Gladys Leben gerissen.

So lebte sie allein mit ihrem jüngsten Sohn, Marwin, der bald siebzehn wurde. Er aber schloß im Jahr darauf die Schule ab und zog für ein Praktikum in eine weit entfernte Stadt.

Nun war Glady ganz allein in dem Haus, das fünf Menschen reichlich Platz geboten hatte. Und die Ziegel leuchteten ihr immer noch bunt entgegen, und sie spürte ihre Trauer.

Mit Marwin hatte sie noch ein recht harmonisches Jahr verbracht. Beide waren ihre inneren und äußeren Wege gegangen und hatten dem anderen seinen Raum gelassen. Das hatte beiden gutgetan. Aber die Erlebnisse seiner Kindheit und Gladys Rolle als Mutter oder besser gesagt: als Wenig-Mutter! bestimmten ihre Beziehung, das heißt ihre Distanz zueinander.

Als Marwin einundzwanzig war, lernte er Jessika kennen. Sie war zwanzig und gebar ein Jahr darauf ihren gemeinsamen Sohn, Austin.

Glady besuchte ihren Sohn sowohl zu seiner Hochzeit als auch zur Taufe ihres Enkels. Sie lernte dabei Jessika näher kennen, mit der sie sich gut verstand. ‚Schade!' dachte Glady damals. ‚Schade, daß diese drei so weit von mir entfernt leben. Wie sehr genieße ich den Kontakt mit ihnen!' Außerdem stellte sie staunend fest, wie anders ihr Sohn und ihre Schwiegertochter mit ihrem Kind umgingen, als sie ihre Kinder behandelt hatte. Mit wieviel Respekt und Liebe begegneten sie Austin! Dies berührte sie sehr, und sie dachte darüber nach, was sie hätte anders machen können.

Kaum war Austin zwei Jahre alt, erkrankte Marwin an Leberkrebs. Alle waren äußerst besorgt, denn allen war klar, daß er nicht mehr lange leben würde. Und tatsächlich starb er ein Jahr später.

Glady war erschüttert. Sie wußte nicht, was sie tun sollte. Was hatte all dies zu bedeuten? Warum trafen diese Schicksalsschläge gerade sie?

Glady war so verzweifelt, suchte so intensiv nach einer Antwort, daß sie sich in die nahe gelegene Kirche begab, um dort mit dem Pfarrer zu sprechen. Und sie hatte Glück! Der Pfarrer war ein herzlicher, aufgeschlossener Mann, der lange an sich gearbeitet hatte. Er nahm Glady liebevoll auf und sprach lange mit ihr – bzw. er ließ sie lange erzählen.

Das erste Mal in ihrem Leben erzählte sie. Erzählte, erzählte.

Der Pfarrer hörte ihr mit offenem Herzen zu und stellte nur hin und wieder eine Frage oder vermittelte ihr mit seiner Stimme, mit wenigen Sätzen, mit seinem nachempfindenden Gesichtsausdruck, daß er sie verstand.

Durch das Gespräch, das über zwei Stunden dauerte, fühlte sich Glady sehr erleichtert. Zum erstenmal in ihrem Leben hatte sie das Gefühl, daß jemand sie verstand. Daß jemand ihr zuhörte. Für Glady tat sich ein Weg auf. Ein Weg, an den sie nie gedacht, den sie nie für möglich gehalten hatte.

Glady öffnete sich ganz langsam, denn da war ein Mensch, der innerlich für sie da war.

Glady veränderte sich. Sie verstand allmählich, daß all die Schicksalsschläge nur gekommen waren, damit sie sich endlich öffnete. Auch darüber sprach sie mit ihrem Pfarrer. Und nicht betrübt, sondern glücklich ging sie nach Hause. „Ich kann es nicht fassen!" dachte sie laut. „Ich kann es nicht fassen, daß all dies mir gegeben wurde, damit ich lerne! Es war hart. Sehr hart! Wie hart war aber ich, daß ich das brauchte? Wie gütig war das Schicksal, daß es mich nicht einfach mit verschlossenen Augen hat weiterleben und anschließend sterben lassen! Nein, es hat mich nicht vergessen! Es hat alles getan, damit ich aufwache! Und außerdem habe ich auch noch die gute Seele dieses Pfarrers, der mich so viel lehrt! Wie hart war der Weg! Wie hart war ich – und wie gesegnet bin ich! – Gesegnet auch deshalb, weil ich mir heute anschauen kann, wo ich immer noch hart, egoistisch und verschlossen bin. Ich habe nämlich etwas sehr Interessantes festgestellt: Es gibt bereits eine neue Form, wie ich mich verschließe. Ich ertappe mich dabei, wie ich nun denke, besonders offen zu sein, und dabei gründlich übersehe, wie verschlossen und hart ich noch bin!" Glady ging um eine Biegung, nach der sie ihr Haus sah. ‚Und wie bunt, wie schön ist das Dach, unter dem ich leben darf!' dachte sie.

Stück für Stück wurde Glady bewußt, wie wenig sie sich im Grunde *von Herzen* um ihre Kinder gekümmert hatte. ‚Wo war ich nur? Wie konnte ich es zulassen, daß Jerry sie so schlecht behandelte, diese guten Kinder! Wie dumm, wie blind war ich!'

Glady lernte und dankte dem Herrn, daß sie all dies lernen durfte. Worunter sie aber am meisten litt, waren die verpaßten Chancen. ‚Was hätte ich meinen Kindern nicht alles geben können! Wenn ich sie so behandelt hätte, wie Marwin und Jessika ihren Austin behandelt haben ... vielleicht wären sie heute noch am Leben! Was kann die Liebe nicht alles bewirken! Und meine lieben Kinder haben nicht all die Liebe bekommen, die ihnen zustand. Sie hatten ein Recht auf meine Liebe. Alle Bäume rücksichtslos abzuholzen, nicht zu spüren, in welch gefährlichem Gebiet man wandert, oder Krebs zu bekommen, hat das alles nicht mit einem Mangel an Liebe zu tun? Schade um die verpaßten Chancen! Schade!' Glady weinte.

Ihr Pfarrer ließ sie bei ihrem Schmerz, denn er wußte, daß er zur Heilung notwendig war. Eines Tages sagte er aber: „Ist es nicht ebenfalls ein großes Geschenk, daß Sie all dies sehen? Werden Sie diesen wunderschönen Schatz an Wissen, an Wissen um Ihr Herz, an Wissen über die Liebe nicht immer behalten? Ist dies nicht der Sinn unser aller Leben, daß wir das Wissen um die Liebe kennenlernen?"

Glady war von diesen Sätzen sehr berührt. So ging sie getröstet und mit Licht im Herzen nach Hause und bestellte ihren Garten. Dies liebte sie am meisten: Ihren Garten, mit all den Blumen, dem Obst, dem Gemüse. Dieses wunderbare Entstehen. Wachsen. Reifen. Welche Wunder sie täglich erleben konnte! Glady sah all dies und erlebte es als Gnade. Und sie verströmte die Liebe, die sie ihrer Familie nicht mehr geben konnte, in ihren Garten und wurde glücklich.

Der Garten ließ sie auch darüber nachdenken, was ihr Mann getan hatte. „Es war nicht Rechtens, was du getan hast, Jerry!" sagte sie vor sich hin, als sie ein Beet vom Unkraut säuberte. „Es war nicht nur nicht Rechtens, sondern eine Sünde, eine große Sünde, die wunderbaren Wälder für sinnloses Geld, wertlosen Reichtum zu roden. Was wurde damit der Landschaft, dem Klima, den Pflanzen, den Tieren und den Menschen angetan! Mit Sicherheit wäre unsere Familie glücklich und noch intakt, wenn du dir nicht so viel Schuld aufgeladen hättest, Jerry. Das ist dein Teil. Mein Teil besteht darin, daß ich so blind war, daß ich mir nie Gedanken darüber gemacht habe, was du da tust, was das für Geld war, das ich ausgab! Wieviel Gnade habe ich doch, wie gütig ist der Herr zu mir, daß ich das Haus noch haben darf!" Und Glady dankte Gott mit Tränen in den Augen.

Was sie nicht wußte, war, daß das Haus nicht mit dem Geld erworben worden war, das Jerry durch das Roden der Wälder verdient hatte, sondern daß er es von seinen Eltern geerbt hatte. So wenig hatte sie sich damals um diese Belange gekümmert, daß sie nicht einmal wußte, wem sie ihr Haus zu verdanken hatte.

Eines Tages, als sie auf die Schaufel gelehnt in ihren schönen Garten blickte, fragte sie sich: ‚Ist das eigentlich richtig, was ich tue? Ist das nicht wieder egoistisch? Ich habe früher nur für mich gelebt. Ich habe viel erlebt und viel verstanden. Aber lebe ich nicht weiter wie bisher? Wo ist das Du in meinem Leben? Wo ist dieses Du, das ich noch nie in meinem Leben hatte, weil ich noch nie meine Augen für dieses Du geöffnet habe? Wo bin ich für andere da? Wirklich für andere da und nicht nur scheinbar, wie ich es früher war?"

Glady fragte sich dies immer wieder und sprach deshalb auch mit ihrem Pfarrer darüber.

Natürlich fand er es wichtig, daß Menschen für andere da sind – war dies ja der Sinn seines Berufes. Er schlug ihr deshalb einige karitative Organisationen vor, in denen Glady gut mitarbeiten konnte. Glady dankte ihm sehr und nahm die verschiedenen Adressen mit nach Hause, um nachzudenken, nachzuspüren, für welche sie sich schließlich entscheiden würde.

Sie saß am Nachmittag jenes Tages in ihrem Wohnzimmer und spürte in sich hinein, als das Telefon klingelte. Es waren Jessikas Eltern! Sie konnten kaum sprechen, weil sie noch vom Schmerz überwältigt waren, denn Jessika war in einem See ertrunken. Keiner konnte sich erklären, wie dies geschehen war, denn Jessika war eine sehr gute Schwimmerin. Austin war dabeigewesen und hatte einen entsprechenden Schock erlitten.

Da war Gladys neue Aufgabe! Sie reiste zu Austin und umfing ihn mit all der Liebe, die sie in sich gefunden hatte. Sie stützte ihren kleinen Enkel, sie erklärte ihm, soweit er das mit seinen fünf Jahren verstehen konnte, die Zusammenhänge von Leben und Tod. Und sie versuchte mit ihrem Herzen herauszufinden, was *er* benötigte.

Dies war eine ganz neue Erfahrung in ihrem Leben und gab ihr viel Glück: Für einen Menschen ganz dazusein, sich auf ihn einzustellen, ihn zu verstehen, ihm das Gefühl zu geben, daß er wichtig, daß *er* gemeint ist, daß er von Herzen geliebt wird.

Austin spürte Gladys Liebe und vertraute ihr von Tag zu Tag mehr sein kleines, so liebendes Herz an. Und dies sahen auch Jessikas Eltern, die deshalb entschieden, Austin zu Glady ziehen zu lassen, obwohl sie dem zunächst ablehnend gegenübergestanden hatten. Nun spürten sie aber, wie innig, wie heilend, wie liebevoll die Beziehung zwischen den beiden war, und freuten sich, daß ihr verwaister Enkelsohn so gut aufgehoben, so geborgen war.

Und so kam Austin mit Glady in das Haus mit dem bunten Dach. Und er wuchs heran. Und er war glücklich, fröhlich und an allem interessiert, was das Leben betraf.

Eines Tages kam Glady nach Hause und sah wieder einmal das bunte Dach. ‚Ja, ja‘, dachte sie, ‚das Leben ist so wunderbar, so fürsorglich. Das kann man im Grunde nur mit einem so bunten Dach ausdrücken. Mit all dem Türkis, Weiß, Rot und Blau! Wie perfekt dieses Dach zu meinem Leben paßt! Wie erstaunlich, daß Jerry das Dach damals so deckte, als ich das noch gar nicht so sehen konnte. Wie erstaunlich ...‘

Als Glady nach Hause kam, erzählte sie Austin diese Beobachtung. Der antwortete darauf: „Erstaunlich, Omili, ich dachte, du hättest das Dach so decken lassen. Es paßt so gut zu deinem Gesicht!“

ॐ

Warum bist du neidisch? Weißt du nicht, daß die Summe im Leben immer Null ist?

Bekommst du viel, hast du viel gegeben.

Bekommst du wenig, dann gib, gib, gib. Und du mußt bald nicht mehr neidisch sein.

ARAMINA
oder DIE LIEBE

Aramina hatte es schwer. Sehr schwer, denn sie war eine arme Zigeunerin, und darüber hinaus war ihre Zwillingsseele in dieser Inkarnation der Kronprinz des Landes, in dem sie lebte.

Im Kali-Juga ist vieles schwieriger als in anderen Zeitaltern, denn die Göttliche Ordnung hat in unzähligen Bereichen ihre Gültigkeit verloren. Dies ist der problematischere Aspekt. Der positive besteht aber darin, daß das Chaos unzählige Möglichkeiten in sich birgt.

Sandors, so hieß der Kronprinz, war eine noch träumende Seele. Er befolgte die Anweisungen seiner Eltern, richtete sich nach den Ratschlägen seiner Lehrer, achtete auf die Sitten und Bräuche, die am Hof Gültigkeit hatten. Sandors fühlte sich von seinen Eltern, von seinen Lehrern, ja von allen Menschen um sich geliebt – warum sollte er sich da Gedanken machen?

Warum soll ein Mensch sich Gedanken machen? So gestellt, ist diese Frage nicht zu beantworten. Es gibt Inkarnationen, in denen es die Aufgabe eines Menschen ist, im Strom des Lebens zu sein, sich vom Leben führen zu lassen, nicht viel nachzudenken und so sein Glück zu finden. Es gibt aber auch Inkarnationen, in denen ein Mensch genau wissen muß, warum etwas so und nicht anders ist, wieso er dies tut und jenes läßt. So eine Inkarnation ist stets die eines Führers – besonders natürlich die eines Königs, der für sein Volk ein hervorstechendes Beispiel sein sollte. Was für ein Beispiel ist aber ein König, der nicht weiß, was er tut und warum er es tut? Was für ein König ist dies, der auf die Frage, wieso er etwas so und nicht anders mache, antwortet: Weil seine Eltern das auch so machten bzw. seine Lehrer es ihn so lehrten?

Nein, nein, ein König kann sich eine derartige Form der Naivität nicht leisten! Ganz im Gegenteil: Er muß größere Zusammenhänge verstehen und klar erklären können. Er muß hochstehende Ideale haben, deren Wert er durch die Einheit von Gedanken, Wort und Tat, das heißt dadurch, daß er auch das lebt, was er denkt und sagt, allen verdeutlicht.

Ein König, der keine hohen Ideale hat, der am liebsten seine Freizeit mit törichtem Zeitvertreib und oberflächlichem Geplapper, wie es heute weit verbreitet ist, verbringt, zerstört nicht nur sich und seine Familie, sondern kann ein ganzes Volk ins Verderben bringen.

Sandors war auf dem besten Weg, ein solcher König zu werden. Er liebte den Sport, Feste, Wettkämpfe und war auch sonst ein Leichtgewicht.

Da bekam er von seinem Vater, dem König, zu seinem zwanzigsten Geburtstag ein wunderschönes schwarzes Pferd geschenkt, mit dem er von nun an täglich ausritt. Bei einem dieser Ausritte, auf denen er immer wieder neue Wege kennenlernte, landete er an einem See, an dem ein junges Mädchen saß und Wäsche wusch. Sandors beachtete sie zunächst gar nicht, sondern sah zwischen den Ohren seines Rappen auf die Seeoberfläche, die durch viele kleine Wellen ganz gekräuselt aussah. Erst als das Mädchen sich zu ihm umdrehte und ihn grüßte, grüßte Sandors zurück und bemerkte, wie stark ihr Gesicht ihn ansprach. „Wo bin ich hier gelandet?“ fragte Sandors anschließend. Das Mädchen sagte es ihm und sah ihn dabei ganz direkt mit ihren dunklen Augen an. „Und was machst du hier?“ fragte Sandors etwas ungelenk, denn es war offensichtlich, daß sie wusch. Das Mädchen spürte aber sogleich sowohl Sandors' Ungeschicklichkeit als auch die gute Seele, die sich dahinter verbarg. Und da sie eine kluge Seele war, erzählte sie ihm all das, was Sandors nur mit vielen Fragen hätte erfahren können, wobei er sich mit Sicherheit nicht ins beste Licht gestellt hätte – wer mag schon Leute, die als Methode des Kennenlernens ausfragen?

Das Mädchen wollte dem jungen Prinzen aber goldene Brücken bauen. Sie, die offensichtlich so arm war, daß sie ihre Wäsche in dem See waschen mußte, baute Sandors, der zu Hause von goldenem Besteck aß, eine goldene Brücke! Sie tat es aber von Herzen gern, und es erreichte Sandors. „Ich heiße Aramina“, sagte sie, während sie ihre schmalen Hände an ihrer bunten Schürze abtrocknete. „Ich wasche hier meine Sachen. Der See ist etwas weiter entfernt von dem Ort, wo ich wohne. Ich nehme aber gerne den längeren Weg in Kauf, weil ich mich hier so wohl fühle. Wohnen ist gut gesagt“, meinte Aramina wie in Gedanken, „ich bin eine Zigeunerin, so wohne ich immer woanders!“

„Oh!“ staunte Sandors, der gerade mal wußte, was Zigeuner waren, aber ansonsten keine Vorstellung davon hatte, in welcher Armut, in welch großer Bescheidenheit und unter welchen Entbehrungen sich das Leben vieler Zigeuner abspielte und wie sehr sie häufig darunter litten, daß sie nicht nur nicht geachtet, sondern sogar verachtet wurden.

Aramina hatte aber eine weite Seele. Sie hatte viel vom Leben kennengelernt, kennenlernen müssen, um überhaupt überleben zu können. Wie vieles kannte Sandors dagegen nicht. Wieviel gab es, was das Leben vieler Bürger seines Königreiches bestimmte, wovon er nicht die vageste Vorstellung hatte. So war Aramina zwar drei Jahre jünger als er, was besonders in jenem Alter einen großen Unterschied bedeutet, sie wirkte aber in Wahrheit so, als wäre sie nicht drei Jahre jünger, sondern mindestens drei Jahre älter – so viel weiter war sie. So verträumt war er.

Wer träumt, hat aber Kontakt zu anderen Ebenen seiner selbst. Sandors kannte zwar vieles nicht, hatte noch einen langen Weg bis dahin, eine eigene Meinung zu haben, Sandors hatte aber ein gutes Herz. Vieles von dem, was Aramina ihm fröhlich und ganz selbstverständlich erzählte, verstand er nicht. Er spürte aber sofort und ganz genau, daß sie eine besondere Seele war. Er wußte, daß er das Gespräch mit ihr nicht nur genoß, sondern daß es Seiten in ihm berührte, die ihm ganz neu waren. Dies spürte auch sein lieber Rappe, den er „Leben“ genannt hatte, weil er ihm so viel bedeutete. Leben knabberte plötzlich an seinem Rücken, um sich auch bemerkbar zu machen. Sandors streichelte ihm zart seine Nüstern, denn er spürte, daß Leben eifersüchtig war – und daß er allen Grund dazu hatte! Da kannten sie sich schon so gut. Hatten so manchen wichtigen Ausritt in der trautesten Harmonie erlebt, und plötzlich war Sandors für sein Leben nicht mehr da. Kein Wunder, daß dieser sich bemerkbar machte. Sandors streichelte, wie gesagt, ganz zart seine Nüstern, mit dem größeren Teil seines Herzens war er aber woanders. Er kümmerte sich nicht mehr mit seiner ganzen Aufmerksamkeit um sein Pferd Leben – und sein Leben begann.

Aramina wußte von Anfang an, daß Sandors kein Zigeuner wie sie, auch nicht der Sohn eines reichen Kaufmannes war. Sie spürte sofort, daß er aus einer ganz anderen Welt als sie kam. So wollte sie im Grunde nichts mit ihm zu tun haben. Sie kannte es zur Genüge, daß die Menschen so lange mit ihr sprachen, wie sie durch sie ihr Bedürfnis nach Unbekanntem, Fremdem oder Erstaunlichem befriedigen konnten. Eine Freundschaft hatte sie aber nie mit anderen Kindern außer denen aus den Familien, mit denen sie aufgewachsen war, aufbauen können. Aramina hatte sich jedoch ihre Offenheit bewahrt. Sie wußte aus schmerzlicher Erfahrung, welche tiefen Gräben die Menschen zwischen sich ziehen. „Schuster, bleib bei deinem Leisten!“ sagte ihr ihre Mutter immer wieder. „Gleich und gleich gesellt sich gern. Unterschiede schaffen Enttäuschungen und Schmerzen!“ Was sollte sie also mit diesem jungen Mann anfangen? So drehte sie sich ein wenig, damit sie gleichzeitig weiterwaschen und, wenn sie den Kopf etwas hob, Sandors auch ins Gesicht sehen konnte.

Dieser lehnte sich mit dem Rücken an die Vorderbeine seines Pferdes und hörte ihr aufmerksam zu.

Dann kam die Zeit, da Aramina gehen mußte. „Und wann kommst du wieder hierher?“ fragte Sandors, und sein Herz schlug schneller. „In drei Tagen muß ich wieder waschen. Dann bin ich wieder da.“ – „Ist es dir recht, wenn ich dann vorbeischaue?“ fragte Sandors vorsichtig. „Natürlich!“ Aramina erschrak über dieses „natürlich“, deshalb fügte sie noch schnell ein deutlich abschwächendes „Warum nicht!“ hinzu.

Sandors ritt nach Hause und freute sich über das Gespräch, das ihm so viel Schönes vermittelt hatte. Leicht und beschwingt kam er im Schloß an, streichelte Leben noch lange und ging dann ins Haus.

Aramina dagegen war betrübt. Selten in ihrem Leben hatte sie so deutlich gespürt, wie niedrig ihr Status war. Wem würde sie schon als Freundin genügen? Wer würde sich auf Dauer mit ihr treffen und nicht die Nase darüber rümpfen, daß sie „nur" eine kleine Zigeunerin war? Hatte sie aber nicht ein Herz wie andere auch? Hatte sie nicht einen Verstand wie andere auch? Liebte sie nicht ihre Eltern wie andere auch? Waren ihr Freunde nicht so wichtig wie anderen auch? War es ihr nicht genauso wie anderen wichtig, von ihren Freunden geschätzt zu werden?

Traurig stellte sie den Korb mit der nassen Wäsche auf die Treppe ihres Wohnwagens und warf ihrem Hund, der sie mit großen, wissenden Augen ansah, ein Stöckchen zu. Dieser schnappte es fröhlich auf und dachte, es sei eine Aufforderung zum Spielen. Aramina war es aber nicht nach Spielen zumute. Sie spürte die engen Grenzen ihres Lebens und fand das Leben gar nicht mehr zum Spielen.

‚Ich werde ihn überhaupt nicht mehr treffen! Ich werde in drei Tagen nicht wieder hingehen. Er sitzt auf seinem hohen Roß, und ich hocke da unten und kann die Wäsche waschen. Heute redet er noch mit mir. Und morgen, wenn eine seines Standes vorbeikommt?

Wie heißt er eigentlich? Was macht sein Vater?' Aramina war ganz verwundert, daß sie beides nicht wußte. Sie hatte so viel von sich erzählt, wo sie überall gewesen war, was sie alles gemacht hatte. ‚Ich habe so viel von mir erzählt! Von ihm dagegen weiß ich nichts, typisch! Aber um so besser! Was soll ich von ihm wissen, wenn ich ihn sowieso nicht mehr treffe! Gut so!' Aramina war nun erleichtert und warf ihrem Hund wieder ein Stöckchen zu, der es sogleich freudig aufnahm und ihr brachte. Sie warf es wieder. Er rannte und brachte es zurück. Eine Weile spielten sie so zusammen. Dann dachte Aramina: ‚Ich weiß weder, wie er heißt, noch was sein Vater macht. Ich weiß aber, wie sanft er mit mir sprach. Wie ruhig und offen ...' Aramina blieb in Gedanken versunken.

So verging die Zeit. Genau drei Tage. Mit einem Korb Wäsche unter dem Arm und bangem Herzen ging Aramina wieder zu dem Teich. ‚Ob er wohl schon da ist? Ob er überhaupt kommen wird?‘ fragte sie sich immer wieder. Kaum sah sie aber den See, sah sie auch schon Sandors, der ganz nah bei Leben saß und mit dem Gras spielte. Als er sie sah, stand er auf und ging ihr entgegen. ‚Wie hübsch sie ist! So hübsch hatte ich sie gar nicht in Erinnerung!‘ dachte er. ‚Wie herzlich er ist!‘ dachte Aramina und freute sich von Herzen, ihn wiederzusehen.

„Weißt du, daß du mir gar nicht gesagt hast, wie du heißt?“ sagte sie sogleich. „Ich heiße Sandors.“ – „Und was macht dein Vater?“ Sandors staunte. Wie kam Aramina plötzlich auf diese Frage? „Mein Vater ... mein Vater ... ist ... ist ...“, stotterte Sandors. „Dein Vater ist etwas Besonderes. Das sehe ich!“

‚Was soll ich bloß sagen?‘ fragte sich Sandors. Da fuhr es ihm wie ein Blitz durch den Kopf: Er hatte gelernt, immer die Wahrheit zu sagen. Dies sei das beste. Ihm waren zwar durchaus schon einige Zweifel gekommen, ob das immer stimme. Er blieb aber bei der Wahrheit. Etwas verschämt sagte er: „Mein Vater ist König. Der König dieses Landes!“ Aramina sah ihn mit großen Augen an. Aber so entsetzt, wie Sandors befürchtet hatte, reagierte sie nicht. Für sie, die sich in der sozialen Skala ganz unten ansiedelte, war es kein so großer Unterschied, ob jemand der Sohn eines Bankiers, eines Beamten, eines Ministers oder eines Königs war. Wenn man nicht schwimmen kann und ins Wasser fällt, so ist bereits ein Tümpel wie ein Meer – kann man nicht mehr stehen, ist es nicht mehr von großer Bedeutung, ob man in einem Gewässer von zwei oder zehn Metern Tiefe zu ertrinken droht. Sandors war für Aramina unerreichbar. Ob er nun durch vieles oder durch sehr, sehr vieles von ihr getrennt war. Trennung bleibt Trennung.

Da die Klassenunterschiede so eindeutig klar waren, dachte sich Aramina, sie müsse sich nicht mehr besonders anstrengen, um zu gefallen.

Aramina schüttelte jegliche Trauer, jeglichen Anspruch, besonders interessant zu sein, von sich ab. Dadurch konnte sie ihre ganze

Natürlichkeit leben – und Leben hatte Sandors sein Pferd genannt, weil er leben, leben wollte. Aber Leben ist genau das, was ein junger Prinz nicht leicht verwirklichen kann. Zu viele überkommene Strukturen sind da zu beachten, zu vielen Erwartungen ist nachzukommen, zu viele Formalitäten sind zu erfüllen. Und wo diese herrschen, ist für Leben, für Spontaneität, wenig Raum.

Sandors hatte bisher weder erlebt noch gespürt, daß es auch anderes gab. In seinem Leben hatte bisher die Etikette geherrscht – und er hatte das Leben nach der Etikette als Leben verstanden. War es ein Mißverständnis gewesen?

Er dachte nicht darüber nach. Er spürte vielmehr, daß diese Begegnung mit Aramina ihm eine ganz neue Sichtweise eröffnete.

Er lehnte sich wieder einmal an die Vorderbeine von Leben und hörte Aramina fasziniert zu.

So trafen sie sich einige Male.

Dann kam das Unvermeidliche: Aramina mußte mit ihrer Familie weiterziehen. Sie kam also diesmal, um sich von Sandors zu verabschieden.

„Das geht nicht!" rief er aus. „Wie öde wird mein Leben, wenn ich dich nicht mehr sehen kann! Ich habe nur mehr von einem Treffen zum nächsten gelebt. Wofür soll ich jetzt leben?"

„Für dich, Sandors!" erwiderte Aramina mit einem Strahlen im Gesicht. „Das kann ich nicht!" seufzte Sandors.

„Aber sieh", sagte Aramina und legte ihre Hand auf seinen Arm, „wir können uns doch nicht ewig hier mehr oder weniger heimlich treffen. Du bist der Thronfolger, und ich bin eine Zigeunerin. Da liegen Welten dazwischen. Für uns gibt es keine gemeinsame Zukunft!" Aramina schlug die Augen nieder, als sie dies sagte, denn sie wollte keine Träne zeigen.

„Ich weiß", sagte Sandors, „wir kommen aus verschiedenen Welten. Und du hast recht, ich weiß nicht, wie wir heiraten könnten. Aber gibt es nicht immer einen Weg?"

„Ich weiß nicht", meinte Aramina, die genau spürte, daß in erster Linie nicht sie, sondern Sandors umdenken mußte. Sie kamen aus völlig verschiedenen äußerlichen Welten, und sie spürte, daß Sandors nicht aus dem Holz geschnitzt war, solche Schwierigkeiten zu überbrücken.

Menschen sollten nicht leichtfertig über Grenzen hinweggehen. Gott schuf Grenzen, um Menschen Sicherheit, Klarheit und damit Geborgenheit zu geben. Es ist nicht gut, wenn Menschen aus verschiedenen Kulturen, Ländern, Rassen und so fort sich zusammentun. Eine Ehe ist ein sehr komplizierter Organismus, in dem sehr viel zusammenpassen muß, damit er funktionieren kann. Unterschiedliches oder gar Gegensätzliches ist natürlich sehr anziehend. Gegensätzliches beinhaltet aber auch die Anziehung durch Trennung. Dies macht das Zusammenleben schwierig.

Gleiches dagegen schafft Ruhe, Harmonie, Zufriedenheit.

Über dem Delphischen Orakel stand: *Erkenne dich selbst.* Dieser Satz war notwendig, weil die Antworten, die das Orakel auf Fragen gab, häufig doppeldeutig waren. Nur wer sich kannte, wer sich einschätzen konnte, erfuhr etwas Wichtiges über die Zukunft. So antwortete das Orakel Krösus, der gegen Kyros in den Krieg ziehen wollte: „Wenn Krösus über den Fluß Halys geht, wird ein großes Reich zugrunde gehen." Krösus kannte sich nicht, er hatte vielmehr auf äußeren anstatt auf inneren Reichtum gesetzt, deshalb kam er nicht auf die Idee, daß *sein* Reich damit gemeint war!

„Erkenne dich selbst" ist der Satz, der im Grunde alles beinhaltet. Denn in diesem Satz ist vom Selbst die Rede. Wer das Selbst kennt, kennt nicht nur sich, sondern alles andere auch.

Das Leben ist auf ewigen Grundsätzen aufgebaut. Auf Sanskrit heißt dies Dharma. Es gibt unumstößliche Wahrheiten, Gesetze, Normen, die nicht aufgehoben werden dürfen. Droht dies doch zu geschehen, inkarniert sich der Herr und verleiht ihnen wieder Gültigkeit.

Zu den Grundsätzen gehört eine besonders wichtige Verhaltensnorm: Sei, wo immer es geht, geschmeidig. Dies meint das Göttliche Tao, wenn es sagt: „Tue nicht, und alles wird getan!“ Sei geschmeidig. Warte auf den richtigen Augenblick. Gehe mit dem Leben. Füge dich in die Kosmische Ordnung ein. Wer dies kann und weder bequem noch übereifrig, weder nachlässig noch hart ist, der kennt sein Selbst und hat damit seine Mitte gefunden.

So gibt es für den Weisen keine Regel ohne Ausnahme, keinen Entschluß ohne Ausgleich, keine Klarheit ohne Liebe.

Wer sein Selbst nicht kennt und außerdem keinen Guru, keinen Meister hat, der ihm die Finsternis vertreibt, der tut sich wahrlich schwer damit, die Mitte zu finden.

Die Mitte ist aber wichtig, der Ausgleich lebensnotwendig. Deshalb erzähle ich dir diese Geschichte, die den Rahmen sprengt, den ich gewöhnlich aufstelle. Und sie muß deshalb erzählt werden, damit der Rahmen kein Kerker, die Grenze keine schneidende Schwertklinge wird. Der Weise kennt die Härte. Er weiß aber auch, daß Unklarheit die härteste Härte sein kann. Deshalb sucht er die Klarheit, indem er die Härte und die Nachgiebigkeit in der Waage hält. Wer dies kann, ist hilfreich. Wer dies versteht, ist weit.

Sandors und Aramina konnten nicht zueinanderfinden, kamen sie doch aus zu verschiedenen Kreisen. Dies war die eine Ebene. Die andere Ebene, die der Weise sieht, war aber die, daß sie als Zwillingsseelen viele, viele Leben in Partnerschaft zusammengelebt hatten und in diesem Leben einen besonders schweren Weg gingen, um einen großen Entwicklungsschritt zu machen.

Deshalb mußten sie zusammenkommen, *obwohl* sie nicht zusammenkommen sollten. Gerade diese Spannung war einer der entscheidenden Punkte ihrer Aufgabe in dieser Inkarnation.

Aramina wußte intuitiv, daß sie unter den bestehenden Bedingungen niemals eine Beziehung zu Sandors haben würde. Sie spürte genau, wie nah er ihr war, nahm aber genauso deutlich wahr, wie konträr die jeweiligen Lebensbedingungen waren.

Und würde Sandors auch einen Riesenschritt machen und sie doch gegen alle Einwände ehelichen, wer würde sie als seine legitime

Ehefrau anerkennen? Wäre sie nicht immer die Zigeunerin, die durch irgendwelche „Machenschaften" Sandors verführt hatte? Nein, sie hatte keine Chance, unter diesen Umständen seine Frau zu werden, das sah sie ganz deutlich.

„Ich kann nichts tun!" sagte sie sich immer wieder. „Der Herr hat unsere Schicksale so geschaffen. Der Herr weiß, warum. Ich lege mein Schicksal in deine Hand, Herr. Und bitte dich, Heilige Maria voller Gnade, daß ich das bekomme, was das beste für mich ist. Ich weiß, daß du, Heilige Mutter, meine wahre Mutter bist und wie tausend Mütter für mich sorgst!" Und immer, wenn Aramina an Sandors dachte und Tränen ihr die Kehle zuzuschnüren drohten, dann sang sie den Rosenkranz und fand Frieden.

Sandors hatte eine andere Aufgabe. Er hatte bis dahin, ohne viel zu hinterfragen, das gelebt, was ihm als richtig bzw. falsch gesagt worden war. Er hatte es sich einfach gemacht und war gut damit gefahren. Nun änderte sich schlagartig alles. Sandors hatte nur mehr eins im Kopf: Wie bzw. wo konnte er Aramina wiedersehen? Täglich ritt er weiter und länger weg. Trotz all seiner Anstrengungen fand er Aramina nicht, denn Gott und die Heilige Mutter hatten ihre Gebete erhört und halfen ihr, weil ein erneutes Zusammentreffen nicht von Vorteil gewesen wäre.

So zweifelte Sandors an allem und jedem. Er war unglücklich und unzufrieden.

Seine Eltern mißverstanden dies derart, daß sie meinten, es sei für ihn Zeit, eine Braut zu finden. Wen sie aber ihrem Sohn auch vorstellten, er war nicht an den Schönen interessiert, die aus aller Herren Länder kamen, um seine Frau und damit eines Tages Königin zu werden.

Sandors' Herz war besetzt, deshalb hatte keine von ihnen Platz darin.

Als eine besonders schöne Prinzessin kam, deren Vater darüber hinaus auch noch ein sehr mächtiger Herrscher war, flehten Sandors' Eltern ihn an, sie zu heiraten. Sie sei so schön, so wohlerzogen, komme aus einem so edlen Hause, so eine Braut wie sie werde er nie mehr finden, hielten sie ihm eindringlich vor Augen.

Die Eltern hatten recht. Das sah Sandors auch. Allein, sein Herz war besetzt. Nun wußte er weder ein noch aus: Er sah die hervorragenden Qualitäten dieser reizenden Prinzessin. Er sah ihre Sensibilität. Er sah ihre vornehme Art. Und er verstand, daß ein mächtiger König als Schwiegervater von unschätzbarem Nutzen war. Und er war sich darüber hinaus bewußt, daß er als zukünftiger Herrscher seinem Volk Opfer bringen müsse. Ein König hat durch seine Stellung, die sogar die Kennzeichen einer Heiligen Aufgabe besitzt, die Pflicht, für diese Stellung Opfer zu erbringen und Verzicht zu leisten. Wer viel hat, wer viel bekommt, und dies ist bei einem König zwangsläufig der Fall, von dem wird auch viel erwartet. Das wußte Sandors. Und obwohl er es wußte, konnte er dieser Pflicht nicht nachkommen.

So war er nicht in der Lage, etwas auf die Fragen seiner Eltern zu antworten, was er überhaupt gegen diese bezaubernde Prinzessin einwenden könne. Er hatte nichts gegen sie einzuwenden. Das war das Schlimme für ihn. Er fand sie als Mensch und als Frau bezaubernd – nur hing sein Herz, so unklug dies sein mochte, an Aramina. Sie war seine Frau. Das spürte er. Keine andere würde ihn je berühren können.

Sandors wußte weder ein noch aus. Und wie verhält sich ein Tier, das in die Enge getrieben wird? Es greift an. Und was tut ein Mensch, der sich in die Enge getrieben fühlt, aber niemanden angreifen kann? Er greift sich selber an, das heißt, er wird krank.

Sandors erlebte seine Situation als unlösbar. Er wußte genau, was von ihm als zukünftigem König verlangt wurde. Er wußte aber auch, was ihm unmöglich war: Auf Aramina zu verzichten. So wurde er, entsprechend der Schwere seines Konfliktes, sehr, sehr krank.

Die herbeigerufenen Ärzte gaben ihm eine Vielzahl von Medikamenten, aber keines half. Nachdem dies eine Weile so gegangen war und er immer schwächer wurde bzw. immer häufiger in Koma fiel, sagte ein weiser, älterer Arzt, der Sandors seit der Geburt kannte: „Dies ist keine Krankheit, die über den Körper zu heilen ist. Der Prinz wird sterben, wenn wir nicht verstehen, was ihn so zermürbt!"

Obwohl alle von diesen Worten niedergeschmettert waren, wußte keiner Rat. ‚Wenn die Krankheit in der Seele sitzt, was bedeutet dies praktisch?' fragten sich viele.

Da sagte der weise Arzt: „Es gibt für mich nur eines, wir müssen erfahren, was den Prinzen so mitnimmt, daß es ihn auf das Sterbebett wirft." – „Ja, das müssen wir!" pflichtete der König dem Arzt bei. „Aber wie? Das ist die große Frage, denn der Prinz ist nicht mehr in der Lage zu reden." – „Es gibt ein Mittel", meinte der Arzt. „Dieses Mittel läßt den Kranken reden, als wäre er bei Bewußtsein. Nein, viel mehr, denn es läßt ihn auch das erzählen, was er sonst verschweigen würde. Dieses Mittel ist ein großer Eingriff in die persönliche Freiheit des Prinzen. Wir dürfen es ihm nur geben, wenn wir uns erstens alle sicher sind, daß es der einzige Weg ist, sein Leben zu retten. Zweitens müssen diejenigen, die die Wahrheit erfahren, hoch und Heilig versprechen, daß sie den Prinzen deswegen nicht verurteilen werden. Und drittens müssen sie bereit sein, alles zu tun, um den inneren Konflikt, dessen Ursachen sie nun kennen, zu lösen!"

Der König und die Königin empfanden die Haltung dieses weisen Arztes als sehr rechtschaffen. Sie entschieden mit ihm und dem Premierminister, zu hören, welcher große Kummer den Prinzen quälte. Und alle verpflichteten sich, den Prinzen nicht zu verurteilen und alles zu tun, um ihm zu helfen.

Noch am selben Abend gab der Arzt Sandors den Trunk. Eine Viertelstunde, nachdem er ihn getrunken hatte, sagte der Prinz: „Ich möchte sterben, weil ich mich in einem unlösbaren Konflikt befinde. Ich habe immer versucht, alles zu tun, was meine Eltern und meine Lehrer von mir erwarteten oder mir rieten. Ich bin in den meisten Fällen gut, nein, sehr gut damit gefahren. Wer war ich aber? Wer handelte? War ich es? Oder waren es meine Eltern bzw. meine Lehrer? Ich weiß es nicht.

Und jetzt soll ich heiraten. Eine Prinzessin ist edler als die andere. Ich weiß dies. Ich sehe dies. Und ich kenne meine Verpflichtung dem Königreich gegenüber ...“ Genau an dieser Stelle schwieg Sandors. Die Spannung der Anwesenden stieg und stieg. Dann endlich fuhr er fort: „Aber ich kann nicht. Ich liebe Aramina. Und ich weiß, daß ich sie nie werde heiraten können, weil sie eine Zigeunerin ist. Nur eine Zigeunerin, wird man sagen. Sie ist aber mein Leben. Durch sie habe ich gelernt, was Leben bedeutet. Durch sie weiß ich, daß auch ich leben kann. Keine Prinzessin wird mir das je geben können, was Aramina mir gab. Und das sage ich, obwohl ich weiß, wie wunderbar besonders die letzte Prinzessin ist. Ich möchte niemanden verletzen. Deshalb sterbe ich lieber, als daß ich etwas tue, was ich nicht tun will bzw. nicht tun kann!“

Hier schwieg Sandors, und die vier Zuhörer spürten, wie tief sie ergriffen waren, wie sehr sie der unfreiwillige Bericht des Prinzen und sein großes Herz berührten.

„Durch die große Weisheit und Umsicht unseres Arztes wissen wir, was unseren Prinzen bedrückt. Außerdem wissen wir, was wir zu tun haben!“ sagte der König. „Unser Sohn kann so lieben, daß er für diese so aussichtslos scheinende Liebe sterben möchte. Er soll dafür leben können! Deshalb müssen wir einiges tun, um ihm zu helfen. Das Parlament muß ein Referendum verabschieden, wodurch jeder Bürger dieses Staates abstimmen kann, ob er es lieber hat, daß der Prinz stirbt oder eine Zigeunerin heiratet, die sein Herz so tief berührt hat. Und dies muß in Windeseile geschehen, damit der Prinz das Ergebnis überhaupt noch erlebt!“

Der Premierminister rief deshalb noch in derselben Nacht das Parlament zusammen, und Boten brachten bereits am nächsten Morgen das Referendum ins ganze Reich. Und fast alle waren glücklich, einen Kronprinzen zu haben, der es vorzog, eher zu sterben, als nicht seinem Herzen gemäß zu leben.

Fast alle, denn natürlich gab es einige Neider, die meinten, sie hätten etwas Besseres als eine Zigeunerin als zukünftige Königin verdient.

Sandors' Eltern liebten ihren Sohn aber von ganzem Herzen. Durch sie hatte er die Sicherheit in seinem Herzen kennengelernt. Seine Eltern waren so sicher auf dem Weg des Herzens, daß sie ihre zukünftige Schwiegertochter bereits liebten, bevor sie sie überhaupt gesehen hatten. Sie waren sich sicher, sie sei die Richtige, sie werde alles zum Guten wenden. Und mit der Familie, die stets mitgeheiratet werde, würden sie mit Sicherheit auch gut auskommen. „Haben wir nicht immer alles mit dem Herzen erreicht?" fragte die Königin. „Ja, meine Liebe!" antwortete der König und umarmte sie. Und beide spürten in der Umarmung, daß es richtig war, was sie taten.

Durch die Liebe des Herrscherpaares fiel das Referendum entsprechend aus: Die überwältigende Mehrheit war dafür, das Leben des Prinzen zu retten und alles zu tun, damit er mit der Zigeunerin glücklich werde, die er offensichtlich so grenzenlos liebte.

So wurde bereits am nächsten Tag nach Aramina gesucht, die am übernächsten Morgen am Hof eintraf. Sie wurde vom Königspaar an Sandors' Krankenbett geführt. Mit einer Liebe und Behutsamkeit, die alle berührten, nahm sie ganz zart Sandors' Hand in ihre beiden Hände und sagte leise, aber deutlich hörbar: „Sandors, Sandors, meine Liebe. Ich bin es, Aramina. Du hast so unendlich viel für alle getan, daß Gott mit dir alle segnet. Komme ins Leben zurück, denn ich, Aramina, deine zukünftige Frau, bin hier. Ich bin hier an deiner Seite. Und werde es immer bleiben – mit Gottes und der Heiligen Maria Hilfe!"

Aramina wiederholte dies mehrere Male. Sandors ging es von Stunde zu Stunde besser, bis er am Abend die Augen öffnen konnte. Als er Aramina sah, schloß er sie schnell wieder, weil er zu träumen glaubte. Als er die Augen erneut öffnete und sie immer noch sah, strahlte er und sagte nur: „Aramina, Aramina, welch ein Wunder, welch ein Wunder! Wie groß ist doch die Gnade. Und ich tat mich so schwer zu glauben. Zu glauben ... Ja, zu glauben ..." Sandors sagte dies immer leiser, und allen Anwesenden wurde klar, aus welcher Tiefe diese Worte kamen.

Sandors genas. Er und Aramina heirateten und mußten manche Schwierigkeit meistern. Aber die Liebe, die sie verbunden und bedingt hatte, daß alle Einwohner des Reiches Verantwortung und Anteil an ihrer Liebe hatten, meisterte alle Schwierigkeiten.

Und obwohl Aramina in diesem Leben als Zigeunerin und nicht als Prinzessin geboren worden war, ließen ihr großes Herz, ihre übergreifende Ethik und ihre Liebe zu Gott sie alle Schwierigkeiten überwinden. Schwierigkeiten, die bei einer solchen Stellung zwangsläufig sind und die deshalb häufig durch die Etikette abgemildert werden – eine Etikette, die sehr wohl weiß, warum ein Prinz eine Prinzessin heiraten sollte.

Eine Etikette, die aber schweigt, schweigen muß, wenn sie erkennt, daß die Größe des Herzens, die Weite der Seele und die Verbundenheit mit Gott der wahre Maßstab sind. Der Maßstab, nach dem sich jede Etikette richten muß, die mit dem Leben verbunden ist.

Und was ist eine Etikette, die nicht mehr mit dem Leben verbunden ist? Eine leere Hülse, ein offener Sarg, in den schnell die hineinkommen, denen die Etikette im Grunde hätte helfen sollen.

Sandors und Aramina gingen mit der Liebe, die sie mit Gott verband. Und der Herr hatte Seine schützenden Hände über ihnen, und Blüten des Erfolgs, Blüten der Menschlichkeit schmückten ihren Weg.

Was ist der Sinn des Lebens?

Das Wunder besteht darin, daß das individuelle Bewußtsein das Kosmische erreicht – und sich seiner Individualität und Unendlichkeit bewußt ist.

Dies ist des Lebens goldene Frucht.

Der Beweis, daß Gott alles ist. In allem. Über allem.

Und doch in dir. Und daß du dies weißt.

WAS IST DIE QUINTESSENZ DIESES BUCHES?

Dazu wieder eine Geschichte.

Es fuhr einmal ein Ehepaar in einem Taxi von Puttaparthi nach Bangalore. Auf der Hälfte des Weges hielt der Fahrer an einem kleinen Lokal, um etwas zu trinken. Da näherte sich ein Bettler dem Wagen. Er war ganz einfach gekleidet und stützte sich auf zwei harte Holzkrücken. Er kam zum Fenster mit gefalteten Händen und einem zarten Lächeln auf dem Gesicht.

Das Paar wußte, daß ich nicht möchte, daß Bettlern Geld gegeben wird. Entweder wird dieses Geld für niedere Wünsche wie Alkohol oder Tabak verschwendet, oder es bewirkt, daß ein Bettler praktisch durch Nichtstun viel mehr verdient als jemand, der den ganzen Tag schwer arbeitet. Statt dessen sollten Armen Lebensmittel, Kleidung oder am besten Arbeit gegeben werden.

Das Paar wußte dies. Es war aber von dem Lächeln berührt. So lächelten beide sehr herzlich zurück – und gaben kein Geld.

Der Bettler blieb vor dem Fenster stehen. Die Hände gefaltet und jenes Lächeln weiterhin auf seinem Gesicht.

Da kam der Fahrer zurück, setzte sich, drehte den Schlüssel im Zündschloß, und der Motor sprang an. Der Bettler machte sich nochmals mit leisem Wiederholen eines Mantras bemerkbar. Das Paar lächelte ihn von Herzen an und verabschiedete sich.

Der Bettler seinerseits verabschiedete sich von ihnen wie von alten, lieben Freunden mit einem bezaubernden Lächeln.

Keine Enttäuschung oder gar Groll waren in seinem Gesicht. Nur Liebe und Offenheit.

Da schoß es dem Paar durch das Herz und den Kopf, hier eine Ausnahme machen zu dürfen – und sie gaben ihm das gewünschte Geld.

Und was tat der Bettler? Als er das Geld bekam, lächelte er weiterhin mit jenem bezaubernden Lächeln wie zu dem Zeitpunkt, als er meinte, die beiden reisten ab, ohne ihm etwas gegeben zu haben!

Bedenke stets: Wer hat und gibt, dem wird gegeben. Bedenke ebenfalls, daß *du viel zu geben hast und daß für Enttäuschung in dir kein Platz ist – und gehe glücklich in deinen Tag.*

Mit jenem bezaubernden Lächeln auf den Lippen.

Weitere Bücher in Vorbereitung

Rudy-Daniel:

Beobachtung des Augenblicks

In dem spannenden und humorvollen Buch beschreibt der Autor – früher in der Friedens- und Ökologiebewegung engagiert – seine Reise durch Indien, die ihn zu Sai Baba führte.
Im Ashram von Sai Baba macht der Autor schließlich Erfahrungen, die seinen westlich geprägten Verstand vollends zum Rotieren bringen.

Erscheint Anfang 1998.

Die eine Botschaft

Dr. Sven Jaeggi hat in diesem Buch in liebevoller und sorgfältigster Arbeit die Lehren von Jesus Christus mit denen Sai Babas Verglichen.
Er schuf damit ein wunderbares Werk, das sowohl Laien als auch mit der Materie vertraute anspricht.

Erscheint Anfang 1998.

GOVINDA SAI VERLAG

In Vorbereitung

Band IV

Sai Baba spricht über Psychotherapie

In diesem Buch wird Sai Baba sich über verschiedene Therapie-Methoden äußern.
Er wird Kriterien an die Hand geben, mittels derer der Ratsuchende eine hilfreiche Therapie bzw. einen guten Therapeuten erkennt.
Außerdem wird er die Therapie beschreiben, die er Dr. v. Stepski gelehrt hat.
Da Buch erscheint voraussichtlich Ende 2000.

Weitere Bände der Buchreihe „Sai Baba spricht..."
von Stephan von Stepski-Doliwa

Sai Baba spricht zum Westen

Sai Baba, der Avater dieser Zeit, wendet sich in diesem Buch an den westlichen Menschen: Er diktiert dieses Werk Dr. Stephan v. Stepski-Doliwa mittels der inneren Stimme.
Sai Baba offenbart in liebevoller Weise zeitlose Wahrheiten über Partnerschaft, Therapie, Ernährung, Religion, Spiritualität, Karma und Wiedergeburt.
Er tut dies in 366 Tagessprüchen, die nicht nur unseren Geist inspirieren, sondern auch unser Herz berühren.
470 Seiten, DM 42,00. ISBN 3-90889-00-5

Sai Baba spricht über Beziehungen

Sai Baba, der Avater dieser Zeit, hat auch dieses Buch Dr. Stephan v. Stepski-Doliwa diktiert.
Es handelt von Seinen Vorstellungen über Beziehungen: Wie wir uns spirituell, intellektuell und gefühlsmäßig auf sie vorbereiten und eine erfüllende Partnerschaft leben können.
Gleichzeitig lehrt er uns, mit Schwierigkeiten umzugehen. Er zeigt Wege, wie wir eine Trennung vermeiden können. Er sagt uns aber auch, was wir nach dem Scheitern einer Partnerschaft tun können bzw. sollten.
447 Seiten, DM 43,00. ISBN 3-930880-02-1

GOVINDA SAI VERLAG

Ebenfalls im Govinda Sai Verlag erschienen

Theorie und Technik der analytischen Körpertherapie

von Dr. Stephan v. Stepski-Doliwa.
Dieses Buch enthält viele Informationen über verschiedene Bereiche der Therapie.
Ein sehr interessantes Werk für Therapeuten und Therapie-Interessierte.
297 Seiten, DM 29,80. ISBN 3-930889-01-3

Sei wie der Lotus

Die Lotusblume und ihre Bedeutung in den Aussagen von Shri Sathay Sai Baba. Ein Bildband mit wunderschönen Photographien der Lotusblume.
Fotos: Barbara Wollschläger
Gestaltung: Volker Wollschläger

ISBN 3-930889-03-X, Geb. DM 25,00

GOVINDA SAI VERLAG

Notizen

Notizen

Notizen